用地理說世界歷史

房龍地理

全彩圖解

HENDRIK WILLEM VAN LOON

房龍／著
賈開吉／譯

26種語言版本‧全球銷售突破3000萬冊

- **全面** 從地理的角度講述各國歷史演變，分析不同族群的性格特徵。
- **圖解** 精選300餘張圖片完全闡釋，精彩重現世界各地人文地理的發展紀錄。
- **易讀** 沒有枯燥的數字，也沒引用深奧的理論，任何人都能輕鬆讀懂。

一個個小故事，將每個國家的民族性格、歷史發展與地理環境串聯起來，
為讀者打開了從不同角度看世界的窗，使枯燥的地理知識不再乏味。

VAN LOON'S GEOGRAPHY

國家圖書館出版品預行編目資料

用地理說世界歷史——房龍地理 ／ 房龍作；賈開吉譯-- 三版，
-- 臺北市：海鴿文化，2025.04
面； 公分. －－（文瀾圖鑑；61）
ISBN 978-986-392-560-6（平裝）

1. 世界地理

716　　　　　　　　　　　114002654

書　　　　名	全彩圖解：用地理說世界歷史——房龍地理
編　　　著：	亨德里克‧威廉‧房龍
譯　　　者：	賈開吉
美 術 構 成：	含章行文
封 面 設 計：	九角文化設計
發 　行 　人：	羅清維
企 劃 執 行：	林義傑、張緯倫
責 任 行 政：	陳淑貞
出　　　　版	海鴿文化出版圖書有限公司
出 版 登 記：	行政院新聞局局版北市業字第780號
發 　行 　部：	台北市信義區林口街54-4號1樓
電　　　話：	02-27273008
傳　　　真：	02-27270603
e‐mail：	seadove.book@msa.hinet.net
總 　經 　銷：	創智文化有限公司
住　　　址：	新北市土城區忠承路89號6樓
電　　　話：	02-22683489
傳　　　真：	02-22696560
網　　　址：	https://reurl.cc/myMQeA
香港總經銷：	和平圖書有限公司
住　　　址：	香港柴灣嘉業街12號百樂門大廈17樓
電　　　話：	（852）2804-6687
傳　　　真：	（852）2804-6409
CVS總代理：	美璟文化有限公司
電　　　話：	02-27239968　e‐mail：net@uth.com.tw
出 版 日 期：	2025年04月01日三版一刷
定　　　價：	480元
郵 政 劃 撥：	18989626　　　戶名：海鴿文化出版圖書有限公司

含章行文　《圖解：房龍地理》由含章行文圖書發行股份有限公司授權出版

目錄 Content

第一章　世界 / 007

第二章　地理 / 014

第三章　行星 / 017

第四章　地圖 / 040

第五章　四季 / 057

第六章　大陸與島嶼 / 060

第七章　歐洲 / 068

第八章　希臘 / 072

第九章　義大利 / 086

第十章　西班牙 / 108

第十一章　法　國 / 122	第十八章　冰　島 / 174
第十二章　比利時 / 139	第十九章　斯堪的納維亞半島 / 177
第十三章　盧森堡 / 144	第二十章　荷　蘭 / 187
第十四章　瑞　士 / 146	第二十一章　大不列顛 / 194
第十五章　德　國 / 154	第二十二章　俄羅斯 / 214
第十六章　奧地利 / 165	第二十三章　波　蘭 / 230
第十七章　丹　麥 / 170	第二十四章　捷克斯洛伐克 / 234

第二十五章　前南斯拉夫 / 238

第二十六章　保加利亞 / 242

第二十七章　羅馬尼亞 / 246

第二十八章　匈牙利 / 250

第二十九章　芬　蘭 / 253

第三十章　　亞洲的發現 / 256

第三十一章　亞洲的意義 / 261

第三十二章　中　亞 / 264

第三十三章　西　亞 / 272

第三十四章　阿拉伯 / 288

第三十五章　印　度 / 292

第三十六章　亞洲南部的大半島 / 304

第三十七章　中　國 / 309

第三十八章　朝鮮和蒙古 / 323

第三十九章　日　本 / 328

第四十章　菲律賓 / 340

第四十一章　荷屬東印度群島 / 344

第四十二章　澳大利亞 / 350

第四十三章　紐西蘭 / 359

第四十四章　太平洋群島 / 362

第四十五章　非　洲 / 365

第四十六章　美　洲 / 404

第四十七章　新世界 / 437

第一章 世界

第 一 章
世 界

我們與其他生物一起居住在世界上。

　　這種說法聽起來似乎很荒唐,但並沒有錯。假如地球上每個人都是約6英呎高,1.5英呎寬,1英呎厚(實際上,人類普遍的身材要小些),那麼全人類(據最近可靠的統計,人類的後裔約20億人)就可以被裝在一只約半英哩見方的箱子裡。正如我在之前所說,雖然這種說法聽上去很荒唐可笑,但是如果你不相信的話,你可以自己去計算,那時你就知道它是千真萬確的了。

　　假如我們把這只箱子運到亞利桑那州的大峽谷那邊,輕輕平放在石壁上面——這些石壁原本是用來保護遊客安全的。因為如果沒有了它,那些沉醉於大自然的神奇力量與奇美景觀之中的遊客們便有摔斷骨頭的危險——然後再叫短小的諾特爾(這是一隻非常機靈的小狗,而且很聽話),用軟綿綿的棕色鼻子向那個碩大無比的怪箱輕輕一推,緊接著就聽到一陣爆裂的聲響,亂石、樹枝跟著這個怪箱子一齊向下滾落,低微而模糊的撞擊聲與河水的濺瀾聲緊隨其後,而怪箱子的邊緣已經撞擊在科羅拉多河的岸邊,並且摔得粉碎了。

　　然後就是死一般的寂靜,這件事情很快就在永恆之中被遺忘了!葬在這個怪箱裡的人類很快就全部消失了!而峽谷依舊和從前一樣繼續跟大自然搏鬥著!地球也繼續沿著它一直以來運行的軌道,在廣闊的宇宙中繼續運行。

　　那些或遠或近的星球上的天文學家,完全不會注意到我們的地球上面到底發生了什麼樣子的變化。

　　百年之後,低矮的荒丘上長滿了野草,指示著這裡是人類的葬身之地。

　　此外就什麼都沒有了。

　　有些讀者一定非常不喜歡這個故事,當他們看到自己的種族化作渺小的塵埃,一定會覺得非常難過,這一點我原本也是知道的。

　　可是這裡卻有著問題的另一面——從另一面來看,雖然我們只是宇宙中渺小的存在,我們脆弱的身體依然存在著再次遭遇災難的可能,但是我們依然有著讓自己值得驕傲的地方。

　　我們只是一群脆弱而且防禦能力不高的哺乳動物。從人類誕生的那一刻開始,我們

猛瑪象

猛瑪象屬於古脊椎動物中的哺乳綱,大約生活在1萬1千年之前,起源於非洲,後來也生活在歐洲、亞洲、北美洲的北部地區,以群居為主。

的四周就生活著無數種生物,它們都具有著我們望塵莫及的、為了生存而奮鬥的力量。這些生物當中有的身長100英呎,身體的重量和火車頭相當;還有一些其他生物長著和鋸齒一樣鋒利的牙齒;有些四處橫行的動物披著堅硬的盔甲,就像中世紀的騎士一樣;還有些生物體積非常小,但是它們的繁殖能力非常驚人,如果地球上沒有與它們為敵的生物與之抗衡,那麼用不了一年地球就變成它們獨佔的世界了。而我們人類,只能在最優良的環境中生存,只能在高山、深海之間那幾塊陸地上尋找可以居住的地方,那些跟我們一起分享這個世界的生物,它們不會畏懼山太高、海太深,它們天生就具有超強的適應能力,可以在任何自然環境下生存。

著名動物學家告訴我們:有幾種昆蟲能夠悠然自得地生活在石油中(我們是絕對不會把石油當作食物的)。有幾種昆蟲能在溫度發生激烈變化的情況下存活下來,如果是我們遇到這樣的變化,我們可能會在幾分鐘內全部死亡。我們還發現那些經常在書箱裡鑽來鑽去的、彷彿很愛學習的棕色小甲蟲,有時遭受某種意外失去了三、四條腿,但依舊能夠繼續過著忙碌的生活,而我們人類呢,如果腳趾上扎了一根小刺,就會覺得痛苦萬分。這種對比會使我們非常驚訝,而且足以使我們瞭解我們要在地球上生存下去,就要和一些什麼樣的生物進行競爭。

我想當時那些厚皮長鼻的猛瑪象一定在旁邊冷眼旁觀著,當人類第一次掙扎著嘗試不再藉助於樹枝或拐杖、用兩條後腿走路時,也許它們看到這種情形的時候還會覺得人

第一章 世界

類真是一種非常可笑的生物。

在古代,那些憑藉著巨大力量和機智曾經統治著兩億平方英哩的陸地與海洋(暫時不提高深莫測的太空)的生物,它們現在怎樣了呢?

現在,它們之中的大多數都已經滅絕了,除了自然歷史博物館裡還留著它們的名字和一些化石被標記為陳列品A或陳列品B之外,我們再也看不見它們了。就算是那些一直生存到現在的動物,為了延續自己的生命,也不得不順從我們,或是把皮毛、蛋、奶和肉貢獻給我們,或是背著那些我們不能負荷的重物。還有一些生物為了維持生命,逃離到偏僻的地方延續它們的種族了。那些偏僻的地方對於我們來說無關緊要,因此我們也不會去趕走它們,把它們的領土據為己有。

總而言之,在20萬年中間(這些時間如果與永恆相比,就像滄海一粟),人類已經成為統治著所有陸地的、毫無爭議的統治者。到了最近,就連海洋與太空也囊括到人類的版圖之中。而這些豐功偉業都是由幾億人共同完成的,他們雖然遠遠沒有他們的敵人厲害,然而他們卻懂得利用智慧去征服其他生物。

也許我的話說得有些過分了,但實際上,擁有理性天賦和獨立思考能力的僅限於少數人,因此這些少數人便成為其他人的領導者。至於其他人,雖然他們不願意承認自己愚蠢,但也只好跟在領導者的後面。在進行的歷程中間,無論他們是多麼地憎惡現實,無論他們付出怎樣的努力,成千上

印地安人在亞馬遜雨林裡捕獵
版畫 1880~1881年

圖中一個印地安人正在利用自制的工具捕殺獵物,另一個人則爬上樹梢準備取下獵物,河中的小船主要被用來運送獵物。在很早以前,人類運用智慧發明了許多捕獵的工具,學會了捕殺其他動物作為自己的食物。地球由一個被其他生物統治的時代,慢慢轉變成了人類統治的時代。

009

萬的人中能成為真正的先鋒只有那些少數人。

這條前進的路究竟會指引我們到什麼地方去,我們無法知道,不過從過去4000年中人類所完成的事業來看,只要我們不因為利益而殘忍地自相殘殺、不脫離發展的正軌、不把我們的同類看做連牛羊草木都不如,那麼我們最終所能取得的成功一定是無可限量的。

地球與地球上的一切都在人的掌握中,即使有些地方還沒有受到支配,人類也能夠藉助敏銳思維所產生的深遠見解和武器來取得支配它們的權力。

我們的家園真是一個好地方:它生長著茂盛的五穀,供給我們食物;它散布著茂密的森林、豐富的礦產與肥沃的土地,使我們得到更舒適的生活。牧場上溫順的羔羊,開滿淡藍色花朵的田地,還有那些辛勤的中國小桑蠶——這些蠶吐出的絲能保護我們的身體,讓我們得以冬暖夏涼。我們的家園真是一個適宜人類生活的地方!它出產了這麼豐富的物產,使男女老少都能享受應得的一份,同時也給未來留出一份富裕來。

不過,自然也有它自己的規則,這些規則非常公正,並且鐵面無私,如果你違反了這些規則,就會受到自然的懲罰,而且不會給你申述的機會。

自然慷慨地饋贈我們,並且毫不吝嗇,但同時它也希望我們遵守

第一章 世界

人類的戰爭　哥雅 油畫 1814年

圖中，一隊排列整齊的法國士兵，正在西班牙馬德里的郊外槍殺被抓捕的起義者。背對我們的劊子手無情而殘忍，已經被擊斃的人們倒在地上，四周還圍著許多恐懼的人，只有站立在中間的白衣勇士張開雙臂，勇敢地向死亡挑戰。與其他生物相比，人類經常為了利益而互相殘殺，戰爭從末真正從世界上消失。

房龍地理
Van Loon's Geography

人與動物和諧相處 克伊普・阿爾貝特 油畫 約1650年

在這幅圖中，作者用黃昏的色調描繪出人們與動物休息的場景，忙碌一天的牛趴在地上休息，牧民也愜意地站立著。雖然這幅畫只表現出荷蘭鄉村的一景，但人類飼養動物，動物幫助人類承擔不能負荷的工作，也代表了人和動物和諧共處的情景。

它的規則。

如果一塊只能放牧50頭牛的牧場養了100頭牛，就將會發生一場災難——這是每個農民都知道的格言。同理，一塊只能容納10萬人的土地上居住了100萬人，就會感到擁擠，隨之而來的是貧窮和不必要的痛苦。這是事實，然而這個事實卻往往被那些自認為是先知的人們所忽視了。

但是，在我們所犯的眾多錯誤中，這還不是最嚴重的一個。我們還有更對不起自然母親的地方。人類是絕無僅有的、相互仇視的動物，狗不食同類，老虎也不互相獵食，即使是令人們十分討厭的鬣狗也很少自相殘殺。然而，人類卻會相互憎恨、相互殘殺，從古到今，戰爭從未停止過。

自然在它的首要法則中明確地告訴我們：同類之間應該和平相處、善意相待，但是我們卻公然違反它。如果人類經常違背大自然的法則，那麼人類也許會面臨著滅亡的可能。因為我們的敵人一直在虎視眈眈地盯著我們，如果人類（這個好聽的名字是一位犬

第一章 世界

儒主義的科學家贈給我們的，他是想說明我們的智慧高於其他動物）不能，或者是不願意做自然的主人，那麼願意做地球的主宰生物候選者還有很多，有時甚至貓、狗、大象和一些結構高級的昆蟲也在蓄勢待發，它們十分願意統治這個世界。

哪裡才有出路呢？怎樣才能解決這個讓我們感到慚愧和羞恥的問題呢？

在這本小書裡，以一種謙遜的方式為大家指出一條僅有的道路。我們雖然受到劣根性的誘惑，陷入了黑暗而不幸的深淵，但如果遵循我所指出的這條道路，我們就可以把自己從深淵中解救出來。

而要真正解決這個問題至少需要付出上百年，甚至需要更長的時間來尋找解決的辦法。而最終的解決之路就是為了使我們明白，我們都是同一行星上的夥伴。我們如果懂得這個無可撼動的真理——無論地球是好是壞，都是我們共同的家園——想到我們現在還無法找到其他棲身地，我們可能永遠無法從一個星球遷移到另一個星球，如果我們認清並理解了這一事實：我們就好像是一群向渺茫目的地前行的旅客，應該擁有同舟共濟的精神，我們目前最優先而且是最重要的使命就是解決目前這種困境的根源問題。

我們生活在同一個星球上，其他人的幸福與苦難，就是我們自己的幸福與苦難！

你可以把我當作一個傻子、一個空想家、一個做夢的人，你也可以去找警察和瘋人院裡的人把我送到一個不能再講這些異端邪說的地方，我不會和你計較。但你要記好我的話，當末日降臨的一天，人類不得不把小祕箱封鎖好，把幸福的鑰匙交給那些更偉大的繼任者時，請你再把我的異端邪說回味一下吧！

求生唯一的希望，盡在這句話裡。

我們生活在同一個星球上，我們應該擔負起共同的責任，我們為我們生活著的這個世界謀求幸福快樂！

人類的演化

根據對已經發現的人類化石的研究，人類的演化大致可以分為南方古猿、能人、直立人、智人四個階段。

	南方古猿	能人	直立人	智人 早期智人	智人 晚期智人
時間	440萬年前到100萬年前	200萬前到175萬年前	170萬年前到20萬年前	20萬年前到5萬年前	5萬年前
特徵	能夠兩足直立行走	腦部比南方古猿擴大	從猿到人的過渡階段的中間環節之一	學會了人工取火	已與現代人基本相似
代表種類	南非金伯利、唐恩等地發現的南方古猿化石	東非的坦桑尼亞和肯尼亞發現的能人化石	元謀人、藍田猿人、北京猿人等	尼安德塔人、斯旺司孔人等	山頂洞人等

013

第二章

地 理

世界地理的定義及我的世界地理觀。

我們在旅行開始之前,往往要思考一下,到底要去什麼地方,怎樣才不至於白走一趟。讀者翻開了一本書,自然也會有同樣的想法。所以,如果讓我給地理二字下一個簡單的定義,也不算節外生枝。

我的書桌上剛好有一本1912年出版的《牛津簡易字典》,我不妨學著人家的樣子,把它利用一下。在第344頁的下面,我要找的詞出現了。

「地理是把地球的表面、形體、自然現象、自然區域、政治區域、氣候、物產及人口作為研究對象的科學。」

天怒　馬丁・約翰　油畫 1853年

在這幅宛如世界末日的景象中,山崩地裂,電閃雷鳴、人類顯得如此渺小,他們被吞入原始的虛空中,彷彿是上帝給人類帶來的最後報復。透過描繪絢麗而駭人的天空,畫家集中表現了大自然令人畏懼的神威,而人類也是在適應自然中逐漸成長。

第二章 地理

這個定義就算說得再好也沒有用。因為我要讓人類做舞臺的主角，所以不得不著重在某幾種現象上，其他現象稍作忽略。這本小書不僅敘述地球的表面與自然現象，政治區域和自然區域也佔有相當一部分篇幅。這本小書更是研究人類的著作，研究人們如何尋找食物與住處，如何讓自己和家人獲得安逸的生活，如何適應自然，或者改造自然，運用人類有限的力量使人與自然和諧相處，過上舒服安逸的幸福生活。

長滿苔蘚的山岩 攝影

這是一幅在美國內華達山脈拍攝的作品。大自然的鬼斧神工製造出了山體上層層的山岩，上面附著顏色鮮艷的苔蘚，猶如一幅畫卷。但這只是自然區域中的某一種自然現象，還有更多美麗的景象等待我們去探尋。

地球上生活著各式各樣的人，有一些人的脾氣比較奇怪，這是一件很正常的事情，地球上也住著千奇百怪的各種生物。很多人都有一種特殊的習性和性格特徵，我們只要一見到他們就會感到特別憎惡，只希望我們的後代不要像他們一樣。但是20億，畢竟是一個不小的數字，人類是一個高貴的種族，雖然可能沒有多麼了不起，但是那麼多的數量可以為人類提供絕佳的機會，可以進行經濟、社會、文化等各類型的試驗，這些試驗是最值得我們注意的。一座高山如果沒有被人類發現，並且沒有留下過人類的足跡，它的山坡與溪谷還沒被十幾代飢餓的定居者佔領和開墾，那麼它歸根結底還只是一座高山。

大西洋在13世紀之前與13世紀之後一樣遼闊，依然是那麼深不可測，那麼多雨，同樣是那麼鹹，但是經過人類化育，使它變成了現在的樣子——新舊大陸之間的橋樑、東西兩半球的重要貿易通道。

數千年來，一望無垠的俄羅斯平原遍布著肥沃的土壤，期待著辛勤的人去耕種，然而它至今還是遍地荒涼。假如那邊的主人不是斯拉夫人，而是德國人或法國人，他們就會帶著鋒利的犁鋤，盡力去開墾土地，這片平原的情形也就會迥然不同了。

日本群島上面，住著的不論是日本人，還是塔斯馬尼亞族（現已絕跡了）的後裔，地震總是會不斷地發生。可是，假如住在那邊的居民是塔斯馬尼亞族的後裔，這些海島恐怕養不活6000萬人民吧。又如大不列顛群島，如果它們的統治者不是來自北歐的凶猛戰士，而是那不勒斯人或巴巴里人時，它們也肯定不會變成龐大帝國的中心吧——這龐大帝國的領土是它原本面積的150倍，人口佔全世界的1/6！

015

英國火船襲擊西班牙無敵艦隊　荷蘭 油畫 約1600年

1588年7月28日夜間，8艘裝滿燃料的無人駕駛的小火船，駛向停泊在加來港的、不可一世的西班牙艦隊，全無準備的一百多艘西班牙戰船被嚇得落荒而逃。英國人成功利用了這個策略，給他們的敵人狠狠一擊，帝國的擴張仍然在繼續。

概括地說，我注重的是純粹的人文地理，至於商業方面的問題，在盛行大量生產的現代雖然很重要，可是我並不想過多關注。

地球

作為我們生活的家園，地球為兩極略扁的不規則橢圓形球體，是太陽系中直徑、質量和密度最大的行星。

1. 地球以24小時為週期由西向東自轉。

2. 表面約71%是海洋。

3. 地球是兩極略扁的不規則橢圓體。

4. 人類居住在大洲和島嶼上。

經驗告訴我們，關於貨物的進出口、煤的總產量、石油的蘊藏量以及銀行存款等問題，任憑你說得天花亂墜，也不能使讀者從頭到尾都記清楚。假如他們需要這一類的數字，他們盡可以重新去查閱，在10多本互相矛盾的（而且往往是自相矛盾的）貿易統計中，找出一個確切的數值來！

在這本地理書裡，人類佔有首要地位。

人生存的自然環境和背景佔第二位。

如果還有篇幅，也會講到其他方面。

第 三 章

行　星

我們所在的行星：特點、風俗和禮節。

我們從一個古老而可靠的定義開始：「地球是渺小而且不發光的物體，四周被太空包圍著。」

我們知道，地球是橢圓形，並不是標準的圓形，也就是說它和球體很像，但是兩極的位置稍微扁平。關於兩極，我們也可以這樣描述：用一根毛衣針，穿過蘋果或橘子的中心，把它豎起來，毛衣針露在蘋果或橘子外面的兩端，便是兩極所在，北極在深海的中心，南極在高山頂上。

對於兩極的「扁平」（地球被稱為橢圓體的由來），你不用大驚小怪，因為貫通兩極的地軸，比赤道的直徑僅短1/300。換句話說，假如你有一個直徑約3英呎的地球儀（在當時，這麼大的地球儀在普通商店裡買不到，只能到博物館裡去買），你便會發現，地軸僅比赤道的直徑短約1/8英吋，要是它做得不是很精確，相差的距離就完全看不出來。

但是，那些到兩極去探險的探險家，以及研究高級地理學的地理學家，對於地球並不是球體的事實都很注意。不過在這本書裡，上面的一小段敘述已經夠了。物理學教師的實驗室裡總會有小地球儀，你不妨請他給你看一下，看過之後，你就無需到經線穿過的地方去考察，也能知道地球自轉時兩極之所以會扁平的道理了。

我們知道地球是一個行星。行星二字的起源可追溯到希臘，希臘人觀察到（姑且當作他們觀察到的吧）有的星星永遠在天空中行走，有的星星看起來卻是屹立不動。他們把行走的星星稱做行星或漫遊者，靜止的星星稱做恆星。由於當時沒有望遠鏡，事實上他們所發現的恆星中，有些並不是靜止的，但是受當時的條件所限，他們看不出它們的運行。至於星座二字確實的來源，我們還不知道，但有人說，梵文中有個詞和英文裡的「Strew」很相近，「Star」一詞或許就來源於那個梵文詞語。假如這種說法是正確的，那麼，星星就是滿天散播著的點點火花了，用這個詞形容恆星很美妙，也非常符合實際。

地球繞著太陽轉動，從太陽得到光和熱。太陽的體積比太陽系內其他行星的總體積還要大700倍，太陽近表的溫度高達6000℃，因此地球雖然從太陽這個鄰居那裡借到了一些光和熱，但是也不必感到愧疚，因為這些光和熱對於太陽來說只是九牛一毛，就算是施捨了也毫無損失。

地球儀與地圖　版畫 17世紀

圖中可愛的小天使們在繪製著地球儀和地圖,暗示了當時正處於黑暗與科學的交戰時期,在人們的觀念中,地球從一塊扁平的陸地變成了一個形象化的球體,這也是人類意識上的一個重大突破,人類關於空間與宇宙的概念也初步建立起來。

　　古代的人們都相信地球位於宇宙的中心,是一小片扁平的圓形陸地,四周環繞著海洋,彷彿穆罕默德的靈柩或剛從小孩子手裡逃出來的氣球一樣全部都懸在空中。希臘的天文學家和數學家(他們是敢於冒極大風險的,客觀思索的先驅)彷彿早就已經開始懷疑這種理論,認為它是錯誤的了。經過幾個世紀的深刻思索,一些思想超前的科學家得出了這樣一個結論:地球是一個球體,並不是一塊扁平的大陸,也並不是宇宙的中心,而且地球也不是靜止的,而是以極快的速度圍繞著比它大得多的太陽,地球正繞著這個恆星做飛速運動。

　　同時,還有一些科學家認為,那些發光的小球體,表面上雖然好像環繞著我們,在「恆星」的共同範圍內行走,其實它們不只是地球的旅伴,也是太陽母親的孩子,服從著普遍的行為規律。這種行為規律,同時把我們日常的生活,例如按時起床、按時睡覺等做了一個規定。有些規律是我們無法抗拒的,如果我們不遵守這些規律,就會承擔巨大的風險。

第三章 行星

　　在羅馬帝國的最後200年中,只要是頭腦清楚的人都接受這種假設,覺得它確實是真理,絕無爭辯的餘地。但是從公元4世紀開始,教會的勢力如日中天,人們如果相信這種學說,尤其是地圓學說,可能連生命都得不到保障。

　　對於當時的這種情況,我們不應該武斷地下結論。因為當時基督教最早的皈依者都來自於很少涉獵當時這些流行學說的社會階層,他們堅定地相信,世界末日即將到來,基督將重返當初的受難地並且正確地區分人間的善惡,而且他會頭戴光環,在眾人的注目下歸來。他們堅持自己的觀點是正確的,如果這是事實,那麼地球就一定是扁平的。否則基督就不得不現身兩次,一次是為了西半球人的福祉,一次是為了東半球人的福祉。這種理論實在是荒唐可笑的,不值得我在此過多地浪費筆墨。

　　基督教教會在將近1000年的時間裡一直堅持這種學說:地球是一塊扁平的陸地,並且位於宇宙的中心。但是在當時的學術界,極少數的僧侶科學家和一些新興城市裡的天文學家依然相信古希臘的學說:地球是圓的,和太陽系內的其他行星一起圍繞著太陽運動。他們雖然相信地圓學說,卻只能把它埋在心底,從不敢公開討論。他們都知道,公開討論這種問題是不明智的,只會擾亂那些思想保守的市民的安寧,而且也解決不了問題。

　　從那之後,除了教會中的少數人以外,很多人都接受了這種學說,承認我們所居住的世界是一個圓球。到了15世紀後期,用來證明古希臘理論正確性的證據越來越多,地圓學說已經沒有人能夠否認了,證明這種學說正確的證據基於以下的觀察:

　　第一,有一個人盡皆知的事實,我們在觀察高山或大海中船隻的時候,首先看到的總是山的巔峰或桅桿的頂端,當越走越近的時候,我們才能逐漸看到其他部分。

　　第二,無論我們站在什麼地方,在我們周圍的景物總呈現圓周的形狀。我們的視線與大陸或海洋的任何部分的距離,都完全相等。我們乘坐輕

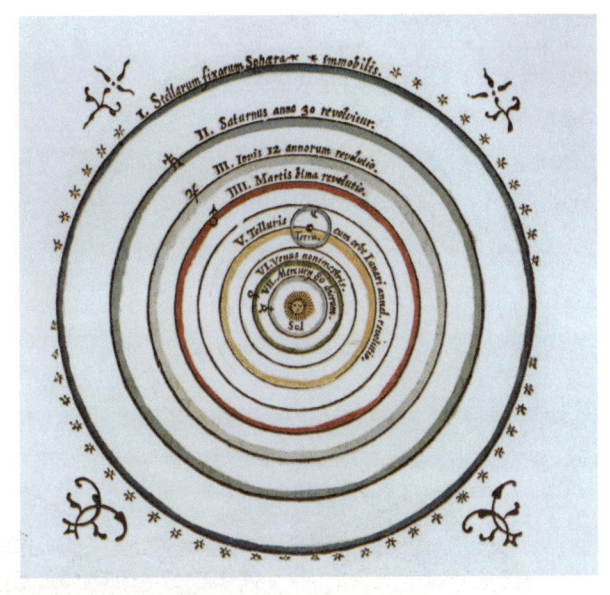

哥白尼理論中的天體的構造　版畫 17世紀

　　這幅圖中所繪製的結構出自哥白尼所著的《天體運行論》,哥白尼的學說顛覆了以往的理論,重新闡述了地球的運動及宇宙的構造。他用精密的觀察記錄和嚴密的數學論證,證實了太陽位於宇宙之中,和其他行星一起圍繞著太陽運行。

019

房龍地理
Van Loon's Geography

氣球或爬上高塔，離地面越遠，所見的圓周就越大。如果地球是蛋形，我們就會覺得自己正在這巨大蛋形的中間；如果地球是四方形或三角形，那麼地平線也應該是四方形或三角形了。

第三，月偏食時，地球投射在月球上的影子，往往是圓形。只有球體才會形成圓形的影子。

第四，其他行星和恆星都是球體，為什麼只有我們的星球與其他星球都不一樣呢？

第五，麥哲倫的船隊向西航行了很多天之後，依舊會行駛到起航的地方。庫克船長同樣從西向東航行，與他同一船隊的人也回到了出發時的港口。

最後，我們如果到北極去旅行，那些常見的星座（即古人所說的黃道帶的標誌），會漸漸降低，直到消失於地平線之下。如果我們向著赤道的方向返回，距離赤道越近，它也會越升越高。

希望我舉出這麼多鐵一般的事實，能夠證明我們所居住的地球的確是球體。如果你覺得這些事實還不夠，也可以去請教任何一位物理老師。他會站在一座高塔上讓一塊石頭向下墜落，利用重力規律來證明地球是圓的。只要他的講解淺顯而有條理，你掌握的

庫克船長的船隊　油畫　韋伯　1784年

庫克船長是一位偉大的探險者，他在1775年加入了英國皇家海軍，在他的人生中經歷了三次史詩般的旅行，他航遍太平洋，揭開了地球上最大水域的祕密，為人類瞭解海洋作出了巨大貢獻。圖中是庫克船長的船隊在航行中水手們放下小皮艇以捕獵海象。

第三章 行 星

物理知識和數學知識比我多，就很容易明白他的意思了。

在這裡，我也可以拿出更多的統計數據來說明這個道理，但是這對你來說不會有更多的幫助。很多普通讀者看到很多數字總是會頭暈腦脹，即使是我自己也經常有這種感覺。例如：光速是每秒18.6萬英呎，在彈指一揮間，它就已經走過圍繞地球7周的距離了。但是來自最近的恆星（半人馬座的α星）發出的光要到達地球，需要以光速經過四年零四個月。太陽發出的光只要8分鐘就能到達地球，木星反射的太陽光需要三分鐘到達地球，只在航海中扮演重要角色的北極星發出的光到達地球則需要40年。

如果我們被要求想像一下光年這個距離到底有多遠時，我們中的大多數人都會覺得頭暈目眩，而光在一年之內要走過365×24×60×60×186000英哩這麼遠，這種非同尋常的概念會使我們覺得它是某種極大的東西，我們往往一邊說著：「哦，天啊！」然後一邊溜出去和貓咪們玩耍，或者去打電話。

火車對我們大家來說是非常熟悉的東西，所以我們就用火車來舉例子吧！

一列普通的客車如果晝夜不停地行駛，那麼它至少要花將近9個月的時間才能到達月球。如果它以這個速度向太陽行駛，也要公元2232年才能抵達，如果這列客車想要開到海王星上，那麼它至少要花費8300年的時間。但是這種旅行跟要到達最近的恆星相比起來，也只是小巫見大巫，因為最近的恆星與地球之間的距離也需要7500萬年的時間。至於到達北極星，那麼這列火車至少要飛奔7億年，7億年是一段漫長的時光，如果人類的平均壽命是70年，那麼在這列火車抵達目的地前，至少會有1000萬代人出生並又死去。

我們現在所談論的只是宇宙中我們能看得見的部分。從前，在伽利略時期的人們只能使用一些十分落後的儀器去觀測宇宙，但是藉助這些相對原始的工具，當時的人們也會有很多驚人的發現，他們使用的儀器的精密度跟我們現在使用的相差甚遠。即使這樣，我們現在使用的望遠鏡仍然有許多不夠完善的地方，如果我們不對這些儀器做徹底的改良，可能我們也不會取得更多的成績。所以，我們現在所討論的宇宙，其實只是宇宙中極其微小的一部分，這一部分我們使用肉眼或是借用簡單的天文儀器很容易就能觀測到。可惜的是，其他還沒有觀測到的部分，我們是一點也不瞭解，我們甚至無法運用想像力來猜測。

在無數的恆星與行星之中，與我們的生存直接相關的兩個天體，一個是太陽，一個是月亮。太陽每隔24小時把光和熱提供給半個地球，月亮距離我們比太陽要近得多，它的引力能夠影響海洋，引起潮汐。

相對來說，月亮距離我們非常近，雖然它的體積比太陽小得多（如果我們用直徑約3英呎的球體代表太陽，那麼地球就和青豆一樣大，月球僅像縫針的針尖而已），然而，它對地球的影響，卻比太陽強得多。

如果地球完全是由固體構成的，月球的引力就不會那麼明顯了。但實際上地球的表面3/4都是水，而且當月亮繞著地球運行時，這些水會一直追隨著它，就像紙上的鐵屑，

021

當磁鐵移過時會一直追隨著磁鐵一樣。

夜以繼日,一片數百英哩寬的水總是追隨著月光的蹤跡。當這片海水進入了海灣、港口和河流入海口時,當水面急遽收縮的時候,就引發了潮汐現象。潮汐的高度不等,有時20英呎,有時30英呎,有時40英呎,因此,在這種情況下航行就變成一件非常困難的工作。如果太陽和月亮在地球的同一側,那麼對於地球的引力就要大得多,所謂的「春汛」就是這樣產生的。世界上好多地方的「春汛」,就像洪水氾濫一樣來得非常猛烈。

地球被大氣層包圍著,大氣的主要成分是氮氣和氧氣,大氣層的厚度大約是300英哩,而且它隨著地球一起轉動,就像橘子皮隨著果肉轉動一樣。

天文高度測量儀 版畫 17世紀

天文高度測量儀是專門用來測量星星之間距離的古代儀器,其原理是測量兩顆星星與所用儀器的直線距離之間的角度。在天文學上,這個角度被叫做「天體角距離」。在古代,這個儀器被廣泛應用於航海領域,也是數學、天文學、航海學工具的一項偉大發明。

022

第三章 行 星

大約一年以前,瑞士有一位教授乘坐特製的氫氣球,升到從沒有人到過的高度,最高達到距離地面約10英哩的地方。這當然是一個偉大的創舉,但剩下的290英哩卻仍在等待著人類去探索。

風的力量　油畫 霍默・溫斯洛 1876年

在波濤洶湧的海面上,三個男孩和一位漁夫正在用力將帆船的右舷下壓,企圖讓它逆風轉向。在蒸汽船出現之前,人們一直在使用帆船航行,風就是人們出海航行的決定性因素。它不僅對地區之間的交通有著重要的影響,還會間接影響一個地區的政治和經濟。

空氣、海洋與地表是一間實驗室，可以製造出各種氣候：風雨、冰雹以及乾旱的季節。這些天氣變化無時無刻地影響著我們的幸福與快樂，我們應該在這裡詳細討論一下。

形成氣候的要素有三個：土壤的溫度、流動的風以及空氣的溼度。但不幸的是，這三個要素只會讓氣候跟隨著它原本的方向發展，並不能使它按照人類的想法變化。「氣候」一詞，本意為「地球的坡度」。因為在很久以前，希臘人曾經注意到地球的表面越向兩極「傾斜」，各地的溫度與溼度也會隨之變化。這樣一來，氣候的含義便成了某個區域內的氣象，並不是地理學上所說的氣候了。

我們現在提起一個國家的「氣候」時，一般指的是這個國家在一年之內不同時間的天氣狀況，本書中提到的氣候也就是這個意思。

首先，讓我們先來討論在人類文明中扮演著神祕角色的風。風對於人類的文化發展有著極大的影響，因為如果沒有赤道地區海洋上的規律性季風，美洲大陸的發現就要等到輪船發明之後了；如果沒有飽含露水的微風，加利福尼亞以及地中海沿岸的國家就不會這樣繁榮，不會勝過自己東邊和北邊的鄰居；除此以外，風還能把細沙和碎石捲起，形成神祕而無形的大砂紙，這種大砂紙用數百萬年的時間可以把最結實的高山打磨成平地。

「風」這個詞本意為「蜿蜒向前行進的氣流」，所以風其實就是空氣從一個地方流向另一個地方。但空氣怎麼會從這一頭流到那一頭呢？這是因為一些空氣比其他的空氣溫度高一點，所以相對重量也就輕一點，有盡力上升的傾向。暖空氣上升以後，留下來的空隙就會形成真空，這一塊真空就會被較重的冷空氣佔領。正如2000年前的希臘人所發現的：自然界不存在真空。而且空氣和流水跟人類一樣，也是真空的憎恨者。

我們當然都知道，要在任何一個房間中製造出熱空氣，最簡單的方法就是生火。在行星群中，太陽是一個火爐，行星就是被烘暖的房間。地球上氣溫最高的地方，離火爐最近（赤道一帶）；氣溫最低的地方，離火爐最遠（南北極的附近）。

這架火爐經常會使空氣產生極大的運動——一種循環的運動。熱空氣總是向著天花板上升，但上升之後，它離開熱力的發源地越來越遠，就開始慢慢冷卻。在冷卻的過程中使它原有的輕盈度慢慢降低，向著地面下降。一旦下降，它又會重新和火爐接觸，重新變得輕盈起來，重新向上升。這樣循環下去，直到火爐熄滅才會停止。至於房間裡的牆壁，當爐火旺盛時它們吸收了很大的熱量，但因為構成牆壁的材料各有不同，所以保持溫度的時間也有長短之分。

這些牆壁可以比做我們所生活的土地，沙地和岩石的吸熱速度比溼潤的土壤快，同時散熱也比較容易。因此，沙漠地帶在日落後不久就很寒冷，而森林區域在被黑暗籠罩之後數小時內仍然能保持溫暖。

水是可靠的熱量儲藏場所，因此凡是海邊或靠近大海的國家，總是比位於內陸中心的國家能享受到更多的溫暖。

第三章 行星

夏季,我們的大火爐——太陽的燃燒時間和燃燒程度比冬季相對要長,爐火也更旺盛,因此夏季總比冬季溫暖些。但同時,太陽的行動也還受到其他因素的影響。如果你有過這樣的經驗,在寒風刺骨的冬天,把電爐放在浴室裡面,使浴室稍微暖和一點,那麼你就應該知道,熱度的高低是隨著電爐的位置的變化而不同的。太陽的熱度,也是這樣的。在熱帶地區陽光照射到地面上時,照射的角度更垂直一些,因此,如果100英哩寬的陽光直射在100英哩寬的非洲森林,或南美荒原之上,它的力量就能集

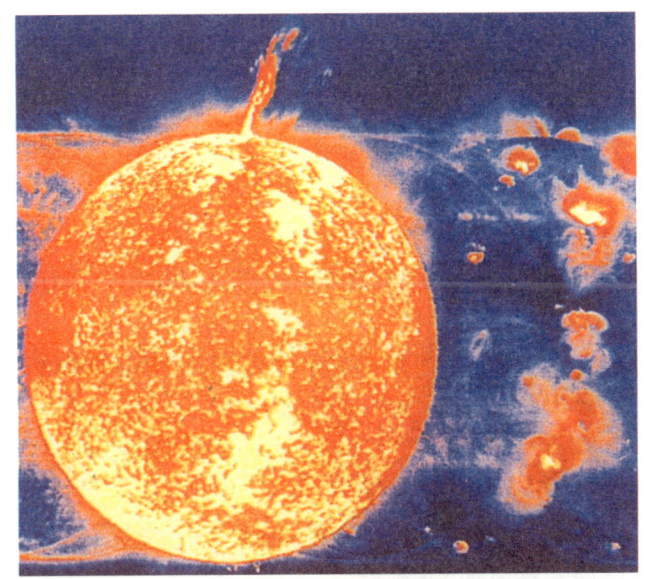

熾熱的太陽　攝影　當代

人類需要依靠太陽生存,這個大火球給我們帶來光明,也給我們帶來了熱量。不僅如此,它表面還產生了無數的帶電粒子,這些粒子流與大氣相撞時就產生了極光。

中於一處,不容易分散到其他地方。但是如果在兩極附近,原本覆蓋100英哩寬的陽光就要覆蓋兩倍寬的陸地或冰區(這個道理很難解釋清楚,假如你有一幅地圖,就容易明白了),熱力也要減少一半。這種情形,就好像一個能使6間房子變暖的火爐,兼顧了12間房子以後,肯定不能像原本那樣發揮同樣的作用。

同時,太陽還讓我們生活的空氣保持適宜的溫度,因此它的任務變得複雜起來,但這種任務它並不是直接去完成,而是透過地球這個媒介來完成。

陽光照射到地球上時要經過空氣,但因為光的速度非常快,所以在通過大氣的時候不會對原本溫度的變化產生影響。陽光在射到地球上之後,地球先把熱量儲藏起來,然後慢慢地把一小部分反射到空氣中。這個事實,正好說明了山頂非常寒冷的原因。因為地勢越高,地球所吸收到的熱量就越不容易被察覺出來。假如(別人總是這樣猜想的)太陽的熱度直接傳導給空氣,再由空氣傳到地面上,那麼情況就會完全相反了,很多山峰就一定不會覆蓋著白雪了。

現在,我們要討論這個問題最難的部分了。空氣並不是我們通常所說的「空氣」,它有實體、有重量。因此較低層空氣受到的壓力比較高層空氣受到的壓力大得多。當你要壓平一片葉子或一片花瓣,就要把它夾在書裡,然後再用其他20本書壓在上面,因為你知道這樣做最底下那本書受到的壓力是最大的。我們人類也正生活在大氣壓之下,這

古代的氣壓計 18世紀末

17世紀中葉，托里切利將玻璃管插入一個裝滿水銀的盆子中，完成了氣壓計的實驗。這個實驗證明了空氣也是有重量的，真空是確實存在的，玻璃管上方的真空也因此被命名為「托里切利真空」。他的發明讓人類擁有了便捷的實驗工具，因此可以得到了更多的數據，從而推進了地理學的發展。

種壓力每平方英吋15磅，這就是說，我們是非常幸運的，如果我們的體內沒有充滿著和外面一樣的空氣，我們就要被外部的氣壓壓扁了。但就算這樣，3萬磅（普通人所受到的壓力）已經是個可觀的數字了。如果你不信這句話，不妨去試著舉起一輛載貨的卡車看看。

但是大氣層內空氣的壓力是經常變化的，我們現在藉助托里切利的發明才能觀測到這種現象。托里切利是伽利略的學生，在17世紀的時候發明了氣壓計。在當時，氣壓計非常注重裝置，正是因為有了它，我們才能隨時隨地測量氣壓。

托里切利發明的氣壓計被在市場上販賣之後，很多科學家開始利用氣壓計做實驗。他們觀測到：當海拔高度每上升900英呎，氣壓計顯示裝置就會回落1英吋。之後的很多其他發現，對當時氣象學的發展都有極大的貢獻。氣象學是對大氣現象研究的科學，是一種可靠的預測天氣變化的科學。

有些物理學家和地理學家開始在那裡猜測，他們覺得如果不是氣壓與風向有一定的關係，就是風向與氣壓有一定的關係。不過，為了揭示氣流運行的規律，首先要花費數百年的時間來收集數據，然後才能得出正確的結論。這項工作終於完成了，人們從此了解到世界上有些地方的大氣壓力比海平面要高，有些地方的大氣壓力比海平面要低，前者叫做高壓地帶，後者叫做低壓地帶。其實，我們還明確地知道當風從高壓地帶吹向低壓地帶時，風速和力量是由高低氣壓之間的差距來決定的。當高氣壓非常高而低氣壓非常低的時候，就會形成一場劇變——暴風、龍捲風，或者是颶風。

風不僅使我們居住的地球上的空氣流通起來，而且對於雨的形成也有極大的影響，如果地球上沒有雨，那麼所有植物和動物的生命就無法延續下去。

第三章 行 星

　　雨其實是海洋、湖泊和雪地的水蒸發後，以水蒸氣的形式浮在大氣層中。由於熱空氣攜帶水蒸氣的力量比冷空氣大，當空氣未變冷之前，讓水蒸氣被空氣帶著絲毫沒有困難。當空氣冷卻以後，一部分水蒸氣便凝結起來，成為雨、冰雹或雪花，降落到地面上。

　　一個區域內的雨量，是由這個區域內的風來決定的，如果一條海岸線被山脈將它與大陸之間分隔開來（這種情況很普遍），那麼這一塊沿海地區一定是潮溼多雨的。因為在這種情況下，風只有上升到更高的空中（那邊的氣壓很低），而風離開海平面越遠溫度就會越低，它會把攜帶的水蒸氣以雨或雪的方式降落下來，當它到達高山的另一側的時候，已經又變成一點水蒸氣都沒有攜帶的、乾燥的風了。

熱帶風暴中的老虎　油畫 亨利·盧梭 1891年

　　在這幅有些怪異但充滿靈氣的作品中，葉子在暴風雨中搖曳，突出暴風的力量，幾乎遮蓋了右上角的光線，連凶猛的老虎都懼怕這熱帶風暴的力量，那般壓力和野性對著地撲面而來。

027

房龍地理
Van Loon's Geography

　　熱帶地區的雨量充足而且十分有規律，這是因為地表的巨大熱量使空氣升到高空，熱空氣逐漸冷卻，大部分水蒸氣變成傾盆大雨重新落回地面上。由於太陽並不是永遠照射著赤道，它也是從北向南慢慢移動的，所以赤道上的絕大部分地區都有四季變化，但是一般有兩個季節總是下著傾盆大雨，有兩個季節的空氣一直都是可怕的乾燥。

　　但是地球上的一些地方氣候非常糟糕，這是因為氣流總是從較為寒冷的地方流向較為溫暖的地方。當風從寒冷的地方吹向熱帶的時候，吸收的力量就會變大，空氣中攜帶的水蒸氣就不會降落回地面上，正是這個原因導致地球上很多地方變成了沙漠。在沙漠地區很少下雨，甚至有些地方10年之內才會下一到兩次雨。

　　關於風和雨的討論，我們在這裡暫時告一段落，一些更詳細的內容，我們會在之後每個國家的章節中進行更詳細的討論。

　　現在我們來談一談地球本身，以及我們所生活的、由堅硬岩石所構成的那層薄殼。

　　關於地球內部的性質一直在進行研究，目前有很多關於此項研究的理論，但是我們

彩虹映山圖　油畫　卡斯帕・大衛・弗里德里希　1810年

在這幅德國畫家卡斯帕的作品中，美麗的彩虹懸掛在空中，一位旅行者正沈浸在大自然的奇觀之中。當時，哥白尼、伽利略等人的探險航行和科學發現已經過了幾個世紀，關於自然界的新觀念逐漸發展，人們嚮往著大自然的風光，而交通運輸的便利也方便了旅行者的旅程。

目前還處於混沌和模糊的狀態。

我們還是說老實話吧。人類究竟能上升到多高的空間？又能夠進到地球內部的什麼深度呢？

如果把氣球比做直徑3英呎的一個球體，世界上最高的山（喜馬拉雅山的珠穆朗瑪峰）就像砂紙的紋理一樣厚，海洋的最深處（在菲律賓群島的東邊）就像郵票的印痕一樣大、一樣低窪。而且，到現在為止，我們還從來沒有到達過最深的海底，也沒有登上珠穆朗瑪峰。雖然我們乘坐氫氣球和飛機，曾到過比喜馬拉雅山頂稍高一點的空中。瑞士皮卡爾教授最近一次飛行，雖然已經獲得過很大的成功，但又有什麼值得我們驕傲的呢？大氣層仍然還有29/30的部分等待著我們去探索呢。至於大海，我們到過的深度還不到太平洋總深度的1/40，而且海底的最深處，比地球上最高峰的高度還要大得多。我們對此瞭解甚少，但是如果我們把各塊大陸上的最高峰填在海洋的最深部分，那麼即使是把喜馬拉雅山和阿空加瓜峰加在一起，距離海面還會有數千英呎的距離。

但是，根據近代學者的研究，這些神奇的事實不能說明地殼的起源和發展。我們也不需要像古代人一樣研究火山以試圖證明地球內部的實質，因為我們知道，火山並不是蘊藏在地球內部的物質的出口。或許以下的比喻不是很恰當，如果把火山比做人類皮膚上的膿腫，（雖然它讓人很不舒服，但這只是人體表面的疾病，不會深入到患者的身體內部。）

據估算，地球上大概有320座活火山，除了這些已知的活火山之外，至少還有400座火山也在活火山的名單上，目前一些火山可能正處於休眠期，有的甚至已經被當作普通的山脈了。

很多活火山都在沿海地區。的確，相對來說海島是地球外殼相對薄弱的地區，日本就是一個很好的例子（透過對日本地震的監控，日本一些地方甚至每天有4次以上，每年高達1447次以上的輕微火山騷動）。另外，還有馬丁尼克島和喀拉喀托島，也是近年來火山經常爆發的地方。

海洋與火山總是親密的鄰居，有些人把火山噴發的原因歸結為海水滲入地球內部的結果。他們認為：由於海水的滲入，火山才像大鍋爐一樣爆裂開來，把熔岩與蒸汽噴出地表。但是自從我們在距離海岸數百英哩的內陸地區也發現了幾座活火山之後，上述理論就被徹底推翻了。在這種理論被提出200年後的今天，我們仍然不知道火山噴發的真正原因。

另外，地表是什麼樣子呢？關於這一點，我們一直認為地球表面的岩石不會受到時間的影響而變化。但是近代科學家透過研究發現，地球及其上面的岩石都處於變化之中，隨著風雨的侵蝕，大約每隔1000年就能把高山削低3英吋。如果這種侵蝕作用不被其他相對作用所抵消，那麼很多山峰早就消失得無影無蹤了，即使像喜馬拉雅山這樣的高山也會在1.16億年之後被磨成一片大平原，幸好與這種侵蝕作用對抗的力量有很多。

如果你想要得到關於地球上的真實情況，可以拿半打乾淨的手帕，分別折好放在桌子上，然後再用雙手把它團起來，這樣你就會得到一個奇形怪狀的布團，上面分布了高

房龍地理
Van Loon's Geography

科多帕希火山 油畫 弗里德里克·埃德溫·丘奇 1862年

圖為安地斯山的科多帕希火山，在暗紅色的天空下，荒蕪的岩石、孤獨的湖產生了一種壓抑的氛圍，當這幅作品第一次被公開展出時，正值美國內戰的早期，這個血紅色的世界也成為美國社會的隱喻，例如火熱的狂暴給對觀眾帶來了巨大的視覺衝擊。

第三章 行星

火山 布魯丹

　　火山噴發是地殼的運動使地心的岩漿穿過地殼到達地面，伴隨著水汽和地層岩石灰渣噴射出來。按活動的情況，火山分為活火山、死火山與休眠火山。維蘇威火山就是位於義大利境內的一座古老活火山，由於在公元79年的大爆發，一夜之間摧毀了龐貝城而被世人所知。

山、溪谷和褶皺，這個布團與地球的外殼十分相似。地殼只是這個巨大物體的一部分，這個巨大的物體在太空中不斷運動，而且一直向外散發著熱量，當熱量散盡的時候，它就像物品冷卻時要收縮一樣，也在慢慢收縮，表面出現了奇怪的褶皺，就好像幾塊團起的手帕一樣。

　　近代最合理的推測（但請記住，那不過是一種推測而已）告訴我們，地球自從獨立存在以來，它的直徑已經縮短了30英哩。如果你以為縮短的只是一條直線，那自然沒有什麼了不起，可是你要記住，我們正討論的是廣大的地殼。地球的表面有1.969 5億平方英哩，只要地球的直徑驟然縮短了幾碼便會發生天大的災難，這種小變動足以把我們毀滅得屍骨無存了。

第三章 行星

　　因為這樣的緣故,大自然只是緩慢地完成她的奇蹟,一舉一動都保持著適當的平衡。如果它允許一片海洋乾涸(美國的鹽湖正在迅速地乾涸,瑞士的康斯坦茨湖在10萬年後也將消失),它便在世界的其他地方再創造一片新的海洋。如果它任憑一座高山變為平地(中歐的阿爾卑斯山再過6000萬年將和美國的草原一樣平),地球其他角落的地殼便會慢慢褶皺,逐漸形成一座新的山峰。至少,這是我們應該相信的事實,只是變遷的過程十分緩慢,這種緩慢的過程使我們很難進行具體的觀察。

　　但是,在這些常規之中,也會有一些例外情況發生。大自然單槍匹馬行動的時候的確是從容不迫,但是如果受到了人類的援助或慫恿,它就會變成手忙腳亂的工作者。從人類逐漸開化到發明蒸汽機和炸藥以來,地球表面已經發生了翻天覆地的變化,古代人如果能來到現在世界看一看,恐怕已經認不出他們原來的牧場和田地了。我們對木材的需求極大,因此無節制地採伐山上的森林與灌木,使廣大的區域變成原始的荒原。因為森林一被採伐殆盡,以往緊附在山岩上的沃土便蕩然無存,土壤鬆動的山體更成為危害附近鄉村的禍根。沒有吸收水分的土地以及大樹的根莖,雨水直接匯成了激流與瀑布,向平原與山谷衝下來,摧毀一切攔在路上的所有事物。

　　很不幸的是,這些話絕非虛言。在冰河時代四季尚未分明的時候,整個北歐地區與北美地區全都被埋在冰雪的厚毯下面,冰雪還在山上挖出無數十分危險的溝槽。當然,

天然碳酸鈉湖　攝影　當代

　　圖中是從空中拍攝的天然碳酸鈉湖,位於坦桑尼亞境內的東非大地塹。東非大地塹是人類文明最古老的發源地之一,是地殼在運動中發生大斷層形成的,因此在那裡出現了很多獨一無二的自然景觀。

第三章 行 星

這已經是很久以前的事情了，不用詳細敘述。我們先看一看當年的羅馬吧，羅馬人本來是世界上一流的探險家，但是因為他們愚昧地把森林和灌木全部伐盡，於是不到五代人的時間，半島上的氣候便完全改變，義大利不再是溫暖而且氣候均勻分布的國家了。此外，像南美洲的各個山脈，原本在那邊有肥沃的梯田，是無數代身材矮小而且勤勞的印地安人在經營，現在，西班牙人卻任憑它們荒蕪下去了。這些盡人皆知的事情，就不用再詳細說明了。

想要讓土著無法生存，或是變得俯首聽命，最簡單的方法就是讓他們挨餓——就像政府毀滅牛群時那樣做，與想要讓強悍的軍人投降，成為衣衫襤褸的平民的方法一樣，這就是最實際的策略。然而到頭來，運用這些殘酷又愚昧的手段總會讓人自食其果。只要是熟悉土地情況的人們或養過牛的人們都會把這個道理告訴你。

還好，這個問題和其他非常重要的地理問題一樣，已經被歷代統治者所重視了。現在，政府知道人類的幸福需要依賴土地，不再容忍破壞土地的行為了。雖然我們無力控制地殼內部的變化，然而我們在一定範圍內已經能解決一些小問題了，例如我們能控制一些地區內的降雨量，能使肥沃的土地不至於變成狂風怒吼的沙漠。我們每天都在累積這種有用的知識，還在學著正確地利用它們，以便造福於全人類。

但是，很遺憾的是我們還沒有力量去控制地球上的大部分地區——我們稱為海洋的部分。在地球上，接近2/3的地方不適合人類居住，原因是這些地方都被海水所覆蓋。海水的深淺各有不同，海岸一帶只有2英呎深，菲律賓東邊著名的深洞則有3.5萬英呎深。

海水被分為三大區域，其中最大的大洋是太平洋，它的面積達到6850萬平方英哩。大西洋的面積為4100萬平方英哩，印度洋的面積為2900萬平方英哩。內海的總面積共200萬平方英哩，湖泊與河流的總面積共100萬平方英哩。除非我們能進化出腮來，否則我們無法像數百萬年前我們的祖先一樣在海中生活。

這樣看來，地球上面積過多的水域對於整個地球來說是種浪費，容易讓我們覺得地球太溼了。在我們所有的陸地區域中，500萬平方英哩是沙漠，1900萬平方英哩是半荒涼狀態的西伯利亞草原。此外還有幾百萬平方英哩的土地，或是由於海拔太高（如喜馬拉雅山與阿爾卑斯山），或是由於太寒冷（如南北兩極），或是由於太潮溼（如南美洲的沼澤），或是由於森林太過密集（如非洲中部的森林），人們都不能在那裡居住。這樣一來，在我們所說的陸地中，又要減去5751萬平方英哩。當我們想到這種情況，我們就覺得應該好好地利用現有的這些土地資源。

原始森林 版畫

　　原始森林是地球上最重要的生態系統之一，能夠儲存大量的熱量，吸收二氧化碳，為我們提供所需的氧氣、溫度以及保持水土流失。但因為人類過度開發採伐，使原始森林的面積已減少到原來的一半，棲息在其中的很多生物也隨之滅絕了。

哥倫布

哥倫布是義大利著名航海家，他一生從事航海活動，發現並利用了大西洋上季風的變化，開闢了到達美洲大陸的新航線，同時也證明了地球是圓形的正確性，為世界作出了卓越的貢獻。

可是，如果沒有海洋做我們的熱量儲藏所，我們的生存就會成為問題。史前的地質遺跡明確地告訴我們，在很久以前曾經有一些時期，地球上的確是陸地面積大於水域面積，但那些時期都是非常寒冷的。我想，如果想永遠維持現在這樣的氣候，那麼水陸之間4:1確實是最理想的比例，而且只要這種比例不發生變動，全人類的生活就會更加舒服。

圍繞整個地球的大洋（古人的推測沒錯，大洋的確圍繞著地球）和堅硬的地殼一樣，永遠處於持續運動中。太陽和雨量運用自己的引力吸引著海水，使它升到很高的高度，白晝的熱力讓它其中的一部分化為水汽，兩極的寒冷又讓它披上了厚厚的冰層。但從實際觀察的結果看，在海洋所受到的各種影響中，風或氣流佔的地位最重要，因為風是直接與人類的幸福產生聯繫。

當你向著水盆用力吹氣的時候，就會使盆裡的水往你相反的方向流去。風向著洋面不斷地吹了許多年，會使海面上產生出洋流，往風的相反方向流去。不同方向的風從各方向吹來，不同的洋流就會互相抵消。但如果風的方向永遠不變（赤道兩邊的風，就是其中一個很好的例子），洋流就能真實存在了。洋流在人類歷史上有過非常重要的作用，它使某些地區變得適合人類居住，如果沒有洋流的運動，那麼地球上的很多地區就像格陵蘭的冰凍區域一樣非常寒冷，人類不適合在這種嚴寒地區生活。

現在的洋流圖能把洋流的準確地點指示給你，太平洋中有很多洋流，其中最重要的一條就是由東北信風引起的日本洋流，也被叫做藍鹽流。這股洋流和大西洋灣流一樣重要，它在日本完成任務之後，就會穿越北太平洋到達阿拉斯加，使阿拉斯加達到適合人類居住的溫度，然後它又折返向南方，給加利福尼亞地區帶去溫暖。

但是提到洋流的時候，我們最先想到的是灣流，它是一條50英哩寬、2000英呎深的神祕水流。很多個世紀以來，它給歐洲北部地區從墨西哥灣帶來熱量，並且使英國、愛爾蘭以及很多北海國家的土地豐厚肥沃。

灣流的歷程很神奇，它從北大西洋迴流出發。北大西洋迴流非常著名，它看起來像流動猛烈的巨大漩渦，在大西洋中部往復循環，更神奇的是在這個漩渦中間，還有半靜止的水潭，無數的小魚和各種水草生活在其中。這個水潭也被叫做馬尾藻海，這片水域在早期的航海史上非常著名，如果季風（從熱帶北部地區吹來的東風）把船隻吹到馬尾藻海中，船隻就會被無數堅韌的海草纏繞，船上的人會逐漸餓死、渴死，這時人類就只能束手待斃了，而留下的幽靈般的破船永遠在這片海域中上下顛簸著，彷彿在警告這些

故意激怒上帝的人們。在當時,很多出海遠航的水手們對這種說法都深信不疑。

直到哥倫布安全地行駛過了這個半靜止的水潭,大家才知道,所謂堅韌的海草蔓延數十英哩的故事,實在是非常誇張。不過,即使在現代,很多人還總是覺得馬尾藻海這個名字很神祕,一方面這個名字有些老舊,另一方面這個名字還含有但丁在《神曲》中所描寫的地獄風味。實際上,它只是像美國中央公園裡的小池塘一樣,並沒有什麼讓人震驚的力量。

我們再回到對灣流的討論上來。北大西洋洄流中的一部分,終於找到了出口,流入加勒比海,和一支沿非洲海岸西行的洋流匯合。因為兩條洋流會合在一起,加勒比海已經被全部充滿,無法再容納更多的水了,於是它就像杯子裡溢出來的水一樣,流到墨西哥灣裡去了。

墨西哥灣也不能完全容納這些外來的水,只能利用佛羅里達半島與古巴之間的海峽作為瓶頸,噴出一道寬廣的熱水(約26℃),這股熱水就叫做灣流。灣流離開瓶頸後,以每小時5英哩的速度行進,因此很多老式的帆船都要迴避它,寧願多繞一點路,也不敢逆著它的方向行駛,害怕被它猛烈的力量擋住。

灣流出了墨西哥灣,沿著美洲的海岸向北行進,直到它被東邊的海岸阻擋,開始向東,它也跟著轉向,開始橫渡北大西洋。它剛流出紐芬蘭的大海岸,便遇到了它的親戚——拉布拉多洋流。拉布拉多洋流剛從格陵蘭的寒冷的區域來,和灣流恰巧相反——灣流溫暖舒適,它卻嚴寒凜冽。這兩條有力的洋流結合之後,產生恐怖的濃霧,使這一帶的大西洋蒙上駭人的名聲。同時,這兩條洋流的結合還產生了無數冰山,在過去50年的航海歷史上渲染著黯淡的色彩。因為這批冰山被夏日的陽光從格陵蘭(99%的地方都覆蓋著冰河的大島嶼)上整塊地切割下來,緩緩地向南飄行,直到被灣流與拉布拉多洋流匯合後所產生的漩渦抓住,才停止下來。

這些冰山就在這塊水域中胡亂地旋轉著,慢慢溶解。但在溶解的過程中,它們變得更加危險,因為只有冰山的一角露在水面上,其大部分都在水面以下,冰山有很多鋒利的邊角,能像快刀一樣切割船隻。即使是在現代,這片區域對於輪船來說仍然是一塊禁地,只有美國的巡洋艦(一種特殊的浮冰船,所花費用由其他各國支付)經常在那邊監視。這些巡洋艦一邊把較小的冰山炸開,一邊警告來往的船隻要躲開大冰山。但是漁船卻十分喜歡這股寒流,因為生活在北冰洋中的魚類不喜歡待在灣流溫暖的海水中,它們想要重返北極,或者想游過溫暖的灣流,這時漁民正好可以把它們一網打盡。這些漁民的祖先早就發現了美洲,法國曾經佔領了美洲的大部分領土,但是現在卻只剩下加拿大海岸外的聖波爾島與聖奎龍島了。這兩個小島不僅是法蘭西帝國最後的遺跡,同時還默默地證明了諾曼地漁民們的冒險精神。據說這些諾曼地漁民比哥倫布早登上這塊海岸至少150年。

而灣流,它離開了冷牆(由灣流與拉布拉多洋流的溫差形成),只有一直奔向北方,從容橫渡大西洋,流遍西歐各海岸。它經過西班牙、葡萄牙、法蘭西、英格蘭、愛

房龍地理 Van Loon's Geography

被冰河困住的船 版畫

為了開闢西北新航道,英國派出了探險隊,但很多船隻被困於冰河中。圖中為英國的「調查者號」出海尋找失蹤的探險隊卻被浮冰困住的情形,直到1854年,這艘船才被奧斯丁探險隊發現,但因時隔太久只能放棄了。

第三章 行星

爾蘭、荷蘭、比利時、丹麥及斯堪的納維亞半島，讓這些地方享受著更加溫暖的氣候。這股奇怪的洋流完成了它的使命後，又帶著比全世界河水的總量還要多的水，回到北冰洋裡去。這樣一來，北冰洋就因為水量太大充滿了壓力，不得不把自己的格陵蘭洋流驅逐出境。這樣，產生的格陵蘭洋流就是我們剛才說過的拉布拉多洋流了。

這個故事太動人了，以致於我不由自主地讓它在這一章節裡佔據了這麼多篇幅，客觀說來，我是不應該這樣做的。

這章只能算做一幅佈景──一幅氣象學、海洋學及天文學的佈景，在這幅佈景前面，劇中的角色馬上就會出來表演了。

現在我們暫且把帷幕合起來一下。

當帷幕再次打開時，舞臺上已準備好要上演第二幕了。

第二幕表現了人類怎樣穿山越嶺、漂洋過海、橫渡沙漠的情形。你知道，假如我們不能征服高山、海洋與沙漠，我們便不能把這個世界當作真正的故鄉。

帷幕再次打開了。

第二幕：地圖與航海術。

太陽系八大行星

太陽系八大行星是指圍繞太陽運轉的八大天體，按離太陽的距離排列，由近到遠分別為水星、金星、地球、火星、木星、土星、天王星、海王星。

海王星	環繞太陽運行的第八顆行星，有太陽系最強的風。
天王星	由岩石和各種各樣的冰組成，磁場非常奇特。
土　星	最酥鬆的一顆行星，向宇宙發出的能量比獲得的更多。
木　星	最大的一顆行星，也是最扁平的、最明亮的光環。
火　星	有各種有趣的地形，外表是鮮艷的紅色。
地　球	距離太陽第三遠的行星，也是我們生活的世界。
金　星	離地球最近的行星，在夜晚的亮度僅次於月球。
水　星	太陽系中最小最輕的行星，也是運動最快的行星。

遠 ↑　　近 ↓　　太陽

第四章

地 圖

關於一個大課題的簡單介紹，以及對人們如何在地球上找到它們的路途的觀察。

地圖，對於我們來說已經習以為常了，我們很難想像沒有地圖時的情景。而從前的人們，很難想像只憑藉一張地圖就走遍天下的觀念，那時候的人們覺得這是不可能實現的。這種情況，就好像是我們不相信運用數學公式可以環遊空間一樣。

古代的巴比倫人是傑出的幾何學家，他們測量過巴比倫的全境（測量時期為公元前3800年，也就是摩西誕生前2400年），給我們留下了好幾塊泥板，上面刻著巴比倫全境的簡圖。但實際上，這些泥板和我們現在所說的地圖相差甚遠。此後埃及人為了搜刮勞苦大眾的錢財，也曾經把他們的疆土測量過一次，此次的測量，雖然表現出埃及人善於用數學知識來從事艱難的工作，然而就歷來從考古得到的地圖來說，依舊沒有一張能夠算得上是現代意義的地圖。

希臘人是古代人中有著最多好奇心、最愛提問的民族，他們寫過許多地理方面的文章，但我們卻完全不知道他們是否繪製過地圖。在當時商業繁榮的城市裡面，可能到處都有銅牌，上面雕刻著最便捷的路線，以方便來往於地中海東部各地的商人，但這些銅牌從來沒有被發現過，我們無法知道它們究竟是什麼樣子。亞歷山大擁有空前絕後的領地，同時還雇用了很多嚮導（這種嚮導總是走在軍隊前面，測量行程的正確里數，為了讓健壯的馬其頓人到印度去搜尋黃金），他們應該掌握了一些地理的觀念和很多正式的、我們也能看懂的地圖，但非常不幸，這些地圖連一片一角也沒有遺存下來。

羅馬人為了掠奪財富（在歐洲殖民事業還沒有開始以前，他們是世界上組織最完整、分工最細緻的強盜）游走各地，在他們到達的地方安營紮寨、修建驛道，到處徵收賦稅、殺人放火，很多地方都留有他們的廟宇和游泳池的遺址，但是這樣一個統治著世界的帝國，也沒有留下一張現代意義上的地圖，雖然他們的作家和演說家經常提到他們擁有可靠和精確的地圖。但是，唯一出現在我們面前、僅存的一張羅馬地圖（此外，還有一張公元2世紀時又小又破的羅馬疆域圖，我們不計算在裡面了），卻顯得十分幼稚、粗糙，我們除了把它當作古董之外，在現代人看來是沒有任何價值的。

奧古斯堡有個信仰基督教的人，名叫康納德‧葡丁哥，他第一個利用了斯特拉斯堡

的古騰堡發明的印刷術,把這張地圖傳播開來,因此許多歷史學家都稱它為葡丁哥地圖。不幸的是,葡丁哥未能依照原圖翻印,他所用來做藍本的是13世紀時臨摹公元3世紀原稿的副本。在近1000年中,原稿上許多重要的細節都被老鼠咬掉了。

即使這樣,地圖的整個輪廓肯定還是和原稿相同的。如果那已經是羅馬人的精心之作,那麼可見他們的地理知識根本不算高明。我現在要是放當時地圖在這裡,讓你自己去判斷,如果你耐心地觀察,你就會知道羅馬地理學家的地理觀念是什麼,同時你也會知道,自從這像麵條形的世界成為一位羅馬將軍向英國或黑海行進以來的遊記文字的最後闡述以來,我們在地圖知識方面已經取得了多麼大的進步。

至於中世紀的地圖,我們就隨筆帶過,不需要特地加以說明。教

摩西十誡　油畫 菲力普 1674年

在這幅畫中,摩西左手拿著神杖,右手則托舉刻著十誡的石板,呈現出莊嚴肅穆的形象,畫家以細緻的筆法描繪了這位猶太人的英雄,生動寫實,栩栩如生。

會痛心疾首於「無謂的科學研究」,他們覺得上天之路,比萊茵河與多瑙河之間的最短距離還要重要。所有地圖也全都是可笑又滑稽的圖畫,上面塗滿了無頭的魔鬼(可憐的愛斯基摩人被畫得全身裹滿了獸皮,連頭都看不到,因此就產生了這個離奇的綽號)、人魚、海妖、噴水的鯨魚、噴氣的獨角獸、半馬半鳥的怪物、半獅半鷹的怪物以及恐怖得無法想像的另一個世界的人類。在這些地圖上面,耶路撒冷當然是世界的中心,印度與西班牙是地球的邊緣(人類是無法走出這個邊緣的),蘇格蘭是孤立的海島,通天塔比整個巴黎還要大10倍。

和這些中世紀的航海圖比較起來,玻里尼西亞人(他們的地圖雖然看起來就像是小孩子做的,可是用起來非常方便,觀察得也很正確)的編織地圖才能算是航海家的精巧傑作。阿拉伯人和中國人繪製的地圖也還不錯,但因為當時他們是異教徒,也就沒有人提起過了。到15世紀時,地圖的繪製才真正得到了改良,這時航海逐漸發展成為了一種科學。

房龍地理
Van Loon's Geography

當土耳其人佔領了歐亞間的橋樑以後,從此中斷了與東方各國的陸地貿易,人們迫切地希望能夠沿著海道直接前往印度。從前航行的範圍總是以看得見近處陸地教堂的塔尖,或聽得到沿海的狗叫聲做標準,但現在這種慣用的老方法卻不再適用了。人們不得不到大海裡去尋找新的航線,接連幾個星期只能看見大海和藍天,其他一切都看不到,正因為這樣,當時的航海術就開始加速發展。

埃及人曾經冒險到過克里特島,但更遠的地方就沒有去過了,而且克里特島的發現只是偶然在海洋中迷失方向後的結果,並不是有計畫航行的結果。腓尼基人和希臘人是徹徹底底的「寺塔航海者」。他們雖然偶爾也有驚人的成績,最遠到達了剛果河與錫利群島,但是他們只能沿著海岸行駛,一到夜晚便把船隻拖到岸上來,以免被大風吹到遼闊的大海中。至於中世紀的商人呢,他們來往的範圍僅限於北海、地中海和波羅的海,

港口貿易

在古代,對於橫穿中東到印度南部或者阿拉伯的旅行者來說,印度西部的港口貿易是非常熟悉的。圖為旅行者在印度西部的一個港口貨幣兌換處兌換貨幣。

星座

夜幕降臨，當我們抬頭望向天空時，總能看到閃閃的繁星懸掛其中。古人把可以看到的宇宙恆星，按照相互之間的距離分成多個區域，每個區域就是一個星座。現在我們所使用的星座，是1928年國際天文學會公佈的88個星座分區方案；而我們通常所說的十二星座，特指星體落入黃道的位置。

而且每隔幾天，總要行駛回來看一看陸地上的山頂。

他們如果在大海中迷路了，只有去尋找距離最近的陸地這個方法。因此在他們航行的時候，總要帶上好幾隻鴿子。他們知道，鴿子會挑選最便捷的路徑，向著陸地飛去。當他們沒有辦法的時候，就放一隻鴿子，凝視著它飛行的方向，然後依照它的方向行駛，直到看見了山峰，駛進了港口，查明了這是什麼地方，以便繼續向前行駛。

中世紀，即使是普通人對於星座的認識也要比我們多。其實他是不得已而為之，因為在那個時候，他們並不像我們這樣有年鑑或是日曆等印刷品來獲得需要的訊息。聰明的船長們觀察著天象，依照北極星和其他星座辨別方向、尋找航路。但在濃霧瀰漫的北方，觀察星座有時候也變得無能為力了。如果不是13世紀時的外來發明傳進歐洲，這種只憑上帝與猜測（大多數時候憑猜測）的航海事業，實在很痛苦，犧牲也很大。但是關於指南針的來源和歷史仍然是一個謎團，下面所講的只不過是道聽途說，不能作為可靠的依據。

13世紀的上半期，一個名叫成吉思汗、身材矮小的蒙古人統治著前所未有的大帝國（領土從黃海到波羅的海，直到1480年還統治著俄羅斯的一部分）。他在穿越中亞大沙漠進入歐洲沃野時，曾經把指南針一類的東西帶在身邊。至於地中海的商人們在什麼時候見到這個傳教士所說的「魔鬼的符咒」，藉助它讓自己的船隻駛向世界的任何一個地方，那就無法可考了。

房龍地理
Van Loon's Geography

　　像這類重要發明的來歷，似乎都很模糊。據說，有個波斯人曾經在一個剛從印度回來的人手裡買到一個指南針，此後另外一個人在雅法（以色列港口城市）或法馬古斯塔（塞浦路斯港口城市）又從波斯人手中買來，把它帶回歐洲。這個消息不久就傳遍了海邊的酒館，大家聽說這個有趣的小東西是撒旦的魔術，無論你走到哪裡它總會告訴你北方的位置，於是都想看看它。當然，他們是不相信會有這種東西的，不過他們最終也托了自己的朋友，請他下次從東方回來時買一個，甚至還預先付了錢給他。六個月過後，他們居然也有一個小指南針了。撒旦的魔術名不虛傳！從此每人都想買一個指南針。

第四章 地 圖

威尼斯潟湖風光　油畫　弗朗西斯科·圭納迪　約18世紀70年代

在這幅圖中，威尼斯潟湖與標誌性的瑪爾哥哈塔一同出現，水面上閃耀的光斑、天空中的微光、明顯的塔樓使畫面顯得明快，沒有太多餘的東西，卻富有詩意，寧靜的美麗使人愉悅。就是在第一批威尼斯人用指南針由潟湖到達尼羅河的三角洲以後，我們對於磁針的瞭解更多了。

大馬士革和士麥拿的商人為了販賣這種東西，都要忙不過來了。威尼斯和熱那亞的工人則開始自己製造，以備自己使用。這樣一來，我們就聽到歐洲的各個地方在短時間內都有了指南針。數年之內，這蓋著玻璃片的小東西已經變得司空見慣了，大家都覺得沒有必要出版一本專著來論述這個物品的原理。

指南針的來歷雖然仍然撲朔迷離，但是如果說到它的本身，自從第一批威尼斯人藉由它的指引由潟湖駛到尼羅河的三角洲以來，我們對於磁針的知識相比以往豐富得多了。例如，我們已經發現磁針並不是無論在什麼地方都準確地對著北方，世界上除了極

羅盤的構造　版畫 17世紀

羅盤是用指南針定位原理來測量方位的工具，相傳早在11-12世紀之間，北宋海船就使用了羅盤，這也是世界航海史上使用羅盤的首次記錄。之後，羅盤經由通商傳到了歐洲地區，被航海家和探險家廣泛使用。古代歐洲通常使用的是32分羅盤，透過地球磁場的作用，盤中的指針也會相應地轉動方向。

少數幾個地區外,在其他地方磁針會稍稍向東,或稍稍向西偏移——這種偏差被專家稱做「指南針偏差」。偏差的原因是由於磁針南北極與地球南北極不能剛好符合,相距尚有數百英哩的緣故。磁針的北極指著布剔亞‧費利克斯島(該島在加拿大以北,為詹姆士‧羅斯於1831年發現),南極在南緯73度與東經156度的交點上。

因此船長航行時若只有指南針,仍然不夠用。他應該把地圖帶在身邊,然後才能知道各地的羅盤針的偏差。不過,這已經納入航海學的範圍,而這本小冊子並不是航海指南。航海學是一門極艱難、複雜的學問,絕非三言兩語所能敘述。現在,你只要記住:指南針在13世紀至14世紀傳到歐洲,而且有著極大的貢獻,從此航海成為一門科學。

不過,那還只是個開端。

現在,船長可以非常清楚地知道他的船航行的方向是北東、北北東、東北北、東北、東北東或是任何一個方向,只要不出羅盤針上32個方位的範圍。但中世紀時期的船長卻沒有這麼方便,如果他想要知道自己在海洋的哪個位置,只能藉助兩種工具。

第一種是測鉛線。測鉛線的歷史差不多跟船隻一樣久遠。它測得出某一部分海洋的深淺。船長如果有了一張圖,上面寫清楚海洋各部分的深度時,那麼,他只要把當地的深度用測鉛線測出來,就可以知道他所在位置是海洋的哪一部分。

第二種是測程器。測程器最初是一段木頭,水手們先把它從船首投入海裡,然後再注意它經過多少時間,才能流到船尾。船身從頭到尾的全長當然是預先量好的。這樣他們就能計算出船隻經過某段距離所需要的時間,以及每小時大約能航行多少英哩。

漸漸地,測程器又變為測程線。測程線是一條又長又堅韌的細索,三角形的木頭繫在索端。先在細索上打若干個「結」,結與結的距離都相等。第一個水手把它投入海裡

沙漏

在鐘錶沒有發明前,人們使用沙漏來計算時間。在沙漏的兩個玻璃球之間,有一個狹窄的通道,在裝入沙子後,按照沙子從一個玻璃球流向另一個玻璃球所需的全部時間為一個計量單位,古時通常以一小時為單位。由於沙漏作工小巧,方便攜帶,所以被廣泛應用。

047

時，第二個水手便開始倒轉沙漏成為「流沙」。等沙漏裡的沙完全從甲端流到乙端（流沙所需的時間，當然他們會預先知道，時間用掉二到三分鐘），第一個水手就立刻把細索拖起，計算它在流沙的時間內一共走出了多少結。這樣，他只需要簡單的計算，就可以知道船的航行速度，要是用水手們的專業術語說，就是船究竟航行了「多少結數」。

可是在航行中依然有困難還沒有解決。船長就算是知道輪船航行的速度和方向，洋流、潮汐與海風仍然會影響他的精密計算。因此，就算是在指南針傳入歐洲很長時間之後，航海也仍然是最危險的工作之一。一般研究學術的人們都覺得，如果要把危險性降低，就需要尋找其他目標，隨時代替老式的教堂塔尖。

我說這話並不是開玩笑。在古代，教堂的塔尖、狗叫聲、高崗上的樹頂、堤岸上的風車，對於航海者都有極大的功用，因為它們是「固定的目標」，是在任何情形下都不會移動的東西。水手有了這些目標，就可以做出種種推測。他要是回憶起了上次也在那邊行過時，便會這樣說：「我還要稍稍向東一點，」或是說「我還要向西一點、向南一點，或向北一點，然後才能到達我的目的地。」那時候，許多數學家（他們是真正了不起的人物，他們藉由有限的知識，與簡陋的儀器，竟能在數學方面完成如此大的工作）對於關鍵的位置，知道得都很清楚。他們想在自然界裡尋找出一個固定的目標，來代替人為的目標。

大約在哥倫布（我之所以提起他的名字，是因為1492年是所有人都知道的年份）出生以前兩個世紀時，他們就開始從事研究。直到現代，無線電報時信號、海底報時信號以及駕駛機械等雖然已經相繼被發明出來，強有力的「鐵將軍」（指機械操舵齒輪）雖然已經被奪去了衰老舵工的飯碗，可是他們的研究並沒有因此結束。

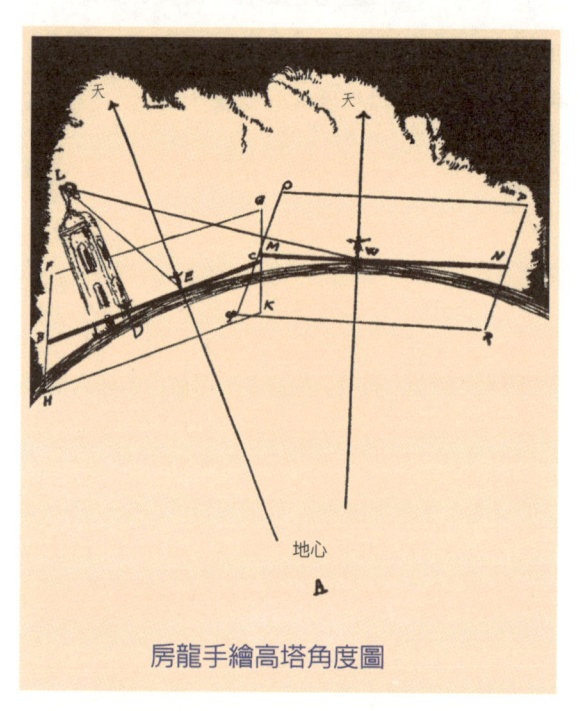

例如，一個圓球上面有座高塔，塔尖插著一面旗，你如果站在高塔的腳下時，便會發現那面旗剛好在你的頭上，而且只要你永遠站在高塔的腳下，那面旗就永遠會在你的頭上。可是，如果你離開了高塔想要看到它時，你就要把頭抬起來形成一個角度，這個角度的大小，都根據你與高塔間的距離而定。你只需要仔細看左面的圖，就可以知道。

這個固定目標一經發現，很多

房龍手繪高塔角度圖

第一艘輪船下水

1807年，富爾敦製造了克萊蒙特號，並在32小時內溯哈德遜河而上，行駛了150英哩，而這種輪船蒸汽機輪的發明也使得海運的載重量以及輪船速度大幅度提高，航海技術也隨之進步。圖為富爾敦的第一艘輪船下水。

事情就變得很簡單了，因為它也只不過是角度方面的問題。古代的希臘人早就知道量角的方法，對於以邊與角做研究對象的三角學，他們也早就打下了良好的基礎。

提到角度問題，我們就遇到了本章最深奧的部分。是的，我可以說這部分甚至是整本書中最難理解的部分——現代人所說的緯度與經度的計算問題。緯度的正確求法，比經度要早幾百年。實際上經度（在我們知道了它的求法後）比緯度的計算簡單得多，只是因為古代人沒有計時器，所以就覺得是無法解決的困難。至於緯度，它只需要細緻的觀察和精密的計算，所以很早就被古代人發現。空話太多了，我會盡力把問題的本身說得簡單一些。

你將會遇到不少平面與角度。當你站在D點上時，就會發現自己站在高塔底下，就好像你在正午時候站在赤道上時，會發現自己站在太陽底下一樣。如果你從D點移到E點，情形就比較複雜。你所站的地球是球體，但為了要計算角度，你所需的卻是平面。於是，你就要設想畫一條直線，從地球的中心A點起，穿過你的身體，一直畫到你頭頂的中

心點，即天頂那邊。天頂是天文學裡的術語，它位於觀察者頭頂的正上方天空中的最高點，跟筆直地位於觀察者的腳底下的天底（處於觀察者正下方的天空的最低點），恰巧相反。

　　這個問題很複雜，我要好好解釋一下，你才能真正明白。你用一根毛衣針穿過蘋果的中心，假設自己坐在或站在蘋果的一面，背部緊靠著毛衣針。毛衣針的尖端是天頂，末端是天底。然後，你再想像一個平面，與你緊靠著的毛衣針成一直角。當站在E點上時，FGKH便是你所需的平面，BC便是你站在那邊觀察的平面上的直線。為了方便，並使問題容易一些，你先假設你的眼睛生在腳趾處，剛巧在你兩腳所站著的BC線上。然

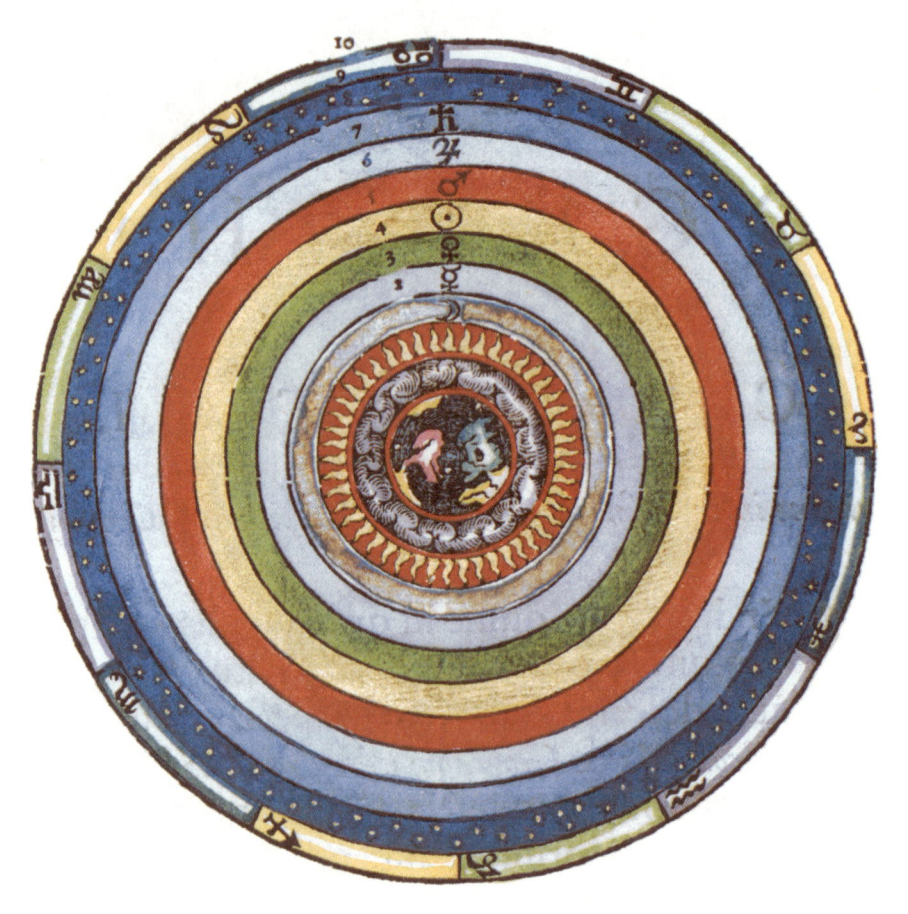

托勒密的天體構造　版畫 17世紀

　　托勒密是古希臘的天文學家、地理學家和光學家，後世天文學的發展與研究都是以他的著作為基礎的，其中《天文學大成》和《地理學指南》最著名。在依據他的理論繪製出的結構圖中，我們可以看到12星座的由來。

後，你再去看塔尖的旗竿頂，測量旗竿頂（L）和你的立足點（E）以及BC線的末端所成的角度。BC線是FGKH平面的一部分，FGKH平面與天頂線A成直角，天頂線A連接地球的中心，筆直地在你（觀察者）頭頂上的天頂點。只要你曾經學過幾何知識，那麼你把那個角度量出之後，就會知道自己與高塔間的距離。你如果從E點移到了W點，再去觀察的時候，W便成為你在MN線的立足點，MN線是OPRQ平面的一部，OPRQ平面與另一條天頂線成直角，這條天頂線連絡地球的中心A與新天頂（I），（如果你移動一個角度，天頂自然也相應移動同樣的角度）。此時，你只要把LWM角量了出來，你就知道自己與高塔間的新距離了。

你看，就是這樣簡單的敘述，也已經非常繁複，我之所以把航海學的基本原理略作介紹就是因為這個緣故。如果你有志做個航海專家，就需要到專門學校進修，花費數年時間研究必要的計算方法，而且你還要到船上去實習二、三十年，熟練機械、表格，及地圖各種航海工具。在這之後，你的領導才會請你做船長，並相信你有能力在大海上可靠地駕駛船隻。如果你沒有這種志願，你就永遠不會去研究這些學問，所以這一章講述的只是一些普通概念，非常簡單，還請讀者諒解。

正因為航海術純粹是角度計算問題，所以當三角函數沒有被歐洲人重新發現的時候，一切進步都是無稽之談。1000年以前，希臘人雖然已經打下了這種學問的基礎，但是從托勒密（埃及亞歷山大港的著名地理學家）逝世之後，它就無人過問，甚至被視為多餘的點綴物，有小聰明的人才會懂這種學問，懂這種學問的人常會遭遇危險。可是印度人、西班牙人以及北非的阿拉伯人，卻並不這樣認為，他們把希臘人傳下來的學問進行了仔細地研究。我們從「天頂」「地底」（它們純粹是阿拉伯字）兩個名詞上面，可以知道，三角函數重新列入歐洲各個學校的課程時（大約13世紀左右），它更多地帶有伊斯蘭教的色彩，而不是基督教。不過，在接下來的三個世紀中，歐洲人也花費了大量的時間細心地做了研究。他們雖然也能夠應用角度與三角進行計算，卻依然有問題尚未解決——如何去尋找空中的固定目標，來代替教堂的高塔。

最可靠的目標是北極星。北極星離我們非常遠，它彷彿總是靜止不動，它的位置很容易找到，所以，即使是一個不會講話的漁夫，在大海裡迷失了方向時，也只需要從最右方的大熊星座那邊畫出一條直線，隨著這條直線看過去，就能把它找出來，絲毫都不會有差錯。此外，太陽當然也是很好的目標物，可惜它的運行路徑在當時還沒有被精確地測出，所以只有聰明的航海者才能得到它的幫助。

人們如果一直相信地球是扁平的一片，一切計算就無法與實際情形吻合。到16世紀時，這些不合理的方法總算告一段落，「平面」的說法屈服於「球體」的說法之下，研究地理的人也從此得見天日了。

他們所做的第一件事，就是把地球平分為兩個部分，地球的橫剖面與連接南北極的直線成直角，平分線叫赤道，赤道各點距南北兩極均相等。第二，他們在兩極與赤道之間劃分出90個相等的距離，畫出90條平行線（這些線肯定是圓圈，因為地球是球體），

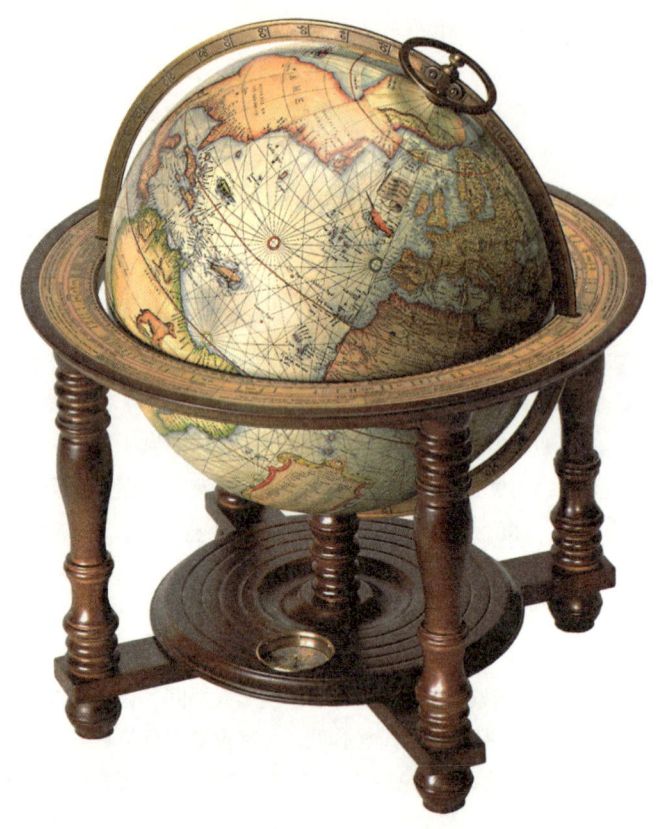

房龍地理
Van Loon's Geography

地球儀

圖中是古代的地球儀。地球儀是為了方便人們認識地球、按照一定比例縮小後的地球模型。透過地球儀，人們可以認識到經線和緯線的分布，可以瞭解地球上海陸的劃分，以及各國的大概情況，是學習地理非常好的工具。

各平行線之間相距69英哩，90倍的69英哩是赤道與南極或北極間的距離。

至於赤道與兩極間的許多圓圈，地理學家都給它們標上了數字。赤道是零度，兩極均為90°。平行線叫做緯線（緯線圖會把緯線的形狀展示給你）。「°」這個符號常用來代替度字，因為相對度字要簡便得多，在數學上使用很方便。

以上這些，似乎意味著一次驚人的進步。縱然如此，航海依舊是件危險的事。十幾代數學家和水手費盡了畢生精力，搜集一切關於太陽的資料，考查它在任何一天、任何一地的位置，讓普通的航海者能夠處理緯度問題。

這個問題終於解決了。隨後，只要是能讀能寫的聰明水手，就能計算自己距北極有多遠，距赤道有多遠，要用專門的術語說，就是在北緯（赤道以北的緯線）多少度，或南緯多少度。如果他到達了赤道以南，事情就又變得複雜了，因為南半球看不到北極星，北極星對於他來說已經毫無用處。不過，這個問題後來也被科學所解決。到16世紀末期，緯度問題對於航海者來說已經不再是困難了。

可是，經度這個難題卻依然存在著（你只要知道經度是垂直的，就能順利地跟緯線區分了）。這個難題共花費了200年的時間，才得到圓滿的解決。很早以前，數學家劃分

不同的緯線時，有兩個固定的目標——北極與南極——作為他們的依據。因此，他們可以說：「這裡有我的教堂高塔——北極（或南極），它是不會變動的。」

可是，地球上卻並沒有東極與西極，因為地軸根本就不會用這種方式轉動。人們也畫出了許多經過兩極且環繞地球的經線（實際上是圓圈），但究竟哪一條算做把地球平分為兩半的子午線，讓水手們說聲：「噢，我是在子午線以東或以西的數百英哩」呢？古代以耶路撒冷為世界中心的說法，當時仍然非常盛行，人們原本可以把穿過耶路撒冷的那條作為零度的經線，或稱垂直的赤道，但是很多國家都不支持這個辦法。各國都想把零度的經線穿過自己的首都。即使是在現代，人類雖然有些大度了，然而德、法、美三國的地圖，還仍以柏林、巴黎及華盛頓作為標準經線的所在地。直到最後，大家因為英國在17世紀時（經線問題剛好圓滿解決）對於航海學作出了最大的貢獻，而且各國的航海事業又都受皇家天文臺（1675年建於倫敦附近的格林威治）的指示，所以格林威治的子午線，就被公認為平分東西兩半球的標準子午線了。

從經度劃分以後，航海者當然是受益匪淺。不過還是存在一個困難的問題。他們一旦泛舟於大海之上，怎麼才能知道自己在格林威治以東或以西的多少英哩呢？英政府為了一勞永逸，就在1713年專門組織了一個「海洋經線發展委員會」，切實研究這個問題，並且為了獲得最好的「決定海上經線」的方法，準備了龐大數額的獎金。當時（200多年前）獎金的數目為10萬美元，許多學者都盡力從事研究。等到19世紀初期這個機構取消時，用來獎勵發明者的費用就已經超過了50萬美元。

航行表

這塊由英國約克郡的鐘錶師約翰‧哈里森設計的航行表，被用於庫克的第二次太平洋探險中，它可以透過與格林威治時間的比較，計算出所處的經度，並能在所有的天氣條件下提供非常精確的時間，非常實用。

房龍地理
Van Loon's Geography

這些發明者的很多工作都已經被忘記了,他們的成績,基本上已經成為了往事,但其中兩種發明,卻有著永久性的價值,說起來,這也是慷慨懸賞後的結果。

第一種是六分儀。六分儀是非常複雜的機械(航海觀象臺的雛形,可以隨身攜帶),水手們用它測量角度的距離。原本在中世紀時有簡陋的觀象儀、量高器及四分儀,六分儀是從它們中蛻化而來的。當六分儀剛問世時,三個人都說自己是最初的發明者,爭得非常厲害,這種情形,在全世界同時追求同一事物的時候是常常會發生的。

但六分儀在航海界中所激起的波浪,並沒有計時器來得巨大。4年以後,即1735年,當忠實可靠的計時器面世時,普通的航海者趨之若鶩。計時器是被做鐘錶天才的約翰·哈里森(最開始他只是一個木匠,後來才成為鐘錶師)發明的,與時鐘類似,走得非常準確,能把格林威治的時間帶到世界各地,並且不受氣候等因素的影響。據約翰·哈里森自己說,他之所以會成功,是因為他

計時器

從簡單的沙漏開始,計時器慢慢發展為大型鐘、小型鐘、懷錶、手錶等。從簡單的計算標準——一小時,到準確的某一個時間,直到攜帶方便,甚至可以看到多個地區時間的手錶,計時器的功能變得越來越多。圖為過去的鐘錶,其計時已經比較精確了。

在時鐘裡加了「時計錘」的緣故。時計錘能夠控制發條,使它不因溫度的變化而改變內部彈簧的長度,這樣一來,這種計時器就可以在任何情況下使用了。

經過了無數激烈的爭執,約翰·哈里森終於獲得了10萬元獎金(在1773年時獲得,3年後,他就逝世了)。現在,海船上的船員如果帶著計時器,無論走到哪裡,都能知道格林威治的時間。太陽繞行地球1周,需要24小時(當然應該倒過來說,但因為便利起見,我就這樣說了);太陽運行1小時,可走15度經度。因此,我們只要先查清楚當地的時間,把它跟格林威治的時間比較一下,求出它們的差數,就能知道自己在子午線以東或以西的多少英哩了。

例如,如果我們發現(每個船長都會精密地計算,計算之後就能發現)當地的時間是中午12點,計時器(它會把格林威治的準確時間告訴我們)上的時間是下午2點,那麼就可以知道,我們已經航行了2×15°=30°(當地的時間與格林威治的時間相差2小時,

太陽在1小時裡運行了15°，也就是每4分鐘運行1°）。由此我們就可以在航海日誌（紙張未發明前，航海者常用粉筆寫在木板上，所以航海日誌至今仍稱Log-book）上寫著：「某日正午，我們航行在西經30°。」

但對於現在來說，1735年的驚人發現，已經不再顯得那麼重要了。每天中午，格林威治天文臺都會把正確的時間廣播到全世界。計時器也就變成了多餘的點綴物了。是的，只要我們信得過航海者的能力，那麼無線電報總有一天會把複雜的表格、精密的計算全部都廢除掉。而這章冗長的文字——它告訴你人類是如何橫渡無垠的大海，大海是如何顛簸著險惡的波浪，波浪又是怎麼以迅雷不及掩耳般的速度吞沒了水手的生命——這章別開生面的、勇敢的、充滿忍耐與智慧的記錄，也將立刻變為陳跡。船長不需要再帶上六分儀在橋頭站著，他盡可以坐在船艙裡面，耳上戴著聽筒，問道：「喂，楠塔基特島！我在什麼地方？」楠塔基特島或瑟堡就會告訴他位置。這樣真是非常方便了。

擁有無線電技術的現代船隻

無線電是利用電磁波，向遠在千里之外的接收方傳遞信號的技術，最早被航海所使用。古代，航海家和漁夫在離開海岸出海工作時，總會有迷路的危險，也無法知道準確的回程時間。自從人類發明無線電技術後，船長不僅能夠知道輪船行駛的準確位置，遇到危險時還能及時向岸上求救。

房龍地理
Van Loon's Geography

　　2000年來，經過了不斷的努力，航海事業才能逐漸進步，逐漸變得平穩、愉快、方便。這2000年的光陰並沒有虛度，它們實際上可以算是第一次國際合作成功的表現。中國人、阿拉伯人、印度人、腓尼基人、希臘人、英國人、法國人、荷蘭人、西班牙人、葡萄牙人、義大利人、挪威人、瑞典人、丹麥人、德國人，在完成這項偉大事業的過程中，都曾經作出了很大的貢獻。

　　這章記載了國際合作史，雖然到此告一段落了，但是，其他需要我們去仔細研究的東西還有很多。

十二星座

　　在人們觀測天象時，十二星座的觀念逐漸產生，一般是指太陽在天球上經過黃道的十二個區域。

水瓶座 （01/20～02/18）	雙魚座 （02/19～03/20）	白羊座 （03/21～04/20）	金牛座 （04/21～05/20）
雙子座 （05/21～06/21）	巨蟹座 （06/22～07/22）	獅子座 （07/23～08/22）	處女座 （08/23～09/22）
天秤座 （09/23～10/23）	天蠍座 （10/24～11/22）	射手座 （11/23～12/21）	魔羯座 （12/22～01/19）

第五章

四 季

季節及其產生。

「Season」一字，源於拉丁文，從動詞「Serere」演變而來。「Serere」意為播種，所以「Season」一詞，原本只代表春天——播種的時期，但在中世紀時，「Season」很早就沒有了專指的意義。在春季之外，又增加了其他三季，把一年平分為四個部分：冬季，也叫溼季；秋季，指成長期；夏季，在古梵文中原本代表全年的總名。

四季不但與人類產生了實際又浪漫的關係，也有一個非常普通的天文學背景。它們是地球在一年中繞太陽運行後的結果。關於這些，我將在可能的範圍裡，用簡潔明瞭的描述告訴你。

地球自轉一次，需要24小時；公轉一次，需要365.25天。我們為了要解決這1/4天，讓日曆上能夠得到一個整數（其實這是錯誤的，但現在，各國是否有空閒時間來共同更正這個錯誤，卻成了非常大的疑問），就出現了特殊的一年，這一年包含了366天，稱做閏年。除了900、1100、1900……等末位有兩個零的年份外，其他都是每4年中出現一個閏年。但如果有能夠被400整除的年份，就是例外的例外了。最近的一個例子是1600年，在將來的例子是2000年。

路得與波阿斯（夏天） 普桑 油畫

在歷代畫家的作品中，四季是經常出現的題材，如普桑《四季》主題畫中以夏天為題材的畫作，畫家將路得跪謝波阿斯的場景置於前景中央，再由近而遠展示出麥田、房舍，直至遠山、雲天，層次分明，景色怡人。

地球繞日運行時，路線並不是正圓形，而是橢圓形。這個橢圓形雖然不是特別長，但因為我們研究的是地球在空間的路線，所以相對於它是圓形時麻煩得多。

我們如果畫一條直線，連接太陽與地球的中心，那麼地軸與這條直線並不成直角，而是66.5°的傾斜角。

但地球在公轉時角度永遠不變，所以世界各地就有了四季的變化。

3月1日，地球相對於太陽的位置，剛好可以使陽光照射半個地球，在那特殊的一天，世界各地的晝夜都相等。三個月後，當地球走完了1/4的公轉路程時，北極就會面對太陽，南極卻背向太陽，因此北極六個月都是白晝，南極六個月都是黑夜；北半球享受著白晝較長的燦爛夏季，南半球的居民就要圍在火爐邊，度過那漫長的冬季黑夜。請記清楚，當美國人在聖誕節溜冰的時候，阿根廷和智利的人正熱得要命；等到美國人被烈日曬得喘不過氣時，南半球那邊反而是溜冰的季節了。

第二個在季節上佔有重要地位的日期是9月23日。在那天，世界各地的晝夜又被平分。第三個是12月21日，那時南極面對太陽，北極背向太陽，北半球變得寒冷，南半球變得溫暖。

地軸的特殊傾斜與地球的旋轉，不僅使四季發生變化。那個66.5°的銳角，還給我們劃分了五帶。赤道的兩邊為熱帶，在熱帶地區，陽光照射下來的時候就算不是完全垂直，也是接近垂直。南北兩個溫帶在熱帶與寒帶之間，在那裡陽光照射下來時並不像熱帶那樣是垂直的，因此不得不烘照著較大的水面與地面。最後是南北兩個寒帶，那邊與陽光形成了非常小的銳角，所以就算是在夏季，69英哩的陽光也要照耀著更大一倍的土地。

這些現象，用文字並不能很清楚地表達出來。如果你有一個行星儀，就能把它們完全看清楚了、完全明白了。但現在，各個城市還沒有瞭解到行星儀的必要性。你最好到市議會去，對那些議員先生們說，你需要一個行星儀做聖誕節的禮物，假

四季的耕作

長期生活在地球上的人類，隨四季變化而耕作收穫。在長期的實踐總結後，人們發明了農業曆書，這些經驗讓人們從飢餓中擺脫出來，慢慢變得富足，能夠長久地生活在這裡。圖為人類在一年四季的勞動，非常形象地反映了人類在四季的行為。

第五章 四季

如他們還需要到辭典上去查這個難懂的名詞（我知道他們也許要查20年或30年之後才會懂得），那麼你還是自己拿著一個橘子或蘋果、一支蠟燭、一支劃分五個氣候帶時用的墨水，自己來試驗。用火柴擦出火花，燭光射到兩極時的情況就會顯示出來了。但此時如果有一隻蒼蠅飛到你自製的地球上來，千萬不要分散了你的注意力，可不要自言自語地說：「或許我們只不過像蒼蠅一樣，在一個被蠟燭照耀著的大橘子上蠢蠢欲動，而這個橘子和這支蠟燭也只不過是巨人手裡的玩具，讓他消磨寂寞的午後時光。」

擁有豐富的想像力是件好事。

但研究天文學時只憑想像，那就糟了。

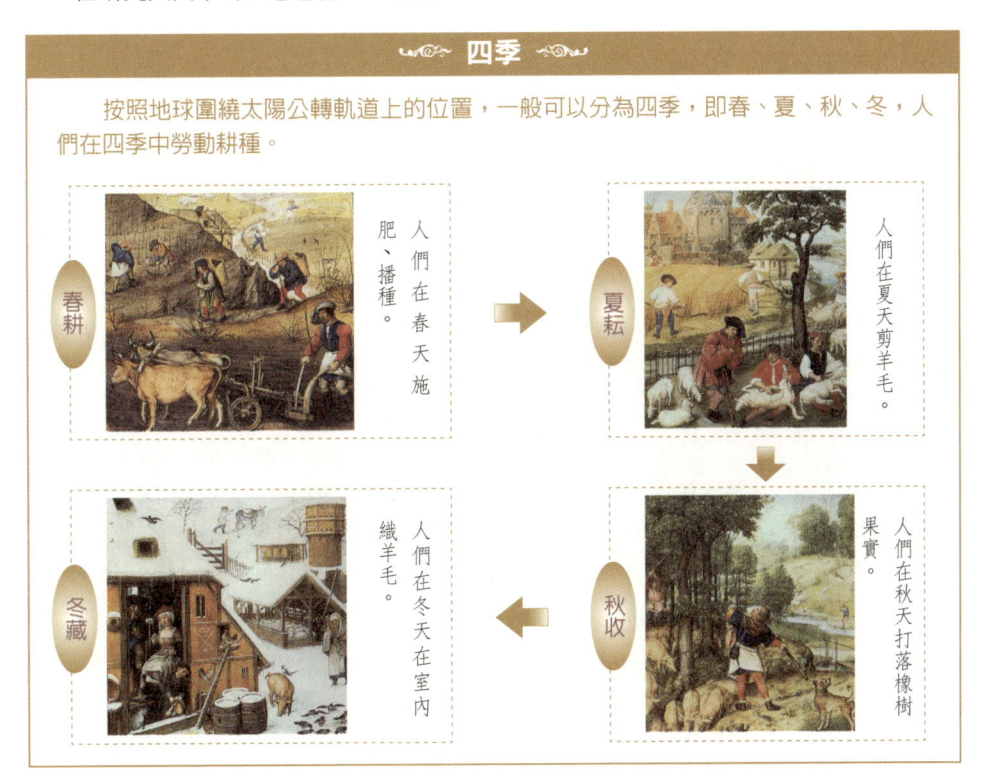

太陽儀　油畫　約瑟・夫賴特　1766年

在這幅圖中，老師們正在用太陽儀向孩子們和女人們講解、普及新的天文知識，如圖中的太陽儀是根據哥白尼和牛頓等科學家提出的理論製造出來的，它以油燈模擬太陽作為中心，透過轉動手動搖桿，使行星在交叉的同心軌道上旋轉。

四季

按照地球圍繞太陽公轉軌道上的位置，一般可以分為四季，即春、夏、秋、冬，人們在四季中勞動耕種。

春耕　人們在春天施肥、播種。

夏耘　人們在夏天剪羊毛。

秋收　人們在秋天打落橡樹果實。

冬藏　人們在冬天在室內織羊毛。

059

第六章
大陸與島嶼

世界上的大洲與島嶼。

　　沒有例外，我們都居住在一個個島嶼上，但在這些海島裡面，有幾個島嶼比其他島嶼大得多，所以我們只能把它另歸一類，稱之為大陸。實際上，大陸只是一個島，不過它所包括或統領的區域，相對於平常的海島像英格蘭島、馬達加斯加島或曼哈頓島等，要大一些。

　　但這些也並沒有嚴格的界限。綿延廣闊的陸地像亞洲、非洲、美洲，其廣闊的疆土，足以與「大陸」這個詞相稱，只有歐洲不是這樣的。歐洲在火星上的天文學家看來，就好像亞洲的半島一樣大（比印度或許大一些，但並沒有大很多），但是歐洲人堅持自己所在的地方就是一個洲。至於澳洲，假如有人說它的面積並不大，人口並不多，算不上大陸的資格時，澳洲的居民或許會起來抗議吧。在另一塊陸地上，愛斯基摩人的故鄉，雖然比新幾內亞（澳大利亞北部島嶼）與婆羅洲（東南亞島嶼）的總面積大兩倍，然而他們並沒有因為格陵蘭沒有被算做一塊大陸而覺得懊惱憤慨。如果在南極的企鵝不是謙遜溫和的動物，它們一定會振振有辭地說它們所居住的地方也是一塊大陸。沒有錯，南極洲的面積和北冰洋至地中海間的陸地一樣大。

　　雖然我不知道這些矛盾是怎麼發生的，但是數百年來，地理這門科學的確被人忽視了。在這數百年之中，許多錯誤的觀念被認為與地理學相關，就好像許多海螺附在被棄於港口的船身上一樣。年復一年（這愚昧的黑暗時期，持續了1400年之久），有些海螺竟然擁有了非常穩固的地位，被人類看做是船身的一部分了。

　　不過，我也並不想在現有的錯誤上再加更多的錯誤。我只想根據公認的區域，說世界上共有五大洲：亞洲、美洲、非洲、歐洲、澳洲。亞洲是歐洲的4.5倍，美洲是歐洲的4倍，非洲是歐洲的3倍，澳洲比歐洲小幾十萬平方英哩。依照這些在普通的地理書上的數據，亞、美、非三洲應該放在歐洲的前面，但我們除了注意面積的大小以外，還要注意到各洲在人類發展史上所擔負的使命，因此我們就先來講述歐洲了。

　　我們先來看地圖。實際上，看地圖的次數應該多於看教科書。你在研究地理的時候，如果沒有地圖，就好像演奏音樂時沒有樂器，學習游泳但卻沒有清水一樣。你看了地圖（最好有一個地球儀）以後，就會知道，歐洲半島以北冰洋、大西洋及地中海為

界，位於全球陸地最多的區塊的中心。它所處的環境，與位於全球水量最多區塊的中心的澳洲相比，形成了奇妙的對比，這是歐洲得天獨厚的地方。但除此而外，它還有其他的優勢。亞洲雖然比歐洲大了近5倍，但是總面積中1/4的地方非常炎熱；1/4的地方又與北極相接，除了馴鹿與北極熊以外，誰都不願意一直生活在那裡。

歐洲的優勢並不是只有這些，它還享有幾種其他大洲所沒有的優勢。義大利的靴尖——最南端的位置雖然很熱，但是離熱帶還有800英哩遠。瑞典與挪威的北部雖然在北極圈以內，但是有灣流光臨它們的海岸，讓它們能夠享受到溫和的氣候。但是同緯度的拉布拉多半島，就是到處充滿了冰雪的荒原了。

此外，歐洲還有許多半島和深入陸地的內海，都是其他大陸沒有的。關於這一點，你只要想一想西班牙、義大利、希臘、丹麥、斯堪的納維亞半島以及波羅的海、北海、地中海、愛琴海、馬爾馬拉海、比斯開灣和黑海的情形，再把它們跟缺少海灣及半島的非洲或南美洲做個比較，你就會發現大量的水與陸地的各部分接觸以後，就會產生適宜

世界地圖　版畫 17世紀

圖為歐洲早期繪製的世界地圖，經線與緯線已經被準確地繪製出來，各大洲和各大洋的位置已經初步呈現，山川與河流的位置也以簡單的手法被標示。這是由於航海學與天文學的進步，讓人類有機會走出自己所居住的地區去探尋新世界的結果。

北極熊 19世紀

北極熊居住在北極附近的海岸或島嶼上，是世界上最大的陸地食肉動物，一般為獨居，可以水陸兩棲，其嗅覺十分敏銳，是犬科動物的7倍。

的氣候。在這些地方的冬季不會特別冷，夏季不會特別熱，生活不會特別容易，同時也不會很艱難。這樣，人們就不至於像非洲土著一樣變成遊手好閒的懶漢，同時也不會像亞洲的居民一樣成為生活的奴隸。在那裡生活的人們能夠把工作與閒暇時間進行合理的安排，讓工作變得更有效率，閒暇時間得到更好的休息。

憑藉良好氣候的優勢，歐洲成為地球上大部分領土的主人，並且還維持了很長時間。一直到1914年至1918年發生了內戰，這種接近自殺的策略使他們逐漸走向衰落。歐洲不僅有著得天獨厚的氣候，還有著得天獨厚的地理環境。這並不是他們努力的成績，但這意外的機緣使他們享受到豐厚的恩惠。火山的爆發、冰河的侵蝕以及洪水的氾濫，都對歐洲的地理環境產生了良性的影響。歐洲的大陸之所以會形成現在的樣子，山脈能夠成為天然的國界，河流的分布使內陸能夠和海洋直接相通，實際上都是它們的功勞。要知道，在鐵路與汽車沒有發明之前，內陸與海洋的交通在商業發展上佔有極其重要的地位。

庇里牛斯山位於歐洲西南部，是法國與西班牙的天然國界，同時它還將伊比利亞半島與歐洲的其他部分分隔開來，同時又成為了西班牙與葡萄牙的國界。義大利的阿爾卑斯山也有同樣的作用。法國的西部大平原藉助賽文山脈、侏羅紀山脈和及孚日山脈等山脈作為屏障。喀爾巴阡山脈就像壁壘一樣，把匈牙利和俄羅斯大平原分隔開。在過去800年中，奧地利帝國在歷史舞臺上曾經扮演過重要的角色，因為從版圖上來看，它處於一片圓形平原之中，四周環繞著高大的山脈，使它不會受到周圍國家的侵略。如果沒有那些崇山峻嶺，奧地利或許不會生存得這麼長久。德國也不例外，因為它有龐大的方形領土，緩緩地從阿爾卑斯及波希米亞等山脈向波羅的海傾斜下去。另外，它還擁有像英國和希臘愛琴海中才有的島嶼，以及在荷蘭和威尼斯才有的那些溼地。這些天然要塞，都保障了這些獨立的正式單位得到充分的發展。

例如俄羅斯，我們雖然時常聽說，它是由某個人（羅曼諾夫家族，也就是後來的彼得大帝）勵精圖治的結果，其實（或許並沒有那麼容易讓人相信）它卻是某種自然因素與一些其他必然因素結合的產物。俄羅斯大平原位於烏拉爾山、裏海、黑海、喀爾巴阡山與波羅的海之間，位置非常優越，為成為中央集權國家提供了基礎。在羅曼諾夫家族

衰落之後，蘇俄仍然能在這個世界生存，就是一個無可否認的證據。

上文中已經說過歐洲各條河流的路線非常巧妙，對於經濟的發展產生了至關重要的作用。你如果從馬德里開始畫一條直線到莫斯科終止，你就知道這些河流不是流向北方，就是流向南方，無一例外，而且都能將內陸與大海連接起來。文明產生最重要的因素是水，土地的因素還在其次。因此，這些河流的地理位置就產生非常重要的作用，它們使歐洲成為全世界最富饒的區域。直到1914年至1918年的那場殘酷的、帶有毀滅性質的戰爭才使歐洲失去了這一令人羨慕的地位。

你可以把歐洲跟北美洲比較一下，在北美洲的兩條山脈幾乎與海岸平行，整個中部地區只有一條出路可以直接到達大海，這條出路就是流入墨西哥灣的密西西比河及其支流。墨西哥灣是內海，距大西洋和太平洋都很遙遠。或者，你再把歐洲跟亞洲比較一下。亞洲的河流由於地面的不規則的起伏，以及山脈的不規則的傾斜，都只好往原有的方向流去，而且幾條最重要的河流，又全都橫穿西伯利亞大草原，流入寒冷的北冰洋。

歐洲 版畫 17世紀

歐洲西臨大西洋，北靠北冰洋，南隔地中海和直布羅陀海峽與非洲大陸相望，東與亞洲大陸相連。其大部分地區是溫帶海洋性氣候，十分適宜人們居住與生活。圖為17世紀的一幅歐洲地圖，描繪了當時歐洲的國家區域的劃分以及沿海區域。

除了當地少數漁民以外，沒有任何人覺得它們有用。或者，你再把它跟非洲比較一下。非洲是一片大高原，它不但迫使各條河流穿過海岸邊的高山，同時還使海上的貿易不能利用天然的水路通到內陸。再不然，你就把它跟一條河都沒有的澳洲比較一下吧。這樣比較過之後，你就會知道，歐洲獨有溫和的氣候，便利的山脈與更為便捷的河流系統。而且歐洲位於地球陸地群的中心位置，它的海岸線的長度是非洲或澳洲的9倍，這一切，都注定了歐洲在地球上的大洲中脫穎而出，處於領頭的位置。

波羅的海上的新都　18世紀中葉

1703年，彼得大帝開始修建聖彼得堡，決定在這裡建立俄國的第一個波羅的海海軍基地和新都，並為此徵召了無數勞工，將貴族遷移至此。如圖中所示，在18世紀中葉，聖彼得堡已經是一個遊覽勝地，航船在雄偉的建築物之間穿梭。

第六章 大陸與島嶼

不過,假如單靠優越的地理位置,這個世界的小角落也不會凌駕於所有鄰居之上變成世界的主人,人類的智慧在其中發揮了相當大的作用。不過相對於這裡的人是比較容易的,因為北歐的氣候條件非常好,既不會非常寒冷,又不會熱得不能工作,它溫度適宜,能使人類覺得工作是件愉快的事,足以鼓勵人類開動腦筋、運用智慧。最終北歐人在為自己的國家建立了穩定的基礎、創造了最低限度的法律與秩序、獲得了安居樂業的生活之後,立刻開始從事科學研究,讓自己成為其他四大洲的主人與開拓者。

他們研究了數學、天文學和三角函數後,不僅懂得了航海的方法,而且還大大增加了信心,知道就算是遠航出海,依舊會回到起航的地方。他們悉心研究化學,最終製造出一種非常厲害的器械(叫做槍砲的怪傢伙),用來殺死其他人和動物。這種器械用起來迅速又準確,當時的其他民族或部落都達不到這種水平。對於醫學的研究,使他們知

065

房龍地理 Van Loon's Geography

剪羊毛和收割農作物 15世紀

在這幅荷蘭的每日祈禱書的圖片上,人們正在剪羊毛和收割農作物,可以得知應該是7月。而在15世紀晚期,北歐的農耕生活已經十分規律,當地人因為良好的氣候和優越的環境而獲益良多。

道怎樣去抵抗疾病,來抑制那些因疾病引起的人口減少的現象。最後,由於歐洲的土壤不夠肥沃(與恆河流域或爪哇山脈相比,歐洲的土壤就遜色很多,但土地對於安定的生活是不可缺少的),於是漸漸滋生出貪欲之心,他們不顧一切地累積財富,覺得如果沒有了財富,自己就會受到鄰邦的歧視,被當作可憐的失敗者。

自從指南針這個方便工具傳入歐洲之後,歐洲人就能夠放棄教堂塔尖式的航行和沿著海岸航行的老方法四處漫遊。自從舵的位置從船舷移到船尾之後(這個改良約在14世紀初期完成,是歷史上重要發明之一。之前船的航行方向不能完全受到控制,現在我們對於掌握方向的技術已經了如指掌了),歐洲人便能離開狹小的內海,如地中海、北海及波羅的海等,把遼闊的大西洋當作他們的通行大道,實現他們商業上與軍事上的更大目標。他們成功地把握了這次機會,使它們所在的大陸成為地球上最大一塊陸地的中心。

他們保持著這種優勢達500年之久,當輪船代替帆船時,他們仍然能夠走在別人的前面,因為貿易的發

歐洲人發明的武器 1718年

這支英國的機關槍有一個槍筒和一個旋轉的彈匣,可以選擇不同威力的子彈安裝進去。它是歐洲人的智慧與當地科學進步的表現,優越的地理環境讓他們可以累積大量的財富,用來發展文化與科技,使歐洲成為當時世界上最富強的地區。

第六章 大陸與島嶼

達與否要依靠便捷的交通。一些歐洲的隨軍著述家認為，只有那些擁有強大海軍的國家才能讓其他國家俯首稱臣，這種說法確實是正確的。威尼斯與熱那亞征服了北歐海盜，葡萄牙又征服了威尼斯與熱那亞，西班牙又征服了葡萄牙，荷蘭又征服了西班牙，英國又征服了荷蘭，因為這些國家逐漸擁有了強大的海軍。但是，現在海洋已經逐漸失去它原來的地位，貿易通道也由海洋轉向了天空。雖然世界大戰使歐洲降為二等洲行列的一員，但是如果與飛機的發明相比恐怕還算不上驚人。

在熱那亞的某個地方，一個羊毛商的兒子發現了遠洋航行的無限可能，歷史的進程便從此改變了方向。俄亥俄州的代頓城郊外，一家自行車修理店的店主，發現了從空中遠行的無限可能。1000年後的孩子們，或許只記得維爾伯和奧維爾（也被我們叫做萊特兄弟）的名字，不再能聽到人們提起哥倫布了。

飛機的發明並不是偶然的發現，是他們天才的大腦孜孜不倦探索的結果，這一重大發明使世界文明的中心從東半球開始向西半球轉移了。

萊特兄弟

萊特兄弟是指奧維爾·萊特和維爾伯·萊特，他們在1903年12月17日首次完成了完全受控制、持續滯空不落地的飛行，並發明了世界上第一架實用飛機。此後，人們可以快速從一個地方到達另一個地方，飛機使我們生活的星球變成了一個小小的世界，也奠定了人類探索宇宙的基礎。

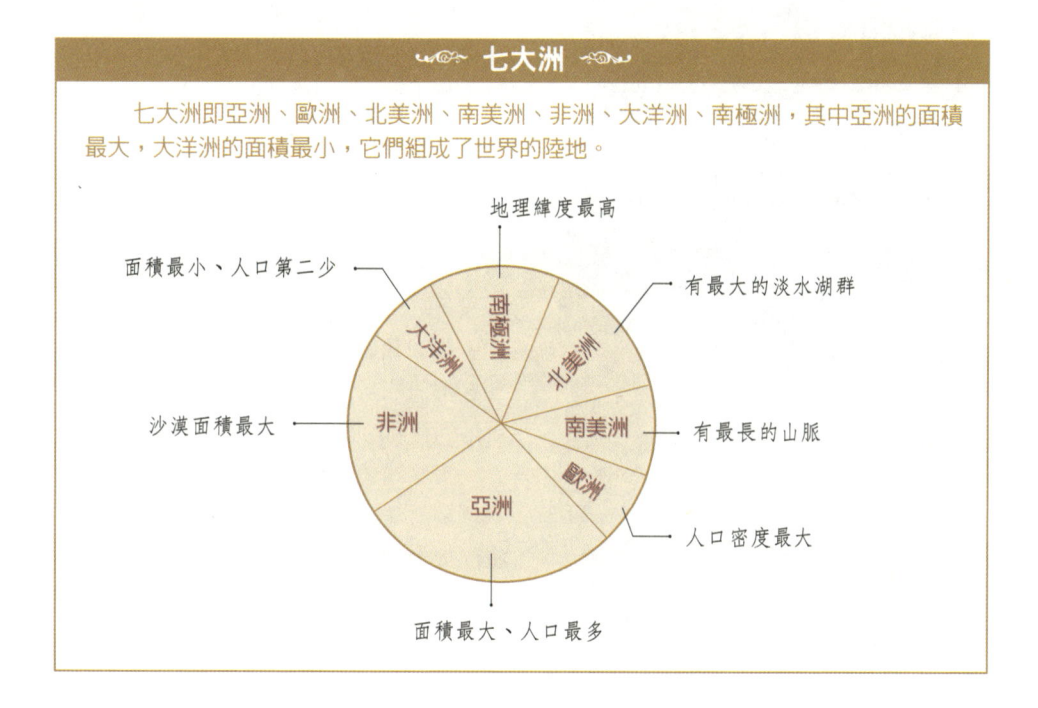

七大洲

七大洲即亞洲、歐洲、北美洲、南美洲、非洲、大洋洲、南極洲，其中亞洲的面積最大，大洋洲的面積最小，它們組成了世界的陸地。

- 南極洲：地理緯度最高
- 大洋洲：面積最小、人口第二少
- 北美洲：有最大的淡水湖群
- 非洲：沙漠面積最大
- 南美洲：有最長的山脈
- 歐洲：人口密度最大
- 亞洲：面積最大、人口最多

067

第七章

歐 洲

歐洲的發現與歐洲的人種。

雖然歐洲的面積不大,但是歐洲的人口是南美洲和北美洲人口之和的兩倍,比美洲、非洲和澳洲的人口總數之和還要多,只有亞洲的人口比歐洲多。當時亞洲有9.5億人,歐洲有5.5億人。這些數字應該是準確的,因為這些數字是由國際聯盟會的國際統計聯合會收集的。國際統計聯合會是由學者組成的集團,這些學者以一種冷靜、公平的態度來研究各種問題,他們不接受任何賄賂,在一種毫無壓力的狀態下得出結論,而不是為了取悅某些國家。

根據國際統計聯合會的統計數字,全世界的人口以每年3000萬的速度在增長,如果按照這個速度發展下去,600年內,全世界的人口就會向上成長,而人類還要在地球上繁衍生息數萬年,我們簡直無法想像,到了19320年、193200年或1932000年時,世界上會擠成什麼樣子。在地鐵裡只有站立的空間已經累得要命,在地球上如果只有站立的空間那不是更加難受嗎?

假如我們不願正視這個問題,不趁早想些解決的方法,那麼,不幸與痛苦終究要落到我們的頭上。

這些問題已經涉及經濟學範圍。現在我們要討論的是:雖然歐洲最早的定居者在歷史上佔有重要的地位,可是他們是從哪裡遷移來的呢?他們是不是第一批來到這裡的人呢?說來很遺憾,這個答案非常

歐洲人

大部分歐洲人為白種人,擁有藍色的瞳孔和金色的頭髮,眼窩深陷,鼻子窄而高。從歷史發展來看,歐洲人穿戴的服飾日益華麗,碩大的裙擺、絲綢上的刺繡、帽子上的羽毛、頸間閃耀的鑽石,都象徵著這片大陸先後崛起的繁盛帝國。

第七章 歐洲

英屬北美殖民地　18世紀

在18世紀，英屬北美殖民地的人口達到了150萬，他們佔據了陸地和湖泊，生活在荒野開闢出的土地上，並建立了房屋、街道、農莊，逐漸形成了城市，並擁有了學術機構和宗教社區，許多地方甚至可以與英國的不動地產相比。

模糊。我想他們可能都來自亞洲，經過了烏拉爾山與裏海間的平原，發現在自己沒到達歐洲之前，這片大陸上已經有了更古老的文明。但是關於人類起源和發展的證據，我們掌握得還十分有限，必須等到人類學家有了更豐富的證據以後，我們才能確信。現在，通俗的大眾地理讀本裡都沒有這方面的記錄，所以我們要把敘述的重點放在這些後來者的身上。

他們為什麼要來歐洲呢？因為同一個理由，和過去100年間成千上萬的人之所以要從舊世界遷往新世界一樣——他們忍受不住飢餓的折磨，西方這片陸地能給他們提供更好的生存機會。

這些移民分散在歐洲的各個地區，就好像後來的人們分散在美洲的各個地區一樣，他們瘋狂搶佔陸地與湖泊（那時候湖泊比陸地寶貴得多），「純粹的種族系統」的痕跡迅速消失。只有在偏僻的山谷裡，以及難以到達的大西洋沿岸，還有一些弱小的部落年復一年地過著單調乏味的生活，他們保持了種族的純粹，但是卻失去了與外界溝通的機會。

因此，我們一提到種族這個名詞，就不再存有人種絕對純粹的觀念了。

我們使用人種這個表達方式，來描述某一批人群的某些共同特點，如他們都使用共同的語言（或是大致相同），有類似的歷史背景。在有文字記載的2000年歷史中，他們由於某些相似的性格、思維模式、社會行為等，最後認為自己屬於某個人種。但是，我們很難找到另外一個表述準確的名詞來代替「人種」這個詞。

根據這個意義（它就像代數方程式裡的X一樣，用以解決困難而已），我們知道歐洲有三個強大的人種和六個較小的人種。

首先是日耳曼人種，包括英國人、瑞典人、挪威人、丹麥人、荷蘭人、佛蘭德斯人以及一部分瑞士人。第二個是拉丁人種，包括法國人、義大利人、西班牙人、葡萄牙人和羅馬尼亞人。最後是斯拉夫人種，大部分是由俄羅斯人、波蘭人、捷克人、塞爾維亞人以及保加利亞人組成。這些人合在一起時，佔了歐洲全部人口的93%。

此外就是200萬的馬扎爾人或匈牙利人，不到200萬的芬蘭人，100萬左右的土耳其人（前土耳其帝國的一小部分遺民，散居在君士坦丁堡附近）和300萬左右的猶太人。至於

北歐的石頭圈

北歐有許多由石頭圍起來的這種圓圈，它們是公元前5000年到前2500年之間由農耕群落堆積而成的，顯示出人類試圖把自己的生活方式與一些神祕法則結合起來，而這些排列與太陽等恆星的運動也有一定關係。

第七章 歐洲

歐洲

作為人口密度最大的大洲,歐洲從地理方面而言,一般分為北歐、南歐、西歐、中歐和東歐五個地區。

	區域	氣候	農作物	特色
北歐	日德蘭半島、斯堪的納維亞半島一帶	溫帶針葉林氣候	小麥、黑麥、燕麥、馬鈴薯等	西面沿海是世界三大漁場之一
南歐	阿爾卑斯山以南的巴爾幹半島、義大利半島、伊比利亞半島和附近島嶼	亞熱帶地中海式氣候	小麥、玉米、菸草等	油橄欖、葡萄、茴香等原產地
西歐	歐洲西部瀕大西洋地區和附近島嶼	海洋性溫帶闊葉林氣候	小麥、大麥、甜菜等	荷蘭牛等優良畜種
中歐	波羅的海以南、阿爾卑斯山脈以北的歐洲中部	海洋性溫帶闊葉林氣候	大麥、黑麥、馬鈴薯等	吐根堡山羊等優良畜種
東歐	歐洲東部地區	多種過度氣候	馬鈴薯、甜菜、向日葵等	頓河馬等優良品種

希臘人的血統,已經和其他人種混合,我們只能推測他們的來源。詳細說來,他們和其他人種比較疏遠,和日耳曼人種卻非常相近。此外如阿爾巴尼亞人也屬於日耳曼人種的一個分支,現在他們看起來好像很落後,但在希臘人和羅馬人雄霸歐洲以前的五、六百年,他們早就安逸地居住在現今所住的這片田野裡了。最後是愛爾蘭的塞爾特仁、波羅的海的列特人、立陶宛人以及吉普賽人。吉普賽人的數目並不確定,來歷也很神祕,當他們出現在歐洲的時候,歐洲的土地已經被其他民族住滿。因此他們就被人當作前車之鑒,用他們無家可歸的痛苦來提醒那些來得太遲的人們。

關於歐洲的山地居民和平原居民的來歷,已經說了不少。現在,我們就要敘述他們如何利用地理環境,地理環境又是如何影響著他們。因為,近代世界完全是從這種相互作用中產生出來的,否則我們就只能和山裡的野獸一樣了。

第八章

希 臘

古老的亞洲與新興的歐洲之間的橋樑。

希 臘	
中文名稱：希臘共和國	所屬洲：歐洲
首都：雅典	主要城市：奧林匹亞、帕特雷
官方語言：希臘語	貨幣：歐元
時區：東二區	國家代碼：GRC
國歌：〈自由頌〉	國花：橄欖

　　希臘半島位於巴爾幹半島的最南端。巴爾幹半島比希臘半島還要大，北邊以多瑙河為界，西臨亞得里亞海，它把希臘與義大利分隔開來，其東面是黑海，黑海是希臘和亞洲之間的天然屏障，而南邊是地中海，海的對面是非洲。

　　我雖然從來沒有在飛機上觀察過巴爾幹半島是什麼形狀的，但我總覺得，如果從高空中向下望時，它一定像一隻從歐洲伸到亞洲和非洲去的手。希臘是它的大拇指，色雷斯是它的小指，君士坦丁堡是小指上的指甲，其他手指就是從馬其頓和塞薩利起的許多山脈，一直蜿蜒到小亞細亞。這些山脈露出來的部分只有峰巒，山腰以下已經被愛琴海的海浪所淹沒。但如果從高空中向下看時，我們一定會覺得它們就像手指，有些部分浸入了盛滿水的水盆裡。

　　附在山脈上面的土坯，就是這隻手的皮膚。這些山脈大多是從西北向東南蜿蜒，路徑幾乎和對角線一樣。它們有著保加利亞、黑山、塞爾維亞、土耳其、阿爾巴尼亞、希臘等不同語種的名字，但其中重要的並不多，不值得我們去注意。

　　迪納拉山脈自瑞士蜿蜒而來，直到科瑞斯灣。科瑞斯灣是一個很寬闊的海灣，把希臘的北半部與南半部分割開來。希臘的南半部像一個三角形，古代的希臘人把它誤認為海島（這也不能怪他們，因為連接南北部的科林斯海峽只有3.5英哩寬），名字叫伯羅奔

尼撒島或珀羅普斯島。根據希臘的傳說，珀羅普斯實際上是坦塔羅斯的兒子，宙斯的孫子，他居住於奧林匹亞時，常被人奉為運動員之父。

中世紀時，征服希臘的威尼斯人都是些粗俗的大富商，他們對於坦塔羅斯烹子宴神的故事一點興趣都沒有，只覺得伯羅奔尼撒島的形狀很像一片桑葉，於是就把它叫做摩里亞。摩里亞這個名字，無論你在哪本近代地圖冊上都能找到。

巴爾幹半島上面有兩條互不相連的山脈。北邊的一條叫做巴爾幹山脈（半島的名字就是由此而來），巴爾幹山脈只不過是一條弧形山脈的南端，它的北端是喀爾巴阡山脈。在巴爾幹山脈與喀爾巴阡山脈之間，有一條狹長的峽谷，名叫鐵門，是多瑙河入海時必經之地。巴爾幹山脈很像一座屏障，它擋住了多瑙河南行的路徑，使它不得不掉轉方向，從西向東流入黑海，否則，它從匈牙利平原入境以後就會流到愛琴海裡去的。

很不幸的是，這座隔離著羅馬尼亞和巴爾幹半島的屏障沒有阿爾卑斯山那樣高大，從俄羅斯大平原上吹過來的冷風，可以輕易地越過它的峰頂，橫掃到巴爾幹半島上來，因此半島的北部經常是冰天雪地。當這些寒風將要到達希臘的時候，卻又被第二座屏障

希臘 版畫 17世紀

希臘位於歐洲巴爾幹半島的南端，擁有悠久的歷史，被譽為西方文明的發源地，在文學、數學、教育、體育、雕塑等方面都取得過巨大的成就，並對三大洲的歷史發展有過重大影響。

奧林帕斯山 油畫 喬瓦尼・提埃波羅 1661～1664年

在希臘神話中，奧林帕斯山是宙斯諸神的居住地，也是希臘的最高峰。在這幅畫中，畫家用各具性格而不受重力影響的神話人物填滿了發光的天空，用豐富的想像力描繪了一個自由、純淨的聖地。

第八章 希臘

擋住無法過去。這座屏障就是羅多彼山，又被叫做玫瑰山。從這個美麗的名字上來看，我們知道那邊的氣候一定是很溫和的。距著名的謝普卡山口（這條山路非常有名，1877年9月，俄羅斯、土耳其兩軍曾在此血戰）附近的羅多彼山的高度，要達到9000英呎，謝普卡山口附近高約8000英呎。因此它在調節半島的氣候方面，起到了很重要的作用。此外，還有一座山也很有名，那就是奧林帕斯山，高一萬英呎，山頂終年積雪，它宛如一名哨兵蹲守在塞薩利平原上。從塞薩利平原過去就是真正的希臘了。

肥沃的塞薩利平原很久以前是一片內海，後來因為著名的坦普峽谷那邊有一條佩尼魯斯河，塞薩利海裡的水全向薩洛尼卡灣流去，最終乾涸為陸地了。塞薩利是古希臘的倉庫，糊塗的土耳其人卻從來沒有注意到，他們之所以忽視這個地方，就像忽視其他一切一樣，並不是由於內心邪惡，而是由於無可救藥的懶惰。每當他們回答一個重要的問題時，總要聳一聳肩膀，反問一聲：「這有什麼用處？」自從土耳其人被希臘人驅逐出去之後，希臘的放債者便趁機剝削農民，在這片被土耳其人遺棄的土地上經營謀利。現在，塞薩利一帶的大部分地區種植了菸草。那邊有一個貿易港，叫做沃洛。據說，古亞爾探險隊尋找金羊毛的時候，就是從這裡出發的，不過這個故事已經很古老了，比特洛伊英雄們出生的時間還要早好多年。塞薩利還有一個工業城市和鐵路中心，就是拉里薩。

受到好奇心的驅使，我將會說一說拉里薩城裡之所以會有「黑人區」的歷史。每當戰爭爆發的時候，土耳其人老是讓別人去打頭陣，完全不顧別人的死活。1821年至1829年間，希臘人暴動起義，土耳其人便到它的殖民地——埃及——去帶了幾隊蘇丹人來協同鎮壓。戰爭期間，拉里薩是他們的司令部。戰爭結束後，可憐的蘇丹人卻無人提起，他們有家不能回，至今仍流落在拉里薩附近。古時候人們遭受磨難的情形，真的很出人意料！

不過，你在讀完這本書之前，還會遇到更奇怪的事情。你會聽到非洲北部的印地安人的遭遇，在中國東部的猶太人的命運，以及大西洋的一個無人荒島上，還有馬匹的消息。這一切，倒是給那些高唱「種族純粹論」的人很好的教訓。

從塞薩利越過了品都斯山，我們便可以到達伊派瑞斯。品都斯山脈和巴爾幹山脈一

奧德修斯

奧德修斯是希臘神話中的英雄。相傳帕里斯為了爭奪海倫引發了著名的特洛伊戰爭，奧德修斯在戰爭中獻出了木馬計，才奪取了圍攻10年之久的特洛伊城。在荷馬史詩《伊利亞特》和《奧德賽》中，詳細描寫了奧德修斯的生平和戰績。

房龍地理
Van Loon's Geography

亞里斯多德肖像　油畫　約斯·梵·讓特　約1475年

亞里斯多德是希臘著名哲學家，他被稱為古希臘哲學家中最博學的人物。在這幅圖中，亞里斯多德的左手放在一本厚厚的書上，右手輕微上舉，眼神充滿了渴望和機警，其服飾帶有15世紀晚期的藝術風格。

樣高，是伊派瑞斯與其他各地之間的屏障。伊派瑞斯是貧困的山村，只有成群的家畜，既沒有港口，又沒有便利的交通，但在以前亞里斯多德卻認為它是人類的最早家園，這實在讓人覺得莫名其妙。那裡最早的居民幾乎沒有遺留下來，因為在一次羅馬人遠征的時候，曾經把15萬名伊派瑞斯人賣作奴隸了（這只不過是羅馬人建立法典與秩序時的高明手段）。雖然伊派瑞斯的人們生活很悲慘，但是這塊土地卻很有名，因為從愛奧尼亞海裡延伸出來的一塊狹長水路把大陸分隔成兩個部分，一部分叫做伊塞卡島，據說就是漂流了多年的奧德修斯的故鄉；一塊叫做科孚島，是費阿克斯人最初的故鄉。費阿克斯人的國王阿爾喀諾俄斯有個女兒，名叫瑙西凱厄，她不僅是古代文學中所描寫的典型的美女，而且是當年巾幗中最擅長宴客的模範。現在，科孚島（愛奧尼亞群島之一，最初被威尼斯人所佔領，隨後轉輾於法英之手，至1869年被英國讓給了希臘）之所以著名，首先是因為1916年塞爾維亞軍隊戰敗後，曾經在那裡避難。其次，因為數年以前，義大利海軍曾經把那裡當作射擊目標。將來它很有希望變成一個冬季的避寒地，可惜它剛好在歐洲的地震帶上，這點顯得有些美中不足。

歷史告訴我們，迪納拉山脈是地震的產物。不錯，科孚附近的桑特島在1893年，還發生了非常強烈的地震。雖然如此，只要是風景美麗的地方，人們也決不會為了地震而裹足不前的，危險對於他們來說，彷彿會因為風景美麗而降低很多。我們在環遊地球的時候，總能遇到許多火山，總能發現火山斜坡上的居民相對地殼安全地方的人口更加稠密。這又是為什麼呢？如果誰知道，就請他說出來。至於我，要從伊派瑞斯動身，向南行進了。看啊，比奧西亞到了！

第八章 希臘

比奧西亞宛如一個乾涸的大水盆，位於南邊的阿提卡山脈與北邊的伊派瑞斯山脈之間。我之所以要敘述這個區域，最大的原因是要說明大自然對人類產生影響的典型案例。這種影響，我在本書的開頭部分已經提到過了。在很久以前，只要是一個比奧西亞人，即使他來自文藝女神的故鄉——帕那塞斯山地，即使帕那塞斯山上還有特爾斐的神廟，但普通的希臘人總把他當作一個愚蠢的人、村夫、傻子、呆瓜，似乎他們生來就是被人家欺負的。

客觀來說，比奧西亞人的資質並不比其他希臘人差。軍事學專家伊巴密濃達和傳記作者普盧塔克都是比奧西亞人，不過有一點卻值得注意，他們在年輕的時候就離開了故鄉。至於那些老死在比奧西亞的居民，則難免遭受惡毒水汽的傷害。這些惡毒水汽是從科帕斯湖沿岸的窪地上散發出來的。也就是說，或許他們就是患上了近代醫學上所說的瘧疾。由於患上了這種疾病，所以他們就顯得不是特別聰明了。

在13世紀，法國的十字軍成為雅典的統治者以後，開始把湖裡的水排乾，從此比奧西亞人的生活相對以前安定了許多。隨後換了土耳其人前來，情形卻又變得更加糟糕，因為他們什麼事都不管，任憑那些傳染瘟疫疾病的蚊蟲生長。直到比奧西亞歸入了新王國的統治，由法、英兩國的公司，先後把科帕斯湖裡的汙水排入尤伯里克海裡，於是原來的內海就變成了肥沃的牧場。

現在，比奧西亞人已經不再叫比奧西亞人，不再比雅典人或布魯克林鞋匠更愚蠢了。他們已經非常聰明，能夠榨取蘇格蘭人或亞美尼亞人的錢財了。沼澤地沒有了，毒氣沒有了，傳播瘟疫的蚊蟲也絕跡了，數百年來被人當成天下第一的傻子，在幾片蒸發瘴氣的沼澤乾涸以後，已經恢復了常態。

我們再來講阿提卡。阿提卡是全希臘最有趣

希臘奴隸 大理石雕塑
鮑爾斯‧海勒姆 約1843年

這個年輕的女子眼神溫柔，姿態優雅，她的雙手被鎖鏈綁住，準備被賣給土耳其人做奴隸。自從土耳其人入侵希臘之後，就在這片文明的土地上放火劫掠。而這尊表情鎮定的雕塑，似乎也象徵著傳說中的女神在撫慰苦難中的人民。

的部分。在現代，我們只要從拉里薩乘坐火車，向北就可以到達歐洲內陸，向南就可以到達雅典。但在古代，人們如果要從北方的塞薩利到南方的阿提卡，只有一條路可走，那就是有名的塞莫皮萊山路。實際上，照現在的觀念說來，塞莫皮萊還不能算是山路——高山之間的狹長山路。它只不過是一條45英呎寬的小徑，一面是奧塔山下的亂石，一面是尤伯里克海的哈拉斯灣。公元前480年，李奧尼達為了抵抗薛西斯的軍隊，曾經率領300個斯巴達人在這裡作戰，結果雖然無一生還，但從此歐洲便倖免於亞洲人的侵略。

愛琴海

愛琴海在地中海的東北部，位於希臘半島和小亞細亞半島之間，是黑海沿岸國家通往地中海以及大西洋、印度洋的必經之路，也是一片非常美麗的海洋，有葡萄酒色之海的稱號，風景怡人。

第八章 希臘

200年後,野蠻的高盧人屢次想侵犯希臘,也在這裡吃了敗仗。後來,在1821年和1822年的土耳其與希臘戰爭中,塞莫皮萊山路在軍事上也佔有著極重要的地位。但現在,這條山路已經無影無蹤了。海水已經從陸地上退後了3英哩,剩下的只是些簡陋的浴池,讓風溼病患者可以到溫泉裡去洗澡。從此以後,這片古戰場就以溫泉得名。然而,只要人們對那些戰死的勇士表示相當的敬意,這片古戰場也就永遠不會被遺忘。

阿提卡本身像一個小三角形——一片岩石崢嶸的海岬,下面蕩漾著愛琴海的波浪。

李奧尼達在溫泉關戰役

面對十倍於己的波斯大軍,斯巴達人在他們的王——李奧尼達的率領下憑藉勇猛與信念在易守難攻的關隘溫泉關死守了三天三夜,史稱「溫泉關戰役」。圖中戴冠持劍的李奧尼達與誓死跟隨的斯巴達勇士們在溫泉關全部犧牲,書寫了波斯與希臘戰爭中最為悲壯的一頁。

那邊有很多山嶺,山中又有直達海口的小峽谷,微風從海口吹來,山谷中的空氣總是那麼的清新。古代雅典人說,他們之所以有卓越的才智和清晰的洞察力全是由於呼吸到了如此清新的空氣。他們的話或許沒錯。這個地方不像比奧西亞,沒有凝滯的汙水潭,傳染瘟疫的蚊蟲也沒有地方繁殖。所以雅典人都很健康,而且很少生病。他們認為,人的身體與靈魂是同一個東西,決不能一分為二,健全的身體能夠激勵健全的靈魂,健全的靈魂是健全的身體中不可缺少的一部分。這種理論,正是雅典人獨有的。

在那種清新的空氣中,你可以看見亞克羅坡利山與彭特里亞山之間的一切景物。彭特里亞山是馬拉松平原上的名山,雅典所用的大理石均出自此地。不過,雅典之所以會在現代如此繁榮,並不是單純依靠良好的氣候。

但是由於阿提卡靠近海岸,使雅典人有直達世界各地(不論是熱鬧的都市,或是杳無人煙的荒島)的機會。但是,大自然還是異想天開地在那邊堆了一座小山,山壁險峻、山頂平坦,有500多英呎高、870英呎長、435英呎寬,位於平原的中心。這片平原的四周,又被海麥塔斯山(上等雅典蜂蜜的出產地)、彭特里庫斯山及埃格魯斯山所圍

第八章 希臘

繞。波斯與希臘戰爭時,不幸的雅典難民曾經逃到埃格魯斯山的斜坡上面,眼看波斯的兵船一艘艘沉沒,那時候,距離薛西斯軍隊燒毀雅典城,已經沒有幾天了。回到正題,來講講這座小山吧。這座險峻而平頂的小山,很早就引起了北方居民的注意,因為他們到了那邊之後,就能獲得生存不可缺少的食物與安全。

說來也很奇怪,古代的雅典和羅馬(或現代的倫敦與阿姆斯特丹)雖然是歐洲人最重要的居住地,可是它們的位置,並不是緊靠著海,離海岸還有很長一段路。實際上,緊靠著大海居住也是很危險的。例如諾薩斯城,它雖然是地中海克里特島的中心,建立的時期雖然比雅典和羅馬早好幾百年,可是永遠承受著海盜的擄掠和突然而來的驚恐。雅典與羅馬相比,離海的距離更近。希臘的航海者只要在比利亞斯(雅典的港口)上了岸,不久就能骨肉團聚,羅馬的商人卻不得不在三天之後才能到家。正因為這種不便,他們也就慢慢丟掉了回歸故鄉的習慣,安然在台伯河口的碼頭上住下,而羅馬與海的關係,也從此疏遠了。其實,一個國家如果要向外發展,海的作用是非常大的。

這些山頂平原上的居民,這些「山城」(也就是雅典衛城的本意)上的居民逐漸遷到了平原上,環山修建了許多房子,房子外面圍繞著高牆。最後,他們又把當地的堡壘

希臘的阿克羅波利斯聖山 油畫 19世紀

阿克羅波利斯也就是雅典衛城,圖中我們可以看到坐落在古城中心的帕德嫩神廟,它是為了慶祝打敗波斯侵略者而建的,神廟中供奉著象徵著智慧與戰爭的雅典娜女神,人們正聚集在廣場準備前往神廟參拜。夕陽下,白色大理石裝飾的主體建築在畫面中熠熠生輝。

和比利亞斯的堡壘連接起來,過上了從事貿易和搶劫的雙重生活,但沒有多久,他們堅固的城堡已經變為地中海地區最富饒的大都市。他們的山城已經不再是居住的地方,而是一座神殿的所在地了,一座由大理石建造的、屋頂高聳地向著紫紅色天空的神殿,雖然土耳其人的火藥炸毀了這裡好幾處重要建築(1645年圍攻雅典時),然而它至今仍然存在於世間,依舊巍然屹立在群山之上。這裡可以說人類藝術的表現確實已經達到完美的境界了。

1829年,希臘奪回自由權時,雅典只不過是一個小村落,居民只有2000人左右,到了1870年,它的人口增至4.5萬人,現在已有70萬人。這種飛速的增長,只有少數幾個歐美地區的城市趕得上。如果世界大戰以後希臘人沒有立刻和命運作抗爭,不把小亞細亞有優勢的領土悉數斷送,那麼現在的雅典或許已經是愛琴海岸邊的政權中心了。然而也許這一切在不久的將來會實現。上帝的車輪雖然走得很慢,可是卻日夜不停地在那裡轉動。而且,雅典娜又是從宙斯腦袋裡生出來的女孩子(生性最潑辣,天資也最聰慧),雅典既然用她來命名,那顯然是表明它有極大的復興力量了。

最後,我們來到了希臘半島的最遠部分,在這裡我們的願望與預言也許再也不會實現了!珀羅普斯王子因為父親種下了惡果,於是遭遇了種種磨難,現在的珀羅普斯就是用這個不幸的王子來命名的,也就成了種種磨難的故鄉了!這裡有個名叫阿卡狄亞的窮鄉僻壤,四周都是崇山峻嶺,與海相隔甚遠。雖然很多詩人們說它是淳樸可愛的牧童

阿戈拉廣場　19世紀

在雅典的繁盛時期,阿戈拉廣場發揮著巨大的作用,它位於衛城的西北部,成為了重要的商業樞紐。廣場的西邊有公民大會議事廳、檔案館、劇場等重要機構和文化交流場所,因此在當時成為了公眾集會和交流的中心。

第八章 希臘

的故鄉，其實阿卡狄亞人並不比其他希臘人更淳樸，因為詩人們總喜歡把知道得最少的東西說得天花亂墜。即使阿卡狄亞人不像其他希臘人那樣狡猾、那樣對別人使詭計，但也並不是因為他們不贊成這種舉動，而是因為他們從來沒有染上過這些壞毛病罷了。他們不偷人家的東西確實是事實，但在這樣一個只有棗樹和山羊的鄉村，有什麼東西可偷呢？他們不撒謊，也沒有錯，但他們的村落那麼小，誰的事情還會不知道呢？他們雖然不像依洛西斯人和其他聖地居民一樣，文雅而又奢侈地供奉著上帝，但他們也有自己的神明，這位神明就是牧羊神。在阿卡狄亞那些只會講低俗笑話或智力低下的販夫走卒的心目中，這位牧羊神是一位能和奧林帕斯山的其他神明一起消遣的神。

的確，阿卡狄亞人好戰，但打起仗來總是吃虧。原因是他們和普通的鄉野農夫一樣，既不願意接受訓練，又不能同心協力推舉出一個能帶兵打仗的元帥。

阿卡狄亞南邊的拉哥尼亞平原是一塊土地肥沃的地方，比阿提卡溪谷要肥沃得多，只是那裡的人們在思想和意識上都很貧乏，但是在這塊平原上，卻坐落著最神奇的古代城市，它的名字叫斯巴達，這裡的一切都與雅典相反。雅典人對於人生的態度是絕對肯定的，斯巴達人卻是絕對否定的；雅典人崇拜有想像力的天才，斯巴達人崇拜高效的工作和服務意識；雅典人重視神聖不可侵犯的個人權利，斯巴達人主張把個人納入平庸而且無差別的規範之內；雅典人總是打開大門歡迎外國的旅客，斯巴達人卻不是驅逐他們就是把他們殺掉；雅典人生來就喜歡經商，斯巴達人卻不屑從事商業。如果我們觀察一下這兩種政策的最終結果，就會知道斯巴達只好落於人後。雅典的精神滲透了全世界，斯巴達的精神已經跟產生這種精神的斯巴達城同歸於盡了——它早已消滅得無影無蹤了。

不過，在近代希臘地圖上，你仍然能找到一處叫做斯巴達的地方。那只是個小小的村落，住著少數的農夫與質樸的養蠶婦人。這個小村落於1839年建立，也許就是古代斯巴達的舊址。當時的建築費由熱衷於此事的英國人籌措，建築圖紙由德國的工程師繪製。然而誰都不願意到那邊去住。現在，經過了將近100年的努力，它總算有了4000個居民。這不禁讓人想到施加在珀羅普斯身上的詛咒，在半島的另一部分變得更加明顯，這種磨難，在史前的邁錫尼城裡得到了充分的實現。

邁錫尼城的遺址距勞普利亞很近。勞普利亞是伯羅奔尼撒最有名的港口，位於伯羅奔尼撒海灣上。邁錫尼城的毀滅在公元前5世紀。但是從我們的角度看來，邁錫尼城卻比雅典或羅馬更重要。因為，遠在有歷史記載以前，文化就是最先從這裡傳到野蠻的歐洲各海岸去的。

如果你想明白這件事情的原因，最好看一看那隻巴爾幹大手——從歐洲伸到亞洲去的大手的三個指頭。它們一半浸在海裡，由各個小島組合而成。這些小島現在大部分屬於希臘，只有愛琴海東部的少數幾個島嶼歸義大利統治，並且還會統治下去。因為它們只是些大海中不值錢的岩石，其他國家不屑去爭奪。為便利起見，我們可以把全部的海島分成兩部分：希臘附近的錫克拉底斯群島，與小亞細亞附近的斯波拉底斯群島。這些海島彼此距離都非常接近，正如聖保羅早已知道的那樣。它們彷彿是一座橋樑，埃及、

房龍地理
Van Loon's Geography

油畫裝飾品 雅典

在這幅赤褐色的油畫裝飾品上，描繪了公元前5世紀的一個富有雅典人家庭，右側婦女後方是一個屏風，而左側婦女抱著的巨大的花瓶應該被用於盛裝洗浴的熱水，這也表明了這個裝飾品的用途，它可能是一件新婚禮物。

巴比倫與亞述的文化，都由此向西傳播到歐洲的沿海各地。同時，這些文化受到愛琴海島上初期亞洲人的影響，早已明顯變得「東方化」了。就是這一種東方化的文化，傳到了邁錫尼城。由此看來，邁錫尼城本應該和後來的雅典一樣，成為古希臘的中心。

但為什麼沒有成功呢？我們不知道。就像我們不知道馬賽既然已經取代雅典掌握了地中海的權威，為什麼後來又把它的權威讓給了新興的羅馬一樣。邁錫尼短命的繁榮與突然的衰落恐怕將永遠是個未解之謎。

你或許想抱怨我，上面所講述的都是歷史，而這本書卻是一本地理書。說得不錯，不過你要知道，希臘就像其他文明古國一樣，歷史和地理的關係非常密切，是不可能分開來講的。而且，如果用現代的眼光看來，希臘在地理上值得記載的地方卻很少。

科林斯海峽上面開鑿有三英哩長的運河，但卻很狹窄，水又淺，不足以通過較大的船隻。希臘人屢次和土耳其發生戰爭（有時單獨與土耳其戰鬥，有時聯合了保加利亞、塞爾維亞及蒙特內哥羅對土耳其宣戰）。最初把版圖擴大了將近一倍，後來又把新得的領土斷送了一半。原因是他們只會做勝利的美夢，輕視土耳其人的戰鬥力。現代希臘和古代一樣，專注於開拓海洋。青白色的國旗（這原本是古代巴伐利亞的旗幟，希臘在1829年獨立後，開國君主就開始使用了）在地中海裡到處飄揚。有時，北海和波羅的海裡面也會有不少載著許多瓷瓶瓦罐的希臘商船，但這些瓶罐造型醜陋而且粗糙，與濟慈所描寫的希臘古代器具確實有著天壤之別。至於其他希臘商船，大多裝了橄欖、無花果、葡萄乾，運往喜歡這些果品的國家去。

喪葬面具 約公元前1500年

圖為邁錫尼藝術最不朽的傑作之一，這個具有高度表現性的面具顯示了邁錫尼藝術中人類的無上尊嚴，具有高度的表現力，人們也一度認為面具塑造的人物形象就是領導希臘人進行特洛伊戰爭的邁錫尼國王阿伽門農。

希臘宴會　希臘　公元前490～前480年

這幅陶器外壁上的裝飾畫描繪了古希臘宴會中的情景。一個青年男人斜坐在沙發上，一邊飲酒一邊欣賞表演，他手中拿著笛子，似乎隨時準備一展身手。而一個女舞者揚起裙襬，正在觀眾面前翩翩起舞。盛產葡萄和橄欖的希臘很早就有了釀造葡萄酒的技術，自然也少不了多種形式的宴會。

希臘能不能像無數希臘人所盼望著的那樣，重新恢復它舊時的盛世呢？或許他們可以。

可是希臘曾經先後被馬其頓人、羅馬人、哥德人、汪達爾人及斯拉夫人所侵佔，被諾曼地人、拜占庭人、威尼斯人和窮凶極惡的十字軍所征服，並且還曾經淪為殖民地。隨後又遭受過阿爾巴尼亞人的大屠殺，它的主權落於土耳其人之手也長達400年之久。在世界大戰中，它又成為同盟國軍隊的戰場和糧餉供給所——像這樣一個受盡磨難的國家，想要恢復元氣真是一件不容易的事情，但是只要生命不息就有希望。雖然現在看來，生命只存在很微弱的訊息。

古希臘三賢

古希臘三賢是古希臘歷史上著名的三位哲學家，分別為蘇格拉底、柏拉圖、亞里斯多德。

蘇格拉底是古希臘著名的哲學家，被尊為西方哲學的奠基者。

師徒　　師祖

柏拉圖是西方客觀唯心主義的創始人，提倡理性的訓練。

師徒

亞里斯多德從學於柏拉圖，被稱為古希臘哲學家中最博學的人。

第九章

義大利

地理位置優越，具有稱雄海陸的實力。

義大利	
中文名稱：義大利共和國	所屬洲：歐洲
首都：羅馬	主要城市：米蘭、佛羅倫斯
官方語言：義大利語	貨幣：歐元
時區：東一區	國家代碼：ITA
國歌：〈馬梅利之歌〉	國花：雛菊

　　從地質學的角度來看，義大利是一片廢墟——它的一切都是一座巨大山脈的遺留物。這座山脈曾經構成過一片方形高原，形狀就像現在的西班牙，但後來逐漸風化（在幾百萬年中，就算是最堅硬的岩石也會風化掉的），最後隱藏在地中海的海水裡。現在，這座古代的山脈只剩最東邊的部分還能讓我們看見，這就是亞平寧山脈。亞平寧山脈源自波河流域，最終到達位於靴尖（義大利的地圖看起來像一隻靴子）的卡拉布里亞。

　　科西嘉島、厄爾巴島和薩丁島都是那片史前高原的遺跡，西西里島當然也是它的一部分，此外如散落在第勒尼安海裡的許多小島，也是那座古代殘骸的一部分。想像一下，當那片高原被海水淹沒時，景象一定很壯觀。因為悲劇的發生早在2000萬年以前，所以誰也不能知道其中的原因，誰也不能知道高原在受到致命的火山噴發後是怎樣的情形。火山爆發的結果反而讓後來義大利半島的居民獲得了很多的收益，他們能夠享受到大自然的種種恩惠，例如溫和的氣候、肥沃的土壤、適宜的地理位置等。義大利半島之所以會變成古代的強國，以及在文學藝術方面取得的重要成就絕不是偶然造成的。

　　希臘是一隻伸到亞洲去的手，它抓住了尼羅河流域與幼發拉底河流域的古代文

第九章 義大利

明，把它們輸入歐洲的其他國家。但那時，雖然希臘人帶給歐洲大陸很多福利，但他們同時也與歐洲大陸刻意保持疏遠。他們的國家就像一個島國。儘管表面看來希臘是一個半島，可是半島對於他們，一點好處也沒有。整個巴爾幹山脈中重重疊疊的山脈，把他們與歐洲其他地方的人們隔絕開了。

義大利的情形卻完全相反。它是三面環海的半島，又是北歐大陸的一部分，因此半島與大陸的福利它都享受得到。我們經常忽略這個事實，總是把西班牙、希臘和義大利放在一起討論，認為它們有很多相同點。西班牙與希臘的確有許多地方類似，庇里牛斯山脈與巴爾幹山脈同為無法跨越的屏障，因此把南北地區隔絕起來。但遼闊的波河流域卻是一片突出的平原，深入歐洲的內陸。義大利最北邊各城的緯度，比日內瓦或里昂高得多。就算是米蘭與威尼斯所處的緯度也高於波爾多與格勒諾布爾。至於被我們當作義大利中心的佛羅倫斯，也幾乎和馬賽在同一個緯度上。

雖然阿爾卑斯山比庇里牛斯山及巴爾幹等山脈高很多，可是它有方便的道路，使南

義大利　版畫 17世紀

位於歐洲南部的義大利，以阿爾卑斯山為界，與法國、瑞士、奧地利等國家為鄰。在這片土地上，見證了古羅馬帝國的強盛、文藝復興的繁榮，以及幾千年來無法動搖的最高宗教地位。在藝術、科學和技術方面，義大利擁有悠久的傳統，許多藝術作品也流傳至今。

北之間的交通十分便利。隆河和萊茵河與義大利的北部國界平行，把阿爾卑斯山一分為二，境內許多小河，都向萊茵河及隆河流去，而且與主河道成直角，這些小河與波河流域之間，就有了不少捷徑。這些捷徑的最早發現者是漢尼拔，他曾經帶著一隊大象，從這個地方攻打羅馬，讓毫無準備的羅馬人驚恐萬分。

因此，義大利就是一個扮演雙重角色的國家：一方面做威震地中海的島國；一方面做傲視歐洲的大陸強國。

自從地中海丟掉了世界舞臺中心的地位以後，美洲的發現使大西洋變成了商業與文化的中心，義大利便失去了以前的很多優勢。它缺少煤礦和鐵礦，不能和西方的工業國家抗衡。然而從公元前753年羅馬人建國之日起，直到公元4世紀為止，將近1200年中，易北河與多瑙河以南的地方，全由義大利人統治。

野蠻的日耳曼部落從亞洲遷入歐洲以後，都想佔有肥沃的「遠西」，並為此爭得不亦樂乎。這時的義大利誕生了基本的法律和秩序觀念，他們利用這個機會放棄了漂泊的

義大利的法庭

早在文藝復興時期，義大利的佛羅倫斯就出現了結構完善的法庭，刑事案件、民事案件以及與宗教相關的案件都在這裡做出裁決，可以算是當時歐洲最先進的法庭組織。圖中出現了負責審判的法官，宗教的神職人員以及前來起訴的民眾。但當時機構的權利都掌握在富人手中，因此為了自身利益產生的誤判和錯判也時常出現。

第九章 義大利

遊牧生活，享受半開化生活的各種利益。當然，它為了要繁榮自己，難免會犧牲別人。雖然它一面讓百姓繳納苛捐雜稅，一面把那些日耳曼部落遣散到各地去，讓各地的命運永遠受到他們的支配。就在現代，只要是眼光敏銳的人到過巴黎、巴伐利亞、馬德里或特里爾之後，就會馬上覺得，那邊地方居民的容貌與外表，都有某種相似之處。他還會驚訝地發現，那邊商家所用的招牌上面寫的字不論是法文、西班牙文、羅馬尼亞文或者葡萄牙文，他都能看得懂，也讀得出來。他或許會嘆息：「我原來是在古羅馬的境內呀！這一帶地方原來是屬於義大利的，就好像現在的菲律賓屬於美國一樣。這裡的第一棟房子是義大利工程師造的，第一條街道是義大利將軍開拓的，就連最早的交通和商法也是用義大利文寫的。」他還會恍然大悟，覺得這一半是海島、一半是大陸的國家，擁有著多麼大的天然優勢啊！

這些天然的地理優勢使得義大利征服了周邊許多國家，但同時它所在的地理環境也給它帶來了可怕的災難。大家都知道只要是由火山爆發形成的國家，就永遠會有被火山毀滅的危險。義大利不僅是廢墟、橘子樹、樂隊以及時髦的人們的故鄉，也是一塊經常受到火山爆發的威脅的大陸。

任何活到70歲的義大利人（在義大利，平均壽命為70歲，因為他們彷彿生來就愛笑，懂禮貌。）在去世以前，至少會親身經歷一次大地震、兩次小地震。地震儀（願我們所有的儀器都像地震儀那樣精確可靠）告訴我們，從1905至1907年間，地震的總數已達到300次。第二年，也就是1908年，墨西拿城完全被摧毀。你如果需要可靠的統計表（而且數字往往比文字更動人），這裡剛好有一張，是記載埃斯切爾島上的地震次數的。

埃斯切爾島位於卡普里島的對岸，那邊地震的年份如下：1228、1302、1762、1796、1805、1812、1827、1828、1834、1841、1851、1852、1863、1864、1867、1874、1875、1880、1881、1883……。

數百萬年來，火山爆發的結果是，讓義大利很多地方逐漸覆蓋上了厚厚的凝灰岩。凝灰岩是一種軟石塊，是火山爆發時從火山口裡噴出來的火山灰所凝結而成。這些凝灰岩非常酥鬆，對於半島地貌的形成有著決定的影響。有幾片凝灰岩區的面積竟然達到了4000平方英哩，古人所說的「羅馬七山」，實際上只不過是七堆硬化了的火山灰罷了。

遠古時期的火山爆發產生了其他地質上的變化，使義大利的土壤變得異常不穩定。亞平寧山脈縱貫整個半島把它分成兩半。這些山脈大部分由石灰石構成。石灰石往往附著在較硬而且年代較早的岩石上，質地非常柔軟，並且容易滑動。古代的義大利人很清楚這件事，所以每隔20年，即使火山不爆發，也會勘察一下自己與各大國之間的疆界，看那些做好記號的界石是否還在原處。對於現代義大利人來說，只要一聽說鐵軌彎曲了、道路被壓得粉碎，或村落被一座鬱鬱蔥蔥的高山埋在下面的時候，他們就非常清楚（他們付出了很高的代價，憑藉以往的痛苦經驗，才瞭解到的），那一定是土地的「坍塌過程」了。

龐貝古城大劇場　油畫　哈克特　1799年

圖為1799年被挖掘出來的龐貝城劇場區，其背後依靠著維蘇威火山，劇場高大的外牆、半環形的走廊、觀眾的座位及劍鬥士的營房仍然依稀可見，整體建築氣勢磅礡，就算被火山灰埋藏了多年，也掩蓋不住當時城中繁盛的景象。

　　如果你去義大利旅行過，就會驚訝地發現，在高山頂上有許多城市。關於這個情況，當地人最常見的解釋是：當時的居民為了防範盜賊才逃上山頭，其實這只不過是次要的原因。他們放棄了溪谷裡的清泉、遠離了交通便利的大道，搬到不方便的山頂上去，最主要的原因還是為了避免山體滑坡導致的危險。在山頂附近，那些較硬而且年代較早的岩石往往露在表面，能夠給居民提供永久的棲身地，至於山坡上面，則全是些酥鬆的石灰石，跟浮沙一樣站不住人。因此，山頂上那些看起來風景如畫的小村莊，生活在其中卻未必舒適了。

　　從這些地方我們就聯想到現代的義大利。義大利不像希臘，它並沒有希臘輝煌的歷

史。但是義大利人聰明又勇敢,信心百倍地向著新的目標行進,當然這些工作不是一朝一夕就能夠完成的,但是他們長期努力,以求擺脫數千年被忽視的威脅,恢復古代的繁榮景象,躋身於世界列強之林。

1870年,義大利重新成為一個獨立的國家。從獨立戰爭結束以來,外國的統治者被驅逐到阿爾卑斯山(他們原本就是阿爾卑斯山那邊的人)的另一邊以後,義大利人便開始進行一項偉大而艱難的事業,把義大利這個消沉了多時的國家重新帶入正軌。

他們最先注意到的是波河流域——這個半島的食品倉庫。波河沒有其他河流長。實際上,你只要看一看世界大河比較圖,你就會知道歐洲只有伏爾加河才符合大河的標準。波河靠近北緯45°,僅長420英哩,即使如此,那片直接受它影響而且布滿了它的支流的土地,卻達到了27000平方英哩。儘管在流域面上波河跟其他河流無法相比,可是波河也有它自己的特性,有它獨特的地方。

波河可以用於航行的水域達到了全長的5/6,又是世界上三角洲的最快建造者。每年,它會把它的三角洲向前推200英呎,增大3/4平方英哩。如果這種現象能持續1000年,波河的三角洲就會延伸到對岸的伊士特里亞半島,成為7英哩寬的長堤,把亞得里亞海的一部分分隔成湖泊,讓沿海的威尼斯變成水上的城市。

威尼斯總督府景觀　油畫　卡納萊托　1755年以前

在這幅圖中,精巧而壯觀的總督府和聖馬可教堂十分醒目,而運河上的船隻和忙碌的船夫也構成畫面的一部分,生動而莊嚴的威尼斯在畫家的筆下格外美麗,卡納萊托抓住了威尼斯的典型景物,完成了這幅精彩的作品。

河流攜帶的大批泥沙中，一部分被波河帶到海裡，一部分沉積在河底，使河底長出幾英呎厚的堅硬地層。沿岸的居民為了要預防這條日漸增寬的河流的氾濫，修建了很多堤壩，這項工作始於羅馬帝國時期，至今仍然沒有間斷。最終造成了波河的河床高出兩旁的平原，有些村落裡的堤岸，竟然達到了30英呎高，波河彷彿就在他們的屋脊上流過。

波河流域之所以聞名於世，還有其他原因。從地質學角度看，距離現在不久以前，義大利北部的平原完全是亞得里亞海的一部分。那些阿爾卑斯山中美麗的峽谷，雖然現在成為遊人的避暑勝地，但是從前與被淹沒在海裡的挪威峽谷一樣只是狹窄的海灣。古代，冰河覆蓋著歐洲與阿爾卑斯山的大部分地區，冰河融化帶來大量的水傾瀉而下，這些溝壑就成為了它們的出口。冰河從山坡上一直後退，水流下洩造成許多石粒也跟著滾落下來，壓在厚厚的河床上，這些石粒叫做冰磧石。如果兩條冰河相遇，兩層冰磧層便合成一層，比原來的高出一倍，就叫做中磧層。冰河融解後，中磧層與冰河分離，就叫做尾磧層。

蓋滿白雪的阿爾卑斯山　水彩畫　科曾斯・約翰・羅伯特　約1776～1779年

阿爾卑斯山位於歐洲南部，是歐洲最高的山脈，平均海拔為3000公尺。在這幅圖中，遠處覆蓋著白雪的勃朗峰清晰可見，當氣溫變暖時，積雪融化，匯成小溪，成為了很多河流的發源地。人們把山路作為連接兩地的交通要道，彼此之間的貿易也逐漸開始了。

第九章 義大利

尾磧層類似於河狸築成的堤壩，它們把山谷的最高處與最低處分隔開。只要冰河延續下來，尾磧層就無法阻攔住向下傾瀉的洪水。但年復一年，冰河逐漸溶化，水量逐漸減少，尾磧層便高出於水面之上，形成一個湖泊了。

義大利北部的所有湖泊，如馬格里羅湖、迪科莫湖、迪伽達湖等，都是冰磧湖。當人類來到湖邊進行灌溉工作時，這些冰磧湖確實是良好的蓄水池。每逢春季積雪消融，它們把剩餘的水量儲藏起來，讓它們不會全部洩入溪谷，造成水災。迪伽達湖的水位能抬升12英呎，馬格里羅湖的水位能抬升15英呎，即使有更多的水進來，它們依舊容納得下。居民只需要在湖邊修建簡單的水閘，就可以按照當時的需要把水閘打開放水了。

波河流域的居民很早就開始利用這種天然的便利。他們開鑿了許多運河，讓它們與波河的各支流相接，還建造了許多水閘和堤壩。現在，在幾分鐘之內，就會有幾千立方英呎的水從運河裡通過了。

波河流域是最佳的稻米產區。1468年，一個比薩的商人引進了稻穀，直到今天，波河流域中部已經到處都是一望無際的稻田了。其他農作物如玉米、大麻、蘿蔔的產量也非常豐富。波河流域的雨量雖然不如其他地方多，但它卻是全義大利土地最肥沃的區域。

波河流域不僅提供豐富的穀物給人們，同時還把漂亮的衣裳賜給女人。早在9世紀，養蠶用的桑樹已經從中國經過了拜占庭，傳到義大利來（拜占庭就是東羅馬帝國，它的首都在1453年被土耳其佔領，從此君士坦丁堡就變成了土耳其人的國都，拜占庭也跟著滅亡）。桑樹需要溫暖的氣候，倫巴底一帶剛好給它提供了適宜的生長環境（倫巴底就是波河流域，它以條頓民族裡的倫巴底人或長須人命名）。現在這些地方從事養蠶的人已經將近50萬，產品的質量也遠勝於中國和日本。雖然蠶是體積很小的昆蟲，它卻能為我們提供最華麗的布料。

波河流域的人口非常密集，這原本並沒有什麼可驚訝的，不過有一點卻值得我們注意，那就是初期的居民，總把城市修建在離河很遠的地方。原因是當時的工程技術還很落後，沒有達到修建牢固堤壩的水平，而且每到春季洪水來襲，河邊總有許多泥濘的溼地，因此他們只能退避三舍了。位於波河流域最重要的城市就是都靈了，它是當今薩伏伊王室古老的居住地，它位於通向法國和瑞士的山口（通向法國的蒙特‧塞尼斯山口和通向瑞士的聖伯納德山口，後者以優良的犬種和修道院而著名）。都靈是波河沿岸最大的城市，地勢很高，不會有遭受水災的危險。其他城市中，米蘭是米蘭省的首府，位於五條重要商道的交匯點、波河與阿爾卑斯山之間。威洛納是伯倫納山路的終站、德國和義大利最早的連接點之一，位於阿爾卑斯山的山腳下。克雷莫納是有名的小提琴製造商斯特拉第瓦里家族、瓜爾里家族和阿馬蒂家族的故鄉。至於帕多瓦、摩德納、費拉拉及博洛尼亞（歐洲最早的大學所在地）等城市，雖然是依靠波河才繁盛的，但卻與波河的距離很遠。

在古代，威尼斯和拉文納是以浪漫聞名於世的兩座城市。在威尼斯有157條運河，共

米蘭 版畫 17世紀

米蘭位於阿爾卑斯山南側的波河平原上,是義大利文藝復興時期的文化中心、工業中心,也是義大利經濟最發達的城市之一。這座城市修建有教堂、美術館、城堡、劇場和圖書館等,也被譽為世界時尚之都。

長28英哩,代替街道作為通商之用。它最初只是難民的棲身地,在大移民運動發生時,百姓們感覺到住在內陸並不安全,為了躲避危險,於是就搬到波河與各條小河所形成的泥濘的沼澤地來。可是他們到達威尼斯之後,就立刻發現了賺錢的機會。那裡食鹽資源非常豐富,甚至可以用「遍地都是」來形容。食鹽的壟斷經營使他們走上了致富之路,他們的茅草屋變成了大理石宮殿,他們的漁船和戰艦一樣大,將近300年的時間中,他們是殖民力量中最重要的一支。

那時,就算是頭戴高冠的教皇、神聖的羅馬皇帝、土耳其的皇帝也不如他們富有。直到哥倫布安全返回的消息和印度航路發現的消息傳到里阿爾托(他們的商業中心)之後,才引起了一陣恐慌。股票和債券暴跌50點,商業的失敗變成衰落的預兆,從此威尼斯便一蹶不振了。往日的貿易要道現如今卻變成了毫無用處的投資。里斯本與塞維利亞趁機興起,取代了威尼斯成為國際貿易的中心,歐洲各地的商人都湧向那邊,因為那邊有各種香料以及亞洲、美洲的商品。至於曾經黃金滿庫的威尼斯,此時卻成了18世紀的巴黎。有錢的公子們都到那邊去,因為那邊能讓他們接受到文雅的教育和頹廢的娛樂。但正當尋歡的人們樂不思蜀時,末日突然到來了,拿破崙率領著軍隊把這個繁華的城市征服了。運河至今還在,它的美麗依然聞名於世。再過20年,它們很有可能會被蒸汽船

第九章 義大利

威尼斯的繁榮景象

　　威尼斯位於義大利的東北部，它建在水上，因此素有水都的美稱。在這幅圖中，碼頭的小船或載著遊覽的客人，或載著運往國外的貨物，每天都有大批的貴族、商人匯聚在這裡。可以說，這條運河讓他們得到了美譽，也得到了財富。

所毀壞。

另一個城市拉文納，也是波河沖積作用的結果。拉文納現在已經成為一個內陸城市，距亞得里亞海岸有6英哩的距離。這是一個像黑洞般的城市，但也曾經接待過尊貴的客人。但丁與拜侖都在那裡住過，也許是因為迷戀那裡的燈紅酒綠，也許是想沉浸在感嘆與悲愁中。5世紀時，它在世界的重要性甚至超過了今天的紐約，因為它既是當時最重要的海軍基地，又是西羅馬帝國的首都，有森嚴的禁衛軍、巨大的船埠以及大量木料的儲存。

公元404年，西羅馬皇帝眼見野蠻民族日漸強盛，羅馬城已經難以固守、危在旦夕，為了避免可怕的襲擊，獲得更好的生存機會，便決定搬到這「海上城」來。從此以後，這裡就成為歷代帝王的故鄉。他們的皇宮在這裡，他們的樂園也在這裡。現在，你只要看到「黑眼婦人」時代的精細嵌工，你一定會為人類的手工藝術達到的高度感到震驚，因此聯想起拉文納當年的景象。這位黑眼婦人出身貧寒，幼年在君士坦丁堡做過馬戲團裡的舞女，後來卻成為了名君查士丁尼所心愛的皇后，死後還得到了一個尊貴的封號——狄奧多拉。

帝國的歷程：帝國消亡　托馬斯‧科爾 1835年

在系列作品《帝國的歷程》中，托馬斯描繪了羅馬帝國由一個蠻荒之地成為一個帝國，直至最後消亡的過程，以此對美國不要重蹈羅馬帝國的覆轍提出了警示。圖中的羅馬帝國富麗堂皇、華美瑰麗，應該正處於盛年時期。

第九章 義大利

　　隨後，拉文納被哥德人征服，變成他們的新國家的首都，附近的淺水湖也在此時漲滿。在這之後，威尼斯人和教皇為此發動了戰爭，還被當成過可憐的流浪者的暫時居所。這可憐的流浪者原本是佛羅倫斯人，曾在他的國家留下不少政績，結果卻受到死刑的威脅，不得不逃離自己的故土。從此，他就在拉文納郊外的松樹林中過著寂寞的生活，直到老死。沒過多久，這古老的帝國名都也步上了他的後塵。

　　關於北部義大利的情形就簡單地說幾句。義大利雖然缺少煤礦，可是水力的供給卻幾乎是無限的。這些水力資源在世界大戰剛爆發時就已經開始被利用，20年之後它一定會有驚人的發展。原料的缺乏雖然是很難解決的問題，但普通的義大利人都能從事養蠶業，他們的生活方式很有條理，他們對物質的欲望也很有節制，因此如果和原料多而人力少的國家相比，義大利仍然可以成為一個厲害的對手。

　　在西面，波河平原與地中海被利古里亞的阿爾卑斯山分隔開，這個地方也是連接阿爾卑斯山脈與亞平寧山脈之間的紐帶。山的南邊是里維埃拉的一部分，那裡不會受到北方寒風的侵襲，成為全歐洲的避寒勝地；那裡還有很多華麗又舒服的旅館，能給長途跋涉的人們提供方便。它的首都叫熱那亞，是現代義大利的第一港口，城內有雄偉的大理石宮殿，是古代遺物。當年威尼斯侵佔近東殖民地的時候，熱那亞的勢力也是非同小可的。

　　熱那亞的南邊有一片小小的平原，就是亞諾河平原。亞諾河發源於佛羅倫斯東南25英哩的群山裡，橫貫佛羅倫斯城。佛羅倫斯在中世紀就有完善的交通系統，向南通往基督教的中心──羅馬，向北能到達歐洲的其他地方。佛羅倫斯人運用了這種優越的商業地位，不久就成為世界銀行業的重要中心。有一個名為美第奇的家族要特別提及一下（他們最初以行醫為業，所以在他們的徽章上掛著三顆藥丸），對於這項事業有著特殊的天分，在這之後的很多年，他們成為一個世襲家族統治著整個托斯卡納，使佛羅倫斯成為15世紀和16世紀時最神奇的藝術中心。

　　1865年至1871年之間，佛羅倫斯是新興的義大利的首都。雖然它已經沒有了往昔的風采，但依然是一個值得觀光的地方，當一個人的財富和鑒賞力能夠達到一個平衡點的時候，那麼他在佛羅倫斯就總能領略到生活的美麗。

　　亞諾河緩緩流淌，沿途美麗的風景可以與爪哇相媲美。河口附近有兩個城市，它們除了歷史遺跡以外，其他部分都不是很重要了。比薩城內有一座斜塔，當年因為建築師沒有將地基打好，塔身就傾斜了，但後來伽利略想研究自由落體時，這座斜塔就很有用處了。第二個城市是內窩那，英國人之所以這樣叫它可能有著特殊的理由。1822年，雪萊曾經在離城市不遠的海裡淹死，因此內窩那這個名字也就被人們所銘記了。

　　從內窩那往南，早期的古道與近代的鐵路都緊靠海岸。遊客們坐在車上能夠看見厄爾巴島在迷霧中若隱若現（這是拿破崙的流放地，後來他突然從島上逃回法國，陷入了滑鐵盧戰役）。再往南，便是台伯河流域了。這條有名的河在義大利語中叫做Tevcre，是一條緩慢流淌並呈褐色的小河。它有點像芝加哥河，但是比芝加哥河寬；它也有點像柏

義大利早期的銀行

經濟的快速發展促進了銀行產生，穩定的匯率也為佛羅倫斯銀行業的發展打下了良好的基礎。圖中可以清楚地看到為客人辦理手續的工作人員，負責清點數量的人以及正在等候的客人。日積月累，借貸、利率和匯率這些現代銀行學的基礎概念也逐漸產生了。

林的斯普雷河，但是比斯普雷河渾濁得多。它的發源地在薩賓山中，古代羅馬人曾經到那裡去偷去搶他們的妻子。史前時期，它的入海口在羅馬以西12英哩，現在已經延長了2英哩。其實它跟波河一樣，也是一位出色的泥沙輸運者。台伯河流域與亞諾河流域完全不同，台伯河流域要寬得多。亞諾河流域土地肥沃，對於人類健康非常有好處。台伯河流域卻經常瘟疫蔓延，到處都是荒蕪的土地。傳說在這個地方的人們會患上一種恐怖的熱病，能使人的身體慢慢腐爛。中世紀時的人們對此都深信不疑，認為是由於惡氣所致，從此瘴氣一詞就被人們創造出來了。附近的居民因為害怕這種瘟疫，在太陽下山以後就把門窗緊閉。這種消極的防禦有一個極大的弊端，因為緊閉之後，所有的小蚊蟲都被關在室內了。但是對這種超乎尋常的愚昧，我們也很難責怪古代的人們，因為直到30年前人們才發現蚊蟲能夠傳播病菌。

在羅馬帝國時代，台伯河平原上的水被排乾了，居民也很密集。人們在這裡繁衍生息，地中海盜賊蜂起，第勒尼安海岸全無屏障，結果便成了海盜的囊中之物。城市被毀了，農場也荒廢了，排水的溝渠常年沒有人疏通，這些臭水溝裡藏滿了傳播瘟疫的蚊蟲。從台伯河口起，一直

第九章 義大利

到西塞奧山附近的彭汀沼澤杳無人煙。旅客們在經過這裡的時候,總是快馬加鞭,讓可憐的馬拖著車疾馳而過。不但整個中世紀時是這樣,即使在30年前也還是這樣。

到這裡就出現了一個問題:像這樣一個古代的重要城市,為什麼要建在瘟疫盛行的地方呢?為什麼聖彼得堡要建在費盡了無數人的力量才能變成土地的沼澤裡呢?為什麼馬德里要建在孤零零並且沒有樹蔭的荒涼高原上呢?為什麼巴黎要建在終年下著連綿陰雨的盆地的最低處呢?我不知道,或許是因為湊巧的機緣和人類的貪婪,或許是因為聰明一世卻糊塗一時的政治遠見!這些我都不知道,我並不是在寫哲學教科書。

現代的羅馬依然是老樣子:夏季酷熱、冬季嚴寒、交通不便、氣候不利於健康。可是,在古代,它竟然成為了聞名遐邇的基督教的聖地,是威震世界的大帝國的中心。這一切,絕不是一、兩句話能夠解釋清楚的,你應該去尋找那無數種不同且互相關聯的因素。但是在這裡卻沒辦法敘述,因為我如果把其中的原因都解釋清楚,那就要寫三本這麼厚的書了。

這些就是關於羅馬的本身。在這裡我也不想細說,因為我無法對這座東半球的永恆之城做出公正的判斷,這也許是受到我的祖先的影響。我的祖先只要一看見羅馬的東西,總是深惡痛絕,1700年來(公元前50年至公元1650年)從來沒有改變過這種態度。我只能站在古羅馬的廣場上放聲大哭,我只能回想起當年的殘暴情形。那時候,強盜和勒索者憑藉大將軍和領袖的名號,肆意殘害著整個歐洲,以及亞洲和非洲的大部分地區,然而後人還往往會原諒他們,認為他們對於文化的發展也有著相當的功績,其實他們的殘忍行為,絕對不是筆墨所能形容的。我只能站在大教堂的前面,追憶著聖彼得的功績與罪惡,讓嚴肅的情緒充斥著我的腦海。我只感到心痛至極,痛惜著當年花費了無數的金

擲鐵餅者 雕像 5世紀

該雕像是古羅馬的複製品,其原作是古希臘雕塑家米隆於公元前450年的作品,展現了一位正要投擲鐵餅的青年形象,他有著強壯的肌肉,正蓄勢待發,其肌肉的寫實表現對後世有深遠的影響。

錢，建造了這座紀念聖彼得的建築，到頭來卻除了比其他教堂大一些外，毫無美麗或精雅可言。我羨慕佛羅倫斯與威尼斯的和諧。我羨慕熱那亞恰到好處的協調。我也知道，存在著這種情緒的只有我一個人。是的，就連比特納克、歌德以及稍有名望的學者，看到了布拉曼特的建築，也只是灑下惋惜的淚水而已。算了吧！我並不想讓你對於羅馬存有先入為主的觀點，它到底是什麼樣子，你在親眼見過之後就會知道了。我所要告訴

設計師討論聖彼得大教堂的建築方案　賀拉斯弗奈 18世紀

聖彼得大教堂是全世界第一大教堂，也是羅馬基督教的中心教堂，其建設之初請來了當時在義大利最有名的藝術家參與設計。圖中身穿紅衣、留著白鬍鬚的長者是當時的教皇尤里烏斯二世，布拉曼泰在他的前面手拿教堂平面圖為他講解教堂構造，拉斐爾站在一旁等待著教皇驗收壁畫草圖，教皇左側的米開朗基羅也參與了討論。

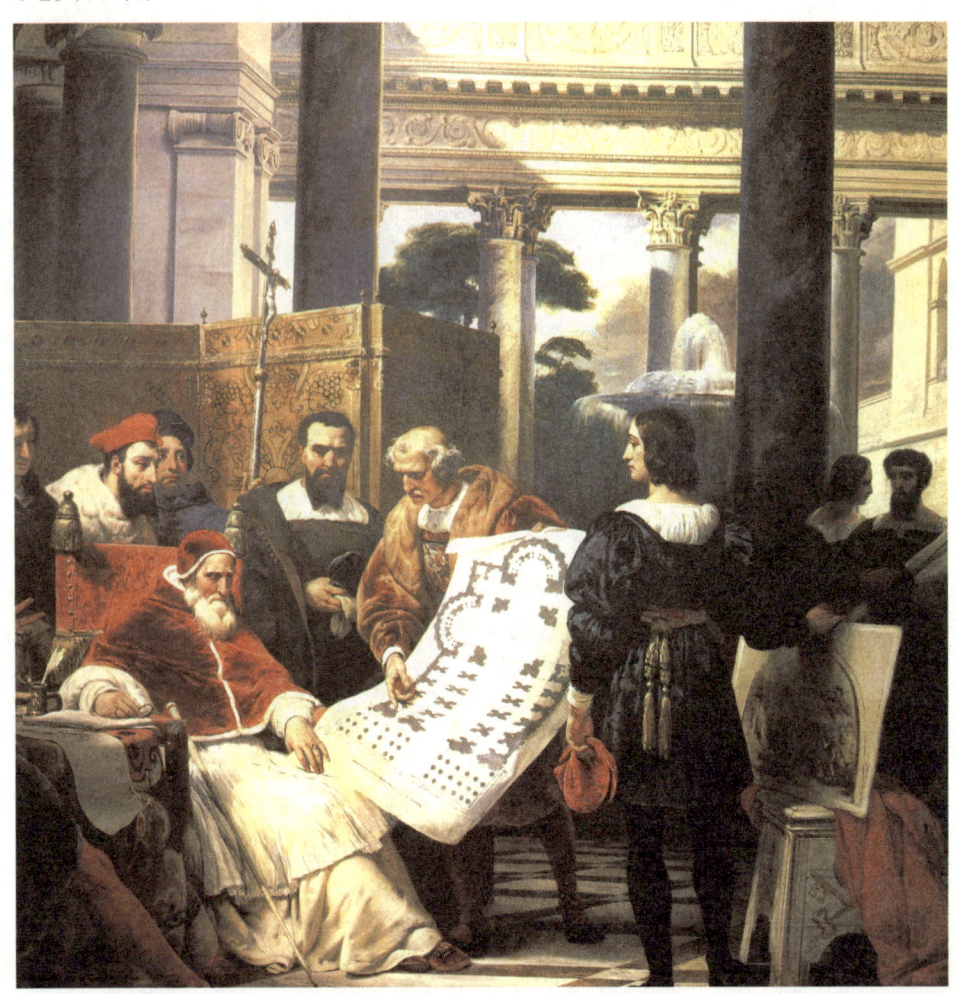

第九章 義大利

你的，只是羅馬從1871年以來，一直是義大利王國的首都，城內還有一個叫梵蒂岡的城市。梵蒂岡於1903年歸屬教皇統治，從此教皇就有了統治全城的自主權。1870年9月，義大利的軍隊攻進了羅馬城，頒布了憲法，取消了教皇歷年來的至高無上的權利以後，直到1930年為止，教皇連統治梵蒂岡的權力都沒有了。

現代的羅馬工業很不發達，城內有幾座猙獰可怕的紀念碑、一條跟費拉德爾菲亞相似的大街，以及許多穿著制服的人們。不過，制服倒都很整齊。

離開羅馬，我們到達另一個城市。這個城裡的人口很稠密，在義大利半島上可說首屈一指，它是神奇的地理與歷史的錘煉場地，並且很容易讓我們聯想起一個煩人的質疑：「羅馬位於小河邊的死角裡，這座城市卻享受到各種天然的利益，但為什麼它不能把羅馬的統治權奪過來呢？」

那不勒斯位於海濱，剛巧在一個地勢優越的海灣的頂端。它的歷史比羅馬早，附近的土壤非常肥沃，義大利西部的沿海各地都不能與它相比。從前，希臘人發現了那不勒斯城後，在埃斯切爾島的附近和野蠻的亞平寧部落有了商業上的往來。但埃斯切爾島上經常有火山爆發的危險，不適合作為穩定的貿易市場，因此希臘人就相繼遷移到大陸上去。遷居之後，他們時常發生不可避免的爭執（一方面是由於離祖國太遠，另一方面由於統治者過於嚴酷，治理不當），以致內戰不斷，三、四個小居住點互相攻擊。幸好就在這時候，一大批新的希臘人開始聯合起來到達這裡，自己建立起了一個叫「新城」，或稱「Neapolis」的城市，隨後又改稱那波利，就是英語中的那不勒斯。

當羅馬只是個遊牧民族聚居的小村落時，那不勒斯已經是繁盛的商業中心。但那些牧民也很厲害，很有政治天賦，因此公元前4世紀時，那不勒斯就做了羅馬的「同盟」，同盟二字本來是有褒義的名詞，表示平等的關係，不像「從屬」那樣不雅。從此以後，那不勒斯就逐漸處於次要地位，不久就遭受到來自野蠻民族的侵略，最後更落入西班牙波旁王朝之手。波旁王朝在那不勒斯的統治成為了一切打壓言論自由和行動自由的代名詞，是一個政治的壞榜樣。

但那不勒斯自有它的先天優勢，因此居民日漸增多，最終擁擠不堪，歐洲各城市沒有一座能與它相比。當時，這麼多人是如何居住的，並沒有人知道，也從來沒有人過問。直到1884年發生了霍亂，才迫使這個現代王國進行全城大掃除。當然，它是以一種很聰明、很鄭重的方式進行。

那不勒斯後面矗立著一座美麗的維蘇威火山，維蘇威火山與其他火山相比，噴發相對很有規律，它大約有4000英呎高，四周遍布著許多美麗的小村落，村落裡釀造一種特別的烈酒，叫做基督的眼淚，極負盛名。村裡人的先祖從羅馬帝國時代，就已經住在那邊了。為什麼不呢？從前的維蘇威是座死火山。自從有史料記載以來，近千年中，它從未噴發過一次。但是在公元63年，它的內部雖然會隱約地發出隆隆的聲音，但義大利這個國家卻像是很不在乎似的。

直到公元79年，才發生了一件非常恐怖的事情。在不到兩天的時間裡，赫基雷尼亞

房龍地理
Van Loon's Geography

第九章 義大利

那不勒斯附近的景色　版畫 17世紀

那不勒斯是義大利南部的第一大城市，也是重要的沿海港口城市（圖中左側A區），位於維蘇威火山西側山腳下。這裡景色優美，是地中海著名的風景區之一，現在也是鋼鐵和石油的主要出口區之一。

ad mare Tyrrhenum
silipo NEAPOLIS
uuij prospectus.

A. Neapolis.
B. Castello S. Elmo.
C. Castel nouo.
D. Mons Vesuuius. monte
E. Soma.　　　　(soma.
F. Chiaia.
G. Monte Pausilipo.
H. Castel del ouo.
I. La grotta.
K. A la montagnia.
L. A la marina.
M. Camino per Roma.
Depinxit Georgius Houfnagius

城、龐貝城和另外一個小城，完全被覆蓋在火山灰下面。從此以後，維蘇威火山在100年中至少要活動一次，讓人們知道它離死期尚遠。新火山口比舊火山口的遺跡高1500英呎，永遠在噴發濃煙，我們只要看近300年來的統計：1631、1712、1737、1754、1779、1794、1806、1831、1855、1872、1906……我們就能知道，那不勒斯是非常有可能成為第二個龐貝城的。

從那不勒斯往南，我們就到卡拉布里亞。卡拉布里亞的缺點在於離這個國家的中心太遠。雖然它也有鐵路可以跟北方相連，但是沿海地區瘧疾橫行，中部地區是花崗岩地質，農業耕種從羅馬第一次共和時期就開始了。

墨西拿海峽　版畫 17世紀

墨西拿海峽位於西西里島和義大利之間，溝通了第勒尼安海與愛奧尼亞海，以考古遺跡和沿岸風景著稱。但是海中的大漩渦使這一帶的水流十分湍急，為航運造成了相當大的困難，西岸的墨西拿港和東岸的雷焦卡拉布里亞港是主要港口。

第九章 義大利

　　狹長的墨西拿海峽，在卡拉布里亞與西西里島之間。這個海峽只有一英哩多寬，但在古代卻非常有名。因為那裡有兩個漩渦，一個叫斯庫拉，一個叫卡里布狄斯。據說，航海的船隻只要偏離航向，便會被它們吞噬。這種由漩渦所引起的恐懼心理，可以讓我們對古代船隻的落後有所瞭解。現代的游輪已經能夠在漩渦中順利地駛過，非常平穩，絲毫不會察覺水裡有什麼異動。

　　說到西西里島，它的位置讓它成為古代世界天然形成的中心。這個地方氣候溫和、土地肥沃，人口也非常稠密。就和那不勒斯一樣，人民的生活太好了、太舒服了、太容易了。西西里人在2000多年的漫長時間中，對於外國勢力強加於他們的苛政，總是心平氣和地承受。他們先後被腓尼基人、希臘人、迦太基人（他們離非洲北部的海岸只有數百英哩的距離）、汪達爾人、哥德人、阿拉伯人、諾曼地人、法國人，或被120個省份、82個公爵、129個侯爵、28個伯爵、356個男爵統治過。等到統治者不去掠奪和折磨他們的時候，就把那些被地震震壞的房屋修理一下。島上的火山叫做埃特納，1908年那次的噴發至今還深深地印在人們的記憶中。當時它不僅把最重要的城市墨西拿完全震毀，而且還殺死了7.5萬人。

　　馬耳他島實際上是西西里島的水上鄰居，它從政治上來說，雖然不是義大利的一部分，但也要在這裡敘述一下。它是一個資源豐富的海島，位於西西里島與非洲海岸之間。由歐洲經蘇伊士運河進入亞洲的航路，必須經過該島。十字軍東征失敗以後，它就被聖約翰的武士們佔領。這些武士自稱為Maltese Order，意思是馬耳他武士。1798年時，這個地方又被拿破侖順手奪去。那時拿破侖想經由埃及和阿拉伯，到印度去趕走英國人（這實在是一條妙計，不幸的是埃及和阿拉伯的沙漠非常遼闊，終究沒有成功）。兩年後，英國人便用這個藉口把它佔領了，至今仍未放棄。對於英國人的作法，義大利人當然很不高興，可是馬耳他人卻滿不在乎，因為他們只在意安逸的生活，而不在意是由誰來統治。

　　對於義大利的東部海岸，我以前也沒有特別注意，它確實也並沒有什麼了不起的地方。首先，亞平寧山脈蜿蜒到海邊，在那裡很難找到寬廣的平原，再加上亞得里亞海的西岸山勢險峻，非常不適於人類居住，商業的發展也就不得不落在人後。從北方的里米尼直到南方的布林迪西（郵車到非洲和印度就從此地出發），那裡沒有一個重要的港口。

　　長靴的後跟是阿普利亞，阿普利亞的缺點和卡拉布里亞一樣，都是離文化中心太遠。這裡的耕種方法，自從漢尼拔（他曾經在那邊等候迦太基的救兵等了12年，但救兵始終沒有來）時代起，直到現在也沒有一點變化。這和卡拉布里亞的情形很相似。

　　阿普利亞有一座城市，雖然擁有良好的天然港口，可是從來沒有顧客光臨。這個城市叫做塔蘭托。塔蘭托一詞，其義為毒蜘蛛或一種舞蹈。據說只要是被塔蘭托蜘蛛咬過的居民，都會跳著塔蘭托舞，這樣他們就能防止陷入昏迷之中。

　　世界大戰使地理狀況變得非常複雜，如果我們要提到現代的義大利，就應該提一提伊士特里亞半島。這個半島之所以歸義大利人統治，是義大利人背棄了同盟與敵軍合

作後的結果。第里雅斯特本來是奧匈帝國的主要港口，現在它的資源供給城市已經丟掉了，不再像從前那樣繁盛了。最後要敘述的是阜姆，阜姆在瓜爾內諾灣的末端，也是哈布斯堡家族的舊領土，日耳曼人在亞得里亞海上很難找到比它條件更優良的港口，只有阜姆才是他們的天然出路。但義大利人卻害怕它會變成第里雅斯特的勁敵，一心想佔領它。當時簽訂《凡爾賽和約》的各國代表，不同意他們的要求，他們就直接把它奪取過來。不對，簡直是那位大詩人兼大惡棍的鄧南遮替他們奪取過來的。隨後，協約國雖曾一度把它變成一個「自由國家」，但自從義大利和南斯拉夫長期談判之後，阜姆終於被讓給義大利了。

我要再說一下薩丁島，本章就可以結束了。薩丁實在是一個很大的海島，可惜位置偏遠，島上的居民又很稀少，有時候我們可能會忘了它的存在。但是它確實坐落在那裡。它的面積約10000平方英哩，是歐洲的第六大島。雖然島上的山脈與亞平寧山同為史前大山脈的一部分，但因為它們是那座大山脈的兩個極端，都背向義大利本國。島的西

義大利海港和古代遺跡　　油畫　弗朗西斯·瓜爾迪　18世紀30年代

在這幅圖中，畫家以浪漫的手法描繪了灰濛濛的雲彩下的壯麗景色，畫風灑脫隨意，抒情色彩濃厚，帶有威尼斯的晚期洛可可風格，其令人感嘆的詩意是作品的魅力所在，也不乏印象派的特色。

第九章 義大利

海岸有很多優良的港口，東海岸異常嶮峻，沒有一片平坦的登陸點。過去兩個世紀中，它在義大利歷史上佔有舉足輕重的地位。1708年以前，它是西班牙的殖民地；1708年以後，它落到奧地利人手裡；1720年，奧地利人又把它讓給薩伏伊公爵，而用公爵的領地西西里作交換條件。薩伏伊公爵先是把波河邊的都靈作為首都，此時得到了薩丁，便高傲地稱自己為薩丁國王了（因為公爵很容易升為國王）。但是這些都不能說明薩丁島上的居民都是義大利人，因為事實上到過撒丁島的義大利人寥寥無幾。

知識山

在文藝復興時期，知識的大門向所有人敞開，無論男女老少，都有學習知識的權利。人們從最基本的說話、寫字開始，逐漸學習文學、醫學、音樂、數學和天文。這一時期，教育也逐漸對女性開放，人們可以根據興趣選擇自己想學的知識。

義大利文藝復興代表作

13世紀末，文藝復興開始在義大利各城市興起，並出現了許多畫家、文學家，他們創作了大量作品，其中米開朗基羅、達文西、拉斐爾就是當時的代表人物。

▶ 作為文藝復興三傑之一，米開朗基羅在《創世紀》中描繪了男子氣概的理想形象，完美地表達出永恆世界的輝煌。

▶ 在拉斐爾的《雅典學院》中，畫家將多名不同時代的學者繪製在畫面上，寄託了他對美好未來的嚮往以及對希臘精神的崇拜。

▼ 達文西創作了這一副動人心魄的作品——《蒙娜·麗莎》，她的微笑神祕莫測，也是有史以來最炫目的畫作之一。

107

第 十 章

西班牙

歐洲和非洲的衝撞點。

西班牙	
中文名稱：西班牙王國	所屬洲：歐洲
首都：馬德里	主要城市：巴塞羅那、塞維利亞
官方語言：西班牙語	貨幣：歐元
時區：東一區	國家代碼：ESP
國歌：〈皇家進行曲〉	國花：香石竹

　　伊比利亞半島的居民，一直以來都以非常明顯的「種族」特點而聞名。在旁人看來，西班牙人跟其他民族完全不同。無論在任何地方，或任何情形之下，他們總會比其他種族的人更容易被辨認出來。他們有種族上的優越感、狂妄的姿態、故意克制情緒、拘泥禮節以及彈六弦琴和擊響板的技術，甚至還把音樂作為宣傳「種族理論」的工具。

　　情形或許的確如此。你看到了西班牙人的傲慢、狂妄以及彈琴和擊響板的能力，你也許真的會把他們辨認出來，但是我對於這種論調仍然深表懷疑。西班牙人之所以喜歡六弦琴和響板，只不過是因為那邊的氣候乾燥而且溫暖，它們是一種適合戶外的樂器罷了。如果美國人和德國人也來學習這種演奏技巧，那麼他們的技術一定會遠勝西班牙人。事實上，他們的學習時間不如西班牙人多，這也完全是由於氣候的影響所導致的。你總不能在柏林陰雨連綿的寒冷夜晚，把響板敲擊出清脆的聲音吧；你總不能在手指凍僵的時候，把六弦琴彈出美妙的音樂吧。至於傲慢和拘泥禮節等性格，難道不是數百年來嚴格的軍事訓練的產物嗎？而那種嚴格的軍事訓練，難道不是因為西班牙在地理上一半屬於歐洲、一半屬於非洲的緣故嗎？既然地理造就了這樣的環境，那麼西班牙就不得不成為歐洲和非洲的混戰之地，只有對戰的雙方分出勝負後才會得到寧靜。雖然西班牙

第十章 西班牙

人最終得到了勝利,但他們的領土長期作為戰場使用,這一點也讓他們的生活受到了極大的影響。如果一個西班牙人出生在哥本哈根或伯爾尼,長大之後他會成為什麼樣的人呢?我想他一定會變成小巧玲瓏的丹麥人或瑞士人。他會丟掉響板,用高亢的聲音唱著山歌,山谷環繞著峻峭的懸崖峭壁,崖壁能傳出神奇的回聲,在這裡是最適合放聲歌唱的。我又想,他一定不願意再花費很多的心思與忍耐力,從荒地上(由於歐洲與非洲的衝突,那邊又成了荒地)收穫一些糧食,得到些乾麵包和酸酒來苦苦度日。他會吃著大量的乳酪,或是痛飲芳香的烈酒,使自己的身體抵擋住外來的溼氣,在農產品豐富的國家,烈酒只不過是普遍的飲料罷了。

現在,你先看一下地圖。你還記得希臘和義大利的山脈吧。希臘山脈的蜿蜒路徑就像對角線一樣,義大利的山脈從北到南幾乎成為一條直線,把全國分成了兩半,不過兩邊都留有寬廣的平地,可以修建鐵路,讓南北相互連接,而且北方又有突出的波河平原,使義大利半島成為整個歐洲的一部分。

西班牙　版畫 17世紀

圖中綠色的區域為西班牙,它與紅色區域的葡萄牙同處於伊比利亞半島上,其東北部與法國接壤,南部與非洲的摩洛哥相隔一條直布羅陀海峽,正好處於非洲與歐洲的中間。西班牙的全境分為五個區域:北部山區、中央高原、亞拉崗平原、地中海沿岸山地和安達盧西亞平原。

西班牙的山脈完全呈平行狀延伸，我們絕對可以把它們稱做「有形的緯線」。你只要看一看地圖，就知道這些山脈是如何成為前進路上的障礙。而這些山脈的起點，便是庇里牛斯山。

庇里牛斯山脈長240英哩，從大西洋到地中海一路筆直地蜿蜒，幾乎沒有中斷的地方。它沒有阿爾卑斯山那樣高，按照常理判斷，只要是有山口，就一定方便攀登，但事實並非如此。阿爾卑斯山雖然很高，但同時也非常寬，雖然山路都很長，但都是緩緩地向上，對於行人或牲口來說完全沒有困難。庇里牛斯山則不同，它只有60英哩寬，山路異常險峻，只有山羊和騾子可以攀爬，對人們來說實在是太陡峭了。據閱歷豐富的旅行家說，就算是山羊也經常會遇到困難。經過訓練的高山居民（大都是走私犯）雖然上得去，但也只限在夏季的幾個月。關於這一帶的地形情況，鐵路工程師最熟悉了。他們修建過兩條鐵路，使西班牙與其他國家互相連通。一條從巴黎沿大西洋海岸到馬德里，一條從巴黎沿地中海海岸到巴塞羅那。阿爾卑斯山有6條鐵路，有些在山上，有些從山洞裡穿過。從西邊的愛隆，直到東邊的菲格拉斯，而庇里牛斯山從來沒有挖掘過一條隧道。實際上，60英哩長的隧道是非常不容易挖掘的。至於40度斜坡的山路，更不是火車能開上去的。

庇里牛斯山的西部，有一個相對來說比較容易通過的山口，叫做隆塞斯瓦爾斯，這個山口非常有名。公元778年，著名的武士羅蘭曾在這裡抵抗撒拉森人的攻擊，為了效忠他的主人——法王查理曼，他最終戰死沙場。700年以後，法國的軍隊又藉助這個山口進攻西班牙。他們佔領了山口，在攻到山口南端的潘普洛納重鎮時，卻被西班牙的軍隊截住。在這次戰役中，有一個名叫易格內細阿的西班牙士兵，腿上中了子彈，傷勢非常嚴重。等到傷口痊癒之後，這位兵士受到了夢境的啟示，創辦了一個教會，也就是有名的耶穌會。

耶穌會成員對各國地理上的發展，都有著非常大的影響，甚至比那些不屈不撓的旅行說教者們——聖方濟會的影響還要大。他們的發祥地，就是這條唯一貫

抽雪茄的西班牙人 17世紀

1612年，定居在北美洲的歐洲人開始種植菸草，直至50年代，這種作物被帶到歐洲，並廣泛流傳。當時，大多數歐洲人都抽菸斗，而西班牙人則更喜歡抽雪茄。

第十章 西班牙

通庇里牛斯山的山路。

由於庇里牛斯山的懸崖峭壁難以攀登，所以巴斯克人能夠從遠古時期直到現在，一直安定地生活在那裡。也正是由於這個原因，安道爾共和國能夠獨立於世，不畏懼外來民族的侵襲。安道爾共和國位於庇里牛斯山的東部，這裏海拔非常高。大約70萬左右的巴斯克人居住在這個像三角形的區域，北邊靠著比斯開海灣，東鄰西班牙的納瓦拉省，西面以桑坦德城直到埃布羅河邊的洛格羅尼奧城為界。巴斯克人又被叫做加科涅人，羅馬人把他們稱做伊比利亞人，把整個西班牙的所在地稱做伊比利亞半島。至於巴斯克人，他們自豪地把自己稱做愛斯基爾杜那克人，這實在不像歐洲人的名字，和愛斯基摩人的名字倒很相像。

關於巴斯克人的起源，有幾種比較可靠的說法：一種是從頭蓋骨和咽喉來研究種族理論的教授們認為他們與巴巴里人有關，在之前的幾章中，我曾提過巴巴里人，他們是克勞墨族的後裔，可能是最早的歐洲人；還有一種說法認為巴斯克人是離奇的亞特蘭提斯島沉沒時逃到歐洲大陸上的人，巴斯克人就是這些亞特蘭提斯人的子孫；還有一些學者認為他們只是歐洲本地的土著，根本不需要去追溯他們的來歷。這三種學說，究竟那一種才是對的其實無關緊要。總之，既然巴斯克人能與世隔絕地生活數千年，可見他們的能力確實不小。他們非常勤勞，已經有10萬多人移民到南美洲。他們還是傑出的漁夫、性格活潑的水手、技藝精巧的鐵匠，他們只管自己的事情，絕不會去關注報紙上有什麼重要新聞。

這個國家的第一大城市是維多利亞，是公元6世紀時哥德國王所建。1813年，維多利亞是一次著名戰役的戰場，最後由一位愛爾蘭人把科西嘉大將軍的軍隊打敗，強迫他永遠退出西班牙。這位愛爾蘭人叫威靈頓，那位科西嘉大將軍其實就是法國的拿

威靈頓公爵 油畫 勞倫斯·托馬斯 1818年

威靈頓公爵是拿破侖戰爭時期的英軍將領，也是世界歷史上唯一獲得七國元帥軍銜的人，曾出任第二十一任英國首相。在這幅圖中，畫家運用了浪漫主義的手法，呈現出威靈頓公爵沈穩、內斂的姿態，比起兩軍交戰時的場景，倒像是在軍隊前華麗閱兵。

111

房龍地理
Van Loon's Geography

第十章 西班牙

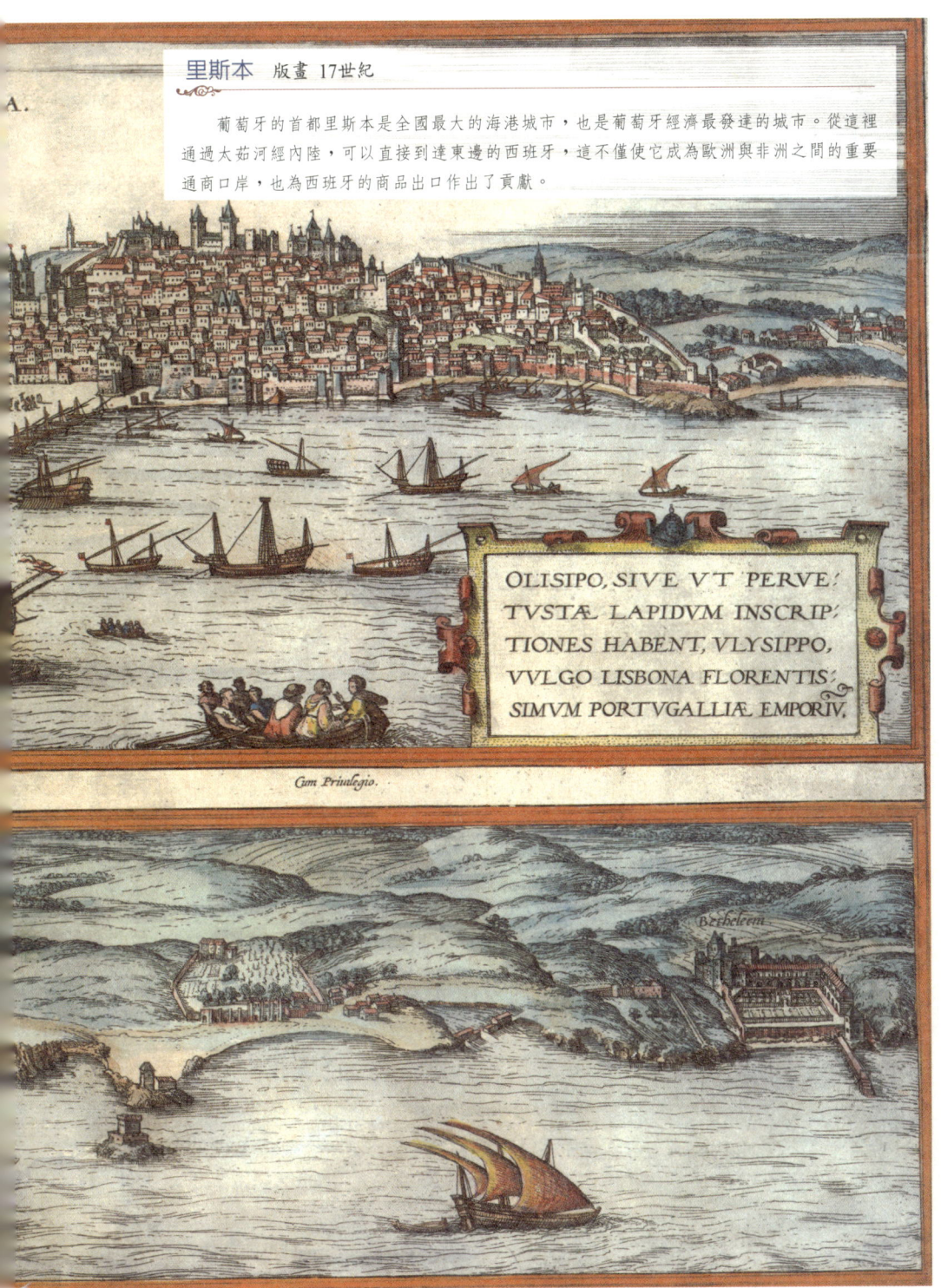

里斯本　版畫 17世紀

葡萄牙的首都里斯本是全國最大的海港城市，也是葡萄牙經濟最發達的城市。從這裡通過太茹河經內陸，可以直接到達東邊的西班牙，這不僅使它成為歐洲與非洲之間的重要通商口岸，也為西班牙的商品出口作出了貢獻。

OLISIPO, SIVE VT PERVE
TVSTÆ LAPIDVM INSCRIP
TIONES HABENT, VLYSIPPO,
VVLGO LISBONA FLORENTIS
SIMVM PORTVGALLIÆ EMPORIV.

Cum Priuilegio.

破侖大帝。

至於安道爾這個奇怪的國家只有5000居民，只有一條狹窄的道路直通外面的世界。中世紀時期，它是那些又小又稀奇、卻能保持獨立的國家的最佳樣本。正因為如此，在那時它們被當作邊境的重要營地，為遠方的君主提供有用的服務，後來，這些地方與外界相隔很遠，以致於無人關心。

在安道爾的首都中只有600個居民，但這些安道爾人卻跟冰島人，或義大利的聖馬里諾人一樣，至少在美國實行民主制800年前，就已經憑藉人民自己的意志來治理國家了。安道爾是一個歷史悠久的共和國，它應該獲得我們的同情與尊重。800年實在是個漫長的時間，美國到了2732年會變成什麼樣子，誰知道呢？

庇里牛斯山還有一點與阿爾卑斯山不同，因為在那裡並沒有冰河。雖然在很久以前，它上面覆蓋的冰雪比瑞士所有的高山都要厚，可是現在只留下幾平方英哩的冰河了。西班牙的其他山脈也都是這樣的，它們都非常崎嶇險峻，難以攀登。就算是安達盧西亞南部的山脈，如內華達山，也只有少數山峰上披著白雪，而且只有10月到隔年3月才能出現少得可憐的冰帽。

這些山脈的走向直接影響著西班牙的河流。這些河流都發源於中部荒涼的高原，有些就在高原之上（在遠古時這裡就有非常險峻的山脈，數百萬年來經受風吹雨打，最後留下了這些荒涼的高原）。河流向著大海流去，速度非常快，瀑布非常多因此不能用來航行。更糟糕的是這個地方夏季嚴重乾旱，大部分的河道都乾涸了，在馬德里，至少有五個月你能看見曼澤拉雷斯河的河底，河床上的泥沙曝露在外面，讓首都的孩子們能在沙灘上盡情玩耍。

這就是我不厭其煩地告訴你其中絕大多數的地名的原因。但是，對於葡萄牙首都里斯本的太茹河是個例外，太茹河的航道幾乎和葡萄牙與西班牙的邊境線一樣長。西班牙北部的埃布羅河流經納瓦拉和加泰隆尼亞，能容納較小的船隻，至於較大的船隻，只好在跟它平行的運河裡行駛。瓜達爾基維爾河（或稱摩爾人的大河）連接著塞維利亞與大西洋，只能容納吃水小於15英呎以下的小船。塞維利亞東北的科爾多瓦城是摩爾人的首都，在基督教征服摩爾人之前，那裡有900個公共浴池，現在卻從900減至0，居民也從20萬減至5萬。瓜達爾基維爾河在塞維利亞與科爾多瓦間的一段只適合小船航行，從科爾多瓦向上，它跟西班牙大多數的河流一樣，變成了峽谷河（就像美國的科羅拉多河）。這種峽谷河不僅不利於沿岸的貿易，反而是非常大的障礙。

所以，大自然對於西班牙人並沒有給予特別的恩惠。這個國家的中部一帶全是高原，一條低矮的山脈把它劃分成兩半，北半部是舊卡斯蒂利亞，南半是新卡斯蒂利亞，兩個卡斯蒂利亞之間的那條山脈，叫做瓜達拉馬山。

卡斯蒂利亞的意思是城堡，是一個非常不錯的名字。可是它就像西班牙雪茄的煙盒一樣，儘管宣傳得天花亂墜，但質量也不過如此。實際上，卡斯蒂利亞只是一片尋常的貧瘠的土地。美國的謝爾曼將軍經過佐治亞之後，曾經說，如果一隻夜鶯想飛過聖倫

多哈河流域，應該自己帶上口糧。其實，這兩句話是抄襲羅馬人的。羅馬人在2000年前就說過，如果一隻夜鶯想飛過卡斯蒂利亞，應該自己帶上食物和水，否則它只能死於飢渴。因為在高原的四周，全是崇山峻嶺，雖然有大西洋與地中海的雲氣升起，但都被它們擋住，不能飄到這塊貧瘠的土地上來了。

因此，卡斯蒂利亞一年中有9個月像地獄一樣炎熱，其他3個月都刮著乾燥的寒風，當寒風掃過寸草不生的荒野，無情而又狂暴。在動物中，只有羊群才能安然生活；在植物中，只有蒲草才能在這裡生長。蒲草這種植物質地堅韌，可以用來編織籃子。

大多數西班牙人喜歡把這片平原稱做墨塞塔（只要是到過新墨西哥，或跟隨克拉奇·卡探險的人，都認識這個詞），它就相當於一片常見的平原、一片單調的沙漠。這樣，你就會明白為什麼西班牙與葡萄牙的面積比英國大，而人口卻只有英倫群島的一半了。

卡斯蒂利亞　版畫 17世紀

卡斯蒂利亞是西班牙歷史上的一個王國，由西班牙西北部的老卡斯蒂利亞和中部的新卡斯蒂利亞組成，奠定了西班牙王國的基礎，現在西班牙的君主就是由卡斯蒂利亞王國一脈相傳，卡斯蒂利亞文化也是西班牙的主體文化。

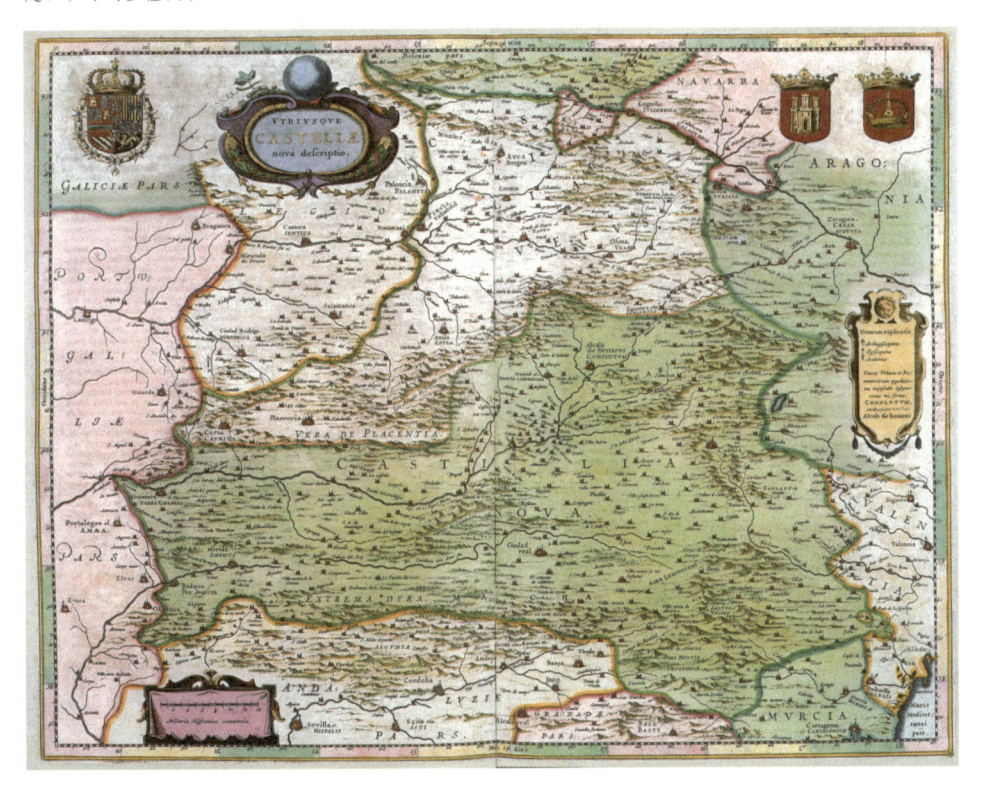

房龍地理
Van Loon's Geography

如果你還想要瞭解這裡窮苦的情況，我勸你去讀塞萬提斯的小說，讀過之後，你一定會記得那位「異想天開的紳士」，書中的主人翁，就是在曼卡鼎鼎大名的唐吉訶德先生。很早以前，卡斯蒂利亞高原上散布著內陸沙漠，塞萬提斯所說的曼卡，就是其中之一。曼卡離西班牙古代的首都托雷多不遠，是一片蕭條冷落的荒地。西班牙人認為，Mancha一詞實際上是不祥的預兆，它的阿拉伯原文是Almansha，意思是「荒蕪之地」，這位可憐的唐吉訶德先生，也只不過是「荒地的主人而已」。

大自然對這個國家如此吝嗇、如此無情，居民也就只能依靠辛苦的工作，來獲得生活上的必需品，否則就要和普通的西班牙人一樣，把全部的家當裝在一隻驢子的背上。這些悲劇，在地理位置不佳的國家是必然會發生的。

800年以前，這一片是摩爾人的領土。伊比利亞半島上蘊藏著豐富的重金屬資源，因此它總是會受到外敵的侵略，這種情況已經不止一次發生了。2000年前，銅、鋅、銀三種

冬日的暴風雪　哥雅　1786～1787年

哥雅運用清晰的筆觸、寫實的手法描繪了西班牙寒冷的冬天。在圖中，白雪皚皚的山路被青灰色的天空籠罩著，人們在山路中艱難前行，所有的家當都馱在了一頭小驢子的背上。在這裡生活的人們，抵抗著像地獄般惡劣的天氣，只有依靠辛勤的勞動才能勉強填飽肚子。

第十章 西班牙

金屬，就和現在的石油一樣寶貴。一個地方只要有銅、鋅、銀的礦產，敵對的軍隊就會為了爭奪所有權而採用武力，最後導致戰爭的爆發。當閃族人（住在腓尼基的殖民地迦太基一帶，生性殘暴，喜歡侵略）與羅馬人（他們的祖先雖然不是閃族人，但和閃族人一樣殘暴，一樣喜歡侵略）相互爭奪世界上的財富時，卻給西班牙人帶來了惡運。它就和現代的很多地方一樣，蘊藏著豐富的天然資源，最終變為兩伙有組織的強盜的戰場。

閃族人和羅馬人走後，北歐的野蠻民族又把它當作便利的橋樑，以備入侵非洲時使用。

7世紀時，一位阿拉伯駝夫似乎受到了上天的啟示，率領許多以前從未聽說過的沙漠民族東征西討，到後來居然威震天下。100年後，他們征服了非洲的北部，而且想要入侵歐洲。711年，塔里克向著著名的猴子岩（歐洲的猴子們仍然過著野蠻生活的地方）駛去，一路全無抵抗，他率領軍隊在直布羅陀附近上岸。直布羅陀是一片著名的岩礁，在過去200年中，大多數時間是英國人的殖民地。

直布羅陀與對岸的人猿山統稱「赫拉克勒斯的雙柱」。希臘的神話中說，從前赫拉克勒斯把歐洲和非洲的高山向兩邊一推，就推成了一個海峽。從711年以後，赫拉克勒斯雙柱就已經是屬於穆斯林的海峽了。

西班牙人能抵抗這些外來侵略嗎？他們肯定是想這樣做的，可惜地理環境不能讓他們的想法與行動同步。平行的山脈與峽谷中深邃的河流，把全國分割成無數獨立的小區。請你記住，就算到了現代，西班牙仍然有5000多個村莊與外界完全沒有接觸的機會，各村莊間也沒有直接的交通，即使有些狹窄的小路，也只能讓那些行動靈敏的人在一定的季節裡行走。

你還要記好一些歷史與地理告訴我們的事實：這樣的國家都是氏族制度的誕生地。氏族制度也有它的優點，它會讓同屬一個宗族的人們互相團結，它會讓個人利益服從於宗族利益。但同時，蘇格蘭與斯堪的納維亞半島又在向我們昭示著：氏族制度是經濟合作與國家組織的勁敵，海島的居民雖然遠離群體被孤立著，並不關心本島以外的事情，但至少他們能夠抽出一點空閒時間，坐著小艇跟鄰居們聚談一個下午，或是拯救那些遇險的旅客與水手，或是聽聽大陸上的奇聞怪事。至於溪谷裡的居民，他們被無法飛越的高山隔絕著，不能與外界通訊，除了自己和鄰居外，再也沒有其他夥伴了，他們的鄰居的情況也是這樣的。

西班牙被穆斯林征服是有可能的。摩爾人雖然是沙漠部落，崇拜狹隘的部落思想，但此時已經被強有力的統治者統一起來。統治者把民族意識輸送給他們，使它們忘記了自己的個人小幸福。但是西班牙的各個小團體卻各自為戰，而且互相殘殺、互相仇視，有時甚至比憎恨那些讓他們有家不能回的異族還要厲害。但是，穆斯林卻只服從唯一一個領導人。

持續了700年之久的西班牙獨立戰爭，實在是一部無窮無盡、背信棄義、相互猜忌的史詩。這些背信棄義與相互猜忌的戲碼，都是在北方的基督教小國上演的。他們雖然把

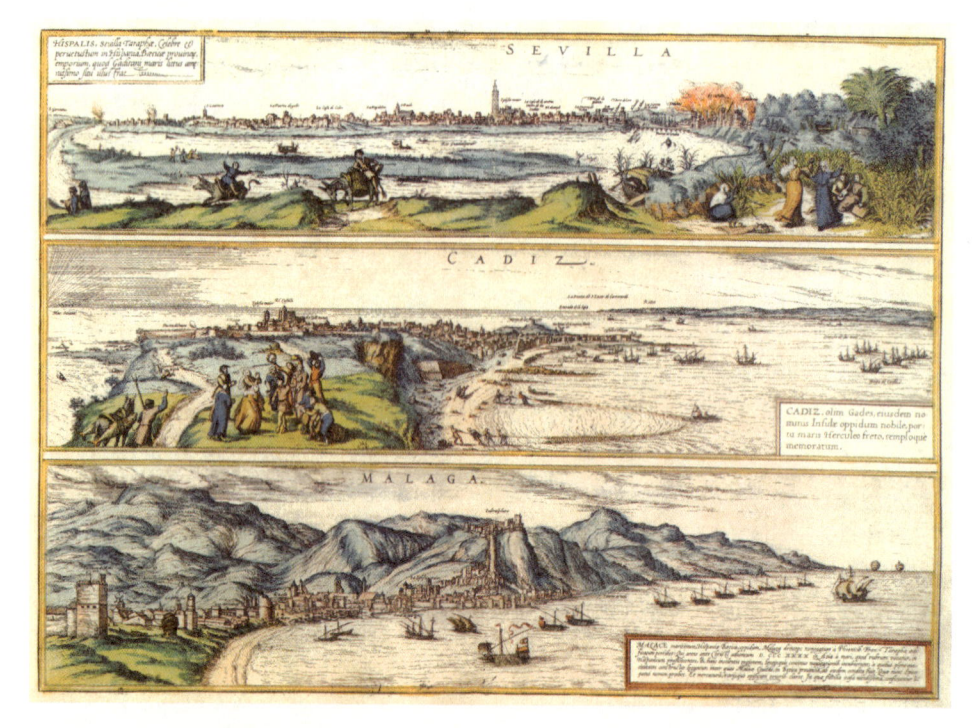

塞維利亞、加的斯和馬拉加　版畫 17世紀

　　塞維利亞、加的斯和馬拉加這三個城市都在歐洲最南部，即西班牙最南部的安達盧西亞自治區內，與南端的非洲大陸僅僅相隔一條狹窄的直布羅陀海峽，是歐洲與非洲大陸通商的第一道大門。其中塞維利亞位於內陸，承擔著管理馬拉加與加的斯兩大港口城市的責任。

　　庇里牛斯山作為屏障苟延殘喘，但卻不想退過庇里牛斯山與法國人相安無事。原因是法國人在查理曼好幾次紙上談兵後，早已對這些小國置之不理了。

　　同時，摩爾人已經把南部的西班牙建造成一座真正的花園。他們懂得水的價值，酷愛故鄉所沒有的花草。他們建造了偉大的灌溉系統，把橘樹、棗樹、杏樹、甘蔗、棉花等移植過來。他們利用了瓜達爾基維爾河，使科爾多瓦與塞維利亞間的溪谷變成了巨大的花園。在這裡，一年之中，農夫能收穫四次。他們充分利用流入地中海的胡卡爾河，在原有的農田之外，又增添了1200平方英哩肥沃的土地。他們聘請工程師，創辦大學，運用科學的方法從事農業研究。他們還修建了很多平坦的大道，至今西班牙所有的道路還是他們留下來的傑作。他們對於天文學及數學的貢獻，我在此書的開端已經講述過了。在當時的歐洲，只有他們注意到了醫藥與衛生，他們用極大的耐心研究這些學問，把古希臘的著作譯成阿拉伯文，並且介紹到西方來。摩爾人還盡量使用一股強大的力量為他們工作，這樣做無論對於他們，還是受雇於他們的人都是有益的。這股強大的力量

就是他們不但不把猶太人監禁在規定的區域內虐待他們，反而給他們人身自由，讓猶太人發揮他們在商業上的天賦與能力。這種舉措對於國家來說是非常有益的。

不可避免的事件發生了，幾乎整個西班牙都被佔領了，來自基督教那邊的反抗也不足以構成威脅。其他的阿拉伯人和巴巴里人本來在荒蕪的沙漠中過著苦日子，此時也聽說了這座人間的樂園。伊斯蘭教的人實行專制的政治制度，因此政治的成敗，全都決定於領袖一個人的才智。在這種奢侈的環境下，由強悍的農民所建立的王朝便逐漸衰敗，他們勢力越來越小。至於其他強悍的農民，依舊汗流浹背地拉著耕牛犁地，但只要他們一想起格拉那達的阿爾罕布拉宮和塞維利亞的阿爾卡塔宮，就不禁開始嫉妒。於是，內戰發生了，謀殺發生了，到處都是殺戮，有些家族整個垮臺了。同時，北方的一位強者崛起了。一些小集團聯合在一起形成小侯國，小侯國聯合在一起形成國家。卡斯蒂利亞、里昂、亞拉崗及納瓦拉的名字，開始被世人所知道。最後，他們把一直以來的仇視心理完全放下，促成亞拉崗的斐迪南與卡斯蒂利亞的伊薩貝爾的結合。

在解放戰爭時期，發生了3000次以上激烈的戰鬥。基督教教會把民族爭鬥演變成了一次宗教戰爭。西班牙人變成了十字軍戰士——他們懷有非常高尚的抱負，但是卻給他們為之英勇戰鬥的國家帶來了毀滅性的災難，在最後的要塞格拉那達從摩爾人手中被爭奪過來的那一年，哥倫布發現了通往美洲的航線。6年之後，達伽瑪繞過了好望角，發現了直接到達印度的通路。而這時，西班牙人已經回到了昔日的故土，利用摩爾人之前的發明，增強了他們的國力，並且利用這些成果大發了一筆橫財。他們憑藉著狂熱的宗教熱情，自認為是神聖的傳教士，但是事實上他們就像強盜一樣既冷酷又貪婪。他們在1519年征服了墨西哥，在1532年征服了祕魯。從此以後，他們就一落千丈。笨重的帆船把黃金載到了塞維利亞和加的斯的

阿爾罕布拉宮的噴泉

阿爾罕布拉宮是西班牙那斯裡德王朝時期的伊斯蘭統治者所修建的偉大宮城。因為它的外觀為紅色泥牆和高塔，也被人們叫做伊斯蘭紅色的城堡。實際上，宮殿的牆體是由彩色的瓦片、木料、石灰以及複雜的宗教圖案粉飾而成的，支撐中央噴泉的12隻大理石獅子就是宮殿名稱的來源。

庫房裡，他們的銳氣便被葬在了這源源不絕的財富中。他們是「金領階層」中的人物，享受著從墨西哥人與祕魯人手裡奪來的財寶，卻什麼都不用付出，深怕辱沒了自己的身份。

摩爾人的所有努力全部付諸流水，他們不得不離開西班牙。隨後，猶太人也走了。他們走的時候非常可憐，大批的人擠在一艘破船裡，全身赤裸，他們的財產都被掠奪走了，然後船長隨心所欲地把他們隨便拋棄在某一塊陸地上。猶太人的心中充滿了仇恨，但是顛沛的生活磨練了他們的意志。他們仇視讓他們備受磨難的人，並且參加了異教徒的騷動，反抗「西班牙」這個可惡的名字。然而，彷彿上帝也在故意為難他們，他一定要讓這些不幸的難民受到一位國王的統治，而這位國王的人生觀又是非常狹隘的。卡斯蒂利亞荒原的旁邊有座伊斯庫利亞宮，這位國王就在這個宮殿裡登基，同時他的新國都也從馬德里遷到了伊斯庫利亞。

從此以後，三個洲的財富與整個國家的人力完全被用來抑制那些對國家抱有懷疑態度的人，北方有新教徒，南方有穆斯林，而西班牙在長達700年的宗教戰爭中已經變為「唯命是從」的民族，許多奇蹟在他們眼裡都化做平凡的東西。他們忠於國君，但最終卻很難避免家破人亡的悲慘結局，這種情形就像他們的財富累積得越多，反而最後越貧窮一樣。

伊比利亞半島讓西班牙人變成了現在這個樣子。他們無法正視自己的過去，只好把眼光放在未來，希望能改頭換面，將數百年的伊比利亞半島變成理想中的樂園。

他們正在努力，比如巴塞羅那等各個城市的人民正在不懈地努力著。

然而，那是多麼艱鉅的工作啊！

西班牙的地理區

從自然地理而言，西班牙可以分為五個地理區。

北部山區	庇里牛斯山脈一帶。	木材產地，以及牧區和工業區。
中央高原	舊卡斯蒂利亞高原和新卡斯蒂利亞高原。	有大片著名的橄欖樹林和動物保護區。
亞拉崗平原	庇里牛斯山脈東南面的埃布羅河流域。	西班牙的天然糧倉，以及葡萄、柑桔產地。
地中海沿岸山地	從東南部安達盧西亞到東北部加泰羅尼亞。	有沿岸山地以及伊比利亞半島的最高點。
安達盧西亞平原	萊納山脈和安達盧西亞山脈之間。	擁有一馬平川、坦蕩的大平原，氣候乾燥。

第十章 西班牙

西班牙最後的勝利　詹巴蒂斯塔‧提埃坡羅　1764～1766年

　　經過數百年發展,西班牙已經從一片荒地變為強大的殖民帝國。鑲嵌在馬德里皇宮的這幅天頂壁畫,象徵著君主的偉大統治使西班牙取得了最後的勝利。圖中上方的天神與天使表示上帝為這裡注入了強大的力量,下方還加入了西屬美洲殖民地的土著,而西班牙的士兵騎著戰馬征服世界,最終舉起了勝利的旗幟。

第十一章

法　國

擁有一切夢想的國家。

法　國	
中文名稱：法蘭西共和國	所屬洲：歐洲
首都：巴黎	主要城市：馬賽、里昂
官方語言：法語	貨幣：歐元
時區：東一區	國家代碼：FRA
國歌：〈馬賽曲〉	國花：鳶尾花

　　我們時常聽人家說，法國並不把自己當作世界的一部分，法國人雖然住在大陸上面，但相比住在多雨的、孤島上的英國人顯得更為孤立。總之，法國人有著固執的態度，並不願關心世界上的一切事情。他們是最自私、最自大的民族，世界上的種種困難與糾紛，都是他們在那裡作祟。

　　為了要把事實徹底弄清楚，我們必須要探究他們的根源。任何民族的根源都埋藏在土壤和靈魂的深處，土壤影響心靈，心靈也影響著土壤。如果我們沒有弄清楚其中的一方面，也就不能理解另一方面了，假如兩方面的真實含義我們都理解了，那麼每個國家的國民特性我們就能洞悉無遺了。

　　我們時常聽到攻擊法國人的言論，這些言論大部分是有根據的。但在世界大戰時期，法國人也贏得了不少好名聲。那是因為，他們的優點與缺點都直接受到他們所處的地理環境的影響。他們的領土在大西洋與地中海之間，這個國家所需要的一切資源都可以自給自足，因此他們就變得自私自大。如果你能在自家的後花園中享受各種氣候帶給你的好處，欣賞各種風景的變化，你還願意到別處去嗎？只要你搭乘任意一列火車，就能從20世紀回到12世紀，就能從滿眼碧綠到處是古堡式村莊來到遍布沙丘和松樹的村莊，你還願意遊遍世界，研究不同的語言與風俗習慣嗎？如果你日常所需的食物、飲用

第十一章 法 國

水、睡覺的床都是一流的,如果你居住的地方人們能把菠菜加工成美味佳餚,那麼你還願意為護照、粗劣的食物、酸酒和北方暴躁粗野的農民而煩惱嗎?

當然,一個只見過高山,除此之外沒見過其他地區的瑞士人,一個只見過放牧著幾個牛群的草原,除此之外沒見別的的荷蘭人,他們都應該經常去出國看看,看一看外面的世界以免抱憾終身。一個德國人從出生就開始聽悅耳的音樂,吃同樣的香腸三明治,一定會厭煩的。一個義大利人,不能一生一世只吃義大利通心粉。一個俄羅斯人,也一定不想為了領半磅乳酪去排6小時的隊才能美餐一頓。

法國人真是天之驕子,他們住在人間的天堂裡面,這裡物資非常豐富,甚至不需要經過長途運輸就能夠得到他們想要的一切東西。因此,他就會問你:「我為什麼一定要離開我的國家呢?」

你或許認為我這種論點是荒謬的偏見,我所講述的法國人的特性全部都是錯誤的,我也很想對你的話表示贊同。不過,我還要承認,從各方面來看,法國確實是受到了自然與地理環境的特別恩賜。

法國 版畫 17世紀

圖中所示區域為17世紀的法國領地。法國全稱為法蘭西共和國,位於歐洲西部,是西歐面積最大的國家。它的地理位置得天獨厚,三面臨海,大部分領土都是平原和丘陵,擁有豐富的自然與文化遺產。

法國南部的風景　油畫　安德列·德朗　1927年

在寬闊的天空下，前面是繁茂的樹木，後面則是暗色的群山和山上的小石屋，對比鮮明的色彩使畫面分為三個部分，表現出畫面中蘊含的豐富情感，帶有畫家這時期特有的詩情畫意，是一副飽含自由與自信的佳作。

第十一章 法國

第一，法國有豐富多樣的氣候。它有溫帶氣候、熱帶氣候，還有溫帶與熱帶之間過渡的氣候。歐洲最高的山峰位於法國，這足以讓它自豪。同時，法國人在平坦的地面上開鑿出了許多運河，使所有的工業中心連通起來。如果一個法國人想在山坡上溜冰，以此度過冬季的閒暇時光，只需要搬到薩伏伊的村落裡去住，這個小村莊位於阿爾卑斯山的西部支脈。如果他不喜歡溜冰而喜歡游泳，只需要乘車到大西洋的比亞利茲灣，或地中海沿岸的戛納。如果他很喜歡看著熙熙攘攘的人群，特別是對那些做著君主夢但卻被多次放逐的王侯們感興趣；如果他想認識還沒有成名的男演員、已經成名的女演員、技藝高超的小提琴師、演奏嫻熟的鋼琴師、傾國傾城的舞女以及其他能讓他如痴如醉的各式人物，他只需要到巴黎的咖啡店裡，點一杯咖啡和一塊乳酪，坐在那邊等。那些知名的時尚男士、女士和兒童，都會一個個從他身邊經過。最難得的是，他們坐在那裡不會引起任何人的注意。因為在這裡，這種景象差不多已經維持了有1500年的歷史，就算是國王或教會中有身份的人從這裡走過，也就像新生在校園裡走過時不引人注意

一樣。

　　就在這裡，我們遇到一個有關政治地理上的無法解釋的奇蹟。2000年以前，這片飄揚著三色國旗（它不分晝夜地飄揚著。以前法國人把國旗掛起之後，直到它受到時間與天氣的侵蝕，變成褪色的布條時，才會把它降下來）的領土，大部分地區屬於西歐平原的一部分。但後來，大西洋與地中海之間的這片地方又變成了中央集權的國家，那是地理因素解釋不了的。

　　有一些地理學家認為，氣候與地理環境是決定人類命運的重要因素。有時這種說法當然是對的，有時還有一些其他因素在發揮作用。摩爾人和西班牙人生活在同一塊大陸上，1200年的太陽和1600年的太陽一樣平等地照耀在瓜達爾基維爾河流域上。然而，它在1200年所照耀的是一座長滿了奇花異果的樂園，1600年所照耀的卻是一片溝渠失修、野草叢生的荒野。

　　瑞士人雖然經常使用四種語言，但他們都覺得自己是同一個國家的成員。比利時人的語言只有兩種，但他們都互相仇視，甚至把褻瀆仇人的墳墓當作星期日下午的例行消遣。冰島人所住的是小島，然而他們能夠抵抗外來異族的侵略，在1000多年裡，一直維持著獨立與自治。愛爾蘭人也住在島上，然而他們卻不知道獨立是什麼。無論機械與科學進步到什麼程度、各種指標如何標準化，人性在事物的發展中永遠都是最不穩定，也最不可靠的因素。由於這種不穩定、不可靠的人性，才會有許多神奇的、出人意料的發展。現在的世界地圖就是這些發展的明證。至於法國，是一個相反的例證，它使我的理論難以自圓其說。

　　從政治上說，法國似乎是一個統一的國家。但是如果你認真看一看地圖，就會知道法國由兩個獨立的部分組成，而且這兩部分又是背靠背相連的：東南方的隆河流域面向地中海，西部和北部的大平原面向大西洋。

　　我們先講述兩部分中最早的時候吧。隆河發源於瑞士，最初的那一小段無足輕重，

午後的圖書館　法國　18世紀

　　在週末的午後，兒童們和女人們利用閒暇時間到圖書館裡閱讀自己感興趣的書籍。設計師用莊嚴的半身大理石像作為裝飾，桌腳與椅背也都是經過精心雕琢的，牆壁上通天的書櫃也代表了各種文化。在這塊受到上天更多眷顧的地方，法國人並不用像其他地方的人們一樣辛苦勞作，就可以有更多的時間享受自己的生活。

第十一章 法國

來自亞述王的西南宮殿的石嵌板碎片　伊拉克　公元前704～前681年

這個碎片展現的是一艘腓尼基的船。所謂腓尼基，是希臘人對迦南人的稱呼，他們利用海路與各國通商，獲取了巨額的財富。身為一個航海的民族，腓尼基人的造船技術相當高，如本幅碎片中的船隻就很有設計感，船舷上緣有一層被加深的殼，兩列的槳交錯，不僅節省空間，還方便划行。而在古代，腓尼基人經常經法國隆河前往中歐。

直到離開了日內瓦湖，流到法國的工業中心里昂，跟索恩河交匯之後，才成為一條重要的河流。索恩河從北方緩緩流淌而來，發源地距默茲河只不過數英哩遠。默茲河把北歐連接在一起，就像索恩河把南部連接在一起一樣。隆河並不是一條適合航行的河流，它向著利翁灣（有些地圖上寫的是里昂灣，其實是錯誤的）流去，一路長達6000英呎，因此這段河道上有很多段激流，即使是現代的輪船行駛在上面也不可能如履平地。

但在古代的腓尼基人和希臘人看來，它依舊是一條直達歐洲中部的快捷路線。原因是那時的人工（奴隸）的工資非常低。大小船隻由遠古時期的伏爾加船夫（他們的命運並不比其他俄羅斯人更好）牽著，就能逆流而上，若是順水行舟，只需要幾天的時間。因此，古代地中海文明初次傳入歐洲內陸時，隆河就是必經之路。說來也奇怪，馬賽雖然是隆河流域上最早的商業中心（至今仍然是法國地中海上的重要港口），可是它並不位於河口處，反而在河口以東數英哩處（現在那邊已經開鑿了運河，與隆河相連通），這確實是一個非常不錯的地段。因為，在3世紀時，馬賽已經是重要的商業中心，馬賽的貨幣已經傳到了提洛爾和巴黎的附近。沒過多久，馬賽以北的地區就公認馬賽是它的首府了。

但後來，風水輪流轉，馬賽人受盡了來自阿爾卑斯山的野蠻民族的壓迫，就請求羅馬人的援助。羅馬人果然來了，來到這裡以後就不肯搬走了。從此，隆河河口一帶就變成羅馬的一個省，普羅旺斯也在歷史上佔著重要地位。而且，從這個名字上面我們還可以知道：它是羅馬人的，儘管腓尼基人和希臘人很早就開始重視這塊肥沃的三角洲。

就在這裡，我們遇到一個最難解決的地理與歷史的問題。普羅旺斯既然繼承了希臘文化與羅馬文化的結晶，享受著溫和的氣候與肥沃的土壤，前邊面向著地中海，後邊又

直通中歐與北歐的平原，看起來應該會成為第二個羅馬。可是，它雖然有豐富的天然資源，卻像手握王牌的傻子一樣，沒有好好地利用它們。當凱薩與龐培爭雄的時候，普羅旺斯站在了龐培一方，結果馬賽便遭受了凱薩軍隊的侵襲。但那次的損失並不算重大，因為不久以後，馬賽人還會在老地方重新建設的。同時，羅馬的文學、藝術、科學和文雅的風度等，因為不能安然地在羅馬發展，就漂過了利古里亞海，傳到普羅旺斯來，使普羅旺斯變成一塊圍在野蠻民族中的文化區域。

　　隨後，教皇就失去了權勢與財富，不能再留在台伯河邊的城裡了（中古的羅馬人比豺狼好不了多少），便把他們的教廷遷移到阿維尼翁，在那裡建造了一座城堡，用以抵禦外來的侵略。阿維尼翁之所以著名，是因為這個城市嘗試建造跨度較大的橋樑（現在，大多數的橋樑都是從河上通過的，但在12世紀時，這種工程卻是人間的奇蹟）。自教皇遷居後，將近100年中，普羅旺斯就成為了基督教首領的家園，它的騎士在十字軍中佔有極重要的地位，一個普羅旺斯貴族成為了君士坦丁堡世襲的統治者。

　　但不知道為什麼，儘管大自然已經替他們提供了這麼多肥沃清新且富有情趣的溪谷，普羅旺斯人卻總不能秉承大自然的意志，闖出一番轟轟烈烈的事業。普羅旺斯雖然

第十一章 法 國

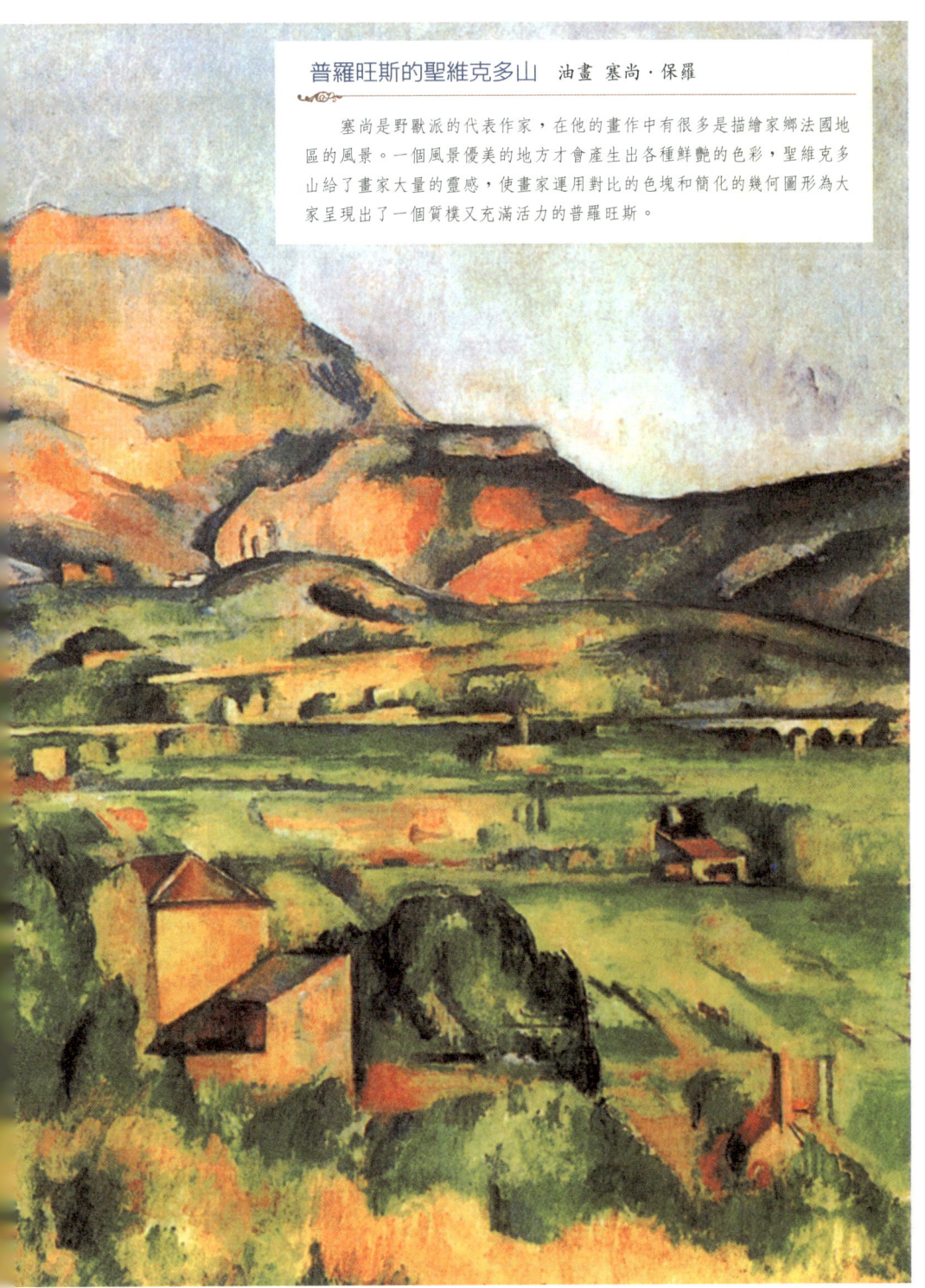

普羅旺斯的聖維克多山　油畫　塞尚・保羅

塞尚是野獸派的代表作家，在他的畫作中有很多是描繪家鄉法國地區的風景。一個風景優美的地方才會產生出各種鮮艷的色彩，聖維克多山給了畫家大量的靈感，使畫家運用對比的色塊和簡化的幾何圖形為大家呈現出了一個質樸又充滿活力的普羅旺斯。

出現過沿街歌唱的詩人，建立了一派文學，在詩歌、小說與戲劇的歷史上佔有相當重要的地位，可是他們並不能把柔和的普羅旺斯方言變成通行的法語。倒是北方的居民把他們的方言變成通行的法語，雖然北方的居民不像南方人那樣擁有豐厚的天然優勢，卻能建立法蘭西王國，把法國文化傳播到全世界。在1600年以前，誰也不會想到會有這樣的發展，因為那個時候，整個平原從南邊的庇里牛斯山，直到北邊的波羅的海，彷彿注定要變成條頓帝國的一部分，人們認為那才是自然發展的結果。然而人們對於自然的發展是不感興趣的，於是一切事情就迥然不同了。

　　在凱薩時代的羅馬人看來，這一部分的歐洲是「遠西」。他們又把它稱做高盧，因為那邊的居民全都是高盧人。因為在當時有一個男人和女人的頭髮都很漂亮的神祕民族，希臘人都把他們叫做賽爾特族，高盧人便是賽爾特族的一個分支。當時的高盧有兩部分，一部分是在阿爾卑斯山與亞平寧山之間的波河流域，叫做「阿爾卑斯山南邊的高盧」。在那裡，很早就有頭髮漂亮的野蠻人在活動。當凱薩孤注一擲、毅然決定渡過盧比孔河時，「阿爾卑斯山南邊的高盧」便是他行經之地。另外一部分叫「阿爾卑斯山北邊的高盧」，包括了歐洲的其他各部分，但自從凱薩在公元前58年至公元前51年征服高盧人以後，「阿爾卑斯山北邊的高盧」就跟近代的法國關係更為密切了。它是一大片肥沃的平原，少量的賦稅讓居民可以支付，也沒有激烈的抗捐運動，因此它也可以說是羅馬人理想中的殖民區域。

羅馬佃戶交租場景　浮雕

早在3世紀的羅馬統治時期，就有了佃戶交租的制度，這個制度在奴隸社會被廣泛使用，甚至沿用到封建社會。每過一段時間，地主就會向佃戶收取出租田地的租金，而辛勤的奴隸就算日出而作、日落而歸也未必能填飽肚子，而整日消遣的地主階級卻大吃大喝、奢華無度。

第十一章 法國

北方的孚日山脈與南方的侏羅紀山脈中的山路並不嶮峻，大隊的步兵可以毫無阻礙地在那裡行走。因此，在法國平原上沒有多久就布滿了羅馬的壁壘、村落、集市、廟宇、監獄、戲院和廣場。塞納河上的琉提細亞小島（即巴黎的古稱）上面，依舊存留著賽爾特人當初居住的那種打有木樁的小屋，但同時也有了羅馬人新建的廟宇，現代的巴黎聖母院便是在這座廟宇的舊址上修建的。

琉提細亞島的水上交通很便利，可以直達大不列顛（公元紀年最初的400年中，大不列顛是羅馬人最富饒的殖民地）。同時，它又是優良的軍事中心，可以監視萊茵河和默茲河間的不安定區域。因此，它就很自然地成為羅馬人統治遠西時的重鎮了。

有時候，我們只要想到古代的羅馬人能夠開闢這麼多航路、開發這麼多海島、侵佔這麼多大陸，總是覺得不可相信。其實這是毋庸置疑的——羅馬人在修建港口、城堡或貿易市場的時候，都有一種傑出的本能，這種本能指引著他們選擇最適合建設的地區。這種情形，我在前一章裡已經告訴你了。如果一個觀察者在巴黎住上六個星期，看到那邊的陰雨和迷霧以後，或許會暗暗自問：「天哪！羅馬人為什麼偏偏要選擇這麼慘淡的地方，作為他們統治西北兩部分殖民地時的行政中樞呢？」但是地理學家有著不同的觀點，他只要帶著法國北部的地圖，就會把理由告訴我們。

數百萬年以前，這一帶不停地遭受著地震的折磨，山嶺和溪谷從這邊到那邊來回移動，就像棋盤上的棋子一樣無法捉摸。這時，四個不同年代的岩石堆疊起來，一層層堆積著，彷彿中國茶具裡疊放著的四只茶碗。最下面最大的一只從孚日山起，到大不列顛為止，終端浸入到英吉利海峽中。第二只東起洛林，西至沿海的諾曼地。第三只便是有名的香尼巴。第四只在第三只裡面，通常被稱做法蘭西島。法蘭西島的四周被塞納河、馬恩河和華斯河所圍繞，巴黎剛好在全島的中心。巴黎的地理位置非常安全——幾乎是萬無一失的，因為它利於防守，可以抵抗外來的侵略。例如，當敵人爬上第一隻茶碗的峭壁時，碗內的軍隊就可以佔據險要的地方盡力抵抗。即使不幸戰敗，他們也能從容後退，藉由第二只茶碗的邊緣作為屏障。萬一四戰全敗，退到了塞納河的小島上時，他們也只需要把橋樑燒斷，就可以讓這座小城變得固若金湯了。

如果敵軍有堅強的意志、良好的武器，也有可能奪取巴黎，但終究是非常困難的，世界大戰就是最近的例子。德國人之所以不能攻下巴黎，一方面由於英法聯軍的奮勇抵抗，一方面也由於數百萬年前產生的地理變化，使東方的侵略者處處遭遇天然的障礙。

法蘭西的民族獨立戰爭雖然持續了將近1000年，雖然在此期間法國也是四面受敵，然而，其他國家都需要保衛四面的國界，法國只需用全部力量保護西部的疆土。法國之所以會發展成近代的中央集權國家，這種發展之所以會比歐洲其他國家發生的時間更早，或許就是這個原因。

法國的西部位於塞文山脈、孚日山脈與大西洋之間，形成了許多天然的半島與溪谷。各個半島與溪谷間蜿蜒著低矮的山脈，因此互相隔絕，其中最西邊的溪谷是塞納河及華斯河兩流域。華斯河流域與比利時平原連接在一起，那邊有一條天然通道，在古代

巴黎聖母院

巴黎聖母院位於法國巴黎市中心，是塞納河畔的哥德式大教堂，耗時80多年才修建完成，歷代國王都曾經在這裡舉行過重要的儀式和活動。教堂正面的三個拱門雕刻了《新約全書》中的故事，如圖中的中央拱門雕刻著耶穌的「最後的審判」。

就建成了用來防守的聖昆丁城。聖昆丁城現在已經是全國重要的鐵路樞紐，1914年，德軍向巴黎進發時，這裡就是他們的攻擊目標之一。

塞納河流域與盧瓦爾河流域間的交通非常便利，奧爾良是它們的必經之地。正因為這樣，奧爾良在法國歷史上佔有著很重要的位置。法國的民族女英雄（聖女貞德）被稱做奧爾良女英雄，巴黎的最大的車站也叫做奧爾良站。正因為奧爾良的地理方位適合作為南北要塞，因此人物和車站都由它來命名。中世紀時期的騎士們為了爭奪這塊要地拼得你死我活，近代的鐵路公司也為了這塊要地而紛爭不已。世界已經改變了，雖然表面上變得面目全非了，實際上它的本質卻是絲毫沒有變化。

至於盧瓦爾河流域和加龍河流域間的連通全靠一條鐵路，普瓦蒂埃成為連接它們的必經之地。732年，查理·馬特爾曾在普瓦蒂埃附近打敗了摩爾人的入侵，使摩爾人不敢

第十一章 法國

深入歐洲。1356年,黑太子也在普瓦蒂埃附近摧毀了法國軍隊,在長達100年的時間裡使法國成為了英國的殖民地。

至於遼闊的加龍河流域,它的南部便是有名的加斯科涅,是亨利四世和穿著迷人的達達尼昂的故鄉。普羅旺斯與隆河流域之間有直接的通路,只需要經過一個溪谷。這個溪谷西自加龍河岸的圖盧茲,東至地中海海濱的納博訥。在羅馬人所有的高盧殖民地中,納博訥的歷史是最早的。

就像遠古時期的其他大道(在有歷史記載前的數千年之前,這種大道已經被人類利用了)一樣,某些人往往把這條山路(從加斯科涅到普羅旺斯及隆河流域的山路)當作發財的工具,而欺詐和牟取暴利的歷史和人類一樣久遠。如果你不相信這句話,不妨走到那邊的山路上去看一看,待在它的附近,直到你確認你已經找到這條山路在8000年前最為狹窄的那一段。在那個地方,你會發現至少有6到12座城堡的廢墟。如果你十分瞭解古代文明的話,那裡不同的岩石層還會告訴你:「公元前50年、600年、800年、1100年、1250年、1350年、1500年時,這裡曾有打家劫捨的強盜修建過一座城堡,就是為了向過路的客商收取錢財。」

有時,除了廢墟之外,你還會發現一座繁華的城市,例如喀卡孫。城市內所有的高塔、圍牆、城垣以及半月形的城堡等,都能使你恍然大悟,一座山口要塞應該達到怎樣的堅固程度,才能在強敵的襲擊中保存下來。

關於法國的地理方面的情況,已經講了不少了。現在,我要說一說法國人的普遍性格。法國人住在大西洋與地中海之間的陸地上,有一點是完全一致的,那就是他們喜歡平衡與勻稱。假如「邏輯」二字總會被人誤解,總會使人一見到就聯想起枯燥無味的陳腔濫

聖女貞德

聖女貞德是法國人民心中的自由女神、民族英雄,她在英法百年戰爭期間帶領法國軍隊抗擊英國入侵,為法國查理七世加冕作出了貢獻,直至被俘,之後被宗教裁判所判處死刑,年僅20歲。

調，那麼我可以說，法國人是把「邏輯」這個詞表現得最到位的。

　　法國是歐洲最高峰的故鄉，勃朗山脈的最高峰現在是法國的領地，但那也只不過是偶然的機會而已。大多數法國人對這座披滿冰雪的荒山並沒有興趣，就像大多數美國人並不關心色彩鮮艷的沙漠一樣。法國人最愛的是像默茲河流域及加龍河、諾曼地、皮喀特等地秀麗的丘陵、清澈的小溪、溪旁碧綠的楊柳、溪內閒散的船隻以及那曾被華托描繪過的溪谷裡的片片晚霞。法國人最欣賞的是仍然留存舊貌的小村落、氣象升平的小縣城，因為那裡的居民生活，還能跟50年前或500年前他們的祖先們生活過的一樣。此外便是巴黎，因為在1000多年以來，最完滿的人生與最高尚的理想在這裡代代相傳。

　　在世界大戰時期，我們聽到很多關於法國人的無稽的流言。實際上法國人的性格剛好相反，他們並不是多愁善感的夢想家，而是最聰明、最熱心的實踐家。他們願意腳踏實地做事情。他們知道，人死了絕對不會復活，他們懂得人生七十古來稀的深刻含義。因此，他用盡聰明才智，趁活著的時候盡情享受，從不願意浪費一點時間去冥想空虛的

普羅旺斯農舍　文森特·凡·高 1888年

在這幅圖中，農莊被茂密的小麥包圍著，這些成熟的麥穗就像燃燒的火焰，以致於幾乎吞沒了行人，呈現出張揚、野性的氛圍，畫家將自然的力量以咄咄逼人的姿態展現在觀眾面前，洋溢出一種令人感到威脅的旺盛富饒。

第十一章 法國

法國人的娛樂

油畫 喬治・德・拉・托爾 17世紀

　　法國人可以稱得上是世界上最會享受生活的人，從他們考究的服飾、步驟繁多的用餐禮儀以及別出心裁的娛樂項目都能顯現出來，擲骰子就是在17世紀時很流行的遊戲。圖中的女人們在晚餐後的燭光中開心地玩著擲骰子的遊戲，叼著菸的男士也在一旁觀看。

　　極樂世界。這就是人生，我們應該好好利用它！食物有益於文明的人們，並且藉助精湛的烹飪技巧，把最不好的東西做成最美味的佳餚。香醇的美酒自古就被認為是信仰基督教者的飲料，那麼，就讓我們犁鬆了泥土，種植最好的高粱吧！既然上帝讓許多東西出現在這個世界上，來滿足我們的耳朵、眼睛、嘴和鼻子的需要，那麼，就讓我們盡情享受它們吧，不要自以為目空一切，捨棄這些神聖的禮物，辜負上帝的一番美意。人在群體中能比孤軍奮戰時發揮出更大的力量來，那麼，就讓我們緊密地團結在一起，組成一個個家庭，並且把家庭當作社會的基本單位，家庭的幸福或災難，就是個人的幸福或災難，而且家庭成員要為整個家庭的幸福與否負責。

　　法國人有了上述各種性格，一方面讓他們得到了幸福的生活，同時也出現了很多問題。家庭不僅不是理想中的樂園，反而往往會變成惱人的惡夢。那些長壽的祖父與祖母主持著家政，就像屏障一樣，妨礙著進步。為子孫開源節流本來是很好的事情，但後來卻漸漸失去了原本的意義，最終變成欺詐和吝嗇的惡習，甚至對於附近的鄰居也不肯施捨一點善意。如果一個人沒有良好的人際關係，那麼看似幸福的生活也會變成枯燥的過程。

　　可是，從各方面看來，每個普通的法國人，不論地位如何低下，總有著切合實際的人生哲學，讓自己花費最少，獲得最大的滿足。有一件很值得注意的事，那就是法國人通常都沒有野心。他們知道人類生來就是不平等的。人家對他說：「在美國，每個在銀行裡當普通職員的孩子，將來都有當銀行老闆的希望。」但在他看來，那又有什麼意義呢？他並不想自命為大人物！如果他想要做一個大人物，那麼每天在點心店裡三個小時的消遣時光，就要被犧牲掉了。能在事業上賺錢固然很好，但對於幸福與安逸的犧牲終究太大了。正是因為有了這樣的觀念，每個法國人才勤懇地工作著，他們的夫人在工作，子女也在工作。是的，整個法國都在工作著、儲蓄著，過著自己想要過的生活，不顧慮其他人的談論，不因為別人說到底什麼樣的生活是合理的，他們就去過什麼樣的生活，這實在是法國人的聰明之處。這種聰明雖然不能讓人致富，但比起風行在全世界的成功主義來說，更能使人獲得最後的幸福。

法國愜意的鄉村生活 油畫 1786年

在18世紀的法國鄉村中,人們有自己的田地,自耕自足,並飼養牲畜來幫助耕種或代步。在這幅繪畫作品中,僕人們正在院子中為家畜餵食,他們各司其職,呈現出一幅繁忙、興旺的景象。

無論你在什麼時間來到海邊,我都不用再告訴你那裡的居民是熱愛捕魚的,他們當然以捕魚為生。除此以外,你還能希望他們做些什麼呢?養乳牛嗎?開煤礦嗎?

我們一談到農業上的問題,就會發現一件有趣的事情。在過去100年間,各國的人口都向城市集中,法國卻依然有60%的人住在鄉村裡。在現代歐洲,也只有法國才能抵抗連綿不斷的壓迫,不需要向國外購買糧食。雖然現在祖傳的耕種方法已經在逐漸消失,已經慢慢被進步的科學新方法替代了。如果法國的農民不再像他們的祖先一樣,使用著查理曼大帝和克洛維時代的耕種方法,法國完全是自給自足的國家。

如果要使農民不離開故土,唯一的方法就是要讓他做自耕農。他的農場儘管不是很有規模,但終究是屬於他自己的。在英格蘭和東普魯士兩地,原本是舊大陸上農業很發達的地方,可惜所有的農場完全在莫名其妙的遠方大地主手裡,法國就並非如此。自從大革命以後,大小地主都被驅逐出去,他們的財產也被小農均分,這對於原來的地主來說當然是很痛苦的。但他們的財產也是由他們的祖先掠奪而來,和這次的舉動有什麼兩樣呢?而且這樣一來,半數以上的人民就會關係到全國的幸福,因此國家也將獲得非常大的利益。這種情況就和其他情況一樣,有它自己的缺點。法國人對於國家主義的感

第十一章 法　國

情之所以會過分濃厚，都是來源於這個理由。也因為這樣，國內才染上了地方主義的色彩，甚至每個人到了巴黎之後，也只願意和同鄉人在一起。因此，巴黎開設了許多小旅館，每家旅館專門接待來自某個地方的旅客，這種現象真的很少見。例如，紐約的旅館不會只讓芝加哥人、弗雷斯諾人或紐約馬頭鄉的人光顧。也因為如此，法國人才堅決不願意遷往外國。但客觀來說，如果一個人在家鄉過著幸福的生活，又何必遷往其他國家去呢？

除了農業之外，葡萄的種植也使大批的法國人不願意離開家鄉。一眼望去，整個加龍河流域都是葡萄園。加龍河口附近的波爾多就是葡萄酒的輸出中心，就像地中海岸的塞特，它是隆河流域的溫暖區域的名酒主要出口地。波爾多的南邊有片遼闊而泥濘的平原，那裡的牧民都踩著高蹺走路，羊群常年都是放牧狀態。勃艮第的酒會齊聚在第戎，香檳酒會集中運送到法國古代舉行加冕儀式的城市——蘭斯。

當穀類和酒類帶來的收入不足以維持人們的生活時，就出現了工業來輔助。許多古代法國君主是一些外強中乾的人物，他們不僅迫害百姓，把無數的錢財浪費在凡爾賽美女身上，而且他們還把宮殿變成時髦與風雅生活的中心，讓全世界的人都爭相效仿他們閒逸的作風，他們讓這世界上的其他人知道什麼叫做大宴，什麼叫做小酌。這樣揮霍無度的生活最終導致國家走向了衰落。雖然距那次革命黨人把末代君主的頭顱懸掛在兩腳中間、扔到巴黎郊外的一個陶工作坊的石灰堆裡，已經過了150年，可是巴黎卻依然保持著原來的樣子，教全世界的人穿什麼衣裳，怎樣穿才會漂亮。這個地方為歐洲和美洲提供了生活中必不可少的奢侈品，雖然絕大多數人需要的還是生活必需品，但是生產這種奢侈品的工廠都集中在法國，而且還為數百萬巴黎的夫人和少女提供了就業機會。里維埃拉有一望無際的花圃，那裡製造的香水運送到美國，一瓶要值6美元~110美金（這很小很小的一瓶香水，倒是美國人的聰明之處，他們自己不能生產這種香水便徵收重稅）。

此外，便是法國煤礦和鐵礦的採掘。皮喀特和阿都瓦等地方大量的煤渣和鐵屑堆積如山，放眼望去都是航

潮溼天氣中的巴黎街景　油畫　居斯塔夫·開依波特　1877年

在這幅描繪1877年的一個巴黎午後的作品中，細雨紛飛，行人走在巴黎潮溼的街道上，儘管天空陰暗、光線冷峻，但畫家仍以熱情的筆法讓我們感受到19世紀的巴黎生活，繪製了一副富於創造性的作品。

房龍地理
Van Loon's Geography

葡萄酒的盛宴 油畫 皮埃爾·奧古斯托·雷諾瓦 1881年

在夏天的午餐聚會中，塞納河上的富爾內斯酒店內的人們正愉快地飲酒暢談。那些產自法國的優質葡萄酒，是人們餐桌上每天必備的佐餐飲品，而餐盤中新鮮飽滿的葡萄則是酒品的原料。正是因為法國人對葡萄酒的喜好以及悠久的釀酒歷史，才讓它聞名於全世界。

髒的一片灰色。在1914年蒙斯之戰中，英國的遠征軍想阻止德軍進攻巴黎，這些煤渣和鐵屑就有了用武之地。洛林是鋼鐵工業中心，中部高原是煉鋼的地區。阿爾薩斯在過去被德國統治的50年中，紡織業極為發達。等到戰爭一結束，為了能夠供給他們更豐富的鋼鐵，法國人就立刻把它奪過來。由於這方面的發展，現在已經有1/4的法國人從事工業生產，而且他們還得意洋洋地說：這些工業城市的外表，就像英國和美國的工業城市一樣醜陋、一樣笨拙、一樣不合乎人道。

法國歷代王朝

自從公元5世紀法蘭克人建立王朝以來，法國歷代王朝更迭不斷，直至現在的法蘭西第五共和國。

墨洛溫王朝（481～751年）
↓
加洛林王朝（751～987年）
↓
卡佩王朝（987～1328年）
↓
瓦盧瓦王朝（1328～1589年）
↓
波旁王朝（1589～1792年）
↓
第一共和國（1792～1804年）
↓
第一帝國（1804～1814年）→ 波旁王朝（1814～1815年）→ 百日王朝（1815年）→ 波旁王朝（1815～1830年）→ 七月王朝（1830～1848年）→ 法蘭西第二共和國（1848～1852年）
↑
法蘭西第二帝國（1852～1870年）
↑
法蘭西第三共和國（1871-1940年）
↑
維希政府（1940～1944年）
↑
法蘭西第四共和國（1947～1959年）
↑
法蘭西第五共和國（1959至今）

自由引導人民 德拉克洛瓦 1930年

第十二章

比利時

> 一紙條約締造的國家，除了同舟共濟的精神以外，它什麼都不缺。

比利時	
中文名稱：比利時王國	所屬洲：歐洲
首都：布魯塞爾	主要城市：布魯日、安特衛普
官方語言：弗拉芒語、法語	貨幣：歐元
時區：東一區	國家代碼：BEL
國歌：〈布拉班人之歌〉	國花：虞美人

現代比利時王國包括三部分：北海沿岸的佛蘭德斯平原，佛蘭德斯與東部山脈（有豐富的煤鐵資源）之間海拔較低的高原，以及東部的亞耳丁山脈。默茲河在亞耳丁山中繞了個大彎，向北方低地國家的沼澤地流去。

煤礦與鐵礦集中在列日和蒙斯等城市附近（說來真奇怪，第一次世界大戰竟然會讓這幾個煤炭和鋼鐵城市的名字出現在報紙的頭版上），蘊藏量很豐富，就算英、德、法三國的煤鐵都用完了，比利時也依舊能夠把這兩種近代生活上必需的東西供給世界，而且還能供給好多年。

奇怪的是，比利時雖然是德國人常說的重工業國家，但是它連一個近代的優良港口都沒有。比利時海峽附近的海灘大多是淺灘，而且被錯綜複雜的沙堤與狹窄的淺灘分割開來，沒有一個名符其實的優良港口。雖然比利時人在奧斯坦德、澤布呂赫等地修建了人工港口，但是安特衛普是當時比利時最為重要的港口，距離北海50英哩，從斯科爾特河到達北海的最後30英哩已經是荷蘭的領地了。這種安排當然有點離奇，從地理的角度上看來也是不合乎情理的。但在一個被條約統治著的國家裡（那些條約又是國際會議中的各國代表們簽訂的），這種情形就不能避免了。比利時既然是從許多國際會議中產生的國家，我們就應該知道一些它的歷史，當那些大人物悠閒地圍坐在桌子周圍安排各國

奧斯坦德　版畫 17世紀

　　奧斯坦德是比利時西部著名的港口城市，經過多年海運商業的發展，城市設施建設已經非常完善，因其地處多個國家的交界，一直以來都是兵家的必爭之地。在荷蘭的80年獨立戰爭中，西班牙人犧牲了4萬名士兵，耗費了3年的時間與荷蘭人交戰，才將它佔領。

命運的時候，我們至少要知道他們討論的究竟是什麼事情。

　　迦力卡‧貝爾奇卡為羅馬人的殖民地，是古代比利時的舊稱。最初的居民是賽爾特族（與英、法的土著同族）及許多日耳曼小部落。這兩個民族都屈服於羅馬人之下，承認羅馬人是他們的統治者。因為之前羅馬人曾經向北穿過了佛蘭德斯平原，越過亞耳丁山脈，一直抵達到幾乎不能行走的沼澤地才停止。就在這片沼澤地裡，誕生了荷蘭人的王國。後來，比利時變成了查理曼帝國的一個省份。公元843年，由於《凡爾賽條約》的緣故，它變成洛泰爾王國的一部分。隨後，它又被分成許多半獨立的公爵領地、伯爵領地以及主教區域。到了中世紀，哈布斯堡家族佔領了它。哈布斯堡家族是當時最精明的不動產經營商，不過他們所需要的並不是煤鐵，而是農場上的穩定收入與貿易投資上的報酬。因此東部一帶（實際上非常重要）常被認為是半荒地。佛蘭德斯一帶卻能得到各種機會，不斷挖掘它的潛力，在14世紀和15世紀，這裡成為了北歐最富裕的地區。

　　佛蘭德斯之所以成為北歐最富裕的地區，有兩個原因：第一，它的地理環境非常優越，能夠讓中世紀的小船深入內陸；第二，佛蘭德斯初期的統治者都是英明的君主，竭

力獎勵工業的發展。其他地方的封建領主大多完全依賴農業，極度厭惡資本主義，就像教會極度厭惡放貸賺錢的觀念一樣。

由於這種明智的政策，布魯日、根特、伊泊爾等城市都非常富裕、物資充足。那裡的經濟環境絕對不是其他各國所能比擬的，因為別國的君王都很固執，不讓他們的人民利用這些條件。直到後來，這些初期的工業中心受到了地理與人性（人性的原因更大）的影響，才漸漸地衰敗下去。

所謂地理因素的影響，就是北海中有幾條洋流發生了變化，突然把大批泥沙塞進了布魯日和根特的港口，使它們完全變成內陸城市。另一方面，勞動聯合會又不再像最初

貝爾塞爾城堡

貝爾塞爾城堡位於比利時首都布魯塞爾以北的貝爾塞爾市內。三座巨大的瞭望塔和繞牆而建的人工河，讓這座城堡成為了歐洲中世紀建築的代表之一。作為首都的重要防禦屏障，這裡曾經擔負著極其重大的軍事責任，雖然久經戰亂，但多次修復讓我們仍然可以見到它的風姿。

那樣,扮演著活力發動機的角色,反而變成殘暴而且目光短淺的機構,除了牽制各種工業活動外,沒有其他工作了。

本地原有的統治者被消滅後,佛蘭德斯暫時合併進了法國,從此便無人過問。潮水的不斷侵襲,再加上殘暴的勞動聯合會的統治,佛蘭德斯變得沒有活力了。滿目荒涼的田地以及淒涼的廢墟古蹟,只能作為英國老人們繪畫的地方。只有當年農家的石垣依舊還在,石垣的縫隙裡長滿了茂盛的野草。

宗教改革完成了剩下的工作,佛蘭德斯人熱衷於路德的新教,發生了非常大的動亂,但這僅僅是曇花一現,不久他們仍舊回頭信奉原來的宗教了。這時,他們北邊的鄰居荷蘭人已經獲得獨立,把深惡痛絕的死敵逐出了國境。而整個比利時從安特衛普遭遇大劫之後,長期陷入了衰敗狀態中,直到詹姆斯·瓦特發明了蒸汽機,全世界的人都注意到了它蘊藏的豐富寶藏,比利時才從困境中抬起頭來。

外國的資本爭先恐後地輸入到默茲河流域,不到20年的時間裡,比利時已經變成了歐洲工業國家的領袖。就在這時候,華隆人(在布魯塞爾以西,華隆人佔有最多的勢力)雖然只佔總人口的42%,但他們的勢力已經如日中天,變成全國最富饒的群體。也就在這時候,一半的佛蘭德斯人變成了已經被征服的農夫,他們的語言只允許在廚房裡或馬廄裡使用,絕對不能在上等人家的客廳裡使用。

1815年的維也納會議,雖然號稱是為世界的永久和平奠定了基礎(可以說是百年前的凡爾賽會議),實際上反倒把事情弄得更複雜了。當時,各國為了要抵抗法蘭西人,覺得有必要建立北方強國,於是力圖把比利時與荷蘭合併成一個國家。

這種離奇的政治聯姻,直到1830年才算緣盡。比利時人反抗著荷蘭人,而法國人(這是在意料之中的)做了他們的保鏢。各大國(已然是姍姍來遲了)也相繼參加。科堡的一位親王(即維多利亞女王的叔叔利奧波德,這位叔叔真是非常嚴肅的人,他的親愛的小姪女也受到了他極深的影響)被推舉為比利時王。一開始,希臘人也曾經有過同樣的請求,但被他毅然謝絕。但這次他無條件地接受了比利時的王冠,因為這個新王國是向著成功之路走去的。斯克爾特河口仍舊在荷蘭人手裡,但是安特衛普變成了西歐最重要的港口之一。

雖然歐洲各國正式宣佈比利時為「中立國」,但利奧波德二世(利奧波德一世的兒子)異常狡猾,不相信這種咬文嚼字的條約。

利奧波德銀幣　德國　1632年

在16世紀,這些硬幣可能被大規模發行,很容易被視為裝飾性的貨幣,從至今尚存的硬幣可以看出鍍金或鑲嵌的款式,在17世紀的德國,一些硬幣也變成了時髦的玩具。圖為鑲有利奧波德頭像的硬幣。

他勵精圖治，使比利時不再看他人的臉色，不再委屈做三流小國。後來剛好有這樣一個機會，有個名叫亨利·斯坦的人從非洲中部回來，國王請他到布魯塞爾商談，商談的結果就是成立了所謂剛果國際協會。經過一段時間，竟然使比利時成為了近代世界最大的殖民國家之一。

比利時位於北歐最富饒的區域的中心，有非常良好的地理環境，因此它目前最重要的問題，不是在經濟方面，而是在種族問題。無論是科學與文化的發展，或是教育的事業，多數佛蘭德斯人的水平已經日漸增長，追上了少數的華隆人。自建國以來，國內的政權一直在華隆人手裡，他們在這時奮起反抗，想奪回他們應有的權利，並要求兩種語言的絕對平等，佛蘭德斯語與法語必須受到同樣待遇。

不過，我不願詳細討論這個問題，我不知道它為什麼會這麼複雜。佛蘭德斯人和華隆人原屬同一人種，也有大概2000年相似的歷史，然而他們竟然一直在相互仇視中生活著。在下一章裡，我們將遇到說著四種不同語言（法語、德語、義大利語、羅穆斯切語）的瑞士人，但他們能夠相安無事，沒有本質上的衝突。這其中必定是有原因的，但就我個人而言，我很願意坦白地承認，那種原因不是像我這樣知識淺顯、孤陋寡聞的人所能瞭解的。

比利時的三大行政區

作為世界上工業最發達的地區之一，比利時共分三個大區，分別是弗拉芒大區、瓦隆大區、布魯塞爾首都大區。

弗拉芒大區
語言主要為荷蘭語，是歐洲人口密度最大的地區之一。

比利時

瓦隆大區
語言主要為法語，位於比利時南部。

布魯塞爾首都大區
語言主要為荷蘭語和法語，位於荷比法鐵路幹線的心臟。

第十三章

盧森堡

歷史長河中的奇蹟。

盧森堡	
中文名稱：盧森堡大公國	所屬洲：歐洲
首都：盧森堡市	主要城市：申根
官方語言：法語、德語	貨幣：盧森堡法郎
時區：東一區	國家代碼：LUX
國歌：〈我們的祖國〉	國花：玫瑰

在開始講述瑞士之前，我還要將一個奇怪的獨立小公國敘述一下。這個小公國的名字，如果不是在第一次世界大戰初期扮演過重要的角色，或許誰都不會知道它的名字。當盧森堡還是羅馬人的比利時省其中一部分時，它只有25萬居民，這些居民的祖先就已經居住在附近了。中世紀時，盧森堡的首都被修建得非常堅固，被視為當時世界上的最難攻克的要塞之一，因此它在歷史上有著舉足輕重的地位。

一方面是因為它的地位重要，另一方面是因為普魯士和法國都想佔有它，所以1815年的維也納會議，就讓它成為了一個獨立公國。但是，事實上這個小公國歸荷蘭國王統治。荷蘭國王親自治理這個小國家，以彌補這個國家的領土曾被德國佔據帶來的損失。

19世紀時，由於這個小公國的關係，德、法之間曾經有過兩次險些爆發的戰爭。為了避免更大的糾紛，所有的城垣和壁壘全部都被拆除，從此盧森堡就和比利時一樣，被人們公認為「中立國」了。

第一次世界大戰爆發時，德國人一面想攻打法國，但又只願意從東北兩部分的平原發起進攻，不願意做無謂的犧牲去進攻西部地勢崎

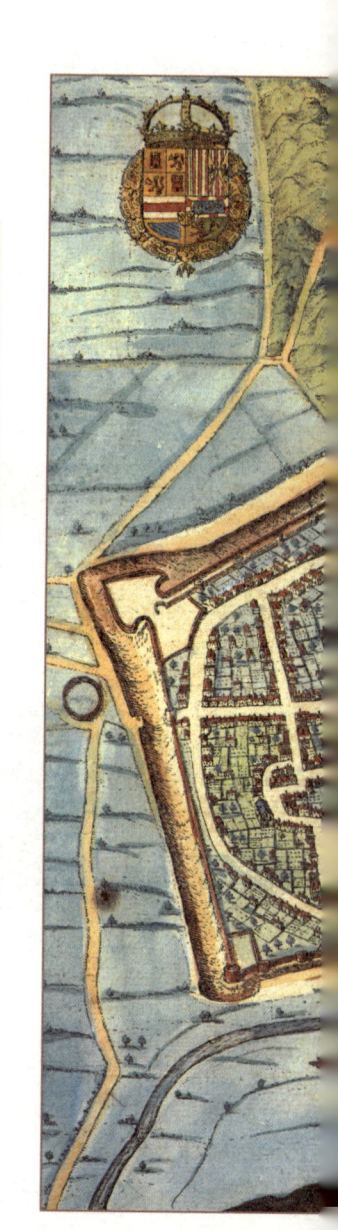

第十三章 盧森堡

嶇的盆地。因此，盧森堡就成為當時軍事上必爭之地。它的中立地位也被德國破壞。直到1918年，它才從德國人的掌控中擺脫出來。但即使是在現在，這個小小的公國也並未真正脫離險境，只因為這個國家有著豐富的鐵礦資源。

盧森堡 版畫 17世紀

盧森堡位於歐洲西北部，是歐洲僅存的公國。它的東面和南面分別為德國和法國，北部與比利時接壤，是西歐的軍事要塞之一。現在，盧森堡是全球最大的金融中心之一，因為古堡很多，也被稱為千堡之國。

第十四章

瑞　士

山地國家，教育情況良好，使用四種語言，但是人民十分團結。

瑞　士	
中文名稱：瑞士聯邦	所屬洲：歐洲
首都：伯爾尼	主要城市：蘇黎世、日內瓦
官方語言：德語、法語	貨幣：瑞士法郎
時區：東一區	國家代碼：SUI
國歌：〈瑞士詩篇〉	國花：雪絨花

　　瑞士人常把他們的國家稱做瑞士聯邦，一個名叫赫爾微西亞的村姑形象，也經常出現在22個獨立小共和國的貨幣上與郵票上。每當聯邦內發生了重大事件的時候，這22個小共和國的代表就聚集在首都伯爾尼一起討論解決的辦法。

　　第一次世界大戰開始以後，大部分的國民（70%說德語，20%說法語，6%說義大利語，2%說羅穆斯切語）有些偏向德國（雖然謹慎地保持著中立地位）。這時，一位理想化的少年英雄出現了，頗有超越赫爾維西亞女神的傾向。但這位女神的容貌，有些像維多利亞時代英國名畫家所描繪的大不列顛女神。這種貨幣與郵票中神像的爭執（不僅瑞士如此，像這類奇怪的問題幾乎各國都有），顯然說明了瑞士共和國的二元性質，這一切對於其他國家的人民自然無足輕重。在我們這些非瑞士人看來，瑞士只不過是一個風景秀麗的山地國家。所以這一章裡所敘述的部分也以這方面居多。

　　阿爾卑斯山從地中海蜿蜒至亞得里亞海，路線的長度是大不列顛的兩倍，所佔的面積也和大不列顛大致相同。其中1.6萬平方英哩的山地歸屬於瑞士（面積和丹麥差不多）。在這1.6萬平方英哩中，1.2萬平方英哩的面積被森林所覆蓋，還有一些葡萄園和零星的幾個小牧場，適合進行種植。剩下的4000平方英哩毫無用處，那些地方不是被湖泊佔據，就是布滿了懸崖峭壁，其中還有700平方英哩被冰河所覆蓋。瑞士每平方英哩只有

250人，相對於比利時的655人、德國的347人實在是遜色。但挪威卻只有22人，瑞典也不過35人。所以，如果你認為瑞士只有高山，並且以經營旅館和招待客人為主，那就有些先入為主了。瑞士除了日常生活用品的生產以外，還把北部的阿爾卑斯山與杜拉山之間遼闊的高原，變成歐洲最繁榮的工業區之一，而且在不需要進口任何原材料的情況下，也能夠做到這一點。瑞士擁有豐富的水資源，又位於歐洲的中心地帶，地理優勢十分優越。因此，瑞士聯邦的工業產品，能悄無聲息、源源不絕地運往周邊的十多個國家。

在前面幾章裡，我曾經講述了阿爾卑斯山及庇里牛斯山等山脈的起源，還讓你拿六塊乾淨的手帕，一塊塊疊起來，把它們團在一起，然後再觀察它們團擠後所產生的褶皺、折痕以及重疊地連接著的圓圈。這張你在上面做地質遊戲的桌子，就是最原始（已經有無數萬年的壽命）的基礎。或是稱花崗岩的核心，在這種基礎或核心上面，比較年輕的地層在數百萬年中逐漸褶皺起來，變成奇形怪狀的尖塔。又經過了數百萬年的時光，不斷受到風雨冰雪的侵蝕，形成了現在這種模樣。

瑞士 版畫 17世紀

瑞士依靠阿爾卑斯山，四周被德國、法國、奧地利、義大利和列支敦士登包圍，正因為瑞士獨特的地理位置，它也有「歐洲的十字路口」之稱。由於瑞士一直戰爭不斷，全民動員的民兵制軍隊也是瑞士在軍事上的最大特色，他們享有世界上最昂貴軍隊的美譽。

147

這些碩大的折痕，約有1萬至1.2萬英呎高，早已慢慢地褶成了許多平行的山脈。這些平行山脈到達瑞士中心（聖哥斯德山口的安德馬特村，是瑞士的地理中心）的時候便會匯集起來，形成一座高大的復合山（即聖哥斯德山）。這座復合山一方面把萊茵河移往北海，把隆河移往地中海；一方面又是許多山溪的發源地。有了這些山溪，便產生了北方的盧塞恩湖、蘇黎世湖以及南方許多義大利的著名湖泊。聖哥斯德山有很多嶮峻的懸崖峭壁、不見天日的深谷和不可逾越的山溪與雪頂。12條冰河充滿了冰冷澈骨的溪水，被這些溪水滋潤著的地區一眼望去都是綠油油的一片，瑞士的發源地就是這裡。

巴塞爾 版畫 17世紀

巴塞爾是瑞士僅次於蘇黎世和日內瓦的第三大城市，位於德國、法國、瑞士三國的交界處。萊茵河將整個城市一分為二，西岸為大巴塞爾區，東岸為小巴塞爾區。在古代，這裡出產的質量上乘的紡織品順著萊茵河，遠銷到其他各國，化學工業也成為了這個城市的支柱產業。現在，巴塞爾已經成為了瑞士生命科學的中心。

第十四章 瑞 士

大家都承認，由於政治和地理的某種特點，瑞士人在很早的時候就獲得了獨立的機會。半開化的農民住在深邃的山谷裡面，將近1000多年的時間裡都不曾受到比他們更厲害的鄰居侵略。對於瑞士境內的居民來說，既然沒有外敵的入侵，又何必耀武揚威地舉起帝國的旗幟來呢？即使外面的人想掠奪他們的財物，最多也只能搶到一、兩張牛皮罷了。他們自己才是最危險的野蠻人，他們殘酷好戰，擅於投擲巨大的石塊，大石塊從山上滾下來壓在盔甲上面，就會把盔甲壓得像羊皮紙一樣薄。因此，外人對瑞士人的看法，就像大西洋邊的居民看待阿勒格尼山後的印地安人──現在，這種印地安人已經無人知曉了。

很早以前，原本有兩條從日耳曼到義大利去的山路：一條是聖伯納德，一條是伯倫納。但是選擇走聖伯納德山路必須在里昂繞一個大彎，從日內瓦湖繞過整個隆河流域。如果走伯倫納山路，又要經過稅率極高的哈布斯堡家族的領地。自從十字軍東征以來，教皇的地位日益顯赫。義大利的商業迅速發展，北歐的人民都迫切地需要一條更直接、更方便的通路。

就在這時，安特瓦爾德、尤利、錫維茨等各州的農民共同議定，各州捐出一點錢（天知道他們哪裡會有這麼多錢），來協力開闢道路。從萊茵河流域開始，到提奇諾河流域為止。他們把很多地方的岩石都鑿掉了。如果岩石太硬，尖斧鑿不開（雖然他們沒有炸藥，但也想修建山路），他們就把狹窄的木橋搭在山壁上，以便渡過險峻的地方。萊茵河除了在盛夏，其他時間是不能通過的，現在居然讓他們修建了幾座簡陋的石橋。他們所開闢的路徑，一部分雖然依照著400年前查理曼時代的工人們修建的古道所建，但在當時他們並沒有完成。到了13世紀末期，一個商人已經可以帶著一個商隊，從巴塞爾出發，經過聖哥斯德山路走到米蘭去。途中完全沒有危險，就算是有，也只不過是弄丟了兩、三頭驢或者被山上滾下來的石塊擊傷，或者摔了一跤把腿骨摔斷罷了。

在1331年，我們就聽說在這個山口上修建了簡陋的旅館，以方便旅客投宿。但是在1820年之前，這個山口並不向馬車開放。不久之後，這個山口就變成了南北之間最重要的商道了。

安特瓦爾德、尤利、錫維茨的百姓很善良，他們付出了如此多的努力，並沒有嫌棄所獲得的報酬太少。有了這種源源不絕的微薄利益，再加上國際貿易在盧塞恩、蘇黎世等城市掀起的巨大的波浪，小小的農業社會裡便產生了一種獨立的情緒，撒下了日後反抗哈布斯堡家族的種子。其實哈布斯堡家族的祖先也出身於瑞士的農民，但是他們的家譜上並沒有提及這個事實。他們的家譜藏在哈布斯堡內，城堡的地址在阿勒河與萊茵河匯合點的附近。

我很抱歉自己的敘述如此枯燥乏味。不過你也要知道，威廉·泰爾雖然被奉為發展近代瑞士共和國的開山始祖，但事實上他是個虛構的人物。瑞士的收入並不是從他的勇敢中得來，而是從那條生意興隆的阿爾卑斯山商道上賺到的。近代的瑞士共和國就好像一個很有趣的政治實驗，它擁有世界上最完善的公立學校的制度，政治機器運轉得平滑

日內瓦湖 版畫 17世紀

　　日內瓦湖是阿爾卑斯山湖群中最大的一個，其將近2/3的面積屬於瑞士，1/3屬於法國，湖邊氣候溫和，有許多遊覽景點。現代人在湖中建設的巨大的人工噴泉，也吸引著世界上無數的遊客前往觀看。

而有效，因此如果你遇到了一個瑞士人，問他現任總統是誰，他可能一時回答不出來。因為瑞士的政治全由班得斯拉特（聯邦議會）處理，班得斯拉特由七人組成，每年的新總統（往往是上任的副總統）也由他們任命。依照常理（雖然法律上並無規定），本年度的總統如果是說德語的人，下年度就換成說法語的人，第三年則輪到說義大利語的人，以此類推。

　　可是，這個總統和美國的總統完全不同。他只不過是聯邦行政院的臨時主席，行政院的一切決議，完全由七位委員共同議定。除了主持聯邦行政院議會的開會事宜外，總統同時還兼任外交部長的職務，不過他的地位並不是很重要，甚至連宮邸都沒有。瑞士沒有「白宮」，每逢招待佳賓的時候，就在外交部的禮堂內舉行宴會，而且這種宴會只像是山村裡的簡單酒席，相比於法國總統或美國官吏的盛宴有很大差距！

　　這些行政方面的細節過於複雜，這裡不能詳述。但是只要是到過阿爾卑斯山這一帶的旅客，常常會被提醒，總有一個時刻關心著這裡、聰明又務實的人在意這些事情是否按照這個原則做好。

第十四章 瑞 士

就拿鐵路的修建和經營來說，所遇到的困難已經一言難盡了。兩條聯繫著義大利與北歐之間的鐵路線，都直接從瑞士的阿爾卑斯山中經過。塞尼斯山的隧道連接著巴黎與杜林（薩伏伊王國的古都），行經第戎與里昂。伯倫納線連接著德國南部與維也納，讓他們可以直接相通。不過，雖然這條鐵路要經過阿爾卑斯山，卻不需要穿過任何隧道。至於辛普隆與聖哥斯德兩條鐵路線，不但開鑿了隧道，而且還翻越了山嶺。聖哥斯德線比辛普隆線的歷史更早，它動工於1872年，10年後才完工。其中8年的時間，都花費在了開鑿隧道的工程上，這條隧道有9.5英哩長，有些地方的海拔高達近4000英呎。更有趣的是，它是瓦松與喬斯切恩之間的螺旋形隧道。因為那邊的山谷非常狹窄，連安置單軌的位置都沒有，鐵路不得不在崇山峻嶺中盤旋而上。除了這種特殊的隧道以外，聖哥斯德線還有59座隧道（有幾條幾乎長達1英哩）、9座大的棧道、48座大鐵橋。

第二條最重要的阿爾卑斯山鐵路線便是辛普隆線。辛普隆線經過第戎、洛桑和布里格一帶的隆河流域，使巴黎與米蘭之間有直接的通路。它於1906年開始通車。辛普隆鐵路比聖哥斯德鐵路修建起來相對容易，它緩緩地爬上隆河流域，到2000英呎高的地方就是隧道的起點。這是一條12.5英哩長，鋪有雙軌的隧道。此外，洛茲伯格隧道（9英哩長）也鋪設了雙軌，連絡北部的瑞士的辛普隆線和義大利。

辛普隆鐵路所穿過的平寧的阿爾卑斯山雖然是所有山脈中最小的一座，然而也有很別致的地方。在這座方形小山上面，有21座1.2萬多英呎高的山峰、40條急流奔放的河流。最危險的情況就是在國際特別快車到達前數分鐘內，鐵路橋會被這些危險的急流衝擊得蕩然無

瑞士火爐　17世紀

圖為17世紀的一個瑞士火爐，其外面是鍍錫的瓷磚，可以吸收、保持和散發溫度，而僕人可以在另一個房間向火爐裡添柴，使其發熱，並將熱量散布到屋子的各個角落。在15世紀，這種火爐廣泛流傳於中歐和西北歐。

房龍地理
Van Loon's Geography

圖恩湖　油畫 賀德勒·費迪南德 1905年

　　圖恩湖位於瑞士伯爾尼州阿爾卑斯山區，因圖恩城而得名。在賀德勒的畫作中，他以高度的秩序和對稱的形式為要素，表現出簡約、平靜的景色，湖面在太陽的照射下呈現出紫色，明亮而有力的色彩讓人感到平衡而寧靜。

存。但實際上，辛普隆鐵路自從通車以來，從未被損毀過，這不能不歸功於辦事認真的瑞士鐵路人員了。我早已說過，在這個精誠團結的聯邦共和國裡，任何事情都不是聽天由命的。那裡的生活太艱難、太危險了。得過且過的哲學或許很動聽，但在瑞士卻並不流行。你要知道，瑞士總有一個人在日夜不停地監督著、觀察著、關心著。

　　誰都知道，一個國家有了這種務實又重視效率的特質，在藝術方面就不會獲得很大的成就。無論在文學或藝術，包括繪畫、雕刻、音樂等方面，瑞士從來沒有出產過任何傑作，讓外國人欣賞和稱讚。但是，世界上不愁沒有在藝術造詣上登峰至極的國家，所缺少的倒是數百年來政治和經濟都能不斷發展的國家。瑞士的制度既然適用於普通的瑞士人，我們還要苛求什麼呢？

第十四章 瑞 士

切克絲布銳斯的日內瓦湖

在這幅作品中,霍德勒描繪了一個寧靜的日內瓦湖,那裡氣候溫和、湖面似鏡,有許多遊覽勝地。

作為一位熱衷於組織的畫家,霍德勒經常以日內瓦湖這種偉大的題材創作。

空中的雲彩被安排得很規律,呈現出寧靜的氛圍。

整齊的草地位於湖畔,與雲彩、湖水形成了一個和諧的整體世界。

平靜的日內瓦湖是畫面的中心,在畫家心中更意味著博大的精神世界。

153

第十五章

德 國

誕生太晚的國家。

德　國	
中文名稱：德意志聯邦共和國	所屬洲：歐洲
首都：柏林	主要城市：漢堡、伯恩
官方語言：德語	貨幣：歐元
時區：東一區	國家代碼：DEU
國歌：〈德意志之歌〉	國花：矢車菊

　　為了方便起見，我把歐洲各國分成不同種族或文化群體，我會先來討論在政治未獨立前就顯示出殖民地特徵的國家，這幾個國家曾是羅馬的殖民地。

　　不錯，羅馬人曾經征服過巴爾幹半島，而且直至今日在這個半島上還有一個國家（羅馬尼亞）把拉丁文作為自己的語言。但是，自從中世紀起受到蒙古人、斯拉夫人和土耳其人的侵略之後，羅馬文化在半島上的一切特徵都已經蕩然無存了。所以如果把巴爾幹各個王國在這裡一起敘述的話，那就大錯特錯了。我現在只好拜別地中海沿岸，來討論另外一種文明形式，它就是條頓文明，集中在北海與大西洋的沿岸。

　　在俄羅斯東部的山脈（這裡是第聶伯河、德維那河、涅瓦河、伏爾加河的發源地）與庇里牛斯山之間，有一片遼闊的半圓形平原（我在敘述法國的時候，已經告訴你了）。從日耳曼族開始其莫名其妙地西遷以後不久，這片半圓形平原的南部就落到羅馬人手裡。東部一帶，被斯拉夫遊牧民族佔領，這些遊牧民族雖然日後被人殘殺，像澳洲的兔子一樣在這個世界上絕跡，但在當時卻很強盛。餓鷹般的條頓民族是後起之秀，他們出現的時候，只剩一片巨大的方形平原。這片平原東起維斯杜拉河，西至萊茵河的三角洲，北以波羅的海為界，南面是一長排羅馬人的堅固壁壘，這彷彿在警告那些後起的英雄們說：再過去就是「禁地」了。

　　這個區域的西部有很多崇山峻嶺，亞耳丁山脈、孚日山脈都位於萊茵河西岸，坐落

第十五章 德 國

著黑森林、厄爾士山脈（有一座鐵礦，現在叫做波希米亞）等以及遠達黑海沿岸的喀爾巴阡山脈，大部分都是東西走向的。

這個區域內的河流都是向北奔流的。我們如果把它們從西向東一條一條地敘述，那麼第一條就是萊茵河。萊茵河是最富有文學氣息的河流，歷史遺留在河岸上的戰跡與淚痕，比其他任何河流都豐富得多。萊茵河實在是一條精緻又溫順的小河，亞馬遜河比它長5倍，密西西比河和密蘇里河比它長6倍，就算是不能算做獨立河流的俄亥俄河，也要

德國 版畫 17世紀

德國位於歐洲西部，是歐洲鄰國最多的國家，其人口主要為日耳曼人。因為境內縱橫多條水道，讓這個民族以至於整個國家日漸強大起來。透過便捷的交通網，德國利用多個港口出口產品，被公認為歐洲四大經濟體當中最為優秀的國家。

比它長500英哩。其次是威採河，河口附近有現代城市不來梅。其次是易北河，今天的漢堡之所以繁盛完全歸功於它。此外還有奧得河，它使柏林物產的輸出港以及柏林工業腹地的斯德丁日漸發達。最後便是維斯杜拉河，河口有但澤城，現在已經變為利伯維爾，由同盟國所任命的官員來管理。

數百萬年以前，這一帶覆蓋著冰河。冰河消退之後，留下一大片荒涼的沙地，這片沙地靠近北海與波羅的海的部分就成為了一望無際的沼澤。隨後北方的沼澤逐漸發展，形成連綿不斷的沙丘，從佛蘭德斯海邊起，一直蜿蜒到普魯士的舊都加里寧格勒，離俄羅斯的邊界已經很近了。這些沙丘一旦形成，沼澤就得到了保護，可以不受到海潮的侵襲。再加上土壤日漸肥沃，植物都開始繁殖，森林也就跟著出現了。這些森林後來又變成泥炭田，可以提供優質的燃料，讓古代的人們取之不竭、用之不盡。

這片平原的西岸和北岸，分別以北海與波羅的海為界。其實這兩片海也只不過是淺水池，但卻背負著「海」的虛名。北海的平均深度只有60英尋（1英尋為6英呎），最深的地方也只有400英尋。波羅的海的平均深度約36英尋。至於大西洋和太平洋，便迥然不同了。大西洋的平均深度為2170英尋，太平洋的平均深度甚至有2240英尋。我之所以舉出這些數字來，只是想讓你知道，北海與波羅的海只不過是被淹沒的溪谷，只要地球的表面抬高一些，它們就會重新變成陸地。

現在我們先來看一看德國陸地的地圖。這裡所說的地圖，指的是現在的地圖。因為從人類隨著冰河的後退而前進、永久居住在舊大陸的這部分地區的時候起，直到現在地形並沒有發生很大的變化。

這裡最初的居民都是些野蠻人，全靠狩獵和種植生存。雖然他們很野蠻，卻有極強的審美天賦，他們因為自己的領土內缺少可以做裝飾品的金屬，便走到外面去，努力地四處搜尋黃金與白銀。

下面的敘述，許多讀者看了或許會驚訝，但那是真實的。初期的商道，全都是為了獲得奢侈品的欲望才開闢的；初期的民族爭鬥，也都是以奢侈的欲望為動機的。羅馬人之所以會知道北歐地理的大概情況，是因為當時有許多商人，為了要獲得美麗的琥珀——一種樹脂的化石，羅馬女人常用以塗染頭髮——從很遠的地方跑到神祕的波羅的海沿岸。對太平洋和印度洋的航海發現，雖然也有其他原因，例如一些虔誠的人想到東方去傳播福音，但最重要的還是婦女們想獲得堅硬的石灰石，這種石灰石可以附在牡蠣的殼內，作為婦女們喜歡佩戴的裝飾品，好讓人家關注她們美麗的耳朵以及細嫩的手指。

龍涎香原本是附在大頭鯨腸壁內的物質，取出它往往會讓不幸的鯨魚患上英國人所說的膽汁病。但在那時，人們都想要這種東西，因此大批的船隻陸續開往巴西、馬達加斯加、摩鹿加的沿海，大批搜捕。其狂熱程度與捕捉鯡魚、沙丁魚以及其他可作食物用的魚類相比，簡直是天壤之別。龍涎香可製作各種香料，其中蘊藏濃郁的花香，而且還有異國鄉土的風味。至於食物，最多也只不過是食物，有什麼好稀奇的呢？

到了17世紀，服裝的式樣變了，婦女們喜歡在外衣裡面裹一件緊身胸衣，使腰部纖

第十五章 德 國

正在打扮的女人

中世紀時，歐洲很多國家已經相當富有了，對華麗服飾的需求也成為更高層次的享受。但女人仍然不能隨意在街上拋頭露面，因此很多商人不得不攜帶著最新的商品到權貴家裡，讓上流社會的女人們挑選。如圖中一位穿著腰封長裙的女人，正在挑選當時最流行的絲綢製品。

細得就像柳枝（虎背熊腰在當時是不雅的）。這樣一來，我們對於北極圈內的情況，才開始有了瞭解。後來巴黎人認為帽子上應該裝飾羽毛，於是很多獵人深入美國南部的鹹水湖，搜尋美麗的白鷺，拔取牠們的頂毛（完全沒有考慮到在這個世界中從此將會減少

房龙地理
Van Loon's Geography

第十五章 德 國

日耳曼貴族打獵

當圖中貴族的馬蹄踏過了農民的農作物，農民還要幫助他們圍捕獵物，頭戴羽毛、穿著華麗的權貴總是有大把的時間來消遣娛樂，卻完全不顧他人的利益。而前人累積的大量財富，讓他們對奢華的物品和享受有了過多的欲望。

一種如此美麗而高貴的生物）。這類鹹水湖在很早以前曾經有過獵人的足跡，但當時他們只為求生而來，所到的地方也沒有這麼的遙遠。

這類殘酷的事實，我可以寫上十幾頁。物以稀為貴，凡是稀少而昂貴的東西都會引起人們的欲望，很多人浪費他們的錢財，來點綴浮華的場面，為了向貧窮的人們炫耀他們的財富。有史以來，對於各種事業進步的真正推動力，其實是人們獲得奢侈品的欲望，而不是日常必需的物品。我們如果仔細看一下史前的德國地圖，就會看到那些為滿足奢侈欲而開闢的道路，因為總體說來，那時候的人和中世紀的人以及現代人並沒有什麼不同。

只要看3000年前的情形，就可以知道了。北方許多山脈，如哈茨山脈、厄爾士山脈及雷斯森山脈等，距離海邊都有數百英哩。北海與波羅的海一帶的平原，早已從泥沼變成了陸地，覆蓋著茂密的森林。此時大冰河開始往斯堪的納維亞、芬蘭等地退落，人類就前進至此，把整個荒地佔為己有。在南方的群山中，住在山谷裡的條頓人以砍柴度日，當時羅馬人佔據著萊茵河與多瑙河沿岸的軍事要地，居民把砍下來的柴火都賣給了他們。至於其他的早期條頓人，或者種田，或以遊牧為生，很少見到過羅馬人。有一次，羅馬人組織了遠征軍，想要深入內陸地區，結果卻被困在幽深的沼澤裡，無一生還，嚇得羅馬人不敢再去嘗試了。但那也並不是說，德國的北部地區從此與世隔絕了。

史前那條貿易大道，西起伊比利亞半島，東至俄羅斯平原。庇里牛斯山與巴黎中間的那一段，必須經過普瓦蒂埃與圖爾，這些我在法國的那一章裡已經講過。到了巴黎以後，它沿著亞耳丁山，經過中歐高原，直到現在的俄羅斯領土內──北部低平原。每當遇到河流阻擋的時候，它就選擇方便的淺灘橫渡過去。就像羅馬城是從台伯河的淺灘上發展起來的一樣，早期德國北邊的城市也只是許多史前和早期的定居點，如果這些小鎮的樣子至今不曾改變，我們或許還會找到當年的驛站和倉庫。漢諾威、柏林、馬格德堡及佈雷斯勞等城市，都是這樣發展起來的。萊比錫在最初的時候，雖然是斯拉夫城區裡的一個村落，但同時也帶有商業站點的性質。因為撒克遜山裡的許多礦產，如銀、鉛、銅、鐵等，都被運送到那裡聚集起來，順著河道運出去賣給商人，讓他們在這條橫貫東西的歐洲貿易要道上做生意。

當然，這條商道到達萊茵河河岸之後，水上貿易和陸地貿易便開始進行激烈的競爭。水上貿易往往比陸地貿易價格低廉，品種又多。因此，當凱薩還沒有注意到萊茵河的時候，已經有不少商客帶著貨物，從斯特拉斯堡（萊茵河是法蘭哥尼亞、巴伐利亞及渥特堡在這裡的分岔路口）運往科隆，由科隆運往低地國家，再從這些國家運送到大不列顛各個島嶼。

柏林和耶路撒冷雖然聽起來毫無關聯，但其實它們都是順應地理和自然規律的──如果一個城市位於幾條重要貿易道路交匯的地方，它就具備了發展的必要條件。耶路撒冷在兩條商道的交匯點上，一條從巴伐利亞到腓尼基，一條從大馬士革到埃及，因此它對於猶太人來說，在很早以前就成為一個重要的貿易中心。柏林位於斯普雷河旁邊，

第十五章 德國

也有兩條商道在此交匯，一條從西向東（從巴黎到彼得格勒），一條從西北向東南（從漢堡到現在的君士坦丁堡），因此，它就變成了第二個耶路撒冷。

整個中世紀時期，德國都維持著半獨立的狀態，直到距今300年前，歐洲大平原的西部才顯示出，它將來也許會變成世界強國的細微跡象。說來也許有些奇怪，德國幾乎是十字軍失敗後的產物。當領土擴張至亞洲西部的希望幻滅以後，那些沒有繼承權的歐洲人，就想尋找其他地方獲取農業財富的其他來源。剛好在奧得河與維斯杜拉河之間，有一塊地方居住著許多普魯士人，他們開始覺得有機可乘了。13世紀初期，大部分屬於條頓民族的騎士從巴勒斯坦往東普魯士遷移，他們的活動中心也由加利利的亞克移到但澤以南30英哩的馬里恩貝格。在之後的200年中，他們征服了斯拉夫人，把斯拉夫人的田產分給從東邊來的貴族和農民。1410年，他們和波蘭人發生了坦能堡戰役（1914年，興登堡曾經在這裡殲滅了俄羅斯的軍隊），當時造成了巨大的損失。但是不知道為什麼，這些騎士雖然受到了如此沉重的打擊，卻仍然沒有銷聲匿跡。宗教改革的時候，他們依舊還是很重要的團體。

馬丁·路德

馬丁·路德是16世紀的歐洲宗教改革的倡導者，他在社會危機和教會危機的情況下，對教會中落後的條例進行了抨擊，也是新教路德宗的創始人。圖為馬丁·路德被教皇和羅馬皇帝逐出教會後，留起長髮和鬍鬚的樣子。在這一艱難時期過後，宗教改革開始有了效果。

當時的騎士都由霍亨索倫家族統領，這位精明的大主教不僅支持新教，而且在馬丁·路德的建議之下，宣佈自己是世襲的普魯士公爵，同時把但澤灣上的加里寧格勒作為首都。17世紀初期，這個公國被勤勞而精明的霍亨索倫部落的一個旁支統治。這個部落的人從15世紀中期就開始統治著這片沙地。百年之後（精確地說是1701年），這些勃蘭登堡暴發戶已經非常強大，不再安於像從前一樣只擁有「國君選舉權」，他們開始遊說他人承認他們也是國王。

神聖的羅馬皇帝並不反對這件事。同類之間不互相殘殺，這是世界上所有人都知道的道理，哈布斯堡家族當然很願意出力幫助他們的好朋友——霍亨索倫家族。難道這兩族的血統不是相同的嗎？1871年，霍亨索倫家族的第七代普魯士王，變成德國的第一任皇帝。47年之後，德國的第三任皇帝，同時也是第九代普魯士王被逼退位，離開了自己的國家，龐大的合資公司從此便關門大吉。這家公司最初只不過是聚集了一些落魄的騎士，但到了結帳的那天，卻被當時盛行的工業主義和資本主義強大而有效率的權力終結了。

一切都已經成為過去，霍亨索倫家族的後裔這時成了荷蘭的伐木工人，我們可以沒有任何偏見地說，這些非提洛爾的山地居民的確有驚人的才幹，至少是非常聰明的，非常善於利用出類拔萃的人才。他們並沒有出生在擁有豐厚的自然財富的地方，普魯士從

161

來不是一片擁有農場、森林、沙地和泥沼的地方。一個國家應該靠出口來維持貿易的平衡，但是普魯士卻沒有一樣可以賣到外國去的商品。

後來一位化學家發明了製作糖的方法，情況便開始好轉了。但因為蔗糖依舊比甜菜糖價格便宜，而且還可以從西印度群島運輸進來，所以這種發明，並不能讓普魯士人或勃蘭登堡人致富。直到拿破侖在特拉法爾加戰役中喪失了自己的海軍，實行「反封鎖」政策來摧毀英國後，普魯士的糖才突然暢銷起來，並且銷量一直很穩定。就在這個時候，國內的化學家發現了炭酸鉀的效用，而普魯士蘊藏著大量的炭酸鉀，於是德國就能用它製造一些化工產品銷往國外的市場。

霍亨索倫家族真的很幸運。拿破侖戰敗後，普魯士得到了萊茵河沿岸的地區。剛開始的時候，這個地區還沒有顯現出它的價值來，此後的工業革命增加了煤鐵的需要，這個地區才顯現出它的特殊價值。普魯人為自己擁有如此豐富的煤礦和鐵礦而暗自竊喜。從此以後，近500年中一直在窮困線上掙扎的國家，開始繁榮起來。德國人受到了窮困的教訓，早已變得非常勤奮了。現在，他們能想出許多致富的方法，例如怎樣去提高產量，怎樣使出口物品的價格低於其他國家。因為國內人口日漸增多，大陸上已經容納不下那麼多人口了，於是他們便把海洋作為開發的對象。不到50年的時間，他們已能和其他強國一樣，從國際貿易中獲得了巨大的財富。

普魯士首都的遊行示威

長期保守政體的統治壓得人們喘不過氣來，百姓迫切希望得到更多的自由。於是，在1848年的普魯士首都柏林，遊行的民眾與鎮壓民眾的警察在街道上發生了衝突，呼籲政府頒布新憲法，最終國王妥協了。但當整個歐洲的革命被徹底鎮壓後，國王又反悔了，普魯士一直被人民間的內部衝突所折磨。

第十五章 德國

柏林街景

水彩畫 格羅茨‧喬治 1930年

在這幅水彩畫中，一個衣衫襤褸的老人正在伸手乞討，而他所乞討的對象——一個穿著高跟鞋和皮大衣的女子，正在和一個穿戴整齊的男人調情，這不僅是第一次世界大戰之後的德國社會狀況的顯現，也是對道德扭曲、自私貪婪的社會的諷刺。

當北海還是文化中心（直到發現了美洲，大西洋成為貿易要道之後，北海開始漸漸失去原來的地位）的時候，漢堡與不來梅的地位就已經非常重要了，現在它們又恢復了活力，大有超越倫敦以及其他英國港口的趨勢。基爾運河連接著波羅的海與北海，於1895年竣工，可以適合大輪船航行。此外如萊茵河、威採河、奧得河、維斯杜拉河、馬恩河和多瑙河都有運河連接（馬恩河與多瑙河之間只完成了一段），這讓北海與波羅的海之間有了直接的水上交通要道。柏林與斯德丁之間也開鑿了運河，從此首都的人就可以直接到達波羅的海了。

只要是人類的智慧做得到的事情，例如讓大眾獲得幸福的生活之類的，德國都完全做到了。世界大戰以前，德國的農民和工人雖然不算富裕，還經常要受到嚴格的約束，但如果和其他國家比較起來，他們的食衣住行，以及與生老病死相關的福利等，都要好很多。

世界大戰以後，不幸的結局把原有的一切全部都摧毀了，這是一件很讓人十分傷感的事情，應該屬於上一章的內容。德國戰敗之後，失去了富饒的工業區——阿爾薩斯和洛林，失去了所有的殖民地和所有的商船，以及石勒蘇益格（霍爾斯坦州的一部分）。這一區域原本是丹麥的領土，是德國人在1864年戰爭之後奪回來的。數千英哩的波蘭舊

領土（完全德國化了），也是在此時脫離普魯士，重新劃歸波蘭。此外，維斯杜拉河的沿岸從托倫起至格丁尼亞直到波羅的海，也由波蘭統治。這樣，波蘭就能直接和大海相接了。西里西亞原本是18世紀時腓特烈大帝從奧地利奪來的，雖然現在仍然在德國人手裡，但他們享受到的只是紡織方面的利益，至於更寶貴的礦產，已經歸波蘭人所有了。

此外，德國在過去50年得到的一切都已經喪失殆盡，它在亞洲和非洲的殖民地也被其他國家所瓜分。實際上，這些國家並沒有過剩的人口需要遷移。

從政治上來說，《凡爾賽和約》或許是很了不起的東西。但從實際的地理觀點上來看，它只會讓我們為歐洲未來的命運擔憂。許多中立國都持懷疑的態度，希望洛埃・喬治——後來的克列孟梭，能多讀一些初級的地理教科書，我覺得這不算是過分的要求。

德國歷代名人

在德國，曾出現了許多文學家、科學家，他們不僅為德國的發展作出了貢獻，也對世界的文化發展起了推動作用。

康德	德國古典哲學的創始人、德國古典美學的奠定者，也是對現代歐洲最具影響力的思想家之一。
歌德	18世紀中葉到19世紀初在德國乃至歐洲最重要的詩人、劇作家、思想家，也是世界名人。
貝多芬	德國最偉大的音樂家之一，維也納古典樂派代表人物之一，對世界音樂有深刻的影響，被尊為樂聖。
黑格爾	德國近代客觀唯心主義哲學的代表人物，其思想是西方近代資產階級革命時期政治理論的終結。
愛因斯坦	理論物理學家，現代物理學的開創者、集大成者，創立了相對論，在理論上作出了根本性的突破。
倫琴	發現了X射線，對醫學診斷和現代科學有很大的影響，也是第一位諾貝爾物理學獎獲得者。
古騰堡	發明了西方活字印刷術，導致了一次媒體革命，對西方科學和社會的發展有很大的影響。
普朗克	量子力學的創始人，被稱為20世紀最重要的物理學家之一，對物理學的發展作出了重要貢獻。

第十六章

奧地利

一個不受重視的國家,除非它不復存在。

奧地利	
中文名稱:奧地利共和國	所屬洲:歐洲
首都:維也納	主要城市:因斯布魯克、薩爾茨堡
官方語言:德語	貨幣:歐元
時區:東一區	國家代碼:AUT
國歌:〈讓我們拉起手來〉	國花:火絨草

現在的奧地利共和國有600萬居民,其中200萬住在首都維也納。這種反常的安排,一方面顯得頭重腳輕,另一方面使多瑙河(河水已經渾濁不堪)畔的古都漸漸變為死城。在那裡,頹廢沮喪的老年人在廢墟中彷徨,追憶已逝的繁華。至於年輕人,他們或許遺棄了祖國,前往幸福的環境中尋求新生活,否則會因為受不了國內的慘淡生活而自殺。維也納當年原本是一個快樂家園(那裡的人們大多能得到真正的快樂,雖然那種快樂有些幼稚、輕浮),而且是重要的科學、醫學、藝術中心,也許再過100年,它就變成第二個威尼斯了。很早以前,它是一個擁有5000萬人口的大帝國的首都,現在卻只能依靠交通和旅遊業來延續這個城市的生命。雖然每當波希米亞與巴伐利亞的物產運到羅馬尼亞和黑海去的時候,它依舊是一個重要的商業港口,但它也只剩下了這點作用。

古代多瑙河君主國(這是奧地利的舊名,就像其他事物一樣充分顯示出奧地利的情況)的疆域,現在已經變得非常複雜。因為它自從決定放棄主權任人宰割之後,原本的面目幾乎已經辨認不出來了。從前的奧匈帝國,就是個很好的例子,足以證明自然環境會嚴重影響到強大的中央集權制的國家組織。現在先拋開疆域的觀念,仔細觀察這一帶的地形。這一地區位於歐洲大陸的中心,與義大利的靴尖和丹麥半島的鼻尖的距離相同。其實它是一個龐大的圓形區域,由平原和起伏的丘陵構成,四周被崇山峻嶺圍繞。西部有提洛爾山脈和瑞士的阿爾卑斯山脈,北部有厄爾士山脈、波希米亞的雷斯森山脈

奧地利　版畫 17世紀

　　奧地利位於歐洲中部，是中歐從南向北、從西向東的重要交通樞紐，阿爾卑斯山貫穿全境，這裡曾經是藝術和音樂的殿堂，孕育出貝多芬、莫扎特、舒伯特等舉世聞名的音樂家。在哈布斯堡家族長達640年的統治中，它逐漸變成了一個龐大的帝國。

　　（巨人山）以及喀爾巴阡山脈。它們形成一個半圓形，保護著匈牙利大草原，讓它可以避免斯拉夫平原受到外族人的侵略。多瑙河隔開了喀爾巴阡山脈與巴爾幹半島上的山脈，迪納拉山就好像天然的屏障一樣擋住了亞得里亞海吹來的強風，保護著這片平原。

　　建立這個國家的人所用的地圖非常簡陋，地理知識也非常膚淺。我們還記得，從前美國的開荒隊征服了美洲的西部以後，隨便找幾條好走的路向前行進，並沒有先考察路徑的情況和這些路所到達的地方。中世紀的歐洲征服者，也像他們一樣，為了要獲取大量的財產、獲得更多的土地，只做能達到自己目的的事情，完全不顧忌這樣做是否合理，一切都任憑自然的變化。然而自然終於使它們產生了不可避免的「結果」，這是自然規律，就算是再聰明的人也要遵守自然規律。

第十六章 奧地利

公元1000年之前，匈牙利大平原可以說是無人之地，當時，黑海岸邊的許多民族雖然沿著多瑙河向西對這一帶進行侵略，但是並沒有固定的形式。查理曼大帝發起了對東方的斯拉夫人的戰爭，曾在這裡設立過一個小小的機關，相當於近代的邊防哨崗，正是這塊公地為日後小王國的誕生發揮了關鍵的作用，最後它竟成為了雄霸全歐洲的國家。當匈牙利人與土耳其人在平原上橫行的時候（土耳其人最後一次圍攻維也納，已經是在哈佛大學成立很久之後了），這塊小小的公地仍然能屹立不倒，內部的行政也依然很有效力。它的統治者最初是巴倫堡家族，隨後是哈布斯堡家族——瑞士人的同族兼死敵，我在之前已經提到過了。到了最後，這些邊疆小國日漸強盛起來，它的統治者被推舉為神聖羅馬帝國的皇帝。其實，這個神聖羅馬帝國並不神聖，也不是羅馬人的，更不是帝國，它只是一個散漫的日耳曼民族的聯邦罷了。但他們一直堅持使用著這個頭銜，直到1806年，平民出身的拿破侖自己想做皇帝，才把這個頭銜廢止了。

神聖羅馬帝國的頭銜雖然被廢止了，但是顯赫的哈布斯堡家族依舊保存著相當的勢力，對於德國內部的事情，也往往起到了決定性的作用。直到1866年普魯士人把他們驅逐到高山的另一面，並且讓他們安分守己地待在自己的領土內。

維也納　版畫 17世紀

維也納背靠阿爾卑斯山，位於多瑙河畔，因為優越的地理位置，成為西歐至巴爾幹半島的交通樞紐。在羅馬帝國和奧匈帝國這兩個輝煌的時期，維也納一直是帝國的首都。作為享譽世界的文化名城，維也納以音樂著稱，被稱為音樂之都。

房龍地理
Van Loon's Geography

這個古老的公地現在已經變成一個末等國家，內部四分五裂，將來也不會有復興的希望了。這個國家擁有大量的山地，其中的大部分是瑞士境內阿爾卑斯山脈的延續，其中還包括著名的提洛爾山脈。

境內大部分領土由山地組成，一部分是瑞士的阿爾卑斯山的支脈，另一部分是提洛爾山的餘峰。據說著名的提洛爾山脈原本是羅馬帝國的一部分，《凡爾賽和約》簽訂之後被義大利人佔為己有。在這一帶只有兩座城市比較重要：一座是因斯布魯克，古代前往義大利的古道就在那裡，即布倫內羅山口經過因河的那條路，那裡的一切都還保持著中世紀時的模樣。另一座城市是薩爾茨堡，就是莫扎特的出生地，也是歐洲最美麗的城市之一，在那裡，音樂與戲劇非常著名，直到今天它還保持著向上的活力。

不論是這些山脈還是波希米亞高原上的山脈，都不能出產優良農作物，維也納盆地也是這個情況。很久以前，羅馬人曾經在這裡建過一座營地，取名為溫多波那或維也納。溫多波那雖然是個小小的堡壘，但卻很有名氣。因為，在公元180年4月，奧勒利烏斯（羅馬皇帝兼哲學家）征服了北方日耳曼平原上的野蠻民族後，就在這裡去世。不過維也納城的興起，還是因為10個世紀之後的中世紀大移民運動（也被稱為十字軍東征）爆發了，許多人都想到聖地去。但他們只想沿著多瑙河過去，不敢把自己托付給那些熱那亞和威尼斯的黑心船主，因此維也納就成為了他們的出發點。

哈布斯堡家族的領地非常廣闊，擁有上面提到的所有山脈間的土地。1276年，維也納成為這個家族的都城，同時又成為了這片土地的中心。1485年，它被匈牙利人攻破。1529年至1683年，又兩次遭受土耳其人的圍困。雖然它經歷過這些磨難，卻仍能安然無恙，直到18世紀，由於決策的錯誤，國內重要的官職不得不讓給了具有德國血統的貴族，這座城市才開始走向衰落。過多的權力對於大多數人來說都是一種負擔，對於溫和的奧地利騎士來說也不例外。這時候，不僅可以用和藹可親來形容他們，甚至可以說是養尊處優以致於變得軟弱無力了。

在這個具有雙重特性的古老國家中，47%的人具有斯拉夫血統，只有25%的人是德國人，剩下的人中19%是匈牙利人，7%是羅馬尼亞人，有1.5%（大約60萬）的義大利人和10萬吉卜賽人。這些吉卜賽人大多依附於匈牙利，被當作值得重視的市民來對待。

茜茜公主

作為巴伐利亞公爵的女兒、奧地利皇后和匈牙利女王，茜茜公主象徵了奧匈帝國無比的權利與財富。匈牙利人民選擇了她，將王冠戴在了她的頭上，她見證了帝國的形成、繁盛，再逐漸走向衰敗的全部過程。

第十六章 奧地利

歐洲的其他國家都漸漸開始吸收新思想，而那些德國貴族們卻依舊固步自封。君主政體與貴族政治如果想要延續下去，當局者必須要有作為領袖的毅力與雄心，如果他們拋開權力，一起討論服務人民的問題，那麼他們的末日就要到了。在拿破崙戰爭中，奧地利的軍隊屢戰屢敗，於是所有的王公貴族便成為維也納人民的眼中釘，人們把他們驅逐出城，趕回鄉下的田莊去種地，以此來度過餘生，不再和外界發生聯繫。

就在這個時候，地理因素幫了維也納不少的忙。貴族已經銷聲匿跡，工人和商人便慢慢開始得勢。維也納的古堡（它們的面積非常大，土地的出售所得已經足夠擴充城區的各個部分了）被拆除了。沒過多久，這裡就成了東歐最重要的商業、科學與藝術的中心。

世界大戰爆發之後，富裕與繁榮都被掃蕩一空。現在的奧地利與十幾年前的奧匈帝國完全不同，它的明天不知道在哪裡，現在只剩下一個名存實亡的空殼了。法國人反對它和德國共和國合併，就相當於毀滅了它最後的希望。

也許它可以被拿來拍賣，但有誰會想買它呢？

奧地利著名音樂家

作為以音樂著稱的國家，奧地利的首都維也納被稱為音樂之都，那裡曾有許多世界著名的音樂家，如莫扎特、海頓等。

莫扎特 歐洲最偉大的古典主義音樂作曲家之一，鋼琴協奏曲的奠基人，對歐洲音樂的發展有巨大的影響。

海頓 維也納古典樂派的第一位代表人物，也是古典音樂風格的傑出代表之一，被稱為交響樂之父。

舒伯特 早期浪漫主義音樂的代表人物，也是古典主義音樂的最後一位巨匠，留下了大量的不朽名作。

貝多芬 出生德國但長期在奧地利生活，維也納古典樂派代表人物之一，是有史以來最偉大的交響曲作家。

第十七章

丹　麥

小國勝過大國的典範之國。

丹　麥	
中文名稱：丹麥王國	所屬洲：歐洲
首都：哥本哈根	主要城市：博恩霍爾姆、菲特烈堡
官方語言：丹麥語	貨幣：丹麥克朗
時區：東一區	國家代碼：DEN
國歌：〈有一處好地方〉	國花：冬青

　　丹麥是一個小國（它只有350萬左右的居民，其中75萬還住在首都），但是在人類的事務當中，如果認為數量比質量重要的話，那麼往往會忽略它的存在。但是，它就和斯堪的納維亞半島上的國家一樣，能夠懷抱著充滿智慧的人生理想，運用天賦的才能把無足輕重的物資打造成有用的東西，這是一個非常好的榜樣，相當值得我們特別注意，並且由衷地敬佩。

　　丹麥的面積雖然只有1.6萬平方英哩，並且完全沒有礦產資源、山脈（最高的山峰只有600英呎高，還不到帝國大廈的一半）、海軍、陸軍以及其他天然資源，但是它卻能與其他面積比它更大、更加自負、野心也更大的國家相匹敵。這並不是憑空捏造的，我可以列舉出來。丹麥人憑藉著自己的努力，把文盲的數目降為零，並使自己成為全歐洲第二富有的國家（以每人平均所得的財富計算）。他們確實消除了貧富差距，讓每個人都能過上小康的生活，這種均衡的現象，簡直是絕無僅有。

　　只要看一看地圖，你就會知道，丹麥由一個半島和一些小島組成，各小島間有寬闊的水道，兩邊的渡口上架設著鐵軌，可以用來通行火車。丹麥的天氣非常惡劣。整個冬季，平原上都刮著猛烈的東風，東風更帶來了冰冷的陣雨。因此，丹麥人不得不像荷蘭人一樣（他們的共同點很多），在室內消磨大部分的時間。丹麥之所以會變成頗有書香氣息的國家，這種惡劣的環境也有很大的功勞，正是因為這樣，這個國家的人民擁有豐

第十七章 丹 麥

富的知識，每個人平均擁有書籍的數量是其他國家無法相比的。

　　風和雨使牧場保持溼潤，青草長得很快，牛也長得特別健壯。所以，丹麥能供應全世界所需奶油的30%。其他國家的土地都在不耕而食的大地主手裡，丹麥人有很強的民主意識（這裡的民主，與其說是政治方面的，倒不如說是社會與經濟方面的），從不鼓勵其他國家裡時常遇到的那種大產業。

　　丹麥現在有15萬自耕農，耕種著小小的農場，面積從10英畝至100英畝不等。至於100英畝以上的農場，全國只有兩萬個。他們運到國外去的牛奶，都是用最新的科學方法生產出來的，這些養殖畜牧技術全靠農村的農業學校來教授，這些農業學校只是遍布全國的高等學校系統中的附屬機構。提煉奶油後剩下來的酪漿，往往被當作副產品，用來生產豬飼料，日後肥豬變成了醃肉，就可以銷往大不列顛的所有市場了。

　　生產奶油品與醃豬肉的利益大大高於種植糧食，所以丹麥人不得不進口穀物。他們進口的管道很多，並且價格低廉，因為哥本哈根與但澤之間乘船隻用兩天，而但澤又是

丹麥 版畫 17世紀

丹麥的南部與德國接壤，北部相隔厄勒海峽、斯卡格拉克海峽、卡特加特海峽與瑞典和挪威相望。這個擁有溫帶海洋性氣候的國家，培養出了許多作家和學者，其中最著名的是安徒生，他的童話故事影響著全世界無數的兒童。

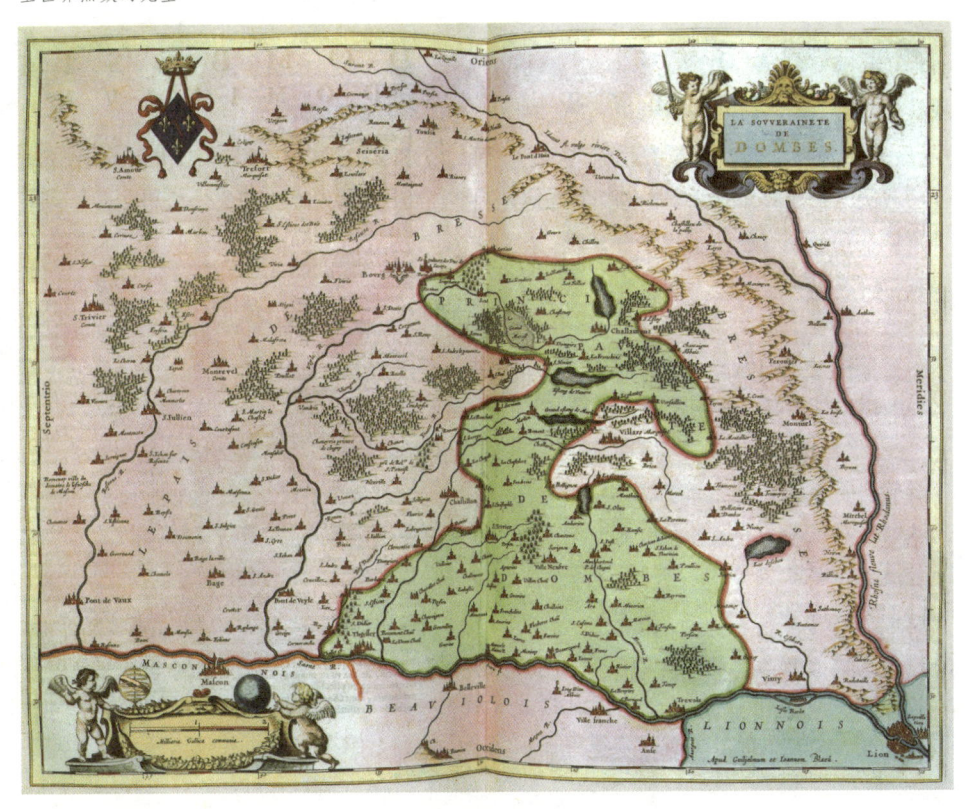

房龍地理
Van Loon's Geography

安徒生

安徒生是19世紀的丹麥作家，因童話故事而享譽世界，他著名的《拇指姑娘》《賣火柴的小女孩》《醜小鴨》等童話一直流傳至今，已經被譯為150多種語言，在全球各國出版發行，為孩子們帶來了快樂。

久負盛名的出口港，向波蘭和立陶宛出口數量驚人的糧食。一部分的穀物用來飼養家禽，每年就能生產出無數禽蛋運往不列顛群島。說來也奇怪，不列顛群島上生長的東西總不比上布魯塞爾的東西那麼好吃。

為了在農產品方面維持壟斷的地位，丹麥人就利用國家的力量，對一切出口的商品進行嚴密的檢查，這讓他們獲得了誠信的美名，他們的商標都是品質的保證。

丹麥人就和所有的條頓族人一樣，都是無可救藥的賭徒。在過去幾年中，他們在銀行業和股票市場上投資，結果虧損嚴重。後來，銀行雖然倒閉了，但兒童、母牛、豬等都安然無恙。現在，他們又回到原來的位置，做自己該做的事情了。而他們鄰邦的銀行相繼陷入破產，是讓丹麥人最擔憂的問題。這樣會使醃肉和雞蛋成為普通人吃不起的奢侈品。

大陸上的城鎮都不重要。日德蘭（這是一個古老半島的古名，最初開闢英格蘭的人大多來自這裡）的西海岸有埃斯比約，它是各種農產品的主要出口港。在日德蘭的東海岸，有奧胡斯，它是丹麥最古老的基督教中心。事實上，在美洲被發現400年前，丹麥人依舊供奉著自己的神明——奧丁、瑟斯和巴爾狄斯。

一個小海峽（我相信，現在已經有橫跨海峽建設橋樑的計畫了）使日德蘭與菲英——波羅的海群島中最大的一個島嶼相隔。菲英島（島上有許多乳牛、豬和小孩）的中央有奧登塞城，安徒生就出生在這裡，他雖然是一個貧窮鞋匠的兒子，但對於人類來說卻是一位可敬的偉人。

渡過海峽，我們便來到古丹麥帝國的中樞——西蘭島。島上有美麗的城市哥本哈根，它是中世紀的商業港，倚靠著寬廣的海灣。哥本哈根的前方是阿麥幾亞小島，它既幫海灣擋去了波羅的海的巨浪，又是首都的菜園。

在9世紀和10世紀時，丹麥人統治著帝國，這個帝國擁有英格蘭與挪威的全部領土，以及瑞典的一部分領土。那時，哥本哈根還只是一個小小的漁村，在它西方15英哩的羅斯基勒才是皇家的駐地和發號施令的中樞。現在，羅斯基勒已經無足輕重，而哥本哈根的面積卻日漸擴大，地位也日漸增高，為全國1/5的人口提供休閒娛樂。

哥本哈根是王宮的所在地，每逢國王出外游泳、捕魚或是閒逛外出買雪茄的時候，就有好幾個穿著漂亮制服的護衛全副武裝，緊隨其後。然而，如果你想要看顯示軍威的閱兵式，就會大失所望了。雖然在很久以前，這個小國曾經參與過最艱辛的戰爭（在1864年，長期抵抗普魯士軍隊）。現在，他們已經自行廢除了海軍和陸軍，只留下一小

第十七章 丹麥

哥本哈根的街景

油畫 克里斯騰·柯勃克 1836年

在清晨的哥本哈根，人們正要出門工作，而牲畜們則在街道上悠閒地行走，一切看起來都十分正常，但是早晨的陽光使畫面帶有了一種驚人的美麗，畫家抓住了一個特殊的時間和空間描繪了哥本哈根的街景。

隊國家警察，以備在下一次全歐衝突爆發時，以維持他們中立的立場。

關於丹麥的介紹，就到此為止了。這個國家平穩地走著自己的路，王室的消息遠離各大報章雜誌中的頭版。有三件外套的人雖然很少，但是沒有人沒有外套。有汽車的人很少，可是每個男人、女人和兒童至少都有兩輛腳踏車。如果你在午餐前走過丹麥的街道，一定會親身感受到這些。

在崇拜「領土巨大」的世界裡，丹麥很難扮演重要的角色；但在崇拜「偉大」的世界裡，丹麥應該佔有非常重要的地位。假如大眾的最大幸福是政府努力的最終目標，那麼，丹麥所做的一切事業，已經足夠讓它成為一個永遠獨立的國家了。

哥本哈根的湖泊

哥本哈根是丹麥的首都，也是最大的城市及港口，在這幅描繪哥本哈根的湖泊的作品中，畫家以細膩的筆法突出了哥本哈根一帶的美麗與靜謐。

兩個女人互相依偎著，一半處於陰影中，一半處於陽光裡，似乎印證了畫家心中的人類精神。

白色十字紅旗是丹麥的國旗，被稱為丹麥人的力量，在這幅畫中則控制著整幅畫面，是畫面的標誌。

在哥本哈根附近的湖泊中，一條小船緩緩地划來。

第十八章

冰 島

北冰洋中的政治實驗室。

冰 島	
中文名稱：冰島共和國	所屬洲：歐洲
首都：雷克雅未克	主要城市：阿庫雷里、哈夫納夫約杜爾
官方語言：冰島語	貨幣：冰島克朗
時區：西一區	國家代碼：IS
國歌：〈千年頌〉	國花：三色堇

　　曾經雄視北歐的丹麥，到現在只留下了幾塊寥落的領土。在這些領土中，一個是被稱為第六大洲的格陵蘭島。這座島嶼有豐富的鋅、鐵、石墨等礦產，只是到處都被冰河遮蓋（無冰地帶只佔總面積的1/30），因此對人類而言毫無價值。如果地軸的方向不會發生大的變動，永遠不讓格陵蘭再次得到熱帶的氣候，那麼這片遼闊的區域就只好永遠被荒廢了。但據我們的推測，格陵蘭在數百萬年前一定屬於熱帶氣候，大煤田的發現就是一個很好的證明。

　　丹麥的第二個殖民地是法羅群島（意思是綿羊群島），位於設得蘭群島以北200英哩，人口約兩萬，首府名叫托爾豪斯恩。哈德遜遠涉大洋到曼哈頓去探險的時候，就從這裡出發。

　　冰島雖然遠在北冰洋中，但卻是一個非常有趣的地方。平時我們一談到火山爆發的奇觀（使冰島成為各種奇觀的儲藏室），總會聯想起羅馬火神伍爾坎及其熔鐵爐中的神祕之火。但冰島之所以有趣，還因為它特殊的政治發展。它是地球上具有自治記錄的最古老的共和國。在公元前8世紀，它就有了自治政府，隨後雖然經歷了幾次短暫的間斷，但古老的政府至今仍然健在。

　　島上最初的居民是一群挪威的流浪者，他們在9世紀的時候，就發現了這個遙遠的海島。

第十八章 冰島

在冰島4萬平方英哩的面積中，5000平方英哩終年被冰河及白雪所覆蓋，真正適合耕種的地方只佔1/14。但島上的生活情況，卻比那些逃亡者的島國要好得多，所以在9世紀初葉，已經有4000座農莊，自由農民住在裡面。這些農民有著日耳曼部落早期的習性，不久就建立了自治政府的雛型。其政府的中心是「Althing」，意思是會議，以匯集各種事務或提議。每年仲夏，都會在廣大的火山平原上舉行一次Althing，那片平原叫森格維爾，距雷克雅未克約7英哩，而後者是冰島的首府，它的歷史還不到100年。

冰島居民在獨立之後最初兩個世紀中，曾經表現出了非常偉大的力量。他們創作了絕妙的英雄傳奇，發現了格陵蘭和美洲大陸（比哥倫布早500年），還把這個冬季只有4小時白晝的海島，變成比丹麥還要重要的文明中心。

但日耳曼民族的劣根性——極端的個人主義——使他們西進路上的政治和經濟分崩離析，其禍害一直伴隨著這個國家。9世紀時，挪威人把整座島嶼征服了，但當挪威併入丹麥後，冰島就像新娘的嫁妝一樣，落到了丹麥人的手裡。但丹麥人對它毫不重視，冰島重獲了自由。從此以後，它就遭受著法國人和阿爾及利亞海盜們的摧殘。往日的繁華蕩然無存了，初期的文學與建築也被人遺忘，除了泥造的矮屋，古代貴族和自由民的木屋都不知去向了。

冰島 版畫 17世紀

冰島是位於英國與格陵蘭島之間的歐洲第二大島，雖然陸地上蓋滿了冰河，但卻分布著200多座火山，其中有40多座活火山至今仍在噴發。因為地理上形成獨立的海島，所以它與外界交流較少。地圖中眾多外形奇怪的生物，大多是外界的人們對這個神祕小島的想像。

三色堇

三色堇屬於雙子葉植物綱堇菜目，是兩年生或多年生草本植物，每個莖上有3至10朵花，通常每朵花有紫、白、黃三色。從來源而言，三色堇為冰島的原產花卉，也被定為冰島的國花。

直到19世紀中葉以後，島上才漸漸恢復了往日的繁榮，重新產生了要求獨立的願望。現在，這個海島表面上雖然還承認丹麥國是它的君主，但已經能像11世紀前一樣，自己管理自己了。冰島最大的城市是雷克雅未克，雖然人口不到一萬，但也擁有一個大學。而全島的居民雖然還不到10萬，但也有自己的文學傑作。島上只是分布了一些零星的農莊，沒有村莊。孩子們一到適當的年齡，就由教師進行教育，並被管教得非常好。

總而言之，冰島實際上是世界上最有趣的小國家之一。它和其他的小國一樣，充分地表現著人類的智慧面對逆境時的偉大成績。其實，冰島並不是一座人間的樂園，雖然冬季因為受到灣流支流的影響，並不是特別冷，但夏季卻非常短，終年不斷地下著雨，以致於穀物果蔬沒有生長的機會。

29座火山遍布在這個島嶼上，最著名的是海克拉火山，據史料記載，它已經爆發過28次，使島上覆蓋上火山岩，甚至有1000平方英哩大。有時候，地震還會摧毀無數農舍，使固體火山灰上裂開數量驚人的裂縫。而硫磺溫泉和沸騰的泥漿到處都是，遊客往往會感到行進艱難。雖然島上著名的間歇溫泉有些危險，但是非常有趣，其中著名的大間歇泉雖然會噴出高達100英呎的沸水，但它的活力已經逐漸減少了。

現在，島上的居民不僅仍然住在島上，而且還願意永遠住在那裡。過去60年中，雖然有兩萬多居民遷往美洲（大部分前往加拿大中部的馬尼托巴），但是許多人都遷回了冰島。雖然冰島常年下雨，生活並不舒適，但這裡終究是他們的故鄉。

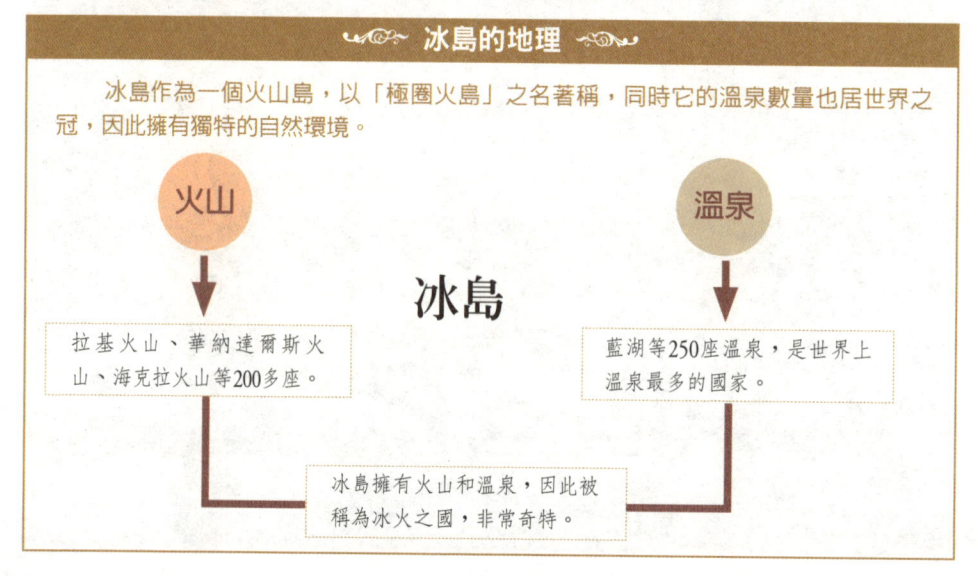

冰島的地理

冰島作為一個火山島，以「極圈火島」之名著稱，同時它的溫泉數量也居世界之冠，因此擁有獨特的自然環境。

火山 → 拉基火山、華納達爾斯火山、海克拉火山等200多座。

溫泉 → 藍湖等250座溫泉，是世界上溫泉最多的國家。

冰島：冰島擁有火山和溫泉，因此被稱為冰火之國，非常奇特。

第十九章
斯堪的納維亞半島

瑞典與挪威的領地。

瑞　典	
中文名稱：瑞典王國	所屬洲：歐洲
首都：斯德哥爾摩	主要城市：哥德堡、馬爾默
官方語言：瑞典語	貨幣：瑞典克朗
時區：東一區	國家代碼：SWE
國歌：〈你古老的光榮的北國山鄉〉	國花：鈴蘭

　　住在幸福神話世界裡的中世紀人民，都知道斯堪的納維亞半島為什麼如此奇形怪狀。據說，當上帝完成了開天闢地的工程後，有一個魔鬼獨自溜出來，想看看上帝在離開宮殿的7天裡究竟做了些什麼。當他看到了我們的地球年輕又美麗時，就大發脾氣，並在狂怒之中把一塊大石頭投向了人類的新家。這塊石頭落在北冰洋裡，變成了斯堪的納維亞半島，島上非常荒蕪貧瘠，生命似乎無法生存。但幸運的是，仁慈的上帝想起來自己在創造其他大陸時，曾經留下一小塊肥沃的土壤，他就把播散的殘餘土地灑在了挪威和瑞典的山上。但是，那裡沒有什麼餘地，因此挪威和瑞典的大部分地方就只好成為穴居巨人、侏儒及狼人的巢穴，畢竟人類無法在荒蕪貧瘠的土地上生存。

　　現代人也有自己的神話，不過這種神話是科學的，是以所能觀察到的事實作為根據的。按照地質學家的說法，斯堪的納維亞半島只是古大陸的遺跡，這個大陸早在泥炭紀之前，就從歐洲開始延伸，中間經過北冰洋，一直連結到美洲。

　　我們當然知道，美洲的格局只不過是最近才形成的——南北美洲像飄浮在池塘中的樹葉，永遠在移動，而其他大洲現在雖然被海洋所隔離，但很久以前卻是完整的陸地。當包含挪威和瑞典的那一整塊大陸沉沒的時候，只有最東部的山脊——斯堪的納維亞山脈——存留在水面上。冰島、法羅群島、設得蘭群島及蘇格蘭的情況也是這樣。至於其他的部分，都沉在北冰洋海底了。或許有一天，會調換角色。到了那時，北冰洋就會變

成一片大陸，瑞典與挪威則變為巨鯨和小魚們的家鄉。

挪威人並沒有因為家園有石沉大海的危險而人心惶惶，他們還有其他值得擔憂的困難，比如生存問題。挪威可以用於耕種的田地不到全部面積的4%（只有4000平方英哩），你就會知道生活問題決不是個簡單的問題。雖然瑞典可以用於耕種的面積為10%，比起挪威稍好一些，但也並沒有起到什麼作用。

大自然也給了他們一些補償。瑞典一半的國土生長著森林，而挪威1/4的地方覆蓋著樅樹林和杉樹林。這些森林一點一點地被砍伐，不過這並不是對自然的摧殘，因為他們所使用的方法已經盡量注重科學性了。瑞典人和挪威人都知道，他們的國家無論如何都不適合發展單一的農業。之所以會這樣，是因為大量冰河覆蓋在整個半島上。很久以前，從北角到林德斯內斯都是冰河，冰河流過岩石崢嶸的山坡，把上面的泥土刮得乾乾淨淨，就像獵狗把食盆中的食物吃得精光一樣。它們刮去了山坡上僅有的泥土（這一大

拉普蘭德 版畫 17世紀

拉普蘭德位於挪威與芬蘭的北部，緊鄰斯堪的納維亞半島。這裡常年被冰雪覆蓋，3/4的面積處在北極圈內，傳說中是聖誕老人的故鄉。作為歐洲最後一塊原始保留區，它看不到任何工業汙染，有獨特的極光風光和本土風情。

第十九章 斯堪的納維亞半島

片土地如果想要擁有大量的泥土，必須要經過數百萬年的時間），一路帶著它們，直到沉積於北歐大平原。關於這些，我在德國的那一章裡已經告訴你了。

4000年前，亞洲人入侵歐洲的時候，他們的先鋒隊一定知道這個事實。他們渡過了波羅的海，發現斯堪的納維亞半島上零星地住著芬蘭血統的牧民。當然，將他們趕到拉普蘭德去非常容易。但是把他們趕出去之後，這些新來的人要依靠什麼生存呢？

不過，謀生的方法還是有好幾種：第一，他們可以外出捕魚。在冰河向洋底進發的時候，曾經在岩石上鑿出了很多深槽，這些深槽實際上就是海灣和海峽。由於挪威的海峽和海灣非常多，所以海岸線也非常長，假如它像荷蘭或丹麥一樣，有直線型的海岸，那麼它的海岸線會比現在要長6倍。直至現在，挪威人依舊以捕魚為業。灣流使所有的港口終年開放，即使偏北的哈默弗斯特也是這樣。清澈寒冷的北冰洋海水最適合鱈魚繁殖。海邊就是羅弗敦群島，它有很多裂口和深灣，足以讓10萬名漁民在那裡捕魚，同時還能為10萬人提供就業機會，他們可以將捕魚船帶回來的東西裝在罐裡。

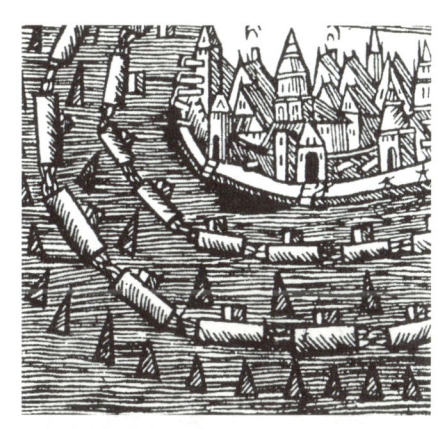

海盜的防禦設施

北歐環境惡劣，因此很多北歐人做了海盜，以打劫過往船隻為生。他們不僅擁有很強的攻擊力，防禦的本領也是首屈一指的。如圖中的沿海地區被漂浮的帆木板圍繞著，每層木板之間還豎起了長釘，敵人要想靠近也要費很大功夫。

第二，假如他們不願意捕魚，他們還可以當海盜。整片挪威海域坐落著無數島嶼，這些島嶼佔去了國家總面積的7%，它們被縱橫錯落的窄峽、沙灘、港灣構築的水路相隔離，彼此獨立。因此，從斯塔萬凡格到瓦爾德的船上，不得不使用兩個領航員，以便每6小時換一次班。

在中世紀，那一帶還沒有浮標和燈塔（林德斯內斯雖然是挪威海邊最古老的燈塔，直至最近還在使用），任何外來者都不敢走到距海岸十多英哩以內的駭人領域。羅弗敦群島之間，就是著名的大漩渦，雖然其他人過度誇大了它的故事，但是如果沒有六、七名當地人的指引，一個完全沒有經驗的船長是絕對不敢駛進這個危險地區的。而海盜們對於峽谷非常熟悉，往往把它作為打劫的優勢。他們知道只要還能看到家鄉的山脈，就不會有什麼危險。對這個天然形成的地勢，他們可以好好地加以利用。他們改良了船隻和戰術，甚至能夠遠渡重洋，到達英格蘭、冰島以及荷蘭等地。當他們發現這些在自己領土附近的航路後，就會逐漸把行程延長。最後，法蘭西人、西班牙人、義大利人甚至是遙遠的君士坦丁堡人，只要一聽到回來的商人們談起一列海盜船在附近出現時，就會膽顫心驚。

房龍地理
Van Loon's Geography

在9世紀早期,巴黎被他們打劫了三次。他們在萊茵河裡逆流行駛,遠至科隆和美因茨。而不同部落的北歐海盜為了爭奪英格蘭自相殘殺,就像現代歐洲各國,為了一塊上好的油田而大打出手一樣。

大概在冰島被發現的同時,北歐海盜建立了第一個俄羅斯國,做了將近700年的統治者。隨後,他們組織了遠劫隊,200艘小船(必要時可以拖到岸上去)從波羅的海出發,開進黑海,而東羅馬帝國的皇帝立刻把這些野蠻的海盜招來,請他們做特別護衛隊。

從西方到達地中海後,他們分布在西西里、西班牙海岸、義大利以及非洲等地。後來,在教皇與歐洲各國戰爭時,他們還屢次幫助教皇,承擔了很重要的任務。

古代北歐海盜所有的繁榮,現在變成什麼樣了呢?

現在只剩下一個讓人欽佩的小王國。這個小王國專門捕魚、賣魚,經營運輸事業,從事政治鬥爭——為了領土上的人民應該使用哪種語言的問題而進行激烈的爭鬥。每隔兩、三年,挪威當局總要把重要的城市和車站換一個名字。如果他們沒有這種壞習慣,他們的戰爭都不會被世人注意到。

說到挪威的城市,大部分也只不過是繁盛的村落,甚至所有村民養的狗都互相熟識。特隆赫姆(原來被寫做Nidaros,後來改稱Trondheim)是挪威王國的舊都,那邊有一個設施完善的港口,在波羅的海冰凍之後,特隆赫姆就變成碼頭,許多瑞典木材都由此運往世界各國。

挪威現在的首都奧斯陸,建在一個古挪威村落的附近,這個村落早已被燒毀,只剩下一些廢墟遺址了。奧斯陸是丹麥國王克里斯丁四世所建,以前曾被稱為克里斯丁亞那,直到挪威人清除語言中所有的丹麥語成分,才改成現在的名字。它位於全國農產最豐富的區域,前面的奧斯陸海峽,最終流入寬廣的斯卡格拉克海灣,正是這個海灣把挪威與丹麥分隔開,它其實是大西洋的一部分。

斯塔萬凡格、奧勒松及克里斯蒂安桑等城市,只有當輪船汽笛八點鳴響之時才會熱鬧起來。卑爾根是古代商業公會的駐地,作為整個挪威沿海商業的供給站,現在那裡已經有了與奧斯陸連接的鐵路。特隆赫姆也有一條支路,直達瑞典的波羅的海海岸。納爾維克位於特隆

挪威鮭魚

在挪威寒冷清澈的海水中,滋養著營養價值極高的鮭魚。鮭魚的蛋白質含量高,脂肪含量極低,每年的產卵期都要逆水回游,肉質的口感是其他魚類無法比擬的,其體內富含的不飽和脂肪酸可以延緩衰老、強化內臟。

第十九章 斯堪的納維亞半島

斯德哥爾摩　版畫 17世紀

瑞典的首都斯德哥爾摩位於波羅的海西岸,是瑞典政治、文化和經濟的中心。這裡景色優美,教堂、宮殿、博物館遍布全城,同時也是諾貝爾獎金的授獎儀式舉行地。

赫姆的北邊,已經進入了北極圈的範圍,來自拉普蘭德的瑞典鐵礦石都由此輸出。特羅姆瑟和哈墨弗斯特終年帶著魚腥味。我之所以要寫下來這麼多地名,只因為那邊的人竟然能夠在北緯70度的地方安居,實在是非常罕見。

挪威是一個奇怪的地方,也是一個條件艱苦的地方——它一方面把成千上萬的人逐出海濱,逼他們用自己的力量在其他地方謀生;但另一方面又牽動著他們的思鄉之情,讓他們想念著祖國的山河。如果你有機會去北邊旅遊,不妨坐船四處看看。那裡到處都是同樣荒涼的小村落,村外是只能養活一隻山羊的小草地,還有五、六間破屋和三、四艘破船,小輪船每星期只來一次,船上的人潸然淚下,因為他們又投入了它的懷抱,它是他們的故鄉,是血肉的一部分。

四海之內皆兄弟是個高尚的夢。

當你坐了10天的汽船,悄無聲息地到達德或瓦爾德時,情況又不一樣了。北極大

房龍地理
Van Loon's Geography

高原沉沒到大西洋時，留下了一條山脈，而山脈的另一面就是瑞典，它與挪威迥然不同。很多人常常感到奇怪，為什麼這兩個國家不合為一體呢，那樣就可以節省不少行政費用。這種辦法說起來很動聽，但因為地理背景的影響，它們不能這樣做。挪威受到了灣流的影響，氣候溫和，雨水多而降雪少（在卑爾根，如果人們不帶雨傘或雨衣，就算是馬也會驚訝）。瑞典純粹是大陸性氣候，冬季漫長而寒冷，大雪紛飛。挪威有深邃的峽谷，延伸到內陸，往往能達到數英哩。瑞典有低窪的海岸，但天然的海港卻很少，而且它們的地位也不如卡特加特海峽上的哥德堡重要。挪威國內沒有礦藏，瑞典卻蘊藏著幾種世界最重要的礦產。但不幸的是，瑞典缺少煤炭，因此不得不從德、法兩國大量進口。只有在最近20年，瑞典利用了許多重要的瀑布，煤炭的需求量才逐漸減少。同時，其境內大部分的面積被茂密的森林所覆蓋，火柴製造業慢慢使它們的資本逐漸雄厚，造紙廠也聞名於全世界。

瑞典人就像挪威人和丹麥人一樣（我可以說，所有的日耳曼民族除了英國人之外，都和瑞典人相像），深信人類的智慧有著非常大的力量。瑞典國內的科學家能夠自由地進行研究，從木材工業中發現了許多副產物，例如假象牙與人造絲綢。否則，這些東西只能被當作廢物而已。瑞典的農業雖然比挪威發達得多，但一座高山把斯堪的納維亞半島分成了兩半，再加上它的位置又在寒風侵襲的一面，氣候條件非常惡劣，因此農業也受到了影響。也許，這就是瑞典人愛好花草的原因。漫長而寒冷的冬季讓每戶人家用美麗的花朵和常青的矮樹來點綴房屋，以增添愉悅的元素。

瑞典和挪威還有很多不同的地方。在挪威，古代的封建制度已經跟著黑死病（中世紀晚期的大瘟疫，當時北歐海盜的一切野心與活動均因此停頓）破滅。瑞典則相反，大片的土地使國內的貴族直到今日仍然擁有很大的勢力。現在，這個國家雖然由社會主義政府統治（與歐洲大多數國家相似），但斯德哥爾摩仍是以貴族為主的城市，與奧斯陸及哥本哈根形成了鮮明的對比。奧斯陸與哥本哈根充滿了極其簡樸的平民氣息，但在瑞典的首都中卻盛行高雅的舉止。

關於獵人的鐵畫
12世紀

在這幅12世紀的瑞典鐵畫中，獵犬在追趕著鹿，而獵人則以號角指揮著它們，訓練有素的獵鷹在這時常會啄瞎獵物的眼睛，使其失去行動力。

第十九章 斯堪的納維亞半島

厄勒海峽　版畫 17世紀

厄勒海峽位於瑞典南部與丹麥西蘭島之間，沿岸有丹麥的哥本哈根和瑞典的馬爾默兩大海港，是連接波羅的海和北海的主要通道，也是世界上最繁忙的河道之一。圖中大量的戰船駛出丹麥的港口，向赫爾辛堡前進，戰火瀰漫在整片海域的上空。

這種情況或許應該直接歸因於瑞典特殊的地理環境。挪威面向大西洋，瑞典卻是一個面向內陸海的國家，它全部的歷史與經濟生活，都與波羅的海發生著密切的關係。

假如斯堪的納維亞半島都是一片荒地，那麼無論是西海岸的諾斯人，還是東海岸的納維亞人，都沒有什麼選擇了。在外國人看來，他們都是北歐海盜。古代有句著名的祈禱辭：「來自復仇女神的仁慈主人，請解救我們吧！」當虔誠的信眾們朗誦這一句的時候，並不會特指是哪一種納維亞人。

但10世紀以後，卻發生了變化。當時，北方的塞維蘭德（它的首都位於馬拉湖畔，就是現在的首都斯德哥爾摩所在地）的瑞典人，與南方的哥德人，發生了非常激烈且規模巨大的內戰。他們的血統非常相近，祭神的聖地也在一起，這個聖地叫做「神之城」，位於現在的烏普薩拉城（北歐最古老而且最重要的大學之城）附近。內戰持續了兩個多世紀，貴族的地位由此迅速增高，國王的勢力卻江河日下。在內戰期間，基督教進入斯堪的納維亞半島，傳教士和修道院維護著貴族的利益（在許多國家的情形卻與此相反），瑞典的國王便變成了落日餘暉，全國被丹麥人統治長達150年之久。

183

那次不可饒恕的大屠殺，就像昨天才發生的悲劇，震碎了全歐洲人的心。他們彷彿都已經忘記，當時瑞典已經存在了。在1520年，丹麥國王克里斯丁二世邀請了所有的瑞典貴族，舉行了一個盛大的宴會，意在一勞永逸地解決國王與其瑞典下屬之間的糾紛。當宴會將要結束的時候，所有的賓客全部被捕，或被砍頭，或被淹死。只有一人倖免於難，就是古斯塔夫。他的父親叫愛里克·瓦沙（幾年前就已經被這個國王處死了）。不久，古斯塔夫逃往了德國。他在聽到大屠殺的消息後，便回到了瑞典，在年老的自由民中發動革命，終於把丹麥人趕回了丹麥，自立為瑞典國王。

　　那是個非凡的時代——民族競爭與國際競爭的開端。俄羅斯人在長期沉默之後，開始進行領土擴張的事業，直到今天還沒有結束。因此，這個窮困的小國成為了歐洲新教

瑞典 版畫 17世紀

　　瑞典位於斯堪的納維亞半島東部，與丹麥隔北海相望，是北歐最大的國家。其首都斯德哥爾摩地處波羅的海與梅拉倫湖的交界處，逐漸發展成為北歐的經濟中心。森林、鐵礦和水力是這裡的三大自然資源，斯德哥爾摩港的出口收入也是瑞典的財政收入的主要來源。

第十九章 斯堪的納維亞半島

運動的擁護者，瑞典也變為抵禦斯拉夫民族侵略的最後屏障。

瑞典顯然是唯一認識到這種威脅的國家。在整整兩個世紀中，它全部的精力都集中在唯一的目標——防禦俄羅斯人的入侵，使他們退出波羅的海。這次戰爭的結果對俄羅斯來說，只是把所向披靡的腳步停頓了數十年而已，卻耗盡了瑞典的國庫。戰爭以前，瑞典統治著波羅的海絕大部分海岸：芬蘭、英格曼蘭德（現在的列寧格勒所在地）、愛沙尼爾、利物蘭德和波美拉尼亞等地。戰爭完全結束後，它降級成為二等國，面積只剩17.3萬平方英哩（介於亞利桑那州與德克薩斯州之間），人口還不如紐約多（瑞典的人口為614.167 1萬人，紐約的人口數為693.044 6萬人）。

國內一半的土地依舊覆蓋著森林，為歐洲大陸供應了一半以上的木材。冬季時，居民把樹木砍下存放起來。直到次年春季，將它們拖過雪地，到達最近的河邊，堆在山間的峽谷裡。當夏季來臨時，山上的冰雪開始融化，河水變成了急流，便將所有的木頭都衝下峽谷。

在鐵路運輸上很有意義的河流，現在又為鋸木機提供動能。木頭被撈出來後，經過了機器的切割，變成了各種物品，從火柴到4英吋厚的木板。而且這些木製品價格低廉，只能付起伐木工和鋸木工的工資。當波羅的海的冰已經融化了，船隻就可以再次駛向西部海岸各地了，已經完成的木製品就可以通過雖然耗時但運費低廉的輪船裝運了。

這些輪船有複合性的用途。當它回程時，不得不採購一些貨物，除非是空船回去。因此，瑞典就能以一種合理的價位獲得大部分進口貨物。

鐵礦石的運輸，也是使用同樣的方法。瑞典鐵礦石的質量非常好，就算是其他產鐵國家，也都爭相購買。這個國家最寬闊的地方只有250英哩，到達海邊是比較容易的。瑞典的北部有拉普蘭德，靠近格拉訥與耶利瓦德，蘊藏著豐富的鐵礦。說來也很神祕，大自然竟然會把這些鐵礦堆在地上，形成兩座矮山。夏季，許多礦石被運往波斯尼亞灣

石灰石碑 瑞典 公元5世紀

圖為公元5世紀的瑞典石碑，圓形的圖案代表太陽。在早期，北歐人在冬至節日時常向太陽祈禱，希望太陽將力量賦予生命。

（波羅的海的北部）的呂勒奧；冬季，呂勒奧結冰，因此被運送到挪威的拉爾維克，那裡受到了灣流的影響，一整年都可以航行。

離鐵礦不遠的地方，矗立著瑞典的最高峰，即克伯列克埃斯山（將近7000英呎高）。在那裡有一個歐洲非常重要的發電廠，這個發電廠雖然在北極圈內，但因為電力不受地理緯度的影響，所以依然可以用很低的成本，來帶動鐵道與礦山內的機器工作。

北方的冰河經過瑞典的南部地區時，把攜帶的一些土壤沉積在了這裡，所以南部實際上是斯堪的納維亞半島最肥沃的地帶，人口也最稠密。那裡有非常多的湖泊，僅次於芬蘭，總面積多達1.4萬平方英哩。瑞典人用運河來連接這些湖泊，所以全國的交通非常便利。這不僅讓幾個工業中心有了收益，其餘的商港——最為重要的是哥本哈根和馬爾默——也得到了很大的利益。

在幾個國家中，人們完全服從著自然的命令，最後變成了自然的奴隸。而另一些國家的人們，竭盡所能地破壞著自然資源，以致於無法接近這位育化萬物的母親了。世界上還有幾個國家，人類與自然能夠互相瞭解、互相敬愛，最後為共同利益達成一致。如果你想尋找第三種例子，那麼請你向北去，看看斯堪的納維亞半島上的國家吧。

瑞典和挪威

在歐洲最大的半島——斯堪的納維亞半島上，有挪威、瑞典兩個國家，它們雖然同在一個半島上，但卻因地理位置等因素頗有差異。

	瑞典	挪威
位置	斯堪的納維亞半島的東南部	斯堪的納維亞半島的西部
自然地理	地勢自西北向東南傾斜，南部及沿海地區多為平原或丘陵，全國約15%的土地在北極圈內。	斯堪的納維亞山脈縱貫全境，全境的2/3以上是高原、山地、冰河，是南北狹長的山地國家。
氣候	溫帶針葉林氣候、溫帶闊葉林氣候	溫帶海洋性氣候
概況	冬季漫長而寒冷，有茂密的森林，但缺少天然的海港，森林、鐵礦和水力構成了瑞典的三大自然資源。	海岸線曲折，構成了特有的峽灣景色，有許多天然良港，水力資源豐富，也是歐洲最大的產油國。

第二十章

荷 蘭

北海沿岸的窪地，人定勝天的王國。

荷 蘭	
中文名稱：尼德蘭王國	所屬洲：歐洲
首都：阿姆斯特丹	主要城市：鹿特丹、海牙
官方語言：荷蘭語	貨幣：歐元
時區：東一區	國家代碼：NLD
國歌：〈威廉頌〉	國花：鬱金香

　　僅僅在非常正式的場合中偶爾才會用到的尼德蘭（即荷蘭）一詞，含義是海平面以下2英呎至16英呎的低地，對於荷蘭而言是比較準確的。如果再發生一次遠古時期的洪水，那麼阿姆斯特丹、鹿特丹及其他重要城市，就會瞬間消失得無影無蹤。

　　這種地理上的先天缺陷，看上去好像對國家不利，其實卻是國家的最大精力之源。像這些北海沿岸的沼澤，不會輕易被人類征服，只能依靠人們去創造。荷蘭人用盡了他們的聰明才智，與大自然殘酷的暴力相抗爭，結果取得了勝利。而這種抗爭也使他們產生出堅強的意志，使他們變得警戒。在我們這個世界裡，這些個性是很好的美德。

　　當羅馬人來到西歐這片窮鄉僻壤時（約在公元前50年），整片地區都是沼澤與溼地。從比利時到丹麥，蜿蜒著一排狹窄的沙丘，以抵禦北海對陸地的侵襲。這些沙丘斷斷續續，被無數的河流與小溪截斷。其中最重要的是萊茵河、默茲河及斯凱爾特河。

　　由於人們並未修建堤壩來阻礙它們，而且讓其放任自流，因此這三條河流能夠為所欲為。每到春季，他們就改變河道，創造出原來沒有的島嶼，或沖毀像曼哈頓島那樣廣闊堅實的陸地。我並沒有過分誇張，在13世紀時，7個村落，將近10萬人在一夜之間消失得無影無蹤。那淒慘的往事，我想我們是永遠不會忘記的。

　　如果把早期荷蘭人的生活，和住在堅實大陸上的佛蘭德斯鄰居相比，荷蘭人是相當可憐的。但是後來，不知道是水溫還是其他事情發生了神奇的變化，給了他們一個機

荷蘭 版畫 17世紀

荷蘭位於歐洲西北部，全境都是低平的窪地，1/4土地低於海面，也有低地之國之稱。荷蘭作為以風車和海堤著稱的國家，不但地處沿海還有多個貿易中心，也為歐洲與其他洲之間的交流作出了巨大貢獻。

會。就在某一天，出人意料的事情發生了，波羅的海中著名的鯡魚等遷到了北海。在過去的那個時期，魚類所佔的地位遠勝於今日，歐洲人每星期五都要吃魚，魚類成為了人類的主要菜餚。這樣一來，波羅的海周邊許多城市完全衰敗了，結果大批的荷蘭城鎮突然興起。當時，這些城鎮為南歐的各個國家提供魚乾，這也是今天罐裝食品的起源。這些鯡魚捕魚場從事穀物販賣，並用穀物交換印度群島的香料，這種現象並不算奇怪，只是商業國家自然發展的歷程而已。

可是，當命運迫使低地國家受到哈布斯堡家族的帝國統治，使健壯的農夫與漁夫受治於脾氣暴躁的官吏時，糾紛便就此產生了。原本這些農夫與漁夫身強體壯、拳頭粗壯，從來沒有受到過風雅文化的教育，並且注重實事求是的生活態度。而那些官吏卻一直在皇帝的宮廷中受到長期訓練，連那位專制的皇帝又住在西班牙帝國的荒山上，高高在上，禁衛森嚴，命運就與現實發生了強烈的衝突！這次戰爭前後共持續了80年，表現出為自由而奮鬥的精神，低地國家的人民最終取得完全的勝利。

新國家的統治者都是務實的人，他們尊崇生活法則，並服從生活，而且只要是對自

己有益的理論，都會付諸實際。他們為那些逃難者提供保護，無論他們之前是生活在不幸的國家，還是因宗教信仰或其他原因遭到迫害。

在這些外來的難民（英國的少數身份低賤的人卻是例外，因為他們並沒有長時間居住在這裡）中間，絕大多數人看到這個國家願意給他們新生的機會，都心甘情願地成為了忠臣良民。雖然他們全部的財產和積蓄，都被原來的主人掠奪，但他們的才幹卻仍然留在頭腦中，並為第二個祖國的商業和學術發展作出極大的貢獻。獨立戰爭結束後，100萬人住在小城鎮——建在過去湖泊的湖底或內陸的海底，完全掌握了歐、亞兩洲的領導權，並且維持了長達三代的統治。

從此，他們就開始做投資的生意——購買大國的田產和外國的名畫（它們要比本國畫家的作品精美得多），過著奢華的生活。他們用盡心機，想要讓鄰國人忘掉這些金錢

風車

在荷蘭的各個港口，我們經常可以看到造型各異的大風車在不停地轉動著。它最初從德國被引進時，只是被用於研磨穀物。當這種能量轉化的技術被荷蘭人熟練使用後，風車就有了鋸木造紙、加工香料、航海等更多功用。

的由來。但沒有多久,金錢也開始遠離他們了。在這個世界裡的一切,都不是恆久不變的,更別說人類微不足道的能量了。如果人們不努力保持已經得到的東西,那麼短時間內,他們便會失去一切。這並不僅僅是指金錢,還有思想。

19世紀初葉,塵埃落定。拿破崙宣稱,低地國家既然是法國的三條河流——萊茵河、默茲河、斯凱爾特河所形成的三角洲,那麼,從地理根源來說,它應該隸屬於法國。拿破崙的地理知識本來是非常有限的,他只知道軍事所必需的地理知識,於是紙張末尾簽上的大「N」字將300年來的事業一掃而空。從此,地圖上不再有荷蘭這個國家,它變成了法國的一個省。

1815年,它重新獨立了,並開始重新工作。他們擁有比本國領土面積大62倍的殖民地,讓阿姆斯特丹及鹿特丹一躍成為並維持了印度物產的分配中心。荷蘭本國沒有優質的原料,只在最南部有些質量差、藏量極小的煤炭,因此它從未成為一個工業國家,而輸出到殖民地的東西只有進口貨物的6%。但是,爪哇、蘇門答臘、摩鹿加群島、婆羅洲與西里伯斯島各地的茶葉、咖啡、橡膠、金雞納霜種植園等事業日漸發達,需要大量的資本,這樣一來,阿姆斯特丹的股票交易所便獨佔鰲頭。由於殖民地的商品需要在歐洲銷售,於是荷蘭的船舶運送貨物的總噸數,就一直維持世界第五位的好成績。

船舶在荷蘭國內貿易中的重量,要比任何一個其他國家都高得多。它就像蜂巢一樣,縱橫錯落地散布著方便的水路,運河裡的船隻可以算是鐵路的最大勁敵。因為直到最近,時間在荷蘭的男女老少,甚至在牛羊犬馬構成的日常生活中,並沒有佔據重要的位置,所以船隻能用最低廉的成本運營。

實際上,大部分的運河都是排水溝渠。因為嚴格來說,荷蘭1/4的領土,並不能算做陸地,只能算是一片海灘。這句話是指:荷蘭人將這一小塊魚類與海豹的故鄉奪來,費盡了相當大的心血,運用人為的方法,使它不會有沉入大海的危險。從1450年以來,荷蘭人把沼澤內的水排空,讓湖泊變成農田,以此增加了數千平方英哩的領土。而只要你懂得方法,圍湖造田並不是難事。第一,你需要先選定一片適合的水地,在其四周建築堤壩,並在壩外開鑿一條深邃寬廣的運河,讓它與最近的溪流相連,以便透過溪內裝置複雜的水閘讓運河裡多餘的水排出。這步工作做完後,你要在堤壩上建造幾十架風車,每個風車內安放一架水泵。其他的工作就可以讓小小的汽油機和海風去做。當湖水被完全抽出來並導入運河之後,你還需要在新的田地裡開出幾條平行的溝渠。如果抽水風車和抽水站不停地工作,這些溝渠就自然會把剩餘的水量排洩出去。

這些田地有的佔地面積非常大,可以居住兩萬多人。假如須德海也變成了陸地(目前各國都瀕於破產,這種工程的花費或許過於巨大),至少能夠容納10萬居民。你只要想一想這樣的田地佔有荷蘭田地總面積的1/4,你就會馬上明白,為什麼荷蘭水利部每年所用的財政支出,會比其他各部門要多了。

荷蘭的東部則與低地形成了對比,它位於萊茵河、默茲河、斯凱爾特河尚未形成的大三角洲,以及中歐平原與海洋相接的地方,無論對誰都沒有太大價值。數千年來,北

第二十章 荷 蘭

阿姆斯特丹的證券交易所

　　阿姆斯特丹位於艾瑟爾湖西南岸，是荷蘭的首都。在這幅圖中，弧形的穹頂和寬敞的庭院，讓這座交易所看起來華麗精美、氣勢磅礡。每天有眾多的投機商匯集在這裡，無論交易的數額是大是小，在這裡都能有他們的一席之地。

　　歐冰河流過那裡時，卸下許多大大小小的鵝卵石。那裡的土壤和新英格蘭的土地很像，只是泥沙比新英格蘭要多一些。這些極其貧瘠的土地，佔有荷蘭總面積的25%以上（法國不到15%，德國不到9%），而荷蘭每平方英哩的人口密度又達到了629人（法國只有191人，俄羅斯只有17人），這使荷蘭的統計表的曲線顯得別開生面。

　　由於東西兩部分的顯著區別，以及土壤肥沃與貧瘠的過大差異，因此比較重要的城市都集中在圩田中央的小三角地帶上。阿姆斯特丹、哈勒姆、萊頓、海牙、代爾夫特、鹿特丹等各個城市，都緊靠著那些著名的沙山，而它們因為防禦上的考量，距離非常接

房龍地理
Van Loon's Geography

荷蘭貴族的收藏室　油畫

在17世紀時，荷蘭的文化發展到了一個巔峰，基本上所有的貴族家裡都建有收藏室，用來陳列他們花了大把金錢換來的精緻藏品。用餐後，他們通常會邀請客人到這裡一起探討文化、交流藝術。圖上的收藏室中我們可以看到油畫、雕塑、小提琴和地球儀，反映了在藝術、音樂、天文等方面，荷蘭此時都處於世界的先進國家。

近，完全可以把它們當作一個大城市來看。在這些沙山腳下，荷蘭人從300年前種植了一種漂亮的小型球莖植物，這種植物叫鬱金香，原是波斯和亞美尼亞的特產，之後透過荷蘭商人傳入。

雅典城只有紐約的8條街區大，一輛普通的汽車要把你從荷蘭的一端送到另一端，也只需要幾個小時而已。這條位於北海、須德海與萊茵河之間的狹長土地，比起其他面積相似的區域（阿提卡除外），在近代的科學與藝術上都有著更多的貢獻。雅典是一片貧瘠的岩地，荷蘭是一片水田，但它們在突然聲名大噪方面，都是相同的。首先，從國際貿易的立場上說，他們都有非常好的地理位置。其次，從民族的精神上

說，他們都曾經為了生存而奮鬥，留下肉體的勇氣與求知的欲望。除此以外，它們有著與生俱來的榮耀。

荷蘭

荷蘭位於歐洲西北部，其1/4的土地低於海面，以風車和海堤著稱。

作為缺乏動力的國家，荷蘭利用風車提供動力，風車對荷蘭的經濟有著特別重大的意義，一直沿用至今，被稱為風車之國。

＋

由於荷蘭近1/4的面積低於海平面，所以為了抵禦風暴潮及圍海造田，修建了大量海堤，也成為了荷蘭的標誌之一。

第二十一章

大不列顛

荷蘭對岸的海島，為世界1/4的人謀福利。

英　國	
中文名稱：大不列顛及北愛爾蘭聯合王國	所屬洲：歐洲
首都：倫敦	主要城市：曼徹斯特、利物浦
官方語言：英語	貨幣：英鎊、歐元
時區：東一區	國家代碼：GBR
國歌：〈天佑女王〉	國花：玫瑰

　　如果我在幾年前寫這篇文章，我會寫成「大不列顛與愛爾蘭」。當時人類修改了大自然的作品，使一個地理單位變成了兩個分離的個體。所有順從的作者也只能遵循習俗，把這兩個國家分開敘述，否則可能會引起重大的糾紛。我也不想眼睜睜地看著愛爾蘭的軍艦開到哈德遜河，要求我因侮辱「愛爾蘭民族的尊嚴」向他們道歉。

　　由於恐龍不會自己畫地圖，在它們滅絕後留下來的化石，給我們講述了它們的故事。我們現在還可以看到：噴出之後在地面上冷卻的火山岩；由壓力所產生的花崗岩；逐層沉澱在湖底與海底的沖積岩；以及構成岩，比如石板和大理石，它們只不過是石灰石與黏土，因為經過了地殼中微妙的化學作用，才變成了比較貴重的物質。

　　它們都還健在，就好像旋風過後室內的物品那樣凌亂地散布著，為我們提供了一個非常珍貴的地理實驗室。有了這個實驗室，即使像英格蘭這樣獵兔風氣盛於科學研究的國家，也依舊會出現許多一流的地理學家來。我們也可以反過來說，正因為有了這麼多優秀的地理學家，才讓我們對英國的情況瞭解得比其他國家多。但事實上，也不能這麼講。游泳冠軍大多出自海邊，出自喀拉哈里沙漠的中心則比較罕見。

　　既然有了豐富的地理和偉大的地理學家，那麼他們對於故鄉的來歷與成因，有什麼樣的見解呢？

第二十一章 大不列顛

請你先把已經知道的歐洲地圖忘掉,先想像一個剛剛升出水面的大陸,它因為創造的壓力而不停顫抖。你也可以畫一個冒出水面的大洲,它一片荒蕪,更因為猛烈的地球爆發作用而有無數個裂口,就好像紐約的街道被下水道的爆炸劈開一樣。同時,大自然實驗室裡的力量依舊在認真地工作。風運載著無數噸的水分,不斷地從海洋吹來,從西向東浸潤著土地,讓地上鋪滿了青草與羊齒植物,長出森林和灌木。夜以繼日,年復一年,浪濤毫不懈怠地撲打、錘擊、磨銼、踐踏、侵蝕,直到陸地的邊緣逐漸凋殘破碎,彷彿白雪被強光長期照射後消溶瓦解一樣。隨後,冰雪突然出現了,就好像一面殘酷的死神之牆,它緩慢而不情願地從高山最陡峭的一面慢慢上升,又發出隆隆巨響沿著寬闊的山谷斜坡滾落下去,使深邃的山澗和狹窄的山澗裡填滿了堅固的冰塊和冰冷的水。

在人類剛出現的時候,人們看到了這樣的景象:陽光照耀,密雨傾瀉,冰塊不斷攀爬,浪濤侵蝕,四季循環。其中有一條狹長的陸地,被洪水淹沒的山谷與外部世界分割。山谷北起北冰洋,南至比斯開灣。另一片地區是浮在浪濤上面的高原,它與那片狹

英國 版畫 17世紀

英國位於大不列顛群島,四周是北海、英吉利海峽、凱爾特海、愛爾蘭海和大西洋,隔北海、多佛爾海峽、英吉利海峽與歐洲大陸相望。工業革命後,英國成為世界上第一個工業化的國家,在19世紀、20世紀早期是世界上最強大的國家。

房龍地理
Van Loon's Geography

長的陸地之間隔著大海，十幾塊孤零零的岩石矗立在海浪之上，只能作為海鷗的棲身地，人類根本無法在上面居住。

以上就是對英國來歷的說法，的確非常模糊。現在，讓我們翻開近代的地圖，看看地圖能告訴我們什麼。

從設得蘭群島到地端岬的距離，等於哈德遜灣中部或阿拉斯加南部到美國北境的距離。如果一般歐洲人不明白這個比喻，那我就再換一個，就是挪威的奧斯陸到波希米亞的布拉格的距離。換言之，英國的緯度，與阿拉斯加對岸的堪察加半島一樣，在北緯50度至60度之間。但堪察加的居民只有將近7000人，而且都以魚類作為食物的來源。英國卻有4500萬人，是世界上人口最稠密的國家之一。

英國的東部以北海為界。北海其實並不是海，只是一個積滿水的古老窪地。你只要看一下地圖，就會很清楚了。其右面（東方）是法國。而英吉利海峽和北海就好像橫在路上的一條溝壑。隨後是英格蘭的中部大平原，平原最低的一帶就是倫敦的所在地。再過去是威爾斯群山。另一個窪地是愛爾蘭海，就是愛爾蘭的中央大平原。再往西一些，是幾塊孤零零的岩石矗立於淺海之上，就是愛爾蘭群山。最後是聖基爾達岩（非常不容

倫敦橋下的泰晤士河河段　德蘭·安德烈　油畫　1906年

在這幅圖中，泰晤士河的一處碼頭位於畫面中間，遠處可以看到倫敦塔的側影，畫家用亮麗的色彩扭曲了遠近法，將風景轉變為原始色彩的一道彩虹，強烈的色彩顯示了他對印象主義技法的理解。

第二十一章 大不列顛

易到達，所以至今還是杳無人煙）。在過去，我們最終到達了海洋，歐亞大陸的邊緣（無論是全部沉入的或是半沉的）已經到了盡頭。

至於英國四周的海、海灣和海峽，我想最好把它們詳細敘述一下。我在前面已經竭盡所能地少提到那些不必要的名字，因為當你從第一頁翻到第二頁時，就會把上一頁的忘掉。但現在，我們所敘述的這個奇怪的小島卻非同小可，它至少在整整400年間，影響著世界上每一個男人、女人和兒童的生活。英國人竭盡所能地抓住了每一個機遇，這是千真萬確的。但是，也不能抹殺大自然的功績，它把這個美麗的小島放在西半球陸地的中心地帶，讓英國人從此撿到了大便宜。如果你想要理解這句話，只需要想一想可憐的澳大利亞，它孤獨地漂浮在無邊無際的大海裡，一切都要靠自己，沒有鄰居，也沒有學習新思想的機會。而拿澳大利亞和英國的地理位置相比，英國彷彿網中的蜘蛛，距離世界的四角都一樣遠，但它周圍又沒有充滿鹹水的壕溝將其與其他世界安全地隔離。

在地中海仍然是文明中心的時代，這個特殊的位置並沒有什麼用處。直到15世紀末葉，英格蘭還仍然是一個無足輕重的孤島，它給人們的印象就好像現在的冰島。「你去過冰島嗎？」，「沒有，不過我有一個姑姑到過那邊。那是一個有趣的地方。可是那裡太遠了，暈船也要暈五天呢。」

在最初的前10世紀中，人們心目中的英國完全是——暈三、四天船——而且你要想想，那時候的羅馬帆船，與從雷斯到雷克雅未克的700噸蒸汽船相比，無疑更讓人不舒服。

但是，人們對於這些文明邊緣的知識，漸漸增加起來了。很久以前，那些全身塗滿油彩的野蠻人，住在圓形的茅舍中，屋子的四周圍著矮矮的土牆，一天比一天依賴著土地。羅馬人將他們馴服了。羅馬人聽到他們的語言，斷定他們和北高盧地區的塞爾特人同族，同時還發現他們很聽話，樂於進貢繳稅，並不過分強調他們的「權利」。其實，他們對於所住的土地是否擁有「權利」，是個非常大的疑問。因為可以確定，他們都不是土著，他們的土地都是從那些來得更早的土著手中搶奪來的。而這些古老種族的蹤跡，在比較荒僻的東方和西方還能找到。

概括起來，羅馬人統治英國的時間持續了400年，幾乎與白人耀武揚威於美洲的時期一樣長。突然間，這個時期幾乎是不可思議地結束了。在過去的5個世紀中，羅馬人一直將虎視耽耽的條頓族拒於歐洲領土之外。但現在，野蠻人像洪水一樣湧過了歐洲的西部和南部，防禦不利的壁壘全被攻破了。羅馬不得不召回國外的精兵，來抵抗外敵。當然，這種舉動是暫時的，因為從沒有一個帝國在短時間內承認戰敗，直到真正滅亡的那一天。少數軍隊依舊留在英格蘭，防守著高大的土牆，讓英格蘭平原免於遭受野蠻人的侵襲，那些野蠻人定居在蘇格蘭不可逾越的山脈中。另外還有幾座土堡，保護著威爾斯的邊界。

可是，有一天，糧船不再渡水西來，這也就意味著，高盧已經被佔領了。從此，在英國的羅馬人便與祖國斷絕了往來，雙方的聯繫永遠沒有恢復。又過了一段時間，沿岸

房龍地理
Van Loon's Geography

倫敦大橋

氣勢磅礡的倫敦大橋橫跨在泰晤士河上,連接著首都的心臟地帶。由於城市的高速發展,越來越多的人口向這個城市匯集,我們可以看到密密麻麻的紅頂房屋遍布在這裡,而尖頂的堡壘為了抵禦外敵,時刻都在監視著城中的一切動向,塔樓上懸掛著叛徒的頭顱,以警示那些不懷好意的敵人。

的各個城市傳來了警報,在亨伯河和泰晤士河河口發現了敵船,達勒姆郡、約克郡、諾福克郡、薩福克郡、埃錫克斯郡等地的村落,遭到了搶劫與襲擊。羅馬人一向以為東部的邊界平安無事,因此從來沒有進行防禦工程的建設。但是現在,神祕的壓力(還是後方追趕的敵人,我們永遠都不會知道了)卻帶著撒克遜海盜從丹麥和霍爾斯坦奔向了英國海岸。這種情形,就好像古代條頓人的先鋒隊受到了神祕壓力的驅使,奔過多瑙河、巴爾幹與阿爾卑斯山的山路一樣。

第二十一章 大不列顛

從前，羅馬統治者、官吏、士兵、女人和兒童，都住在美麗的別墅（我們至今還能發現它們的遺址）裡面，現在卻神祕地消失了，就像維吉尼亞河與緬因海邊早期莫名消失的白人定居者一樣。他們其中的一部人被自己的部下所殺害，大部分女人嫁給了善良的土著——這種命運在別人看來，特別對一個曾經風光的征服民族來說是非常奇怪的。其實，人們一定能看到一群殖民地居民，他們沒能乘上回家的最後一班船。

之後，便是混亂的時期——蘇格蘭的野蠻人成群而來，他們手執大斧，肆意屠殺他們的鄰居——塞爾特人。而在羅馬人統治的時期中，塞爾特人已經安靜地生活了幾個世紀。在這樣危險的處境中，人類常見的錯誤產生了一個看似英明卻導致不幸的念頭：「我們還是去其他地方找一些強壯的人來，讓他們替我們作戰。」後來，強壯的人果然來了，他們來自艾德河、易北河間的泥澤。他們屬於撒克遜部落，但其來源無從考證，因為德國北部到處都有撒克遜人。

至於他們為什麼又會和盎格魯人有了聯繫，那是另一個問題，或許永遠都找不到答案。盎格魯－撒克遜一詞的產生，已經是在他們進入英國數百年後了。現在，盎格魯－撒克遜成為了鼓勵人民戰爭的口號：「盎格魯－撒克遜血統、盎格魯－撒克遜傳統。」一個個神話被說得天花亂墜，如果這樣能讓人們自認為是更優秀的民族，為什麼不歡欣鼓舞呢？但是，歷史學家偏偏不會顧及這些情面，他們說盎格魯人在人種上其實是迷失的希伯來部族的兄弟，這個部落經常出現在虛假的記述中，但誰都追溯不出他們的來歷。至於撒克遜人，他們和30年前常在海船的下等艙裡出現的北歐移民差不多，只不過他們要強壯得多，無論是工作、戰爭、遊玩還是搶劫都很擅長。在500年間，他們從容地把世襲統治的土地組織起來，強迫可憐的土著（塞爾特人）使用他們的語言。很早以前，當塞爾特人在羅馬貴婦們的廚房裡工作的時候，曾經學會了一些拉丁詞語，這時被迅速忘掉了。後來，英格蘭的條頓移民浪潮到來了，這些撒克遜人就被趕出了家園。

1066年，英格蘭變成諾曼人的殖民地，這時大不列顛群島第三次被迫屈服於海外的君主。但沒有多久，這條尾巴使這隻狗動搖起來。當諾曼人看見大不列顛這塊殖民地比自己的臨時故鄉——法國，更能得到回報，便離開大陸在英國長期定居了。

英國人最後一次的失敗，喪失他們在法國的財產，這對於英國人來說很不幸，但從此他們就不再盯住大陸不放了，並且開始意識到大西洋的存在。雖然如此，如果沒有一件離婚糾紛，英國的海上事業或許不會這麼快開始。事情是這樣的，亨利八世和一位名叫安妮·博林的女子墜入了愛河，這個女子對他說，他必須履行正式手續才能贏得她的芳心。也就是說，亨利八世應該先與他的合法配偶，即布拉狄·瑪麗的母親離婚。這樣一來，英國與教皇至上的基督教國家——羅馬發生了爭執。當時西班牙站在教皇一邊，因此，英國必須學會航海技術來自我防衛，否則它不是以一個獨立國的身份戰死，就是淪為西班牙的一個省。在這個稀奇古怪的、嚴重偏離軌道的情況中，離婚案件確實是英國人成為航海高手的真正動力。此外，英國人也學會了新貿易，優良的地理環境也為英國提供了幫助。

房龍地理
Van Loon's Geography

下午的諾里奇河　約翰・克羅米 油畫 1819年

　　諾里奇位於英國東部，曾是英國第二大城市，美術學院曾經在那裡達到全盛時期。在約翰的筆下，諾里奇河被描繪得優雅、清晰，小船平靜地划過映在河面上的房子倒影，呈現出一個溫暖平靜的氛圍，美麗賦有詩意。

第二十一章 大不列顛

但在這個變革之前，國內也發生了非常嚴重的爭鬥。沒有一個社會階層會為了另一個社會階層的利益而自盡，這本來就是不理智的。當然，自從諾曼人勝利以來，那些封建統治者一向只手遮天，費盡了心血，以使國內保持著農業經濟的狀態，並抑制大規模的商業發展。封建主義制度與資本主義制度，往往是不共戴天的死敵。中世紀的騎士看不起商業，認為那絕對不是自由民應該做的事情。在他們的眼裡，商人就和酒類走私販一樣，雖然也有需要他的時候，可是絕對不會讓他從前門進入。

因此，商業貿易就全部掌握在外國人手裡，其中德國人的勢力是最大的，還有來自北海和波羅的海的人。英國人受到了他們的影響，才第一次知道硬幣，即英鎊有著絕對而確定的價值。此時猶太人已被逐出境，再也無法回埃及了，甚至莎士比亞對於夏洛克都耳熟能詳。沿海的各個城市悄悄地從事漁業，但國內主要地區的經濟在數百年來，仍然跳不出農業的範圍。然而大自然也非常慷慨，讓這片土地配合他們的目的，尤其在家畜的飼養方面給予了他們很多幫助，因為那裡的土壤貧瘠，不能種植穀物，但青草卻非常茂盛，足夠牛羊食用。

每年有2／3的時間，風都從西方吹來（而且不停地吹著）。也就是說，一年中有8個月的時間常常下雨，這一點只要是在倫敦待過一些日子的人都會記得。我在講述北歐各國的時候，早就告訴過你，近代的農業不再像1000年前，甚至100年前那樣，只能依賴大自然的恩賜了。雖然我們還不能造雨，但化學工程師已經教會我們很多方法克服各種困難。而在喬叟和伊麗莎白女王時代，人們就只會把它們當作上帝的意旨，從不試圖挽救或整頓。這片土地的地理構造讓東部的地主們獲得了極大的利益。大不列顛各島的橫剖面就好像一個湯碗，西部很高，東部很低。之所以會這樣，我在前面已經說過了，英國是古代大陸的一部分，東部最古老的山脈受到了風雨侵蝕，已經消耗殆盡了；而西部較年輕的山脈，卻依舊安然無恙地高高矗立著，除非再過1000萬年，或1500萬年，否則它們是不會消滅的。這些年輕的山脈佔據的地方叫威爾斯（原始塞爾特語的最後壁壘之一），在大西洋裡的暴風雨到達東部低地之前，就如同屏障一樣。由於暴風雨的力量被消減，所以東部大平原就能享受到很好的氣候，穀物和牛群都得益於此。

自從輪船發明以後，美國人可以從阿根廷或芝加哥採購糧食。自從冷藏食物的方法傳入以後，冷凍肉類可以銷售到世界各地。沒有任何國家只依賴自己的農場和土地來養活國內人口，即使它可以做到。而在100年前，糧食供應者就代表是世界的主宰，一旦他們把穀倉的門鎖起來，數百萬人就會漸漸餓死。由於英格蘭有一片寬廣的平原，它南臨英吉利海峽，西接塞文河（威爾斯與英格蘭的分界線，注入英吉利海峽），北沿亨伯河和默西塞河，東臨北海，這片平原也因出產大量的食物而成為古代英國最重要的部分。

我這裡所說的平原，當然與平時所說的不同。英格拉中央大平原不像美國的堪薩斯州那樣平坦地像薄煎餅一樣，而是由峰巒起伏的原野構成。泰晤士河（幾乎和美國的哈德遜河一樣長，不過哈德遜河有315英哩，它只有215英哩）就在它的中部流過。泰晤士河發源於著名的科茲伍德丘陵，因綿羊和巴斯城而著稱，自從羅馬時代起，一群可憐的

第二十一章 大不列顛

亨利八世和他的家人 油畫

在金碧輝煌的宮殿中,都鐸王朝的第二任國王亨利八世坐在中央。在他左側的小男孩就是他的獨子愛德華六世,右側是他的第三任妻子——愛德華六世的母親簡·西摩。在畫面的最左側,是未來的女皇瑪麗,最右側是伊麗莎白一世女王。這幅精美的油畫作品,幾乎描繪了都鐸王朝的整個時代。

英國廚子就自找苦吃,來到這裡含有鈣和鈉的溫泉裡洗澡,吃厚塊的半熟牛肉和半生不熟的蔬菜,以增強體質。

之後,泰晤士河又在切爾頓丘陵山和白馬山之間流過,讓牛津大學的學生可以在此練習划船。最後,它匯入了低窪的泰晤士河河谷。這個河谷位於東盎格魯山脈的低矮群山與北當群山之間。泰晤士河本可以直接流入法國,但因為多佛爾海峽透過阻攔了前進的道路,否則泰晤士河可能會使大西洋與北海相連。

全世界最大的城市就在泰晤士河畔。倫敦,就像羅馬和其他遙遠歲月的古城一樣,它的誕生絕對不是偶然,也絕對不是因為統治者的幻想。倫敦之所以坐落在這個位置,完全是經濟需要的結果。很久以前,英格蘭南北兩方的人為了避開野蠻部落的貪婪擺渡者,所以造橋就是一件非常必要的事情。而倫敦就位於河流不適合航行的地方,但不是很寬闊,所以2000年前的建築師能夠在上面搭建一些東西,讓兩岸的居民能夠攜帶貨物在上面行走,甚至還不會弄溼鞋子。

羅馬人離開後,大不列顛群島上的許多東西都變了,只有倫敦保留至今。現在它已有800萬人口,比紐約還多100萬左右。它的面積比巴黎大4倍,比古代最大的城市巴

伊麗莎白一世女王 油畫 尼古拉斯‧希里阿德 約1575年

伊麗莎白一世是都鐸王朝的最後一位君主，她在近半個世紀的統治中，維護了英格蘭的統一，使其成為歐洲最強大的國家之一。在這幅近似女神的畫像中，伊麗莎白一世被黃金、珠寶、紅寶石所裝飾，她脖子周圍所飾的褶邊使蒼白的臉龐形成飄浮的姿態，令人敬畏又驚訝。

比倫大5倍。由於倫敦的建築都很低矮，英國人注重隱私權，並且喜歡在適宜的環境裡工作，所以不願意居住在像蜂巢似的樓房裡。因此，倫敦便專注在平面上的擴張，與竭盡所能向垂直發展的美國城市恰巧相反。

倫敦的中心，也就是市區，現在已經變成了一個大工廠。1800年，城內只有13萬居民，後來逐漸減到1.4萬人以下。但每天總有50萬左右的人來到城裡，處理數十億的資本。這些龐大數量的財富被用於國外的投資事業上，也監督那些殖民地生產的不過關產品的銷售。這些貨物都堆在倉庫裡，從塔橋起，直到倫敦橋下游20英哩以外的地方，遍布的都是倉庫。

既然泰晤士河上的貿易終年不斷，那麼管理航運的唯一方法就是在兩岸建築碼頭和倉庫。只要是想瞭解國際貿易的真正意義的人，就不能不去參觀這些碼頭。去過的人也許會覺得很不愉快，覺得紐約畢竟還是個小村落，離商業重鎮的距離還很遠，也沒有什麼特別了不起的地方，但將來情況或許會改變。商業中心彷彿慢慢地向西遷移，不過倫敦在國際貿易的技巧上，依舊獨佔鰲頭，紐約只是剛剛開始起步學習基礎知識而已。

話題說得越來越遠了，我得回過來講述1500年的英格蘭平原，它整個南部的邊緣都是層層疊疊的高山。最西部的康沃爾郡，從地理上說，本來和法國的布列塔尼相接，但現在已經被英吉利海峽隔斷。康沃爾郡是一個很奇怪的地方，直到200年以前，那邊的人都講塞爾特語，附近又有許多奇怪的石頭紀念碑，就好像布列塔尼的石碑一樣，足以證明這片地區的居民應該屬於同一種族。當地中海裡的水手們來到英國的時候，首先發現的就是康沃爾郡。腓尼基人為了尋求鉛、鋅和銅等礦產（別忘了，他們在鐵器時代初期是很強大的），往往會到達北部的錫利群島。而島上有不少野蠻人來自霧氣瀰漫的內陸，他們與腓尼基人物物交換。

整個區域中最重要的城市，就是普利茅斯，它是一個小港口，偶爾會有一、兩艘大西洋上的輪船開來，但平時很少見到船隻。布里斯托海峽坐落在康沃爾郡的北岸，在17

世紀的地圖上被叫做「錯誤的海峽」，因為當時從美洲回來的許多船長往往把它錯認為英吉利海峽，以至葬身於那片危險的水域中，那裡的潮汛甚至高達40英呎。

布里斯托海峽的北面，蜿蜒著威爾斯群山。它們過去毫無價值，直到安格爾西島附近發現了煤礦、鐵礦和銅礦，這個區域才成為全國最富饒的工業區。加德夫只不過是古代羅馬人的一個要塞，現在已經成為世界上最大的煤礦中心之一。它與倫敦之間有鐵路相通，其實有一段從塞文河底的隧道上駛過。這條隧道在工程界的名譽，幾乎可以與連絡威爾斯與安格爾西島、荷利黑德島的橋樑一樣著名。而從荷利黑德島動身，人們就可以到達愛爾蘭都柏林市的港口——金斯敦。

在英格蘭這塊古老的四方形區域中，每一個城市和村落，都有相當長久的歷史，我不敢一一舉出它們的名字，就怕這本書會失去了世界地理的原意，變成一本英國地理書了。這塊方形區域，從古代起就是英國地主階級的大本營，至今還是這樣。在法國，雖然並不是沒有巨大的田產，但數量畢竟還是很少，而且地主的數目也是威爾斯地主的10倍，丹麥的比例則與威爾斯相差更大。現在，這些鄉紳階層已經失去了往日的尊榮和地位，僅僅作為一種社會階層而存在，讓其他世界的人知道如何正確地穿上高爾夫球衣、

倫敦城　版畫 17世紀

經過千百年的發展，倫敦此時已經成為英國第一大城市和第一大貿易港，泰晤士河流經整個城市，為這裡帶來食物與財富。橫跨在泰晤士河上的倫敦塔橋、大笨鐘、威斯敏斯特宮都是倫敦的標誌性建築。

獵殺被稱為「沉默的朋友」的動物以消磨歲月罷了。但這種現象的發生，並不是因為他們品質不良，而是因為在詹姆斯·瓦特發明了實用的蒸汽機以後，我們的經濟生活發生了巨大的變化。當這位出身格拉斯哥大學，並且喜歡數學的儀器製造者開始玩著祖母的茶壺時，蒸汽還只不過是一種玩具，只被運用在少數遲緩而費力的抽水工程上面。但在瓦特去世前，蒸汽已經獨霸一切，土地不再是財富的來源了。

就在19世紀最初40年中，有史以來一直位於南方的經濟重心開始北移到蘭開夏郡。蒸汽推動了曼徹斯特的紡織業，後來轉到約克郡。蒸汽使利茲與布拉福特成為全世界的木材中心，至於黑區的伯明翰，馬力使其成為數百噸鐵板與鐵樑的供應地，它們可以被用於製造輪船，大不列顛群島的工業品則由此運到地球的任何一個地方。

由蒸汽代替人力後所產生的變化，可以說是人類史上空前的大革命。機器不會自己運行，它們需要人類保養、運用並支配工作與休息的時間。這種工作其實是非常簡單的，而勞動後所得到的酬勞被許諾給農場的工人。鄉下人不斷地受到城市的誘惑，城市日新月異地成長。在很短的時間裡，鄉村的人口已經有80%遷進城市。這樣一來，英國便累積了數量驚人的財富，這些財富會讓它持續繁盛，就算其他所有資源都被耗盡也不致衰敗。

普利茅斯港之戰

圖為西班牙的無敵艦隊深夜聚集在普利茅斯港準備入侵英國，艦隊的後方排列成月牙狀，在第二天與英國海軍進行了首次交戰。最後，左下方已經破損的「羅塞理奧號」最終淪為了德雷克爵士率領的「復仇號」的戰利品。伊麗莎白一世女王更親自表揚軍隊，表示了捍衛本國領土的決心。

約克郡的布匹交易大廳　1814年

在這幅1814年創作的插圖中，頭戴黑禮帽的商人和布匹商人們正在鑒定布匹的質量和價格。在18世紀，約克郡的棉紡業得到了空前的發展，在1780年至1790年之間的年均增長率甚至達到了12.7%。

　　許多人常常在反思，現在是否達到了這個地步。只有時間才能回答——也就是接下來的10年或20年。但那時究竟會發生些什麼，也很值得思考。縱觀古今，大不列顛帝國一直都是一系列意外事件的產物，它在這一點上和羅馬帝國很相像。作為地中海文明的中心，羅馬帝國不得不征服所有的鄰邦，來維持絕對霸主的地位。而英國一旦成為了大西洋文明的中心以後，也必須採取同樣的政策。那時，對世界的大規模探險即將結束。商業和文明開始向海洋前進。幾年前還是大帝國中心的心臟地帶，就要變成離荷蘭海岸不遠的人口過剩的小島了，一切令人感嘆。

　　如果變成那個樣子，就太難堪了。但地球上發生的事情，就是這個樣子。

蘇格蘭

　　大西洋沿海一帶的美國人知道五國的存在，而從前的羅馬人也知道蘇格蘭人的存在。在北方某處向北的地方，在最後一座王室的城堡和森伯蘭的茅舍後面，伸展著一片荒涼的山地，上面住著野蠻的遊牧部落和牧羊人。他們過著傳說中的簡單生活，和其他地方實行父系制度不同，盛行母系制度。他們沒有寬闊的馬路，只有過於陡峭的山澗小徑，就連馬也不能輕易在上面行走。別人費盡了心血想去教化他們，他們卻用暴力抵抗文明化的進程，結果只能讓他們依照自己的方法生存。但是，他們又是相當厲害的偷牛賊，常常會突然從山上溜下來，把切維厄特丘陵的綿羊和坎伯蘭郡的乳牛偷走。因此，阻止他們最聰明的辦法，就是從泰恩河到索爾韋灣修建高牆，以保護這些區域，同時再

房龍地理
Van Loon's Geography

用利劍與釘死在十字架上等酷刑來恐嚇他們，使他們懼怕死亡的威脅而不再闖入。

這些工作都完成了。在羅馬人統治英國的4個世紀中，蘇格蘭人除了遇到幾次懲罰性的遠征外，很少受到羅馬文明的薰陶。他們和愛爾蘭的塞爾特人繼續維持著商業往來，但他們的物質欲望很低，因此他們不怎麼跟外界聯繫。古羅馬的城牆現在沒有了，但蘇格蘭人卻依舊過著簡單的生活，發展他們自己的文化。

蘇格蘭雖然是一個貧困的地方，但也保持了蘇格蘭人特有的個性。在人類出現後的很多世紀前，這個地區的大多數山脈和阿爾卑斯山一樣高。風雨侵蝕讓它們漸漸削減，猛烈的地理活動繼續侵蝕著山體。隨後，冰河開始降臨，也就是覆蓋著斯堪的納維亞半島的冰河。從此，山谷裡僅有的一點土壤也被刮盡。只有10%的蘇格蘭居民能在那塊高地上生活，而剩下的90%都聚集在窪地上，這不足為怪。這塊窪地是一條不到50英哩寬的狹長陸地，西起克萊德灣，東至福斯灣。這個山谷的兩座山脈（火山起源的地方）之間有一個寬廣的裂口，而大部分的城堡都建造在死火山口。在山谷中，有兩個大型蘇格蘭城市，一個是古都愛丁堡，一個是近代城市格拉斯哥——煤炭、鋼鐵、造船、加工製造中心，兩城之間有運河連通。另外一條運河自福斯灣起，一直到達默里灣，可以容納較小的船隻，並使其從大西洋直達北海，而不必冒著危險，在奧克尼群島及設得蘭群島之間的惡浪（愛爾蘭與挪威北角的古代大陸遺跡）裡航行。

可是，格拉斯哥的繁榮並不能使整個蘇格蘭富饒起來。野蠻的蘇格蘭農夫花很多時間在食物上，卻僅僅使他們免於餓死，並不能讓他們感覺到是真正活著的人。因此，他們只能盡可能地勤儉度日，絕對不會浪費這得來不易的金錢。同時，這也讓他們的性格變得剛強堅毅，完全依賴自己的努力和聰明才智，而不會顧及他人的言語。

伊麗莎白女王過世後，英國的王位由她的蘇格蘭表兄——斯圖亞特王朝的詹姆士繼承，這雖然只是歷史上的一個偶然事件，但卻使蘇格蘭變成英吉利帝國的一部分。從此

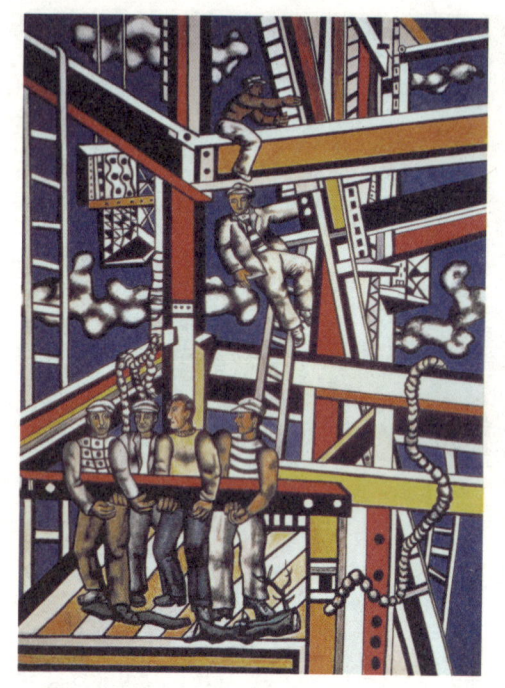

工業的發展　油畫　茱熱·費爾南　1950年

在瓦特發明蒸汽機後，英國開始了資本主義工業化改革，資本主義的生產完成了從工場手工業向機械大工業過渡的階段。大量原本從事耕作的農民湧入城市，變成了在鐵架中工作的工人。他們建設的建築越來越大、越來越高，我們可以看到他們身後藍色背景的天空，紅色和橘色的鐵架象徵著正在蓬勃發展的工業。

以後,當他們覺得蘇格蘭給他們帶來的機會不能滿足他們的雄心時,蘇格蘭人就到英格蘭去,並且可以在帝國的全境漫遊。他們的節儉、智慧以及謹慎,都能使他們成為優秀的領導者,統治著遠方國度的許多省份。

愛爾蘭自由聯邦

這是另外一個故事,是一個關於人類命運的悲慘故事。我們眼睜睜地看著一個充滿智慧潛能的民族,毅然丟開了它應該從事的工作,浪費精力徒勞追求著失敗的動機。與此同時,與它相鄰的島嶼上又有凶惡的敵人,準備侮辱這些不明白自身光明正大的利益才是生存的基本法則,決心要將他們納為自己的奴隸。

這能怪誰呢?我不知道,別人也不知道。難道怪罪給地理嗎?這有些說不過去。愛爾蘭是史前北極大陸的遺跡。在地質改造的時期中,這塊陸地的中部一帶全部下沉,地勢比沿海的山脈低很多,導致全島的形狀就好像一個湯盤,島上不多的河流無法入海,

蘇格蘭 版畫 17世紀

蘇格蘭位於大不列顛島北部,屬於英國領土,紅色的格子裙、風笛、威士忌與畜牧業是它的標誌,其人口主要為凱爾特人,首府是愛丁堡,是聯合王國內規模僅次於英格蘭的地區。

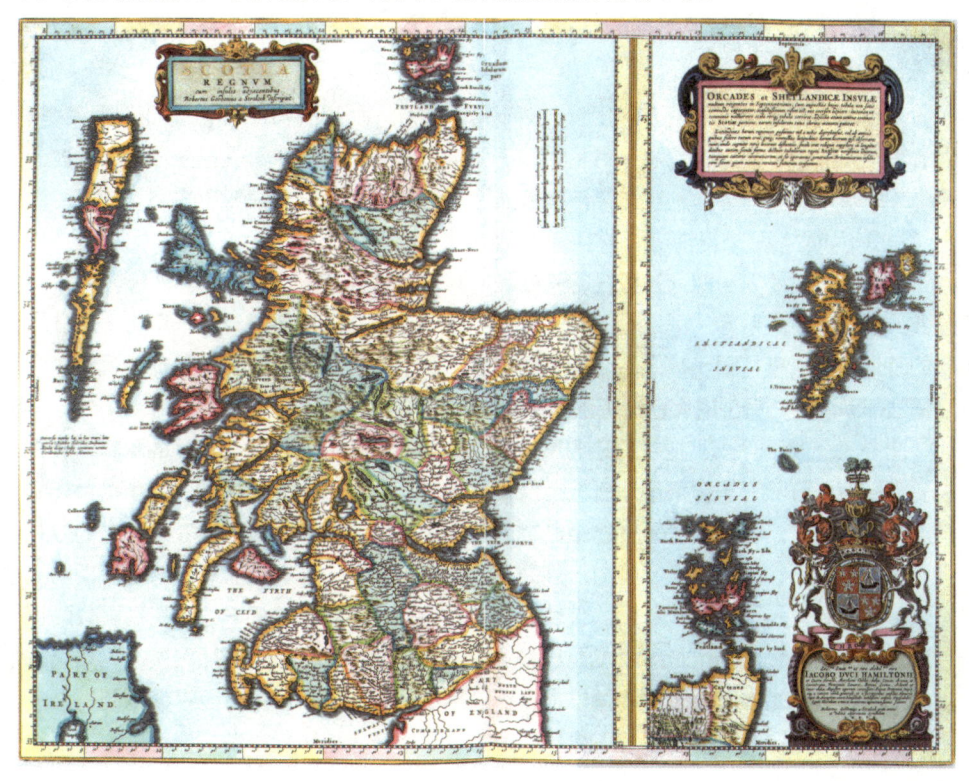

並且沒有適合航行的大量海岸曲線。其實,如果愛爾蘭的中央部分沒有這麼低陷,那麼它的命運一定會好很多。

難道怪罪給氣候嗎?這也不行。因為愛爾蘭的氣候和英格蘭並沒有什麼不同,只比英格蘭稍微潮溼和多霧一些,這點差別微不足道。

難道要怪罪給地理位置嗎?回答當然也是「不能」。因為,自從美洲被發現以後,歐洲各國如果想要和新大陸通商,愛爾蘭所處的位置是最便捷的。

那麼,應該怪誰呢?那也只能是人類因素了。它推翻了一切預言,使自然資源變成了地理缺陷,使勝利變成了失敗,使勇氣變成對悲慘命運的逆來順受。

那麼氣氛要不要負點責任的呢?我們都知道愛爾蘭人是如何喜愛他們的童話的。每篇愛爾蘭的戲劇和民間故事,都充滿了小妖怪、狼人、妖魔和精靈。說句實話,生在這樣無聊的時代,我們對於那些妖魔鬼怪及其古怪的親人,有時也會覺得厭倦。

你可以在這個國家四處轉一下,或許會有許多感慨。如果你願意,也可以對當地的地理發表感想。一個地理狀況應該包括山脈、河流、城市、煤炭、木材進口統計數據,這樣就無可挑剔了。但人類不僅是一個只懂得覓食的胃,他還有靈魂和思想。而在這個名為愛爾蘭的國度中,有些東西不太尋常。當你從遠方看到其他國家,會自言自語道:那邊是一片陸地,它的地勢不是高就是低,或是平。它的顏色不是棕色就是黑色,或是青色的。那邊一定也有不少人,他們也會吃飯、喝水。他們的面容不是美麗的就是醜陋的,生活不是幸福的就是悲慘的。他們由生到死,在牧師的祝福中下葬,有時甚至沒有牧師的祈禱。

愛爾蘭的情況與其他地方的情況截然不同,它有一種超脫物外的氣氛。孤獨、寂寞之氣瀰漫在空中,甚至都能觸手可及。昨天還是正確的東西,今天就已經罩上了疑雲。幾小時前還是簡單的事情,現在突然複雜無比。它的西邊躺著靜默無語的海洋,但海洋的深淵還不如愛爾蘭來得神祕。

殘酷的命運使愛爾蘭人被奴役的時間長於其他任何民族,這使他們無法忘記不幸的過去,總是會怨天尤人。可是,他們的智力存在一種特性,即稍微缺乏洞察力,因此屈服的時期才會一直持續,成為古今稀有的現象。我想這種缺陷,或許就是從他們願意為之犧牲卻不願為之而生的大地上產生出來的吧!

諾曼人征服了英國,把新侵佔的房舍多少整頓一下後,便睜大了貪婪的眼睛,凝視著愛爾蘭海。實際上,愛爾蘭海就像北海一樣,是一個被水淹沒的溪谷,算不上海洋的一部分。當時,諾曼人對於這個富裕島嶼的野心,也因許多事情得以助長。島上的酋長們相互爭奪,一切統一全島的努力,到頭來都幻成了泡影。在與征服者威廉同時期的人看來,愛爾蘭是一塊「風吹草動的荒地」。那裡有許多牧師,他們一心想用基督教的福音感化每一個異教徒,可是那邊沒有道路,也沒有橋樑,沒有任何交通工具。人類只有具備了這些最基礎的東西,才能把日常生活過得更舒服、更和諧。然而在愛爾蘭島上,這些都被不思進取的人們忽視了。這個島嶼的中部比邊緣地區低得多,一直以來都是一

第二十一章 大不列顛

愛爾蘭 版畫 17世紀

　　愛爾蘭位於大不列顛島以西，與英國隔海相望，是北美通向歐洲的通道。作為一個歷史悠久的國家，愛爾蘭共和國於1922年從英國獨立，而北愛爾蘭至今仍隸屬於英國，這裡獨特的文化氣息，吸引著來自世界各地的遊客。

片沼澤，從來沒有變過，因為沼澤是不會自己排水的。當人類的靈魂充滿了很多幻想時，連刷洗碗盤這麼簡單的事情，都很容易被忘記。

　　英、法兩國的統治者都有見風轉舵的好眼力，他們都會向當時統治世界的人示好。難道不是嗎？如果教皇英諾森三世沒有宣稱愛子約翰的助手馬格納·恰塔無能，並且詛咒了一班貴族，別人怎麼敢逼著愛爾蘭國王簽下毫無尊嚴的文件呢？當一個愛爾蘭酋長求助於亨利二世，請他去幫忙攻打更厲害的敵人（那時候愛爾蘭究竟有多少酋長，我已經記不清楚了）時，一種力量悄悄地運作著，教皇阿德里安眉開眼笑地簽下文書，強制地把世襲統治愛爾蘭的大權，賜給了英格蘭國王。由200名騎士和不到1000名步兵組成的諾曼人軍隊，就佔領了愛爾蘭，把封建制度強加給了沉浸在簡單的部落制度的人民身上。但他們不知道的是，部落制度在其他地區早已消失，而愛爾蘭人還享受著單純和快樂。因此，衝突就出現了，直到數年以前，才正式告一段落，而且就算是在現在，誰又能保證它不會像火山爆發一樣，在報紙上出現爆炸性的新聞呢？

211

移民代理所

19世紀中葉，愛爾蘭被貧困、飢餓所困擾，僅1847年被迫移民美國的人就有21.4萬，以致於愛爾蘭不得不在科克港設立了移民代理所。圖為科克的移民代理所，這裡一直匯集著等待移民美國的窮人。

愛爾蘭的地形就好像愛爾蘭人的靈魂一樣，是一個絕妙的陷阱與屠宰場。在這場衝突中，高尚的理想與卑賤的惡行，已經被混雜在一起，無法理清，似乎除了把當地的土著全部殺光以外，就再沒有能夠解決問題的其他辦法了。不過，這些話都是無聊的廢話。有好幾次，勝利者都嘗試實行大屠殺和放逐的政策，沒收他們的一切財物與貨品，以供英王及其部下享用。例如在1650年，愛爾蘭人因為「偉大的直覺」（不過在錯誤的時間做了錯誤的事），異想天開地幫助無能的查理叛變時，克倫威爾所用的鎮壓手段，就算是出生在慘劇發生數百年後的人們，也會對當時的情景心有餘悸。他們原本是想利用這樣的政策，切實且又永久地解決愛爾蘭的問題，但其結果卻相當慘烈，島上的人口減少到了80萬，餓死率（存活率一直以來都不高）也飛速增高。於是，透過乞討、借到或偷到一筆海上旅行費用的人，都爭先恐後地逃往外國了。至於被迫留在家鄉的人，他們懷著滿腔的悲憤，守著祖先的墳墓，靠馬鈴薯充飢度日，期盼將來還能再過上好日子。但直到第一次世界大戰爆發之後，他們才獲了最後的解脫。

就地理上說，愛爾蘭一直以來都是北歐的一部分。就精神上說，愛爾蘭一直在地中海沿岸居民的心中有一定地位。現在，它已經獲得了自主權，和加拿大、澳大利亞或南非一樣，組織著自治政府，是世界上不可或缺的一部分。但是，島上的人民不但沒有為祖國的統一盡一份心力，反而分裂成了互相攻擊的兩部分。南部（或稱信奉天主教的區域）的人民佔有總人口數量的75%，維持著自由國家的身份，以都柏林作為他們的首都。北部一般被叫做烏爾斯特，包括6個郡，居民幾乎全是新教移民的後裔，他們至今仍然自認為是英國的一部分，並派代表到倫敦出席英國議會。

以上便是本書裝訂時關於愛爾蘭的所有情況，但是一年或十年後會有什麼變化，

誰也無法預料。但1000多年以來，愛爾蘭的命運，總算是第一次掌握在愛爾蘭人的手裡了。現在，他們可以獨立自主地發展他們的海港，而科克、利麥立克和哥耳威已經變成名副其實的商港。他們能夠像丹麥人一樣，嘗試成效卓著的農業合作制度，其日常出產的物品，也能和其他國家競爭。他們現在已經成為自由獨立的人民了，也在世界上所有的國家中佔有一席之地了。

然而，他們到底能不能忘記過去的恩怨和苦難，明智地籌劃未來呢？

英國歷史簡表

作為世界上舉足輕重的國家之一，英國有過光輝的歷史，在19世紀和20世紀早期是世界上最強大的國家。

羅馬人統治時期	公元前55年	公元前55年，尤里烏斯・凱撒首次率軍入侵大不列顛。 公元43年，羅馬皇帝克勞迪厄斯率軍征服大不列顛。
盎格魯-薩克遜時期與丹麥統治時期	公元410年	597年，聖・奧古斯丁到達大不列顛，使當地人皈依基督教。 832～860年，肯尼斯・麥克阿爾平統一皮克特人和蘇格蘭人。
諾曼地王朝	1066年	1066年，諾曼地公爵威廉征服英格蘭。
金雀花王朝	1154年	1277～1288年，英格蘭征服威爾斯。 1337～1453年，英法爆發百年戰爭，英國先勝後敗。
蘭卡斯特王朝	1399年	1413年，蘇格蘭第一所大學聖安德魯斯大學成立。 1455～1487年，約克家族與蘭卡斯特家族之間爆發紅白玫瑰戰爭。
約克王朝	1461年	1477年，第一本書由威廉・卡克斯頓出版印刷。
都鐸王朝	1485年	1485年，亨利七世即位。 1536年，英格蘭與威爾斯合併。 1558年，伊麗莎白一世女王即位，統治英國45年。
斯圖亞特王朝	1603年	1603年，蘇格蘭王詹姆士六世加冕為英格蘭詹姆士一世。 1642～1651年，英國爆發內戰。
漢諾威王朝	1714年	1760～1830年，英國工業革命。 1801年，大不列顛及愛爾蘭聯合王國成立。
溫莎王朝	1917年	1921年，愛爾蘭獨立。 1952年，伊麗莎白女王二世加冕。

第二十二章

俄羅斯

從地理上很難斷定屬於歐洲還是亞洲的國家。

俄羅斯	
中文名稱：俄羅斯聯邦	所屬洲：歐洲
首都：莫斯科	主要城市：聖彼得堡、葉卡捷琳堡
官方語言：俄語	貨幣：盧布
時區：東一區到東十二區	國家代碼：RUS
國歌：〈俄羅斯國歌〉	國花：向日葵

在美國政府看來，世界上並沒有俄羅斯這個國家。因為它的執政者是非法的，它的外交官被禁止進入美國。後來美國人民都受到過這樣的警告：如果要到俄羅斯去，一切後果自負，萬一發生了問題，是絕對無法得到政府的援助的。但是，從地理上來說，俄羅斯佔有全世界1/7的陸地，它的面積是整個歐洲（除去俄羅斯）的兩倍，是美國的三倍。它的人口數量相當於歐洲最大的4個國家的總和。可是，蒙羅維亞和亞的斯亞貝巴都有美國的外交使節，但莫斯科卻沒有。

之所以會出現這樣的現象，一定是有原因的。從表面上來看，這個原因是政治方面的，而實際來看，它完全是地理方面的。因為我總覺得，俄羅斯是自然環境產生的結果，這一點相比其他各國都要明顯得多。它自己也並不確定，到底屬於歐洲，還是屬於亞洲？這些混雜的情感，引起了文明的衝突，而文化的衝突更形成了目前的形勢。我希望藉由一幅簡單的地圖的幫助，能夠闡述清楚一切。

不過，我們首先要解決這個問題——俄羅斯到底是歐洲的國家，還是亞洲的國家？為了便於說明，我先假設你是楚奇克部落的人，住在白令海峽沿岸，對於目前的生活很不滿意（我並不會責怪你，因為一個人生活在天寒地凍的西伯利亞東部，需要過貧困的採集生活），於是決定聽從賀瑞斯·格里利的勸告，向西方遷移。這邊我再假設你對登山不是很熟悉，並決定住在童年時代生活的平原上。當你向西走了兩年，不得不游過十

第二十二章 俄羅斯

幾條寬闊的大河,但除此以外再也沒有其他障礙了,最後你會發現自己被烏拉爾山脈擋住了。不過,烏拉爾山脈從地圖上來看雖然被標為歐洲和亞洲的分界線,其實也不能算是很大的障礙。因為當第一批前往西伯利亞的俄羅斯探險家(其實是許多亡命之徒,他們在發現了有價值的東西之後,便被尊稱為探險家了)翻越烏拉爾山脈時,肩上還扛著船隻,而你也可以扛著船隻越過洛磯山或阿爾卑斯山。

越過烏拉爾山後,再持續半年左右的旅程,你會到達波羅的海。這樣你已經算是從太平洋漫遊到了大西洋(因為波羅的海只是大西洋的支流),但卻從未真正離開過一個平坦的國家。但這個國家只是大平原的一部分,而這個平原佔去了亞洲的1/3、歐洲的1/2(因為它與蔓延到北海的德國大平原接壤),全程你都要忍受非常惡劣的自然條件,因為這個平原始終面向北冰洋。

這是古俄羅斯帝國的痛楚,為了這艱苦的環境,它不得不耗費了數百年的時間,犧牲了大量的血肉與錢財,努力追尋溫暖的海域,但結果卻是徒勞無功。這又是蘇聯(已

俄羅斯 版畫 17世紀

俄羅斯地域跨越歐亞兩洲,是世界上面積最大的國家,它與多個國家接壤,境內主要以平原和高原為主,海岸線則從北冰洋一直伸展到北太平洋,擁有歐洲第一長河——伏爾加河和世界上最深的湖泊——貝加爾湖。

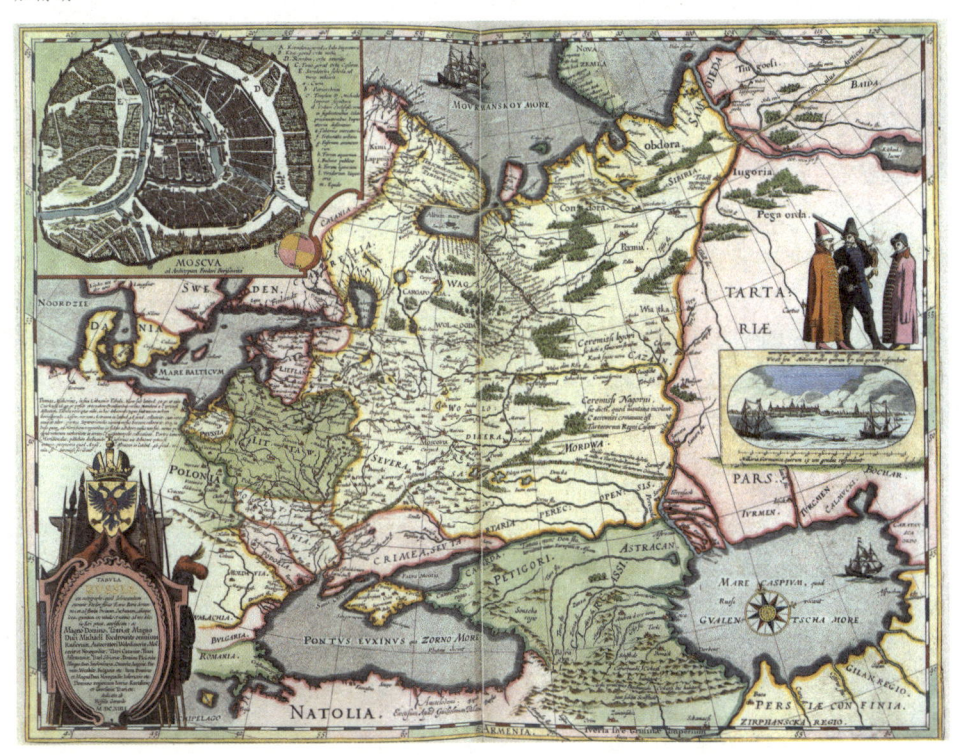

經衰敗了的羅曼諾夫王室的繼承者）的極大不幸。它不得不像一個有80層地板、8000個房間的樓房一樣，除了與接近三樓後面的防火梯相連的兩扇小窗，再沒有其他的進出口了。

如果把英國和法國等國家與美國相比，當然會覺得美國的面積相當遼闊。可是，這片飄揚著俄羅斯國旗的平原相比，其面積比法國大40倍，也比英國大60倍。它的第一大河——鄂畢河，與亞馬遜河一樣長，第二大河——勒拿河，與密西西比河一樣長。說到它的湖泊與內陸海，西部的裏海則是蘇必利爾湖、休倫湖、密西根湖和伊利湖的總和。中部的鹹海比休倫湖大4000平方英哩，東部的貝加爾湖差不多是安大略湖的兩倍大。

南部矗立的山脈，把這片平原與亞洲的其他各地隔離開，高度並不比美洲的最高峰遜色。阿拉斯加的麥金利山是2.03萬英呎高，高加索地區的厄爾布魯士山的海拔是1.82萬英呎。地球上最古老的陸地在西伯利亞的東北部，它已經進入了北極圈範圍，那一部分的面積相當於英國、法國、德國、西班牙四國面積的總和。

這個地方總會使人們走向極端。這些生活在草原和苔原上的居民的性格，都受到了自然環境的強烈影響，在外國人看來，他們的行為與思想，都遵循著稀奇古怪的法則，因而遭到了各國的嘲笑。他們在數百年間一直有著極其虔誠的信仰，但突然之間，他們也能夠把上帝的觀念完全拋開，甚至把上帝和上帝的名字從學校的課本上面除去——這種情形也不足為奇。幾世紀以來，他們一直臣服於一個統治者，認為這是絕對正確的觀念，而且是神聖不可侵犯的。但突然之間，他們又把他推翻了，並接受了一種苛刻的經濟制度。這種制度也許會在將來帶給他們幸福，可是現在看來，這種經濟制度卻是非常專橫、殘酷而又無情的，就好像俄羅斯沙皇的暴政一樣，這難道也值得大驚小怪嗎？

很顯然地，羅馬人從來沒有聽說過俄羅斯這個名字。希臘人就像現代的我們一樣，偶然到波羅的海去尋覓食物（你還記得金羊毛的故事嗎）的時候，遇到了很多野蠻部落，便給他們起了「取馬奶的人」的名字。我們可以從保留至今的花瓶圖畫上推測，這些「取馬奶的人」或許就是現代哥薩克人的祖先。在歷史的地平線上，俄羅斯人真正出現時，是在一片方形的平原上。這個平原南臨德涅斯特河與喀爾巴阡山脈，西至維斯杜拉河，東部和北部以第聶伯河及普里皮亞特沼澤為界。北方的波羅的平原上，住著他們的堂兄弟——立陶宛人、列特人和普魯士人，普魯士人現在已經成為現代德國的統治者，而在以前只不過是斯拉夫族的一個分支。俄羅斯人的東部原來住著芬蘭人，現在他們定居在白海、波羅的海與北極圈的那塊陸地上了。南方則住著賽爾特人和德國人，以及兩族的混合人種。

隨後，日耳曼族開始馳騁於中歐，當他們需要大量奴隸時，就會侵略北方鄰居的營地。他們的鄰居是性格溫順的民族，當這些民族遇到殘酷的命運時，只會聳一聳肩膀接受著，默默地對自己說「這就是人生」。

這些北方的鄰居也有他們自己的名字，希臘人把它讀成「Sclaveni」。人口販子在侵略喀爾巴阡山區域的時候，每當捉到了很多活商品，總是說捉到許多斯拉夫人或奴隸。

葉卡特琳娜女皇的夢想　理查德・牛頓 1791年

圖為英國漫畫家理查德・牛頓創作的漫畫，畫中魔鬼在葉卡特琳娜女皇的面前拿出華沙和君士坦丁堡，以此誘惑她，這反映了英國對俄國發動土耳其戰爭的質疑，他們懷疑俄國要以此攫取新的領土。

後來奴隸（Slaves）一字漸漸演變，只要是被人當作財產的可憐人，都被冠上了這個名字。但是，歷史開了一個大玩笑，這些斯拉夫人或奴隸竟然建立起了一個強大的中央集權國家，在近代世界中傲視群雄。不幸的是，這絕對是對我們的嘲諷。如果歐洲人稍微有點遠見，他們也許就不會這樣狼狽了。關於這一點，我將簡略地告訴你。

斯拉夫人原本居住在小塊三角地中，人口日漸繁多，因此就需要更大的土地。但當時，向西擴張的道路已經被強大的日耳曼人阻斷，向地中海擴張的大門又被東羅馬與拜占庭封鎖，就只剩下東面了。他們蜂擁向東奔去，以便佔據更多的領土。他們渡過了德涅斯特河與第聶伯河，直到伏爾加河邊還沒有停止前進。伏爾加河是一條非常有名的大河，俄羅斯農夫更稱它為「百河之母」，因為河中有非常多的魚類，足以養活數以十萬計的居民。

伏爾加河是全歐洲最長的河流，發源於北方低矮的山嶺中，這些矮山都位於俄羅斯

房龍地理
Van Loon's Geography

身穿荷蘭造船工服裝的彼得大帝

18世紀

圖為彼得大帝身穿荷蘭造船工的裝束。相傳他在西歐的一次旅行中，在阿姆斯特丹的一家船舶修造廠工作了4個月，並取得了修船工的合格證書。此後，他吸引了上千名歐洲專家來到俄羅斯，斯拉夫人建立的國家逐漸興起了。

的中央高原之上，便於修建堡壘，因此俄羅斯大部分早期城市都集中在那裡。為了注入大海，伏爾加河不得不向東繞著這些矮山盤旋出一個大圈。它緊靠山脈的輪廓奔流，所以河的右岸高而陡峭，左岸則低矮平坦。由山嶺形成的伏爾加河的彎曲弧度非常大，假如伏爾加河以直線流淌，那麼，從發源地附近的特維爾城到裏海，只有1000英哩的距離。但是，它實際上所走的路程，達到了2300英哩。至於這條全歐第一大河的流域面積，比密蘇里河流域大4萬平方英哩（伏爾加河的流域面積為56.3萬平方英哩，密蘇里河的流域面積為52.7萬平方英哩），比德國、法國和英國面積的總和還要大。可是，它就好像俄羅斯的其他事物一樣，地位有點奇怪。它是一條著名的利於航行的河流（世界大戰以前，河內經常有4萬艘小船往來），但一到薩拉托夫城後，它的水面與海平面持平，這樣一來，最後的數百英哩就相當於在海平面下流淌了。這種情形，聽起來似乎荒唐，實際上卻是有可能的。因為，它要流入的裏海都是鹹水，海面日漸下陷，現在已經比地中海低了85英呎。再過100萬年，它或許就有資格跟低於海平面1290英呎的死海相比較了。

湊巧的是，伏爾加河被認為是我們常吃的魚子醬的來源。我之所以用「被認為是」這種說法，是因為伏爾加河只不過是魚子醬的繼母，與鱘魚相比，金槍魚才成就了名聞四海的俄羅斯美食。

在鐵路普遍應用之後，河流與海洋是人們經商或掠奪財物時的天然大道。俄羅斯人的西部被條頓部落阻擋，南部被拜占庭阻擋，沒有辦法與大海相接，因此他們在需要向外發展的時候，就不得不依賴河流了。從公元600年直到今天，俄羅斯的歷史一直與兩條大河發生著密切的關係：一條是上面說過的伏爾加河，另一條是第聶伯河。但在兩河之中，第聶伯河的作用更加重要，因為它是波羅的海與黑海之間的重要通道的一部分，與貫通德國大平原的商道一樣古老。現在請你一邊看著地圖，一邊聽我介紹。

我們從北邊起程，會看到芬蘭灣與拉多加湖透過涅瓦河相連，列寧格勒就位於涅瓦河畔。從拉多加湖向南流出一條小河，叫做烏爾克霍夫河，是拉多加湖與愛爾蒙湖連接的通道。在愛爾蒙湖的南方，我們又發現了盧瓦特河。從盧瓦特河到普那河的距離並不

第二十二章 俄羅斯

長,地勢也相當平坦,這裡的居民常常把它作為陸地運輸的最佳道路。北方的旅客只要克服了許多問題,就能悠閒地泛舟到達第聶伯河,最後抵達離克里米亞半島數英哩的黑海了。

貿易無國界,商業無種族。商人們把古斯堪的納維亞的商品運到拜占庭,往往能夠獲利,因此他們就在這一塊土地上定居。公元後最初五、六百年中,這是一條便捷的商道,它靠著一塊下陷地,一面是加里西亞丘陵和普多利亞丘陵(喀爾巴阡山脈的小區),另一面是俄羅斯中部高原。

莫斯科街道　油畫　岡查洛娃・娜塔里亞　1909年

在這幅散發著低沈的氛圍的畫中,穿著優雅的黑衣女人走在寧靜的街道上,她後面的馬車夫則在車上安靜地等候著乘客,街道和建築的正方形和長方形、車輪的圓形使畫面呈現出簡單的平面造型,悲傷的情緒迎面而來,而一種微乎其微的希望似乎若有若無。

但當這些區域逐漸被外來的斯拉夫人住滿後，情況發生了改變。當時，商人已經變成了政治的領袖，不再長年奔波經商，而是在這裡定居，奠定了俄羅斯王朝的基礎。俄羅斯人缺少條頓民族的嚴肅而精確的觀念，即使用盡聰明才智也不能成為優秀的統治者。他們有著多疑又散漫的性格，會將心力放在別的事情上。他們大部分時間只是在空談和妄想，並不適合做需要專心決斷的工作。於是，許多人就在相對的安逸之中得到了統治的地位。他們最初並沒有很大的野心，但爭取賴以生存的土地時，他們還是非常有必要進行一些手段。當他們修建完豪華的房屋後，又需要更多的房子來讓他們的臣民居住。而古代俄羅斯的許多城市，就是這樣一個個產生的。

作為一個年輕而生機勃勃的城市，很容易引起外界的注意。君士坦丁堡的君王們，都覺得這是一個絕佳的傳教機會。他們沿著第聶伯河泛舟北上，就好像數百年前的斯堪的納維亞人乘船南下一樣。他們聯合當地的統治者，把修道院變成了皇宮的一部分。俄羅斯的羅曼諾夫王朝，也在此時打下了基礎。南部的基輔與大諾夫哥羅德（不同於下諾夫哥羅德，因為下諾夫哥羅德是在伏爾加河與奧卡河的交匯點上）變得非常繁華，就連

工作中的農奴

在尚未強大前，大部分俄羅斯人作為地主和外來入侵者的農奴艱苦地生活著。圖中的工人正在製作木桶，柔弱的女人也不可避免地加入這些粗活之中。正是這些辛勤的工人，想盡辦法突破了重重阻礙，日後建立起了龐大的俄羅斯帝國。

西歐的人民也知道它們的存在了。

　　同時，耐心十足的農夫與過去的數萬年一樣，繼續增加他們的人口，這讓他們感覺到尋找新農場的必要性。他們突破了家鄉的束縛，離開了烏克蘭肥沃的山谷——全歐洲最富饒的穀倉，開始向俄羅斯中央高原遷移。他們走到海拔最高的地帶，再沿著西流的河流慢慢地（俄羅斯農民似乎並沒有什麼時間觀念）爬下奧卡河河谷，最後到達伏爾加河，創立了一個新城，也就是諾夫哥羅德，為了統治他們永久的領土。

　　但至少從歷史上來看，是不可能達到「永久」的。到了13世紀初葉，他們所有的雄心，被黃禍嚴重地打擊了。矮小的黃種人衝過了烏拉爾山與裏海（烏拉爾河附近的鹽鹼荒地）之間的大平原，向西馳騁，彷彿全亞洲的人民都在不斷地湧向歐洲的中心。西方斯堪的納維亞－斯拉夫小侯國被這個事件弄得不知所措。不到三年，俄羅斯的所有平原、山川、海洋、湖泊，完全被韃靼人掌控了。德國、法國及西歐的各個國家只是因為運氣較好（因為當時韃靼人的馬匹發生了瘟疫），才能倖免於難。

　　當韃靼人把新的馬種養壯之後，再次大舉進攻。但德國與波希米亞的城堡在防禦方面起到了有效的作用，入侵者就繞了一個大圈，一路揮舞刀劍、燒殺掠奪衝過了匈牙利，在俄羅斯的東南部安營紮寨，享用他們勝利所帶來的財寶。隨後200年中，信奉基督教的男人、女子和兒童，只要是遇到成吉思汗的子孫，都要跪下雙膝，親吻他的馬鐙，否則就會被就地處死。

　　歐洲人聽到這件事的時候，並不會有憐憫之心。因為斯拉夫人都遵循希臘的儀式祭祀天神，而西歐人則是依照羅馬的儀式。所以就任憑異教徒去侵襲他們吧！任憑俄羅斯人變成最可憐的奴隸吧，讓他們在入侵者的馬鞭下噤若寒蟬，反正他們是異教徒，無福享受好運！最後的結果是：歐洲人冷酷無情的態度，讓他們得到了極大的損失，因為俄羅斯在強者的壓迫下默默承受，在韃靼人統治下的250年中，他們養成為只知道屈伏的壞習慣，並且自己從未擺脫掉束縛。

　　他們之所以會恢復自由，全靠莫斯科小公國（斯拉夫人在東部邊疆上的邊防哨所）的力量。1480年，約翰三世（在俄羅斯史上被稱做伊凡大帝）不願再向金帳汗國的統治者進貢。這可以說是公然抵抗的開端。50年後，外國的統治者總算銷聲匿跡了。雖然他們不在了，但其建立的制度卻依然存在。

　　新王朝的創建者，都深切地明白人生的「真理」。之前的300年，土耳其人攻破了君士坦丁堡，把東羅馬帝王的末代君主殺死在聖索菲亞教堂的石階上。當時，這位末代帝王有一個叫做若伊·芭拉諾娃的遠親，並沒有遇害。她是一位虔誠的天主教信奉者，教皇竭力促成她與伊凡的婚姻，意在使希臘教堂的迷途教眾皈依他的統治。婚禮舉行後，若伊把自己的名字改成了索菲婭，但教皇的處心積慮最終卻付諸東流。伊凡反而比之前的態度更堅決，他覺悟到，這是效法拜占庭歷代君主的勳功偉業的好機會。他採用君士坦丁堡著名的盾形文章——代表東羅馬帝國和西羅馬帝國的雙頭鷹。他把貴族降為奴僕，在自己的莫斯科小宮廷裡施行東羅馬的古老而嚴格的禮儀。他有莫大的雄心，覺得

當今世界上，只有自己才是唯一的「凱薩」或皇帝。

1598年，西斯堪的納維亞入侵者的末代子孫（也就是留里克族的末代子孫）死去了。經過15年的內亂，一位羅曼諾夫家族（並不重要的莫斯科貴族）的英雄自立為沙皇。從此以後，俄羅斯的地理便真實地反映了羅曼諾夫家族的政治野心。雖然羅曼諾夫家族有許多缺點，但同時也有著許多值得敬佩的功績，足以掩遮所有的失敗。

在尋求直達大海的通路方面，他們都懷著剛毅的決心，不畏任何犧牲。他們首先在

彼得大帝　油畫

手持利劍、身穿盔甲、佩戴著聖安德魯星形徽章的彼得，是俄羅斯第一個稱帝的人。他學識淵博，在建築學與航海學方面都有很深的造詣，並且讓俄羅斯擺脫了長期保守封建的制度，建立一個在歐洲大陸上傲視群雄的強大帝國。

南方尋找,衝過黑海、亞速海和塞瓦斯托波爾,試圖到達地中海,最終被土耳其人擋住了。但經過這幾次戰役後,10個哥薩克部落都成為了他們的忠實部下。這些哥薩克部落是古代哈薩克人的後裔,其中也有是冒險者、逃奴的後代,在此前的5個世紀中,這些人陸續逃往荒地,以躲避波蘭人和韃靼人的壓迫。他們曾與瑞典人作戰,而瑞典人在三十年戰爭後擁有了波羅的海四周的領土。這些哥薩克人便去爭奪土地。經過了50年的奮鬥,彼得大帝最終取得了勝利,他率領著數十萬屬下,在涅瓦河沼澤地上建立了一個新都聖彼得堡。可惜的是,芬蘭灣一年中有4個月處於冰凍狀態,想利用「大海」來為他們帶來利益的願望,依然非常遙遠。他們沿著奧涅加河和德維納河,穿過苔原區域(北極圈內的青苔原)的中心,在白海的海邊建起了一個新城,取名為阿甘折。但是卡寧半島非常荒涼,離歐洲極遠,就像哈德遜灣到歐洲一樣,而摩爾曼海濱又成為荷蘭和英國船長的禁地,一切工作都是枉然。除了向東發展外,他們再也沒有別的出路了。

1581年,歐洲幾個國家的一群逃跑的奴隸、冒險者以及戰犯,組成大約1600人的隊伍,在飢餓的壓迫下,越過了烏拉爾山脈。他們在東進途中遇見了西伯利亞王——第一位韃靼可汗便與之作戰。他們知道莫斯科的手臂很長,就把這些土地獻給沙皇,因為他們害怕「小國王」的軍隊趕到,將他們作為逃亡者或叛徒絞死。而沙皇則因為他們的貢獻,將他們稱為忠君愛國的英雄。

這種古怪的殖民政策,施行了將近150年。這些「壞人」前方的大平原上的居民寥寥無幾,但那裡的土壤相當肥沃。其北部是草原,南部覆蓋著茂密的森林。沒過多久,他們就離開了鄂畢河,走到葉尼塞河附近。1628年,這批搶劫者的先鋒隊抵達勒拿河,1639年,他們已經到達了鄂霍次克海的海濱。1640年後不久,他們又繼續向南行進,在貝加爾湖上建設了最早的城堡。1648年,他們冒著極大的風險,遠至黑龍江。同年,一個名叫德佳勒夫的哥薩克人,沿著西伯利亞北部的科雷馬河而下,沿著北冰洋的海岸,駛到了亞洲和美洲交界的海峽。回來之後,他向人們講述自己的發現,但並沒有引起多少人的注意。80年過去了,一個服務於俄羅斯的名叫白令的丹麥航海家,重新發現了這個海峽,並用自己的名字命名了那裡。

從1581年到1648年,整整過去了67年。而美國人從阿利根尼山脈到達太平洋海岸一帶時,一共花費了200年左右的時間。只要想到這點,你就會清楚地知道,俄羅斯人並不像我們想像中的那麼遲鈍。他們獲得了整個西伯利亞後,使其保持原貌。但他們並不就此滿足,他們還跨過了亞洲到達美洲。在喬治·華盛頓逝世前很長時間,美國已經有了一個繁盛的俄羅斯殖民地,以阿切昂格爾·加布里埃爾城為中心。這個要塞現在改稱為夕特卡。1867年,俄羅斯人把阿拉斯加正式轉讓給美國的時候,會議就是在這個小鎮中舉行的。

就精力、毅力及勇氣而言,這些初期的俄羅斯拓荒者遠勝過美國人。可惜莫斯科與聖彼得堡的執政者不懂亞洲的真正概念,所以即使有一片未經開發的富饒地區,也不能得到充分的發展。他們不僅沒有好好地經營牧場、森林和礦業,反而使西伯利亞變成了

房龍地理
Van Loon's Geography

彼得大帝青銅雕像揭幕 版畫

1782年,為了紀念彼得大帝登基100週年,葉卡特琳娜女王委託法國雕塑家製作了一尊雕像。8月7日,眾人在廣場上集合,慶祝彼得大帝的青銅雕像揭幕,而雕像上的銘文「葉卡特琳娜二世至彼得一世」則表現了葉卡特琳娜盡力將自己的統治與彼得大帝的統治相聯繫。

巨大的監牢。

　　第一批囚犯被放逐到西伯利亞,是在17世紀中葉,那時距樂馬克翻越烏拉爾山脈,僅過去了50年。這些犯人全部都是神父,因為不遵照東正教的儀式做彌撒,便被流放到了黑龍江邊,讓飢餓與寒冷去結束他們的生命。從此以後,大批的男女(通常裡面還有兒童)被毫無間斷地發配到荒涼的西伯利亞。導致這種結果的主要原因,是因為亞洲的服從觀念與歐洲的自由主義思想發生了衝突,而古俄羅斯政府是以服從為基本的法律。流放人數最多的一年,是1863年,那時波蘭大革命的戰火剛剛平息,5萬多名波蘭愛國者都被逐出維斯杜拉河畔,流放到托木斯克及伊爾庫茨克的附近。這些被迫移民的人數一直未被精確地計算過,但從1800年至1900年,由於國外的沉重壓力,不得不趨向正規,每年流亡的平均人數約在兩萬人左右。但這個數目通常包括了在精神清洗中被流放的男女,他們的錯誤只在於對不值得熱愛的同胞抱著過多的熱情,而那些普通罪犯,如殺人犯以及偷盜犯等,並不在計算範圍之內。

　　刑期結束後,活著的囚徒們能在小小的流放村莊附近分得一小塊土地,變成自由農

第二十二章 俄羅斯

民。這種強迫白人遷移的舉動，表面上看起來似乎很聰明，而且俄羅斯政府還可以向歐洲的持股人辯駁說，情況並不是他們所說的那麼壞——一切都是在西伯利亞所發生的瘋狂事件，都是有計畫的，「囚徒」受到了教訓，就可以成為社會上有用的生產者。但實際上，俄羅斯政府的手段之「好」使大部分「自由墾荒者」都消失得無影無蹤，探聽不到他們的消息。或許他們和土著人住在一起，捨棄了基督教的文明，變成了穆斯林或異教徒；又或是掙扎脫逃以後，被豺狼所吞噬，這些我們都無從知曉。俄羅斯的官方統計表告訴我們，大約有3萬至5萬的囚徒私自逃跑，躲藏在叢林深處或高山裡面，心甘情願地忍受著各種苦難，也不願被囚禁在牢獄裡面。現在，俄羅斯帝國的國旗不再飄揚在西伯利亞的土地上了。它們已經換上了蘇聯的旗幟，局面也煥然一新了。可是，支撐新局面的人物卻依然如故，他們仍然是韃靼民族的子孫。

俄羅斯自從廢止了以往的物物交換和奴隸制度，履行了資本主義和工業主義的新政體後，國內的情況到底變成了什麼樣子，就是我們應該知道的常識了。俄羅斯奴隸獲得自由，比林肯批准黑奴解放案還要早幾年。當時，政府為了維持奴隸的生活，於是分給他們每人一小塊土地，但政府其實是從奴隸主擁有的土地中分出了一小部分。因此，無論是奴隸的土地，還是奴隸主擁有的土地都根本不夠他們維持生計。此時，俄羅斯大平原上的礦藏被發現了，外國的資本趁機侵入。他們修建了鐵路，開通了蒸汽輪船的水上航路，歐洲的工程師翻越了巴黎式大劇場四周的小亞細亞村莊，自問能做些什麼。

從前，俄羅斯王朝的奠基者，都有著原始時代那種不畏艱險的精神，他們充滿勇氣，就算明知做不到的事情都要大膽嘗試。但現在，這種勇氣已被消耗殆盡。此時，彼得大帝寶座上的執政者變得懦弱無用，四周都是神父和夫人。他把自己的權力押給了倫敦和巴黎的債權人，接受了他們的建議，加入了讓大部分人民感到深惡

來自北西伯利亞的婦女 18世紀

西伯利亞是指西起烏拉爾山脈、東到太平洋、北臨北冰洋、西南抵哈薩克斯坦中北部山地的區域，那裡地處中高緯度，氣候十分寒冷。在這幅描繪北西伯利亞的婦女的畫中，婦女身穿獸皮衣服、戴著手套，以抵禦寒冷的天氣。

225

房龍地理
Van Loon's Geography

痛絕的戰爭，他的末日慢慢到來了。

一個嘗過西伯利亞鐵窗滋味的矮小的禿頭男人，收拾著殘破的局面，開始了復興的工作。他並沒有模仿歐洲輝煌時期所用的方法，也沒有依照古老的亞洲模式。他捨棄一切陳舊的東西，用開創全新未來的目光從事建設，然而他的眼睛依舊是韃靼人。

將來究竟會變成什麼樣子，百年後我們自然會知道。現在，我只需要描繪一個現代的前蘇聯政府給你看，但這個輪廓也只能是模糊的，因為那邊的制度一直在變化著，希望對你有所幫助。布爾什維克正在做一個實驗。他們就像化學實驗師一樣忽然醒悟到之前的工作用錯了公式，因此殘忍地將他們認為錯誤的部分全部廢除。他們所使用的制度，和我們近500年來所熟知的所有東西完全不同，而且更沒辦法用歐美常見的政治術語來解釋，諸如「代表政府」、「民主政體」、「少數派神聖的權利」對於受過布爾什維克黨教育的青年是完全沒有意義的。他從來沒有聽過這些，除非它們被用於證明祖先的愚蠢行徑。

馬克思

馬克思是偉大的哲學家、政治家，無產階級的精神領袖，共產主義的創始人。他潛心研究哲學、經濟與社會間的關係，寫成了唯物主義指導思想的偉大著作《資本論》，並提出瞭解決當時社會問題的方法，寫在了他另一本名著《共產黨宣言》中。

關於政府的布爾什維克概念並非是建立在國家為全民所有、國家由全民統治、國家為全民服務的理論上，無論我們是否相信，都要對我們的孩子們說，那是最圓滿的政治理想。蘇聯的布爾什維克主義只承認一個社會階級，那就是無產階級——工人，即用雙手勞動、靠工資為生的人。為了使這個階級獲得以前從未擁有的利益，它在1932年與那些嚮往財產與利益私有化的中產階級政府發生了激烈的鬥爭。

暴力衝突在這個世界上並不算新奇的事。早在列寧誕生之前，英國的查理和法國的路易就已經被殺。不過，在那時犧牲的只是個人，並不是制度。但是尼古拉二世被殺時，不僅個人的生命結束了，就連他所代表的整個制度也全被破壞，俄羅斯人把這種制度從他們的意識中連根拔起。舊的帳簿已經合上了，頁底已經用短短的兩條紅線勾銷了。新的帳簿揭開了，頁首的署名是「俄國共產黨」。

前蘇聯的共產主義作為一種經濟制度，並沒有多少創新。實際上，古代的修道院

第二十二章 俄羅斯

社團就已經是共產主義組織,之後則依賴初期的基督教會,那些教堂不主張擁有私有財產,認為富裕和貧窮都是不對的。英國的清教徒搬到美國以後,也曾經組織過共產主義的社區,他們想把「這個世界上的所有物品平均地分配給人們」,這些努力實施的範圍相對不大,未能深入大眾的生活。至於蘇聯布爾什維克的實驗,與其他的一切都迥然不同。他們完全改變了波羅的海與太平洋之間的土地,讓整個俄羅斯平原成為了他們政治經濟的實驗室,在這個實驗室裡,每個人都向著同一個目標努力——那就是大眾的健康與幸福是最重要的,要捨棄個人的快樂與幸福。但這個新的俄羅斯,正受到熱情的衝擊,一切行為往往會被這種情緒所破壞,就好像舊俄羅斯人民不能擺脫的雙重性格一樣。其原因是,他們的國家根本就是擁有半歐半亞雙重性的奇怪個體。

前蘇聯社會的基本組織,當然是歐洲的產物。但運行時採用的方法,卻完全是亞洲的方式。卡爾・馬克思和成吉思汗兩個人的力量相結合,產生出這個特別的現狀,至於這個特別的實驗會有怎樣的結果,我實在不知道,這是很難用預言來預測的。

可是,布爾什維克確實已經獲得了一定的成果,而其他的人群將不得不冒著挑戰自己原有文明的危險和它周旋。

共產主義革命　油畫　鮑里斯・庫斯托蒂夫

在這幅作品中,革命者高舉著象徵共和體制、社會自由與解放的紅色旗幟,穿過俄羅斯首都莫斯科的大街上。寒冷的街道上擠滿了充滿熱情的革命跟隨者,他們推翻了沙皇的統治,開始信仰馬克思主義。圖中體型龐大的巨人,突出了共產主義至高無上的地位。

房龍地理
Van Loon's Geography

第三國際紀念塔 塔特林·符拉基米爾 1919年

作為俄國早期的構成主義藝術家，塔特林創作出富有幻想性的現代雕塑形態。這座複製模型，採用了傾斜的螺旋形裝置，將純藝術形式和實用性融為一體，如果建成會比紐約帝國大廈高一倍，雖然最終並未採納，但一直被西方藝術世界所推崇。

俄羅斯沙皇的統治與韃靼人的統治沒太多區別，服務於一小群地主和沙皇的支持者的利益。而現在掌握俄羅斯政權的少數人，是前蘇聯共產黨人，他們的數量少於舊式貴族，卻對布爾什維克的獨裁統治更加忠誠。

沙皇的獨裁與布爾什維克黨人的獨裁，這兩者間有著巨大的區別。現在俄羅斯的統治階級並非是為自己的利益服務。他們工作們所得到的報酬，就連美國的鐵匠或搬運工都會覺得少，對它嗤之以鼻。而且，這些專制君王（他們比俄羅斯沙皇的官吏嚴酷得多）所發展的真正偉業，又完全集中在單純的目標上面——讓世界上的每個人都勞動，並且讓每個勞動者都得到充分的食物、足夠的居住空間以及各種更高層次的休假機會，作為他們工作的報酬。

在西方人看來，這一切簡直是莫名其妙，就好像愛因斯坦的四重或五重宇宙觀一樣。但一個面積相當於美國的三倍、擁有全世界1/7土地的國家，卻正在這樣的管理制度下生存，並且聞名於世。宣傳這種制度的，並不是像挪威與瑞士這樣貧窮的國家，而是世界上最富裕、擁有各種資源的大國。偽善的祈禱與狂怒的評論，並不能使他們轉變思想，因為俄羅斯人完全與世界隔離的。他們只閱讀有限的幾本外國著作，不能看沒有受過嚴厲檢查的外國報紙，彷彿是住在火星上的人類，卻想知道鄰居的一切消息。

領袖們會對反動的評論嚴加防範，但他們並不在意。他們正忙於其他工作，忙著組織白俄羅斯蘇維埃共和國、烏克蘭蘇維埃共和國、蘇維埃共和國外高加索聯邦、吉爾吉斯蘇維埃共和國、巴爾什爾蘇維埃共和國、韃靼蘇維埃共和國，以及西方各國的不承認態度。在他們看來，西方各國是在歷史上死而復生的可憐蟲。他們更設立了一個反宗教博物館，一年前在沙皇舊宮殿向公眾開放。

第二十二章 俄羅斯

　　這是一個非比尋常的實驗，是亞洲的神祕主義與歐洲的現實主義相結合的產物，時間會告訴我們它將來會有什麼樣的結局。但俄羅斯大平原已經重新獲得了生命，其他的世界必須要提高警惕了。共產主義或許只是夢想，但俄羅斯卻已經是鐵錚錚的事實。

俄羅斯歷代王國

俄羅斯的歷史始於東斯拉夫人建立的基輔羅斯，之後經歷了歷代王朝，直至今天的俄羅斯聯邦。

年份	王朝	說明
882年	基輔羅斯	862年，諾夫哥羅德王公奧列格征服基輔及其附近地區，以基輔為中心，建立基輔羅斯，這是最早的俄羅斯國家。
1147年	莫斯科大公國	弗拉基米爾大公尤里・多爾戈魯基建立。1547年，伊凡四世加冕稱沙皇，建造克里姆林宮，使俄羅斯成為一個獨立的國家。
1613年	羅曼諾夫王朝	米哈伊爾・羅曼諾夫為新沙皇，建立了羅曼諾夫王朝，是俄羅斯史上最強盛的王朝。
1712年	俄羅斯帝國	1721年，彼得大帝戰勝瑞典，被授予俄羅斯帝國皇帝的頭銜，俄國成為正式意義上的帝國。
1922年	前蘇聯	由15個加盟共和國組成，全稱為蘇維埃社會主義共和國聯盟，曾是歐洲第一、世界第二的工業強國。
1991年	俄羅斯聯邦	1991年，俄羅斯蘇維埃聯邦共和國最高蘇維埃宣佈俄羅斯脫離蘇聯獨立，蘇聯更名為俄羅斯聯邦，並成為主權國家。

第二十三章

波 蘭

一直因身處他人的走廊所苦，現在它擁有了自己的走廊。

波 蘭	
中文名稱：波蘭共和國	所屬洲：歐洲
首都：華沙	主要城市：卡拉科夫、羅茲
官方語言：波蘭語	貨幣：茲羅提
時區：西一區	國家代碼：POL
國歌：〈波蘭沒有滅亡〉	國花：三色堇

波蘭被兩種自然缺陷所困擾。它的地理位置很不好，與同屬斯拉夫人的俄羅斯相鄰。據說，真正的兄弟之情是非常寶貴的，但在相同種族組成的國家中，能夠維持這種友情卻絕無僅有。

波蘭人來自何處，我們無從得知。他們和愛爾蘭人很相似，極其愛國，能隨時隨地為國犧牲，但卻不願活下來為祖國工作，根據他們最重要的歷史學家所述，他們的祖先是諾亞方舟的偷渡客。直至查理曼大帝及他的武士去世近兩個世紀以後，可信的資料中才提及波蘭人。而在哈斯丁斯戰役過後50年，波蘭這個名字被公認為遙遠東部荒蠻之地的某個地方，不再只意味著一片迷茫的空地了。

目前，按照我們所能瞭解到的資料，波蘭人原本居住在多瑙河河口附近，後來被來自東方的敵人所侵擾，以致於撥營並向西遷移，直至喀爾巴阡山下。之後，他們被斯拉夫種族的另一個龐大的支系——俄羅斯人所驅逐，因此被迫離開。最後，在奧得河與維斯杜拉河之間的歐洲大平原上，他們找到了一個安身避難之所。

但是，這裡真是最糟糕的居住地，在這裡耕種的農民，毫無隱私可言，宛如坐在中央火車站主幹道的椅子上。作為歐洲的前門，無論誰要西征北海沿岸的歐洲陸地，還是往東征服俄羅斯，只能從這裡通過。為了時刻準備兩線作戰，每一個波蘭的地主都成為

第二十三章 波 蘭

了專業的戰士，所有的城堡都成為了堡壘。而軍事化管理則需要沉重的代價，一旦戰爭變成了生活的常態，商業就無法發展。

波蘭的一些城鎮位於中部地區，都在維斯杜拉河畔。其中，克拉科夫位於南部，建在喀爾巴阡山延伸至加里西亞平原的地方。華沙在波蘭平原中央，它和靠近維斯杜拉河河口的但澤都依賴外國商人進行商業活動。但是，再往裡面一點的腹地，幾乎是一片空白，毫無障礙，直至俄羅斯境內的第聶伯河。而立陶宛的故都考那斯，只能算是王侯的一小塊封地，一直沒有壯大起來。

其生活必需品的交易，都被猶太人控制著。當十字軍在聖戰中屠殺萊茵河流域的幾

波蘭 版畫 17世紀

波蘭地處中歐，它東面鄰近烏克蘭和白俄羅斯，西面與德國接壤，南面是捷克和斯洛伐克，北面瀕臨波羅的海，地理位置十分重要。而世界著名科學家居禮夫人、著名天文學家哥白尼、著名音樂家蕭邦都出生在這裡。

房龍地理
Van Loon's Geography

蕭邦

蕭邦是波蘭作曲家、鋼琴家，他從小就表現出非凡的藝術天賦，是19世紀歐洲浪漫主義音樂的代表人物，也是音樂史上最具影響力的鋼琴作曲家之一。

個著名的猶太人集結地時，猶太人逃到了歐洲邊境。正如俄羅斯的一些勇士，幾個強悍的北歐海盜為這個國家帶來了莫大的利益。即使如此，他們也不曾來到這片土地。畢竟，那裡沒有交通便利的商道，也沒有像君士坦丁堡那樣的大城市矗立在旅途的盡頭，慰勞他們長途跋涉的辛苦。那麼為什麼要去那裡呢？

在德國人、俄羅斯人及土耳其人的夾縫中，波蘭人生活著，他們信奉羅馬天主教，但也是斯拉夫人，所以德國人憎恨他們；他們雖然是斯拉夫人，但並非希臘天主教的信眾，所以俄羅斯人藐視他們；他們是基督教的信眾，但又是斯拉夫人，所以土耳其人厭惡他們。

如果中世紀那個強大的立陶宛王朝還存在，情況或許要好得多。但在1572年，這個王朝就滅亡了。在末代君王逝世之後，那些貴族把這個國家改造成一個選舉制的君主國。畢竟他們在邊境戰鬥多年，漸漸變得富有，並在自己巨大而獨立的領土上享有獨裁大權。從1572年到1791年，這個王國屹立於世，雖然在其末日，已經腐朽成為一個令人痛心的笑話了。

由於波蘭的王位可以隨意出售，價高者得，毫無疑問，法國人、匈牙利人及瑞典人相繼成為了這個王國的統治者。對於他們來說，這個王國的價值只在於貪汙和收稅，別無其他。當這些統治者未能將掠奪的財富分賞給親信時，波蘭的貴族就會像1000年前的愛爾蘭人一樣，請鄰邦的人來幫助自己「獲得權利」。而鄰居們，如普魯士人、俄羅斯人、奧地利人當然是樂於從命的。波蘭一舉成為一個獨立的王國。

1795年，在三次大瓜分的最後一次瓜分時，俄羅斯獲得了18萬平方英哩的土地、600萬人口。奧地利獲得了4.5萬平方英哩的土地、370萬人口。普魯士獲得了5.7萬平方英哩的土地、250萬人口。這種慘無人道的分割，直到125年後才結束。而協約國出於對俄羅斯的懼怕，就趨向另一極端。他們不僅使新的波蘭共和國的領土面積空前擴大，還建設了所謂的「波蘭走廊」，這麼做的目的是讓波蘭有一個直接的出海口。這是一塊狹窄的土地，從古老的波茲南省直到波羅的海，分割了普魯士，至今都不能直接連接。

關於這條不幸的走廊，我們不需要運用高深的地理知識或歷史知識來分析它的未來。它將永遠是德國與波蘭之間仇視及猜忌的根源，直至足夠強大的一方將對方摧毀為止，而可憐的波蘭將成為俄羅斯和歐洲之間的緩衝地帶，一如往日那樣。

在剛剛取得勝利時，這似乎是一個很大的成就。但是在兩國之間建築起充滿敵意的圍牆，並不能使我們此時的經濟和社會問題得到解決。

第二十三章 波 蘭

華沙 版畫 17世紀

華沙是波蘭的首都，也是波蘭的工業、經濟、科學、文化以及交通運輸的中心。它位於維斯瓦河中游西岸，自古就是中歐諸國貿易的通商要道，因華爾西和沙娃這對勇敢的戀人而得名。

波蘭名人

在波蘭的歷史上，曾出現過蕭邦、居禮夫人、哥白尼等名人，他們或在音樂上有所成就，或在化學方面頗有造詣，都成為波蘭的驕傲。

蕭邦
波蘭偉大的作曲家和鋼琴家，歐洲19世紀浪漫主義音樂的代表人物。

居禮夫人
發現鐳和釙兩種天然放射性元素，兩次獲得諾貝爾的科學家。

波蘭

哥白尼
現代天文學創始人、日心說的創立者，沈重地打擊了教會的宇宙觀。

第二十四章
捷克斯洛伐克

《凡爾賽和約》的產物。

捷 克	
中文名稱：捷克共和國	所屬洲：歐洲
首都：布拉格	主要城市：比爾森、布爾諾
官方語言：捷克語	貨幣：捷克克朗
時區：東一區	國家代碼：CZK
國歌：〈我的家鄉在哪裡〉	國花：玫瑰

　　從經濟觀念與城市整體的文明狀況來看，捷克斯洛伐克在近代斯拉夫民族的國家中，位置無疑是最好的。但是作為一個人造國家，它憑藉在世界大戰中脫離了奧地利帝國的行為，獲得了自治權的獎勵。現在，它分為三個部分：波希米亞、摩拉維亞及斯洛伐克，以致於很難確定它能否自力更生。

　　首先，這個國家處於一個封閉的環境中，其次天主教捷克人與新教斯洛伐克人存在分歧。天主教捷克人是說德語的奧地利王國的一部分，經常與其他國家之間進行交流；而新教斯洛伐克人被匈牙利領主統治著，而且統治非常糟糕，以致於國家產業從未擺脫小農的狀態。

　　關於摩拉維亞，它的領地在波希米亞與斯洛伐克之間，是捷克斯洛伐克的農業區域中最肥沃的一塊。但是，它在政治方面並不重要，所以當900萬捷克人用仇恨的態度對待400萬斯洛伐克人，摩拉維亞人並不會參與永無止盡的爭吵之中。而直到最近，匈牙利人才對種族少數派有所尊重，以往他們的態度就像捷克人對待斯洛伐克人那樣惡劣。

　　如果有人好奇種族問題會嚴重到什麼程度，那麼中歐是最好的選擇，那裡已經無可救藥了。與其他國家相比，捷克斯洛伐克的情況不算特別糟糕，但它是由三個互相仇恨的斯拉夫群體構成的。特別在中世紀，某個條頓民族移民部落的後代——300萬德國人為了協助開發厄爾士山脈和波希米亞森林的礦藏，開始來到此地，情況更加複雜了。

第二十四章 捷克斯洛伐克

　　1526年，哈布斯堡家族佔領了波希米亞所有的中歐地產。此後的388年，波希米亞淪為奧地利的殖民地。但是，奧地利對波希米亞並不算殘酷，德國的中學、大學以及德國人的精確教育將捷克人培養成唯一的純斯拉夫血緣的種族，他們帶著某一個直接的目的來工作。但是沒有一個被壓迫的民族會因為主人的寬厚或饋贈就愛戴他，況且復仇又像是一種天性。因此，捷克人一得到自由之後，就與以前的統治者反目成仇。在這個國家中，捷克語是全國的官方語言，德語被當成一種公認的方言，正如匈牙利語和斯洛伐克語一樣。新一代的捷克兒童從小開始，就被迫在嚴格的捷克語系的文學傳統中成長，這是一項愛國的壯舉。但是，以前的波希米亞兒童都會使用德語，他們至少能與上億人溝通。而現在，他們只能與幾百萬講捷克語的人交流。一旦他們離開祖國，就將會迷失，畢竟沒有人會願意耐心地去學習毫無商業價值和文學意味的捷克語。捷克政府的行政人員的政治才能，在中歐政治家的平均水平之上，或許他們可以逐漸鼓勵國民像往日一樣同時使用兩種語言。但是，這會是一個艱難的歷程，因為他們會面臨語言專家的抵抗，這些專家對通用語言十分反感，而政客也對統一的希望十分厭惡。

　　波希米亞不僅是哈布斯堡王朝最富饒的農業區域，而且是工業非常發達的地方，擁

布拉格 版畫 17世紀

布拉格是捷克的首都，也是歐洲的文化重鎮之一。在布拉格市內，各種風格的建築林立，複雜多變，色彩絢麗，因此被稱為歐洲最美麗的城市之一，有千塔之城、金色城市等美稱。

房龍地理
Van Loon's Geography

夏日 油畫 阿奇姆博多·左傑貝 1573年

　　阿奇姆博多是義大利畫家，他曾在布拉格受雇於哈布斯堡王朝，其代表作也完成於此時。在這幅作品中，阿奇姆博多用夏天的水果和蔬菜組成人像，形象怪誕，一直被認為是低級趣味，直到超現實主義時期才被人認可。

有煤礦、鐵礦，還有舉世聞名的玻璃製造工藝。而且，工業化的捷克農民也非常擅長家庭手工業，他們白天在農田中勞作了12個小時，在空閒時間總會找些事情做，波希米亞

紡織物、波希米亞毛毯以及波希米亞鞋子，都馳名世界。過去，哈布斯堡家族享有為數不多的具體優惠，這些產品輸入原來的領地可以免費。而現在，這些領地被分裂為6個侯國，它們相互設立關稅壁壘，想以此來摧毀其他國家的商業。以前，一車啤酒由比爾森運到阜姆去並不需要繳納稅款，從來不會因為例行檢查而耽誤時間。但是現在必須在六國的邊境換車、繳納6次稅，以致於啤酒在延誤數星期才可以到達目的地，並且在運送到目的地時也已經變酸了。

單純從理想的角度來看，那麼小國獨立自治或許是一件好事，但是當其出現領土糾紛或經濟生活難以忍受時，自治的小國就出現運轉方面的問題。如果1932年的人們像1432年的人們那樣思考，我們也一籌莫展了。

為了那些到捷克斯洛伐克去旅行的人著想，我還要介紹一下：布拉格已經不在最終流入易北河的伏爾塔瓦河畔了，而普拉哈卻在這條河沿岸。以前，你可以去佩爾森暢飲啤酒，那裡現在已經改名為比爾森，但你依舊可以去那裡喝啤酒；以前，不喜歡喝酒卻喜歡美食的人可以去卡爾斯巴德，現在你可以去卡羅維發利大飽口福。從前偏愛馬里恩巴德的人，現在也都到馬里恩斯克‧拉茲因了。如果你要從布爾諾乘車去布拉迪斯拉發時，你首先必須去問一下匈牙利列車員，他從布達佩斯統治斯洛伐克時就在那裡服務了，你可以從他那裡知道從布爾諾出發的馬車。如果你不能說清楚布拉迪斯拉發（匈牙利語），他會白眼相對。捷克斯洛伐克的一切都是陳舊的，恐怕就連荷蘭、瑞典以及法國殖民地，都不如它們古老。

布拉格的代表性建築

作為一座歷史名城，布拉格的旅遊業十分興盛，擁有布拉格城堡等多處標誌性建築。

布拉格城堡	位於伏爾塔瓦河的丘陵上，歷史長達千年，收藏了4000多幅古典繪畫，近60多年來也是歷屆總統辦公室的所在地。
聖維塔大教堂	布拉格城堡最重要的地標，主要有彩色玻璃窗、聖約翰之墓和聖溫塞斯拉斯禮拜堂，王室在此加冕、長眠。
舊皇宮	歷代波希米亞國王的住所，以維拉迪斯拉夫大廳為重心，下層有哥德式的查理四世宮殿和仿羅馬式宮殿大廳。
聖喬治教堂	位於聖維塔大教堂之後，是捷克保存最完好的仿羅馬式建築，教堂的基石和兩個尖塔至今一直保持原貌。

第二十五章

前南斯拉夫

《凡爾賽和約》的另一個產物。

前南斯拉夫	
中文名稱：南斯拉夫社會主義聯邦共和國	所屬洲：歐洲
首都：貝爾格萊德	主要城市：波德戈理察
官方語言：塞爾維亞語	貨幣：第納爾
時區：東一區	國家代碼：YU
國歌：〈嗨，斯拉夫人〉	國花：桃花

　　這個國家的官方名稱是塞爾維亞人、克羅地亞人以及斯洛文尼亞人王國。這三個部族群體（稱「部落」會惹惱他們，因為聽起來很像非洲的土著）中，最重要的是塞爾維亞人，他們居住在東部地區，靠近薩瓦河一帶。這條河在首都貝爾格萊德與多瑙河匯合。而在多瑙河的支流德拉瓦河與亞得里亞海之間，克羅地亞人在此定居。斯洛文尼亞人則佔據了德拉瓦河、伊士特里亞半島與亞得里亞海之間的三角地帶。現在，塞爾維亞人由幾個種族聚居地組成，其中就有蒙特內哥羅。那裡是一個風景優美的山區，因400年前反抗土耳其人的戰爭而著稱，自從我們跟著《快樂寡婦》的曲調起舞以來，它就被人們敬重並懷念著。另外，波斯尼亞和黑塞哥維那也屬於塞爾維亞，它們原本就是這個國家的領地，但是被奧地利從土耳其人手裡奪走了。最後，在1914年薩拉熱窩的暗殺事件中，塞爾維亞與奧地利的恩怨做了個了斷，這也成為了世界大戰爆發的導火線（雖然這肯定不是真正的原因）。

　　塞爾維亞（舊習慣已經根深蒂固了——在後面我說到「塞爾維亞」時，就是指塞爾維亞人、克羅地亞人以及斯洛文尼亞人王國）是位於巴爾幹半島上的國家，但其500年的歷史，都臣服於穆斯林的統治。大戰以來，它在亞得里亞海獲得了一個海濱區，但是它也被迪納拉山脈切斷了它與海濱的聯繫。即使它能夠修建鐵路，翻越這一山脈（鐵路的耗資巨大），但也沒有優良的港口，或許拉古扎（現在稱為杜布羅夫尼克）還可以勉強

算做良港，這是中世紀的一個巨大殖民地商品分銷中心。自從美洲和印度的新航路被發現以後，在地中海各城市中，拉古扎沒有受到大的影響，依舊有聲名遠播的大商船開往卡利卡特和古巴，直到後來參加一次失敗的艦隊遠征，所有的船都被摧毀殆盡了。

不幸的是，拉古扎對於現代蒸汽船並無貢獻。阜姆港、第里雅斯特港是塞爾維亞的天然出海口，卻被凡爾賽的老頭佔為己有，並將另一個分給了義大利。實際上，法國不需要這兩個海港，它們只是與威尼斯競爭，而威尼斯正想著要恢復古代的光榮地位——亞得里亞海上的霸主。最終的結果是：第里雅斯特港與阜姆港的修船廠都長滿了荒草，而塞爾維亞必須透過三條路線中的一條來運輸農產品。第一條，由多瑙河流入黑海，這就像紐約的商品運往倫敦時，必須通過伊利湖和聖勞倫斯河一樣；第二條，從多瑙河逆流而上到達維也納，從維也納越過山道到達不來梅、漢堡及鹿特丹等地，不過這條路線

塞爾維亞

塞爾維亞是巴爾幹半島中部的內陸國，位於歐洲東南部，為西歐、中歐、東歐，以及近東和中東之間的天然橋樑，其主要民族為塞爾維亞人，而首都貝爾格萊德被稱為巴爾幹之鑰。

Skodra (Scutari)　　Prizren　　Arnauts (Albanians) from Janina　　Bulgar　　　　Kurdish woman from Juzgat　　Préveza　　Chios

南斯拉夫人

前南斯拉夫是第一次世界大戰後，在南歐成立的一個國家。由於東歐俄羅斯地區的斯拉夫人遷移到南歐，所以這裡的人就被叫做南斯拉夫人，在他們的服飾中可以看出與東歐國家有很多相似之處。

耗資很大。第三條，可以透過鐵路運到阜姆港，而那裡的義大利人當然會竭盡所能阻撓自己的斯拉夫仇敵了。

這種情況從戰前以來就毫無改變。那時，塞爾維亞在奧地利帝國的鼓動下，維持著閉關鎖國的狀態。更可悲的是，在那場可怕的災難中，豬成了首要原因，因為它是塞爾維亞唯一的大宗出口買賣。只要奧地利人和匈牙利人對豬徵收高額的稅收，就可以破壞塞爾維亞唯一的獲利途徑。奧地利大公的去世，雖然是全歐洲武裝動員的藉口。實際上，巴爾幹地區所有恩怨的潛在原因，卻是對豬徵稅。

說到豬，食用橡樹的果實能讓它們迅速生長繁殖，而亞得里亞海、多瑙河與馬其頓地區之間的三角地帶覆蓋了橡樹林，所以豬的數量極多。假如羅馬人和威尼斯人沒有砍伐橡樹來造船，並且使丘陵變光禿，那麼那裡會有更多的森林。

除了豬，這個國家還有什麼資源能維持1200萬人民的衣食呢？它還有一些煤礦和鐵礦。但世界上的煤鐵似乎已經太多了，而且這裡的煤鐵如果用火車全程運到德國的港口，價錢一定非常昂貴。我在前面已經說過，塞爾維亞並沒有適合的海港。

世界大戰以後，塞爾維亞獲得匈牙利大平原的一部分，那裡被稱為伏伊伏丁那，土地肥沃，非常適合農業發展，而德拉瓦河與薩瓦河的河谷可以充分提供人民所需的穀物和玉米。摩拉瓦河河谷與德拉瓦河河谷相連，是連接北歐與愛琴海的薩羅尼卡的絕佳商

第二十五章 前南斯拉夫

道。它實際上是貫通尼斯（君士坦丁大帝的出生地，也是巴爾巴羅薩在遠征聖地時受到塞爾維亞王子史蒂芬宴請之地）和君士坦丁堡及小亞細亞的大幹線的一個分支。

總而言之，塞爾維亞無法成為繁榮的工業國。它就如同保加利亞一樣，始終擁有眾多的農民人口。假如有人將斯科普里或米特羅維察健壯的農民，與曼徹斯特或謝菲爾德的說倫敦話的工人相比，可能會覺得這種命運是否完全沒有回報。布拉格或許和奧斯陸或伯爾尼一樣，永遠保持著鄉村小鎮的樣子，難道它真的能在版圖方面與伯明翰或芝加哥競爭嗎？或許它會這樣，近代人的精神很奇怪，塞爾維亞的農民也不是第一個看著祖先留下的價值標準，被好萊塢明星虛偽的文化理想所顛覆的人。

女人的節日襯裙
19世紀末～20世紀初

在巴爾幹地區，婦女的傳統服裝都具備基本的元素。但是，地方風格和裝飾細節可以標示出主人的村莊或族群，特別是婦女的身份地位。婦女的襯裙上帶有刺繡，在脖子、袖子和下擺部位則特別加強，從母親傳到女兒的服飾也會帶有個性化的裝飾。

前南斯拉夫的節日服飾

前南斯拉夫位於巴爾幹半島上，其居民為斯拉夫人，其服飾也多與東歐國家的斯拉夫人有相像之處。

通常為一件亞麻布襯衫、厚寬鬆羊毛褲、棉布腰帶和羊毛夾克，有的包括白色及膝襯衣。

通常包括9個組成部分，如無袖、單獨的流蘇上臂套，一件完整的新娘裝可能重達50公斤。

男人的節日服飾　　　　　　　**婦女的節日服飾**

241

第二十六章

保加利亞

最健全的巴爾幹國家，愛好收集蝴蝶的國王在第一次世界大戰時押錯了寶。

保加利亞	
中文名稱：保加利亞共和國	所屬洲：歐洲
首都：索菲亞	主要城市：瓦爾納、布爾加斯
官方語言：保加利亞語	貨幣：歐元
時區：東二區	國家代碼：BGR
國歌：〈親愛的父母邦〉	國花：玫瑰

　　2000多年前，在斯拉夫人大舉入侵時產生的小諸侯國中，保加利亞是最後一個。如果這個小國在世界大戰時不加入最後被證明錯誤的一方，那麼從版圖和人口數量方面來說，它會更為重要。不過，這類事情就算是最守規矩的國家也往往無法避免，只能祈禱下次有更好的運氣。而在巴爾幹半島上，所謂「下次」的戰爭便意味著幾年或十幾年。當我們提到這些半開化、永遠互相殘殺的巴爾幹民族時，總會帶有一種稍稍藐視的態度。但是，我們能否真正瞭解塞爾維亞和保加利亞的孩子們從出生開始，會繼承怎樣的爭吵、殘忍、奴役、偷盜、縱火、擄掠的傳統呢？

　　關於保加利亞最初的居民，我們一無所知。考古學家雖然發現了他們的骸骨，但骷髏是不會說話的。他們是否與神祕的阿爾巴尼亞人有關係呢？阿爾巴尼亞人是希臘史上的伊利里亞人，也就是飽受苦難的奧德修斯的同胞，這個神祕民族使用的語言，與世界上任何民族都不同。從有史料記載以來，他們就生活在亞得里亞海岸的迪納拉山脈中，現在已經建立起了獨立的國家，由當地的宗教領袖統治，這些宗教領袖逐漸成為了世襲統治者。當維也納海員將一套漂亮的新制服送給他後，他便穿著制服在地拉那（一個98%的人口都是文盲的首都）舉行宮廷宴會。或者，這是羅馬尼亞人的故鄉？他們又稱瓦拉幾人，日後遍布整個歐洲，與威爾斯人及比利時的瓦龍人都有一定的關係。而對於

第二十六章 保加利亞

這種難題，我們只好坦誠並不清楚，還是留給語言學家去解決吧。

從有史料記載的時期開始，那裡不斷地受到外國的侵略，戰爭和災難連綿不斷。我早已提到，那裡有兩條主幹道由烏拉爾山與裏海通到西方。一條從喀爾巴阡山以北，蜿蜒可達北歐平原的大森林地帶。另一條沿著多瑙河，經過布倫內羅山路口，野蠻民族都是通過這條路到達義大利中心地帶。羅馬人非常清楚這一點，所以他們把巴爾幹當作抵抗「外國賤人」的第一道防線。由於缺兵少將，羅馬人最終被迫退回巴爾幹半島，任憑巴爾幹人自生自滅。直至大遷徙結束，原始的保加利亞種族已經不復存在了。斯拉夫人已經完全把他們同化了，以致於現代的保加利亞人的斯拉夫方言中，沒有一個古保加利亞語的單詞了。

然而，新征服者的地位也非常不穩固。在南方，他們與拜占庭相周旋，那是羅馬在東部的殘餘，雖然仍冠以羅馬之名，但其精神及組織都與希臘類似。在北方和西方，他們又必須經常防備匈牙利人和阿爾巴尼亞人的突然襲擊。同時，十字軍從他們的領土中過境。這群由神聖者領導的不神聖的軍隊，實際上都是各國被剝奪繼承權的人，只想著用殘酷的手段去搶劫土耳其人或斯拉夫人。最後，這些新征服者還要遭受不可一世的土耳其人的侵略，以致於不得不向歐洲各國發出絕望的呼救，以抵抗那些異教徒對基督教國家的共同領土的侵襲。可是，等到博斯普魯斯海峽的逃亡者傳來飛報，告訴人們土耳其的穆斯林國王騎

保加利亞的節日服裝
保加利亞西部丘斯騰迪爾
20世紀

這種女子的傳統服飾通常以一個外套為主，在領口和袖口上加以裝飾編織，腰上則戴著華麗的盤帶，附加一個帶有精美圖案的圍裙，其材料大部分是本地生產的，再由婦女負責洗滌、紡織、染色、縫製和裝飾。

著馬，衝上聖索菲亞教堂的臺階，褻瀆了希臘教堂最神聖的聖殿時，這片土地便默不作聲了。接著，被焚毀的村落映紅了天空，土耳其軍隊開始向這裡進攻了。他們穿越血流成河的馬爾查河谷，向西挺進，到處是一片恐慌。此後，土耳其開始了長達400年的愚昧統治時期。直至19世紀初，人們才看到了希望。塞爾維亞的一個豬農趁機起義，自立為王。隨後，土耳其與希臘之間的毀滅性戰爭，被一個英國詩人寫成了歐洲的重大課題，這位詩人在密蘇隆黑的一個發生瘟疫的村莊裡，面臨即將到來的死亡。於是，持續了100年的自由戰爭就開始了。當我們批評巴爾幹人時，請持有寬厚同情的態度吧，因為他們充當了人類殉教悲劇中的主角。

在現代巴爾幹國家中，保加利亞是最重要的國家之一。它由兩部分構成，土地都極其肥沃，非常適合農業的發展。一個是高大的巴爾幹山脈與多瑙河之間的北部平原，另一個是巴爾幹山脈與羅多彼山脈之間的南部菲利波波利平原。那裡兩面都被山脈保護

243

十字軍佔領君士坦丁堡　1840年　巴黎盧浮宮美術館藏

圖為1204年十字軍攻陷東羅馬帝國的首都君士坦丁堡的情景，圖中佛蘭德伯爵鮑德安率領的騎兵隊站在山丘上，此時戰敗者則在求饒。畫家站在很高的視點上，將人物群體安排在近景中，全景立體畫則產生出放大的感覺。

著，因此得以享受到溫和的地中海氣候。布爾加斯港負責向外運輸這裡的產品，至於北部平原的農產品，如穀物和玉米，則由瓦爾納港運往外國。

保加利亞的城鎮為數不多，因為大部分保加利亞人都將農業視為主業。而其現在的首都索菲亞，位於古代自北至南及東西相通的商道上，它大約在400年前是土耳其總督的駐紮地，這些官員在斯楚瑪河河畔華貴的宮殿內，治理著整個巴爾幹半島，且對波斯尼亞和希臘虎視眈眈。

當保加利亞人長期處於穆斯林入侵者的壓迫之下而生活困苦時，歐洲逐漸意識到了保加利亞人的處境。格萊斯頓先生代表保加利亞人民，揭露出他們所受到的暴行。但最早採取營救行動的，卻是俄羅斯人，俄羅斯軍隊兩次越過巴爾幹山脈，發動了夏普卡山口和普列文堡壘之戰。如果世界要由奴隸制發展成相對自由的制度，一些戰爭就是不可

第二十六章 保加利亞

避免的，而俄羅斯軍隊的這兩次戰爭也永遠不會被忘記。

　　經過持續的起義和1877年至1878年的俄土大衝突，保加利亞成為了一個獨立公國，由一位帶有德國血統的人治理。這意味著在有條款般秩序的人們統治下，吃苦耐勞而又聰明的保加利亞人受到了訓練。如今的巴爾幹各國中，保加利亞的學校是最好的，可能就歸功於此。國內的大地主已經完全消失了，而農民就像丹麥和法國一樣，都擁有自己的土地。文盲的比例已經大大減少，人人都在工作。作為由農民與樵夫所組成的淳樸的國家，它是忍耐力和能量的貯藏所。它或許和塞爾維亞一樣，永遠不能跟西歐的工業大國競爭，但是當其他國家都滅亡了，它依舊會矗立於世。

東保加利亞的面具

保加利亞位於巴爾幹半島東南部，是中歐與中東之間的一個重要過度國家，有自己獨特的風俗，圖為東保加利亞地區的一個面具。

這一類型的面具多用農畜的皮和羽毛製作，與農業生產相關，如農作物和家畜。

它帶有人類的特徵：鼻子、嘴和眼睛，表演者也佩戴鈴鐺來嚇走惡魔、促進農產興盛。

在保加利亞的東部、中部和東南部，這個面具通常在懺悔節上使用。

245

第二十七章

羅馬尼亞

擁有石油和王室的國家。

羅馬尼亞	
中文名稱：羅馬尼亞	所屬洲：歐洲
首都：布加勒斯特	主要城市：布拉索夫、康斯坦察
官方語言：羅馬尼亞語	貨幣：列伊
時區：東二區	國家代碼：RO
國歌：〈醒來吧，羅馬尼亞人〉	國花：玫瑰

　　巴爾幹半島上的斯拉夫國家已經介紹完畢，但是還有一個不應該忘記的巴爾幹國家，因為它常常擠進我們的報紙頭版，並且通常是充滿痛苦的記載，不過這並不是羅馬尼亞農民的過錯。他們代代相傳，從事農耕，與全世界的農民一樣辛勤工作。由於盎格魯—日耳曼王朝粗俗與卑劣的嗜好，這個王朝在30年前繼承了霍亨索倫王族的查爾斯親王的王位，這個王國的創立者，就是被稱為優雅之神的俾斯麥親王和一位叫做班傑明‧迪斯雷利的人。

　　1878年，這兩位紳士在柏林碰頭。他們在參拜了上帝之後，決定提升瓦拉幾亞（瓦拉幾人的故鄉）的地位，使它成為獨立的公國。假如當前的執政者能夠依從眾議，遷往巴黎（巴黎人只知道使用法國肥皂，卻不管你有多少骯髒的東西要清洗），羅馬尼亞就會蒸蒸日上。因為大自然對喀爾巴阡山脈、特蘭西法尼亞—阿爾卑斯山脈（南喀爾巴阡山脈）和黑海間的這片大平原非常仁慈。它不僅可以成為像俄羅斯的烏克蘭（這片平原是烏克蘭平原的一部分）那樣富足的穀倉，而且在特蘭西法尼亞—阿爾比斯山和瓦拉幾亞平原交會的普洛耶什蒂，蘊藏著歐洲最豐富的油田。

　　不幸的是，多瑙河與普魯特河之間的瓦拉幾亞和比薩拉比亞的農場，都握在大地主的手中，他們大多數身在外地，將他們的收入花費在首都布加勒斯特或巴黎，從來不花費在使他致富的勞苦大眾的身上。

　　至於投資油田的資本，一般來自外國。特蘭西法尼亞的鐵礦的情況也是如此。世界

第二十七章 羅馬尼亞

多瑙河風景　阿爾佈雷希特・阿爾特多費爾　約1520～1525年

作為第一批純粹的風景畫之一,這幅作品描繪了茂密的森林、遠水與青山,宏大精美,顯現出畫家對青山綠水的驚嘆與迷醉,充滿了德國風情,也暗示著非理性可能戰勝平靜與安寧。

圖拉真紀功柱局部 雕塑 羅馬 公元113年

　　這座矗立在兩層樓高的底座上的雕塑是為了頌揚圖拉真皇帝而建造的，主要展示了圖拉真在達契亞，也就是現在的羅馬尼亞地區取得的一連串勝利場面，這種以三維手法印證平面藝術的技巧，對16世紀文藝復興時的藝術家們產生了重大影響。

大戰時，協約國為了籠絡羅馬尼亞，便將地形極為複雜的特蘭西法尼亞山脈從匈牙利奪來，然後給了羅馬尼亞。但特蘭西法尼亞原本是古羅馬大廈省的一部分，12世紀又成為了匈牙利的領土。另外，匈牙利人對待特蘭西法尼亞的羅馬尼亞人，就像古羅馬尼亞人對待特蘭西法尼亞的少數匈牙利人一樣。我們對此還是不談為妙。只要世界上的民族主義思想沒有被完全消滅，那麼這些糾纏不清的民族問題就永遠不能得到解決。在一段時期內，由於外界的推動，那裡似乎出現了些許奇蹟。

根據最近的可靠統計，古羅馬尼亞王國共有550萬羅馬尼亞人和50萬吉卜賽人、猶太人、保加利亞人、匈牙利人、美國人及希臘人。至於新羅馬尼亞（所謂的大羅馬尼亞）的人口，共計1700萬，其中73%為羅馬尼亞人，11%為匈牙利人，4.8%為烏克蘭人，4.3%為德國人。而在南方多瑙河三角洲的比薩拉比亞和多布羅加，俄羅斯人佔3.3%。各民族之間仇恨極深，無論如何也無法屬於同一群，他們之所以會合併成一個國家，是由於和平議會的決議，人為地被強迫綁在了一起，這也為內戰打下了良好的根基。如果不是外國債主為了保護他們投資的安全，經常加以干涉，那麼激烈的內戰早就發生了。

俾斯麥曾經說過，整個巴爾幹就連波米拉尼亞的一位擲彈兵的屍骨都比不上。從其他方面來看，這位日耳曼帝國愛發牢騷的奠基者，或許是正確的。

羅馬尼亞的三大國寶

羅馬尼亞是東南歐面積最大的國家，它有三大國寶，分別是多瑙河、喀爾巴阡山、黑海。

❶	藍色多瑙河	歐洲第二長河，也是世界上流經國家最多的河流，它流經羅馬尼亞境內，形成了百川匯多瑙的水系。
❷	喀爾巴阡山	有羅馬尼亞脊梁之稱，綿亙在羅馬尼亞的國土上，有茂密的森林，以及煤、鐵、黃金等礦產。
❸	黑海	絢麗多姿的黑海不僅是羅馬尼亞的旅遊勝地，康斯坦察還是黑海海濱城市和港口，被稱為黑海明珠。

第二十八章

匈牙利

匈牙利或它的遺留物。

匈牙利	
中文名稱：匈牙利共和國	所屬洲：歐洲
首都：布達佩斯	主要城市：米什科爾茨、德布勒森
官方語言：匈牙利語	貨幣：福林
時區：東一區	國家代碼：HU
國歌：〈天佑匈牙利人〉	國花：天竺葵

　　匈牙利人喜歡把自己稱為馬札爾人，他們在歐洲自立，建立了自己的王國，而且作為唯一能做到這些的蒙古血緣的人群，他們常以此為傲。雖然芬蘭人是他們的遠親，但是直到最近還是其他國家的組成部分。現在，正處於困苦中的匈牙利人或許過分強調了好戰的性格，但是誰也不能否認，他們曾經在歐洲抵禦土耳其人的侵略中，作出了極其重要的貢獻。教皇認為這個緩衝國非常有價值，曾經將馬札爾人的首領史蒂芬提升為匈牙利十二使徒王。

　　在土耳其人攻打東歐的時候，匈牙利人曾經將他們阻攔在土耳其邊界之內，匈牙利也成為第一道防線。當匈牙利淪陷後，波蘭就成為了第二道防線。在擁有瓦爾迪克血緣的低微貴族約翰·匈雅迪領導下，匈牙利確實是宗教的保衛者，他們也被賜予這個稱號。可是，韃靼騎兵被蒂薩河與多瑙河兩岸遼闊的大平原所吸引了，他們對這片地區抱有極大的興趣，決定永遠在此定居，於是這裡就成為了歐洲禍亂的根源。

　　在廣闊的空間中，少數的強者很輕鬆地統治著他們的鄰居。因為國土內無海無山，可憐的農民能向哪裡躲避呢？匈牙利因此成為了一個擁有許多大地主的國家。在遠離統治中心的地方，地主們常常會用殘暴的手段來虐待農民，以致於農民將馬札爾人和土耳其人視為一丘之貉。

第二十八章 匈牙利

1526年,在土耳其的蘇萊曼大帝西征時,匈牙利的末代國王竭力進行抵抗,但只招募到了2.5萬人。結果,匈牙利軍隊在莫哈斯平原上全軍覆沒,全部的2.5萬人中,2.4萬人戰死,國王及謀士們也都被殺害了。10萬匈牙利人被押送到君士坦丁堡,賣給小亞細亞的奴隸商。匈牙利大部分的土地被併入土耳其,其餘的地方均被奧地利的哈布斯堡家族所佔有。為了這塊不幸的地方,這個家族與穆斯林進行惡戰,直至18世紀初,整個匈牙利都成為哈布斯堡家族的領土時,戰爭才停止。

就在此時,新的獨立戰爭又開始了。在整整兩個世紀中,這場反抗德國統治者的戰爭一直延續著。匈牙利人不顧一切地勇敢抗爭,最後得到了形式上的獨立,他們承認奧地利國王是匈牙利的十二使徒王,接受了自治領土的身份。

當得到他們認定的應有權利後,他們立刻施行了針對非馬札爾血統的人民的殘酷政策。這種政策極為短視,不久他們就失去與其他各國的友好關係。在凡爾賽會議中,這個古國的人口已經從2100萬減少到800萬,其中3/4的土地被分給了值得獎勵的鄰國,這時候他們才恍然大悟。

這樣一來,匈牙利只留下了古代輝煌的影子,變成與奧地利完全不同的國家,它只有一個大城市。匈牙利從來沒有成為一個工業國。大地主們總是懷有偏見,嫌棄那些不

布達佩斯 海報

布達佩斯是匈牙利的首都,由布達和佩斯組成,位於多瑙河中游兩岸,現在仍保存許多古建築遺跡,布達皇宮區以及多瑙河畔的景色被世界教科文組織列入世界遺產,有多瑙河玫瑰之稱。

瑪利亞‧特利薩 1745年

作為奧地利女皇、匈牙利和波希米亞的女王,瑪利亞‧特利薩在23歲時繼承了王位,統治長達40年,直到1780年逝世。在這幅繪於1745年的作品中,她站在桌子旁邊,幾頂王冠則被放置在桌子上。

雅觀的煙囪(但這卻是設備完善的工廠不可缺少的組成部分),憎恨那些難聞的煤煙味。所以,匈牙利平原就只能發展農業了。與現在其他所有國家相比,匈牙利的耕地佔全國面積的比例,仍然是最高的。照理來說,那裡絕大部分的土地都被開墾耕種,人民應該是非常富裕的,但實際上,貧困的境況令人怵目驚心。從1896年至1910年之間,由於人民大量向外遷徙,國內的人口損失了將近100萬。

至於這個古老王國的馬札爾少數派,也知道他們使附屬者感到不適,都收拾了全部的家當乘船或火車相繼離鄉,對美國的發展作出了貢獻。我可以告訴你:匈牙利的這種現象,在一小群世襲地主自己成功得勢的國家中,也小規模地發生過。

在16世紀土耳其戰爭之前的匈牙利平原上,人口非常稠密,居民達到了500多萬。在土耳其統治不到兩個世紀後,人口數量減到了300萬。當奧地利人將土耳其人逐出匈牙利平原(這個平原的馬札爾語)時,匈牙利的人口所剩無幾,中歐各地區的移民便繼而來,佔據了荒蕪的農場。但是,馬札爾貴族自認為是領袖的民族、善戰的民族,他們不願意把自己享有的權利分給那些新來的人。因此,那些幾乎佔有全部人口數量一半的附屬民族心懷不滿,也不會真心愛護收養他們的國家。

在世界大戰中,匈牙利統治者覺得人民缺乏忠心和團結,以致於這個雙頭馬車般的王國開始瓦解,猶如地震中的一座古老建築被夷為平地,這種現象又有什麼好奇怪呢?

第二十九章

芬 蘭

人定勝天的又一個例子。

芬 蘭	
中文名稱：芬蘭共和國	所屬洲：歐洲
首都：赫爾辛基	主要城市：圖爾庫、埃斯波
官方語言：芬蘭語、瑞典語	貨幣：歐元
時區：東二區	國家代碼：358
國歌：〈祖國〉	國花：鈴蘭

　　在我們離開歐洲之前，還有一個國家要講一講。除了君士坦丁堡與色雷斯平原的一小塊地方外，土耳其在歐洲所佔有的產業已經很少了。所以關於土耳其的情況，我們最好還是留到以後再講，但芬蘭卻不折不扣是歐洲的一部分。

　　芬蘭人原本散居在俄羅斯各地，後來斯拉夫人日漸增多，便將芬蘭人趕到北方去了，最後芬蘭人到達了俄羅斯與斯堪的納維亞相連的一條狹窄的陸地上，便在那裡安營紮寨，定居至今。當時居住在本地森林中的拉普人並沒有給他們造成任何困擾，相繼遷往斯堪的納維亞半島的拉普蘭，自願為歐洲的文明作出貢獻。

　　與歐洲其他國家不同，芬蘭在數萬年間都被冰河覆蓋著，這些冰河侵蝕了原來的泥土，使芬蘭只有10%的土地適合耕種。在冰河石堆上面，流動緩慢的冰河又遺留下了許多石塊和污物，使許多山谷的盡頭被堆積。當冰雪大融解時，山谷被水灌滿，就形成了無數個高山湖。然而當你看到了「高山湖」時，不要把芬蘭當作第二個瑞士，因為芬蘭是個地勢低窪的國家，只有少數地方的海拔在500英呎以上。芬蘭約有4萬個湖泊，加上各湖之間的沼澤，佔國內總面積的30%。在湖泊周圍，環繞著非常有價值的森林，森林的面積約佔總面積的63%或近乎2/3。全世界書籍、雜誌製造等必需的紙漿，大部分都來自這裡。雖然芬蘭沒有煤礦，但是這裡有很多湍急的河流，水力應用可以得到很好的發展。

　　與瑞典的氣候不同，這些河流在一年內有5個月處於凍結的狀態，水電廠此時也無用武之

地。因此，當地的木材都是用船舶運往國外。赫爾辛基（以前稱為赫星法斯，是這座城市的瑞典語名）不僅是政治上的首都，也成為了芬蘭木材的主要出口港。

但在這章結束前，我還有一個很有趣的事實要說明，即教育對於個人的影響。在連接斯堪的納維亞與俄羅斯的花崗石橋樑上，居民都是蒙古血緣。但西半部分，也就是所謂芬蘭人的那部分，以前曾經被瑞典人征服；而東半部的卡累利阿人所住的部分，就是俄羅斯的領土。在受到瑞典人500年的統治之後，芬蘭變成了文明的歐洲國家，在很多方面比地理位置優越的國家還要優秀。而卡累利阿人在同樣的時間內受制於俄羅斯人——他們希望開發科拉半島與摩爾曼斯克海岸豐富的資源——還是保持著俄羅斯沙皇強迫卡累利阿人歸順時的情況。在1908年，瑞典卡累利阿省被俄羅斯佔領，而在此之前，芬蘭

芬蘭 版畫 17世紀

芬蘭位於歐洲北部，1/3的國土在北極圈內，到處都是茂密的森林和美麗的湖泊，其中湖泊約18.8萬個，因此有千湖之國之稱。作為歐洲第七大國，芬蘭的歷史十分悠久，形成了極富北歐特色的民族性格和文化。

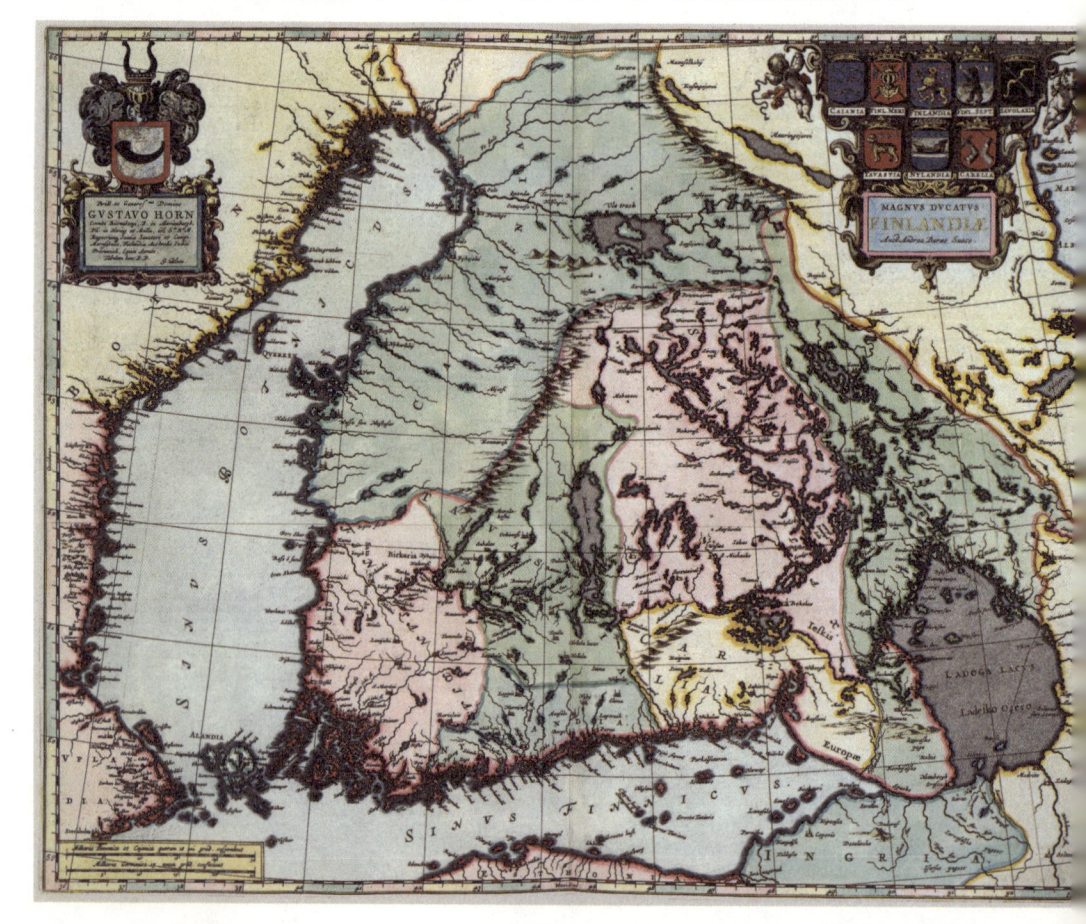

第二十九章 芬 蘭

從未與斯拉夫文化接觸過。就在那時，卡累利阿省的文盲只佔1%，而在莫斯科勢力下的人種，文盲佔了97%。然而，這兩個人群同屬於一個民族，而且他們可能同樣擁有把「cat」拼作「c-a-t」、「tail」拼作「t-a-i-l」的天賦。

鈴蘭

鈴蘭是一種優良的地被和盆栽植物，它的花為小型鐘狀花，呈乳白色，懸垂若鈴串，落花在風中飛舞的樣子猶如雪花，香韻濃郁，芬蘭就以鈴蘭為國花。

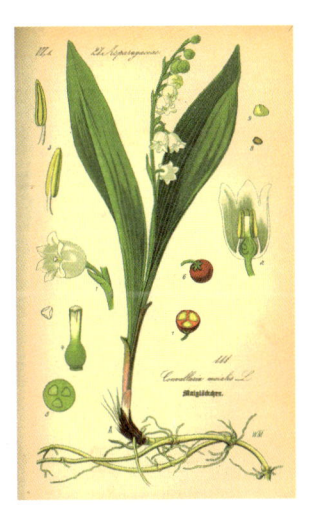

芬蘭婦女的節日服裝

在歐洲北部的國家中，芬蘭的緯度較高，其中國民的服飾也適應當地的地理環境，擁有自己的特色。

圍裙上繡有各種圖案，顏色豐富多彩，絢麗奪目。

湛藍或鮮紅一般是婦女服裝的主色調，在冬天非常醒目。

由於天氣寒冷，婦女喜歡戴帽子，下面掛有精緻的帶子。

衣服的領口、袖口都有漂亮的花邊，看起來十分精緻。

255

第三十章

亞洲的發現

亞洲逐漸被發現。

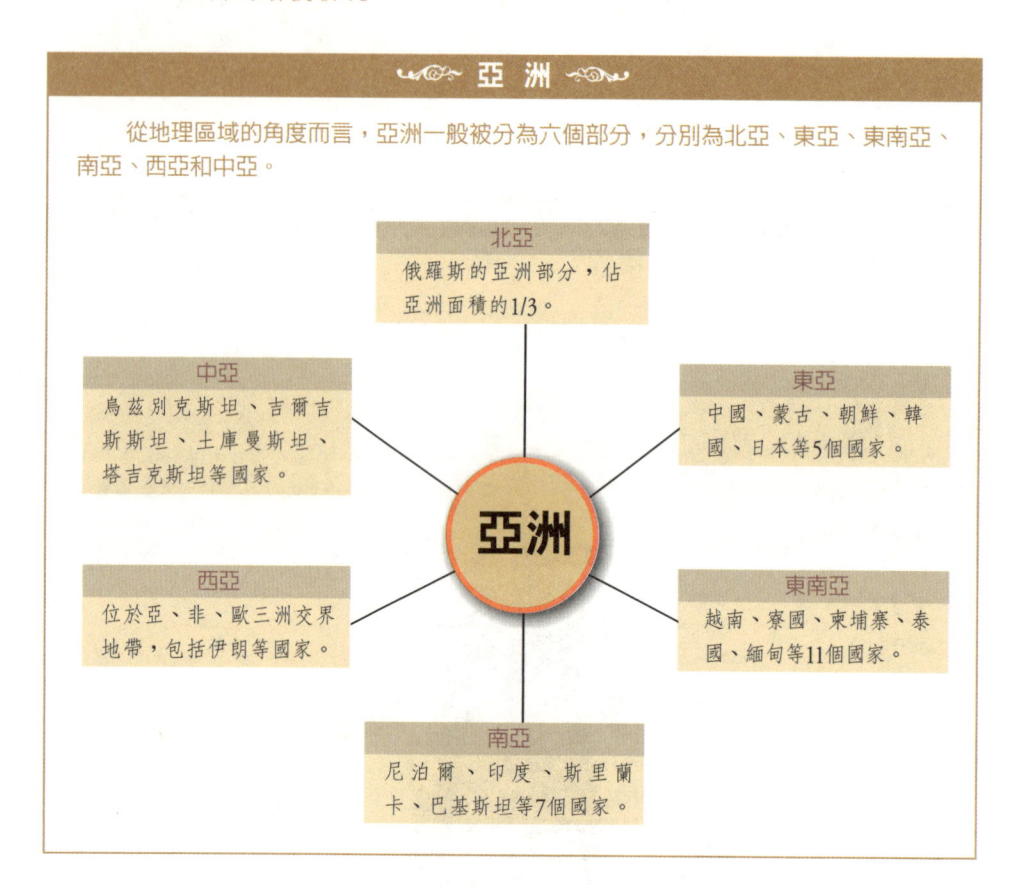

亞洲

從地理區域的角度而言，亞洲一般被分為六個部分，分別為北亞、東亞、東南亞、南亞、西亞和中亞。

北亞
俄羅斯的亞洲部分，佔亞洲面積的1/3。

中亞
烏茲別克斯坦、吉爾吉斯斯坦、土庫曼斯坦、塔吉克斯坦等國家。

東亞
中國、蒙古、朝鮮、韓國、日本等5個國家。

西亞
位於亞、非、歐三洲交界地帶，包括伊朗等國家。

東南亞
越南、寮國、柬埔寨、泰國、緬甸等11個國家。

南亞
尼泊爾、印度、斯里蘭卡、巴基斯坦等7個國家。

2000年前，在希臘地理學者之間，經常會辯論Asia（亞洲）的原意。現在，解決這個問題毫無用處。有一種理論，是說單詞Ereb或darkness（黑暗）是來自小亞細亞的水手給予日落的西方地區名稱，而Acu或glorious（光明）是他們給予日出的東方地區名稱。這種理論也和其他的理論一樣，對事實並沒有什麼影響。

第三十章 亞洲的發現

現在我們來講另外一點，這點比亞洲的原意重要得多。歐洲人為什麼會懷疑他們自己並不是世界的中心？這種懷疑是從什麼時候開始的？在他們所在的領土之外，還有一片寬廣無邊的大陸，居住著更多的人，享有更高程度的文明，當特洛伊的英雄們用史前的各種武器打鬥時，聰明的中國人已經將這種原始形態的武器保存在腐朽古老的博物館裡。而歐洲人的家鄉，只不過是這片大陸的一個小半島而已。

大部分人都認為，馬可·波羅是第一個到達亞洲的歐洲人，但是在他之前，已經有人先去過了，只是我們所知甚少。而對於拓展亞洲的地理知識，戰爭的力量遠大於和平的力量，這也是地理學領域中常見的情況。希臘人因為與海外的人民有通商的機會，因此很熟悉小亞細亞的情況。特洛伊戰爭，也有它的教育意義。波斯的三次西征，對於許多知識的來源也有很大的幫助。我很懷疑，波斯人是否知道他們所到達的地方到底是何處。希臘人對於波斯人來說，與印度人對於佈雷多克將軍跋山涉水、進攻迪凱納堡要塞相比，難道更有意義嗎？我很懷疑。在200年以後，亞歷山大大帝回訪亞洲時，含有了超越軍事行動的意義——歐洲對地中海和印度洋之間的那一片土地，得到了初步的科學認識。

亞歷山大大帝肖像

亞歷山大大帝是古代馬其頓國王，也是世界歷史上著名的軍事家和政治家，他在橫跨歐洲、亞洲的遼闊土地上，建立起了一個以巴比倫為首都的疆域廣闊的國家，創下了前無古人的輝煌業績，對人類社會文化的進展產生了重大的影響。

羅馬人認為外國的土地只是讓他們獲得財富的來源，並以此自滿。為了獲得更多收入、享受更奢華的生活，羅馬以外的所有國家都要轉動磨坊。羅馬人毫不關心他們所統治的人民，只在乎這些人民是否願意納稅修路，那麼他們的生死以及爭執，都可以自由發展。而對於周遭發生的事情，羅馬人毫不在意，一旦發生危險，他們就命令軍隊肆無忌憚地殺害，使秩序恢復，他們就算盡到了全部的責任。

彼拉多不是儒夫，也不是無賴，他只不過是一個典型的羅馬殖民地行政長官，有良好的記錄，並且因對自己轄區的土著一無所知而在家鄉被廣為稱道。後來，一些怪人如奧勒利烏斯即位以後，曾經派遣外交使團到遠東的神祕之地，從中獲得了很多有趣的消息。使團回來後，將他們目睹的新奇東西告訴自己國家的人，那些簡直是七日奇蹟。幾天以後，羅馬的群眾就厭煩了，又回到了天天上演令人感興趣的戲劇的羅馬大劇場去了。

十字軍也曾經把關於小亞細亞、巴勒斯坦和埃及的少數知識傳入歐洲，但當時他們能到達的地方還只限於死海東岸而已。

最後讓歐洲形成「亞洲意識」的故事，並不是嚴肅正統的科學考察的結果，而是因為一個蹩腳作家的采風。這個貧窮的作家從來沒有到過他描述的國家，而是一再尋找新奇並且又能受到大眾喜愛的題材。

亞洲 版畫 17世紀

　　亞洲是世界上面積最大、跨越經度最廣、海岸線最長的大洲。它縱跨寒帶、溫帶、熱帶三個氣候帶，氣候類型複雜多樣。而黃河流域、印度河流域以及兩河流域是人類三大文明的發源地，同時也是佛教、伊斯蘭教、基督教和猶太教的發源地。

　　馬可・波羅的父親和叔叔，原本是威尼斯的商人，商業往來讓他們有了與忽必烈可汗相見的機會。忽必烈可汗是成吉思汗的孫子，是個見識遠大的人，他認為如果把一系列西洋文化引進，他的人民一定受益匪淺。他聽說有兩個威尼斯商人偶爾來到了布哈拉，那是一個阿姆河與錫爾河之間的土耳其斯坦的小村莊，就邀請他們到大都（今北京）。他們到達這裡後，被賜予了巨大的榮耀。數年之後，因為家中需要，可汗就讓這兩個威尼斯商人回家住一段時間，並囑咐他們，把他們時常提起的小兒子馬可帶到北京。

　　波羅家族經過了三年半的長途跋涉，於1275年回到大都。年輕的馬可被他的父親和叔叔帶到了大都，不久就成為了大都宮廷裡的紅人，被任命為一個行省的總督，得到了頭銜與榮譽。24年後，他因為思鄉心切，便從印度（這段路為水路，必須乘船通過）經過波斯和敘利亞回到威尼斯。

　　他的鄰居對這個故事沒有任何興趣，戲稱他為「百萬先生」，因為他總是給他們講

第三十章 亞洲的發現

述可汗富有程度有數百萬、寺廟裡有百萬多尊金像、某位宰相的婢妾有數百萬綢緞做的睡袍。在那個時候，眾人皆知連君士坦丁堡的皇帝的后妃也只有一雙絲襪，他們怎麼可能相信馬可·波羅所說的誇張事情呢？

如果那時威尼斯和熱那亞沒有發生爭執，如果馬可沒有成為威尼斯艦隊長官，也沒有被勝利的熱那亞人擒獲，那麼在他死後，這些故事恐怕也和他一起長眠地下了。馬可·波羅在獄中待了一年，與一個叫魯斯蒂卡羅的比薩人關在同一個監牢。魯斯蒂卡羅是個作家，出版了許多亞瑟王傳奇、庸俗的法國小說以及中世紀尼克·卡特（中世紀一些偵探小說中的神探）雜談。他意識到馬可·波羅的故事很有價值，就在獄中記錄下馬可·波羅敘述的所有事情。於是在14世紀初，他把一部至今還風靡全球的書貢獻給了全世界。

這本書之所以如此成功，或許是因為裡面提到了大量的黃金和各種各樣的財富。當羅馬人和希臘人在空泛地談論東方君主的富有時，馬可·波羅已經親自到達那

元世祖

元世祖即忽必烈，他是成吉思汗之孫，也是蒙古族卓越的政治家、軍事家，在任蒙古國大汗期間，統一了全國，建立了元朝，馬可·波羅就是在忽必烈統治期間前往中國的。

馬可·波羅在中國宮廷中的新發現　細密畫 1091年

馬可·波羅在跟隨父親和叔叔來到中國後，見識到了當時的亞洲文明，比如他發現早在其生活年代的三個多世紀前，中國已經有了印刷術。當歐洲仍然在使用沈重的貴金屬進行商品交易的時候，中國人就開始印製紙質貨幣了。

房龍地理
Van Loon's Geography

裡,所見所感都是親身體會。從那時起,歐洲人就開始努力尋找一條通往印度的捷徑,但這件事情遠比想像的還要困難。

在1498年,葡萄牙人終於到達了遙遠的好望角,10年後來到了印度,40年後抵達了日本。與此同時,麥哲倫從東向西進發,也到達了菲律賓。從此以後,對南亞的探索已經在運作中。

上述就是對亞洲的總述,言盡於此。西伯利亞是如何被發現的,我在前面已經說過了。我還會在後文中尊敬地提及那些最早到達其他國家的先行者。

亞洲的世界之最

作為世界上面積最大的大洲,亞洲跨越的經緯度十分廣,其境內的許多山脈、河流不僅是亞洲第一,許多地理環境還是世界之最。

世界之最	世界之最
最高大的山脈:喜馬拉雅山	陸地的最低點:死海
最高的山峰:珠穆朗瑪峰	最大的半島:阿拉伯半島
最高的大高原:青藏高原	最大的群島:馬來群島
最大的湖泊:裏海	最長的運河:京杭大運河
最深的淡水湖:貝加爾湖	最深的峽谷:雅魯藏布江大峽谷

第三十一章

亞洲的意義

亞洲對於世界的意義。

在亞洲產生的世界三大宗教

世界三大宗教指的是佛教、基督教、伊斯蘭教,它們都誕生於亞洲,這也是亞洲對世界的貢獻之一。

佛像	佛教誕生於公元前6世紀的古印度,創始人是喬達摩·悉達多,他在菩提樹下覺悟稱道,被尊稱為釋迦牟尼,他所創立的宗教也因此被稱為佛教。
十字架	基督教誕生於公元1世紀中葉的西亞,創始人為耶穌,是信仰耶穌基督為救世主的宗教,其經典為《舊約全書》和《新約全書》。
清真寺燈	伊斯蘭教產生於公元7世紀,創始人是穆罕默德,信仰者則被稱為穆斯林,其經典為《可蘭經》,與佛教、基督教並稱世界三大宗教。

歐洲為我們提供了文明,亞洲給我們提供了宗教。更有趣的是,現在人類所信仰的三種偉大宗教,全都是亞洲所賜予的。猶太教、基督教和伊斯蘭教都發源於亞洲。奇怪的是,當宗教裁判所燒死猶太人時,行刑者和受刑者都向源自亞洲的神明祈禱;當十字軍和穆斯林互相屠殺時,只是兩種亞洲宗教之間的衝突,卻拼得你死我活;當基督教傳教士和儒家學者爭辯時,卻是純亞洲式的思想交流。

亞洲不僅給我們帶來了宗教信仰,還給我們奠定了整個文明發展的基石。西方近代

房龍地理
Van Loon's Geography

孔子像　馬遠　南宋

圖中身著長袍者為孔子，他拱手而立，神情莊嚴肅穆。在中國歷史上，孔子是偉大的思想家和教育家，也是儒家學派創始人，其言行思想主要載於語錄體散文集《論語》，上文的儒家學者也以孔子為至聖先師。

的許多科技發明，的確值得自豪，我們的確可以向全世界誇耀「我們西方的進步」（我們偶爾會這樣做）。但足以讓西方人自豪的這些進步，卻都發源於東方，只不過是東方發明的延續。如果沒有聽說東方學校中的基礎知識，那西方又能做出什麼呢？十分令人懷疑。

希臘人的知識，並不是大腦自然活動的結果。數學、天文學、建築學和醫學，也並不是像雅典娜從宙斯的腦袋上跳出來，全副武裝，準備與人類的愚蠢作光榮的廝殺。知識的獲取是一個漫長的、痛苦的、審慎成長的結果，最初的工作是在幼發拉底河與底格里斯河的兩岸完成的。

後來，藝術與科學從巴比倫輸入非洲，在這個地方，那些黑皮膚的埃及人把它們牢牢掌握。直至希臘人的文化發展到了很高的程度時，他們已經能夠欣賞幾何問題與平衡方程式的美妙。從那時起，我們才有了真正的「歐洲」科學。但是，那些真正的「歐洲」科學，都有一個亞洲的祖先，而這個祖先的科學在2000年前就很興盛了。

亞洲賜予了我們更多的祝福。所有的貓、狗等家畜，以及有用的四腳動物，像馴良的牛、忠實的馬和豬、羊等，全部都是從亞洲傳過來的。這些有用的動物在蒸汽機沒有發明以前，曾經在人們的日常生活中，扮演著非常重要的角色，我們也必須承認亞洲給我們的恩賜。

除此之外，我們菜單上絕大部分的蔬菜、水果、花卉以及所有家禽，也全都來自亞洲，希臘人、羅馬人和十字軍把它們帶到了歐洲。

然而，亞洲並不是一個慷慨的東方大小姐，把富足從恆河和黃河之畔賜福給西方貧苦可憐的野蠻民族。5世紀，來自亞洲的匈奴人蹂躪了中歐。700年後，韃靼人從亞細亞的中央沙漠席捲而至，他們把俄羅斯變成亞洲的附屬地，對其他歐洲各國造成了永久的傷害。在長達500年間，流血衝突不可計數。把東歐變成如今模樣的土耳其人，也是亞洲的一個部落。

第三十一章 亞洲的意義

雅典學院　溼壁畫　拉斐爾　1510～1511年

　　圖為拉斐爾以古希臘哲學家柏拉圖所建的雅典學院為題、以古代七種自由藝術為基礎繪製的壁畫，全畫以縱深展開的高大拱門為背景，匯集著不同時代、不同地域和不同學派的50多位學者，其中處於畫面中心、正向我們走來的兩位學者就是柏拉圖和亞里斯多德，畫家以這種形式寄託了他對美好未來的嚮往以及對希臘精神的崇拜。

新項鏈

　　20世紀初，美國與亞洲的貿易已經非常繁榮，許多商品從亞洲傳入美國，甚至進入美國家庭，如圖中的屏風等擺設就是來自亞洲的商品。

從屏風上的圖案判斷，這應該是一個日本屏風，帶有典型的日本特色。

坐在椅子上的美國女人身穿中國的刺繡衣服，當時的中國商品已經被許多美國人所接受了。

第三十二章

中 亞

中亞的高地。

亞洲有1700多萬平方英哩的面積，分為五個部分。

第一個部分是最靠近北極的大平原，我在俄羅斯那部分已經提過它；其次是中央高地，再次是西南部的高原；然後是南部的半島；最後是東部的半島。由於北極附近的大平原已經說過，現在我們接著來說第二部分。

中亞高地發源於連綿不斷的低矮山脈，或由東向西，或由東南向西北形成了許多平行線，但沒有一條是從北向南的。然而，有許多地方因為火山爆發而被破壞，致使地殼發生了折疊、扭曲等嚴重變形，山脈也呈現極不規整的形狀。如貝加爾湖以東的雅布洛洛夫山脈、貝加爾湖以西的杭愛山脈和阿爾泰山以及貝加爾湖東面的天山。這些山脈的西面是大片的平原，東面是蒙古高原，那裡有個地方叫戈壁，是成吉思汗祖先的家園。

戈壁以西地勢稍低，是東土耳其斯坦高原。帕米爾河河谷在洛玻洛湖附近消失，這條河當年因瑞典旅行家斯文‧海定的發現而聞名於世。在地圖上，帕米爾河像一條沙漠中的小溪，但它是萊茵河的1.5倍長。你要知道，亞洲的面積很大，所以這條河看上去就變得非常小了。

在土耳其斯坦正北方，阿爾泰山和天山之間有一道鴻溝，在地圖冊中經常能見到，直通到一片大草原。那裡有一片非常寬闊的溪谷，以往的沙漠部落如匈奴人、韃靼人和土耳其人的遠征隊，都將其作為大門向歐洲遠征。

塔里木盆地以南，更準確的說法是西南方向，地勢極其複雜。塔里木盆地與阿姆河（這條河最終流入鹹海）之間，屹然蠢立著帕米爾高原，它也被稱為世界屋脊。古希臘人很早就已經知道帕米爾山脈，它位於從小亞細亞和美索不達米亞通往中國的道路上。雖然它們作為屏障很理想，但是藉助盤山小道也可以通行。這些山口的海拔平均在1.5萬英呎至1.6萬英呎。你要知道，這些山口的高山地帶比歐洲和美洲的最高峰還要高，與它們相比，我們常見的因地球壓力形成的任何東西都十分矮小。

但是，帕米爾高原只是許多大山脈的發源地，許多大山脈由此而向四方延伸出去。其中我們已經說過的天山山脈就是往北延伸。而崑崙山脈分隔中國西藏與塔里木盆地，

第三十二章 中亞

喀喇崑崙山脈短且險峻。最後，喜馬拉雅山在南面將中國西藏與印度隔離，它是全世界海拔最高的區域，高度超過了2.9萬英呎或5.5英哩，珠穆朗瑪峰和乾城章嘉峰都是這個高度。

至於青藏高原，平均海拔為1.5萬英呎，是世界上最高的地方。南美洲的玻利維亞高原的海拔在1.1萬英呎至1.3萬英呎之間，已經不適合人類居住，而中國西藏則有200萬居民。

在這裡，人類身體所能承受的氣壓限度得到了印證。當美國人穿過格蘭德河到墨西哥首都待幾天，就會覺得身體不舒服，而墨西哥首都只有7400英呎高。他們要事先想到，不能像在家鄉那樣走路，無論何時，只要他們走了一小段路，就要休息一下，讓心臟從大錘狂擊的狀態回復平靜。而西藏人，他們一天不僅要走很遠的路程，還要身負重擔、翻山越嶺。他們通過的山口對於騾馬而言都顯得過於崎嶇險峻，但是這些山道也是他們與外界往來時唯一的通道。

雖然西藏（作者將西藏放在本章而不是在中國那一章中介紹是錯誤的，但是出於保持房龍作品原貌的考慮，本書不作改動）比亞熱帶的西西里島偏南60英哩，但是它每年至少有6個月的積雪，氣溫也經常在零下30度以下。另外，那裡狂風肆

天山積雪圖 華岩 清

在這幅作品中，一個身披紅衣、懷藏寶劍的旅人在白雪皚皚的天山腳下行進，他牽著一匹雙峰駱駝，緩步在雪地上前進，而空中則是一隻孤雁橫空而過，畫面雅緻，高聳的雪山和暗淡的愁雲則佔據了大面積，以虛襯實，使人物和主題更加突出。

265

房龍地理
Van Loon's Geography

虐，刮過南部荒涼的鹽湖，塵土和雪花遮天蔽日，不適合人類生活，但是它確實是一個奇特的宗教試驗地。

7世紀時，西藏僅是一個小部落，被「天神之城」拉薩的首領統治。其中一位藏王在妻子的勸說下皈依佛教。從此，佛教在西藏就日漸興盛，但在亞洲其他地方並不為人所知。而拉薩對於信奉佛教的人來說，就像天主教信眾心中的羅馬、穆斯林的麥加一樣，是一個聖地。

西藏在抵抗西方伊斯蘭教的攻擊和阻止南方印度教的滲透時立下了汗馬功勞。它的成功或許就在於教會有效地延續了領袖誕生的制度，這是一種驚人的安排。

佛教信仰靈魂再生，相信喬達摩的靈魂會在地球的某一處再生，所以一定要找出他再現的靈魂，並對其保持必需的忠誠。而與佛教相比，基督教要年輕得多，但是它與年長的鄰居一樣有許多的規定和信條。遠在浸信會友約翰隱居荒漠之前，許多虔誠的信奉佛教的人就已經習慣避開「惡魔」和肉欲的引誘。在聖西門在尼羅河岸邊攀上寶座的幾個世紀前，和尚已經開始實行不娶妻、安守清貧的規範了，並參與上層的政治運作。在成吉思汗的孫子、一位虔誠皈依佛教的可汗統治期間，一位西藏僧院的住持被任命為西藏的統治者。為報答忽必烈的這份恩澤，新的達賴喇嘛憑藉至高無上的地位，在加冕儀式上給韃靼可汗加冕，就像教皇利奧三世給查理曼大帝加冕一樣。為了將喇嘛（地位最高的精神領袖）的尊貴身份和地位延續下去，一位喇嘛打破獨身的戒律，生下了一個延續香火的兒子。但在14世紀，西藏喇嘛中出現了一位偉大的改革家，可以被稱為是佛教裡的馬丁‧路德。直至他過世時，古老的條律恢復了往日的嚴厲，達賴喇嘛（海洋一樣遼闊的喇嘛）再次被全世界1/4的人民公認為精神領袖。他的工作由班禪喇嘛或「神聖教父」輔導，這實際上類似於副教皇。而我們將要介紹的繼承法，從那時起直到現在，都沒有改變過。

達賴喇嘛或班禪死後，在世的領袖會立刻搜尋剛剛出生在西藏的男孩，他們認為死者的靈魂一定會藉由嬰孩的方式延續下去。經過長時間誦經之後，他們選出了三個男孩，把孩子們的名字寫在紙片上，放入一個金盒裡面。西藏所有大寺院的住持，都齊聚到達賴喇嘛的宮殿裡。在西藏，共有3000座大寺院，但有資格參加這個極為重要的集會的僧院卻非常少。他們經過了一星期的齋戒誦經後，會從金盒裡取出一個孩子的名字。而這個孩子將會被視為佛陀的化身，僧侶們都要服從他的意志，聽從他的命令。

至於那片保衛西藏以免南方強鄰入侵的山脈，使這塊活佛的聖地在700年間沒有外人涉足。人們在公開的出版物上看到這些山脈，知道這個山脈的人或許比知道佛蒙利山的人還多。因為我們生活的時代是喜歡挑戰新紀錄的時代，總是用好勝的眼光關注那些很

松贊乾布畫傳 唐卡

圖為松贊乾布畫傳，他在7世紀統一了西藏，建立了吐蕃王朝。此後，松贊乾布在他的兩個妻子——唐朝文成公主和尼泊爾尺尊公主的影響下皈依了佛教，這是佛教傳入西藏之始。

房龍地理
Van Loon's Geography

布達拉宮及大昭寺　唐卡　清代

　　布達拉宮和大昭寺被世人讚頌為雪域高原上的兩顆璀璨明珠，它們都始建於公元7世紀松贊乾布時期。此幅唐卡中的布達拉宮依山而建，群樓重疊，殿宇嵯峨，氣勢雄偉，有橫空出世、氣貫蒼穹之勢。其右上為大昭寺及其外轉經道上的八角街的情景，唐卡右上角是色拉寺。

第三十二章 中亞

重要但尚未被攀登的高峰。19世紀中期,一位上校將喜馬拉雅山繪入了英國地學測量圖中,珠穆朗瑪峰也以他的名字命名,它高達2.9萬英呎,無視人類企圖到達頂點的努力。在上一次的1924年珠穆朗瑪峰大探險中,曾經到達了距頂峰幾百碼的地方。當時有兩個人自告奮勇,攜帶著氧氣罐與其他隊員告別,進行最後的衝刺。在他們距離頂峰只有600英呎時,隊友還看到了他們。此後,他們音訊全無。而珠穆朗瑪峰依舊巍然聳立,沒有被征服。

但在那些充滿野心的登山者看來,這個地方卻是他們的理想。這裡位於面積廣闊的亞洲的中心,將其他山脈與它們比較,瑞士的阿爾卑斯山簡直像海灘上孩子們堆的小沙堆一樣。首先,這座印度人口中所說的「永恆的雪山」是阿爾卑斯山的兩倍寬,土地面積是阿爾卑斯山的30多倍。某些冰河比瑞士最重要的冰河還要長4倍。而在那裡,2.2萬英呎以上的高峰就有44座,有幾個山口是阿爾卑斯山山口的兩倍高。

與西班牙筆直通往紐西蘭之間的大褶層中的其他部分一樣,喜馬拉雅山形成的時間比較晚(比阿爾卑斯山還要年輕),它的年齡只能以百萬年計算,不能以億年計算。如果要將它們夷為平地,需要大量日照與風雨的侵蝕。但是在與岩石勢不兩立的自然力的影響下,卻日夜不停地、孜孜不倦地做著這個工作。喜馬拉雅山已經被50條溪流切成許多不規則

一世達賴像 唐卡

圖為一世達賴根敦朱巴,他在永樂十三年(1415年)拜格魯派創始人宗喀巴為師,後建立扎什倫布寺,自任該寺座主。在達賴喇嘛的稱號確定後,根敦朱巴被追認為一世達賴。

269

恆河

圖為印度的母河——恆河，它位於印度北部，流經世界上土壤最肥沃和人口最稠密的地區之一，也是阿育王的王國（公元前3世紀）至蒙兀兒帝國（16世紀建立）一系列文明的搖籃，被印度人民尊為聖河。

的斷片。而印度最重要的三條大河——印度河、恆河和布拉馬普特拉河也以歡快的節奏協助進行這項分解工作。

喜馬拉雅山在政治上來說，也比其他山脈表現出了更複雜的狀態。它不僅像阿爾卑斯山和庇里牛斯山一樣，是兩個鄰國的天然疆界，而且它異常遼闊，將許多國家分割開來。這些國家，像尼泊爾，就是著名的廓爾喀人的故鄉，他們現在已經獲得相當程度的獨立，國土的面積比瑞士共和國要大4倍，人口將近600萬。還有克什米爾（歐洲和美洲女人們所用的圍巾都產自這裡，英國有名的錫克軍隊也是在此招募），現在已經成為英國的一個殖民地，也有8.5萬平方英哩的面積和300多萬人口。

最後，假如你再看一下地圖，會發現印度恆河與布拉馬普特拉河有一件奇怪的事。這兩條河並不像萊茵河從阿爾卑斯山流下、密西西比河從洛磯山流下那樣，從喜馬拉雅山順流而下，而是在喜馬拉雅山主要的山鏈之後抬升。其中印度河發源於喜馬拉雅山和喀喇崑崙山之間。布拉馬普特拉河最初由西向東流，經過西藏高原後忽然轉為由東向西流，在一段短程後與恆河匯合。恆河則流經喜馬拉雅山與印度半島中部的德干高原之間的寬闊山谷的中心。

第三十二章 中亞

湍急的水流固然有很可怕的侵蝕力。但如果它們在喜馬拉雅山脈形成後才開始奔流，就不能穿山而過了。因此，我們可以下一個結論：這些河流的年代，一定比這些山脈更久遠。印度河與布拉馬普特拉河在地殼沒有突起前，就已經形成了。當地殼開始抬升、扭曲形成巨大的褶皺，最終形成了近代世界上最高的山脈。但是這些山脈的成長極其緩慢（時間終究是人類創造的名詞，永久並不是時間能夠相比的），而河流不斷地侵蝕、開鑿，依然能夠存留在地面上。

有許多地質學家認為，喜馬拉雅山現在還在增高。我們居住的混凝土建築期外表和我們身上的皮膚一樣，是經常伸縮變化的，這些地質學家的意見也許是對的。我們知道一個事實，瑞士的阿爾卑斯山確實是在慢慢地由東向西漂移。喜馬拉雅山或許和南美洲的安地斯山一樣，正在向上抬升。在大自然（對一切都漠然以對）的實驗室中，唯一的規則就是世界始終在不斷變化。如果不服從這條定律，最終一定會走向滅亡。

藏傳佛教

7世紀，佛教傳入西藏，之後它與西藏本土的文化相結合，形成了西藏獨有的藏傳佛教，並成為中國佛教重要的組成部分。

特徵1　結合西藏本土特色

公元7世紀，佛教傳入西藏以後，與西藏本土的苯教結合，形成了西藏特有的形式。為了區別於一般的佛教，稱為喇嘛教。

特徵2　神祕主義

提倡身、心、意結合，即手結手印（身密）、心中憶念大日如來（意密）、口誦大日如來佛號（語密），儀式也很複雜。

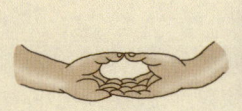

身密　　意密

特徵3　象徵主義

有象徵的儀式和輔助修行的器具，如曼荼羅、金剛杵等。

曼荼羅　　金剛杵

第三十三章

西 亞

西亞的大高原。

伊 朗	
中文名稱：伊朗伊斯蘭共和	所屬洲：亞洲
首都：德黑蘭	主要城市：馬什哈德、伊斯法罕
官方語言：伊朗語	貨幣：伊朗里亞爾
時區：東三區、東四區	國家代碼：IR
國歌：〈伊朗伊斯蘭共和國國歌〉	國花：突厥薔薇

　　從亞洲中部的帕米爾高原開始，有一片廣闊的山脈，它其實是一系列的高原，蜿蜒向西，最終被黑海與愛琴海擋住進路。

　　人們也都很熟悉這些高原的名稱，因為它們在人類發展史上都曾經扮演過非常重要的角色。我也許要進一步談一下它們的角色。如果我們在人類學方面的猜測沒錯的話，那麼印度河與地中海之間的這些高原和溪谷，不僅是孕育出歐洲人種的家園，也是某種類型的學校，我們曾經在那裡踏進了科學的大門，領會了道德原則，這也是人類有別於其他的動物的原因之一。

　　這些高原按順序來說，首先是伊朗高原。這是一片廣大的鹽鹼沙漠，海拔約3000英呎，四圍都被高山圍繞。它在北方與裏海及突雷尼沙漠接壤，在南方與波斯灣及阿拉伯海鄰接，但沒有充足的降雨，因此沒有一條可以稱道的河流。在1887年成為英國殖民地的俾路支（克森山脈將它與印度完全隔離），有一些微不足道的河流流入印度河。那裡的沙漠讓人心生畏懼，當亞歷山大經過印度回到家鄉時，大部分的兵士因乾渴而死亡。

　　幾年之前，阿富汗被新的統治者所掌控。他為了宣揚自己和自己的國家，舉行了一次壯觀的歐洲旅行，這個國家也轟動一時。阿富汗只有一條河，就是赫爾曼德河，它發源於帕米爾高原向南輻射的興都庫什山脈，流入波斯與阿富汗交界處的錫斯坦湖。與俾路支相比，阿富汗的氣候要好得多，在許多方面也比俾路支更重要。印度、亞洲北部和歐洲最初的商道經過這個國家的中心。這條貿易路線從西北邊境省份的省

第三十三章 西亞

會白沙瓦起,通過著名的喀布爾山口,經過阿富汗首都喀布爾,最後再翻越阿富汗高原到達西部的赫拉特。

50年前,英國和俄羅斯開始爭奪這個緩衝國的最終統治權。但阿富汗人是非常善於作戰的民族,對其由南到北的滲透必須極其小心、靜悄悄地完成。1838年至1842年,英國試圖將一位不受歡迎的統治者置於阿富汗人的頭上,結果導致了第一次阿富汗戰爭。當時英國的慘敗,我們是永遠不會忘記的,只有少數人劫後餘生,回來報告了其他人是如何被屠殺的。在那以後,英國越過喀布爾山道,於是變得相當謹慎了。1873年,俄羅斯人佔領基發,開始大舉進攻塔什乾與撒馬爾罕,英國人唯恐一覺醒來,就會聽到俄羅斯沙皇的軍隊在蘇萊曼山脈北部邊境進行小規模的射擊演習,就出於自己的立場開始行動。於是在倫敦的俄羅斯沙皇的代表和聖彼得堡的英國女皇的代表,分別向英國政府和俄羅斯政府保證,他們針對阿富汗的計畫完全不是自私的,而是有著值得敬仰和讚美的理由,兩國的工程師都在擬訂精細的計畫,以造福於被殘酷的自然所割斷的、不能直接通海的阿富汗。他們打算建設鐵路交通系統,讓思想腐朽的阿富汗人可以第一次享受到西方先進文明的福音。

波斯商人　細密畫

波斯是伊朗在歐洲的舊稱,它從3世紀以波斯帝國的稱號著稱於世,創造了文明。其中,沙漠的駝隊是華麗又實用的帆船,都是波斯商人的標誌。他們利用沙漠之舟駱駝負載貨物,穿越炎熱又乾旱的沙漠,遠赴外國經商。

但不幸的是，這個計畫被世界大戰破壞了。俄羅斯進佔了赫拉特。現在，你可以從赫拉特出發，經土庫曼蘇維埃共和國的馬雷到達裏海，再乘船抵達巴庫與西歐。還有一條路線是從馬雷經過布哈拉，至烏茲別克蘇維埃共和國的浩罕，再繼續前行到達巴爾克。在3000年前，巴爾克就如同現在的巴黎一樣重要，它是高度宗教化的政府中心，這個由瑣羅亞斯德創建的宗教不僅征服了波斯，還滲透到地中海，並在改變形式後，風行於羅馬民間，甚至在很長一段時期中，成為了基督教的勁敵。

與此同時，英國也在積極推進鐵道建設，由海得拉巴通至俾路支的基達，再向前延伸到坎大哈。在那裡，英軍一雪1800年第一次阿富汗戰爭慘敗的恥辱。

在伊朗高原上，還有一個部分相當值得關注。今天，伊朗高原只是以往輝煌的縮影，但它肯定曾是一片極有趣的陸地，波斯代表著一切極其優美的繪畫和文學，以及在艱難的生存狀況下所有重要的東西。在早於基督600年前，波斯的第一個輝煌時代到來，它是西起馬其頓、東至印度的大帝國的中心。500年後，這個帝國被亞歷山大摧毀。在薩森王朝統治時期，波斯又恢復了古代薛西斯和岡比西斯統治時的版圖。波斯人恢復了對祆教的忠誠，使其維持純潔。他們搜集所有的宗教著作，編成一卷著名的《祆教經》，使這朵沙漠之花與新興的伊斯法罕一起綻放。

7世紀早期，波斯被阿拉伯人征服，瑣羅亞斯德向穆罕默德投降。如果一個國家的文學真的可以代表一個國家，那麼歐瑪爾（一位尼夏普帳篷製造者的兒子）的作品可以代表了某一個時代、在庫爾德斯坦和霍拉姆沙之間的沙漠地帶的品味。這位數學教授，將研究代數的時間分出來讚美愛的喜悅和美麗的紅酒，這種現象真是非常少見，只有在英明又溫和的文明之下，他才能在講臺之上立足。

然而，在波斯，人們的興趣變得無聊多了。任何一個國家如果過於衰弱而無力自保時，那麼就會有糟糕的事情降臨。從理論上來說，一個地方的人民，對於任何他們祖先的墓地下面的豐富礦藏，都是主要受益者。但實際上卻不是這樣，遠在德黑蘭的土耳其皇帝的親信朋友被授予特許權，發了大財。此外，住在油井附近的數以千計的人民，偶爾也可以找到薪酬極低的工作。至於其餘的人們，卻都擁向了外國的投資家，而這些投資家只認為波斯是一塊毛毯的代名詞而已。

不幸的是，波斯似乎成為一個人民貧困、管理不善的國家。它的地理位置利少弊多，更多的是詛咒。這裡滿眼都是大片的沙漠，而如果一片沙漠剛好位於連接世界最重要的組成部分的交通要道上，那麼這片沙漠一定會成為永遠的戰場，被利益衝突所犧牲。我剛才所說的波斯就是這樣的地方，對於整個西亞同樣也是確定無疑的。

亞歷山大的伊蘇斯之戰　　阿爾特多費爾·阿爾佈雷克特 1529年

圖為公元前333年波斯國王大流士與馬其頓大帝亞歷山大在伊蘇斯發生的大戰，畫家透過活潑的筆觸細緻地描繪了這場決定性的戰役，坐在戰車上的亞歷山大位於畫面的中左方位置，圖中的鑲板裝飾則介紹了亞歷山大打敗大流士的戰績，臥伏的阿爾卑斯山景則成了這場戰爭場面的重心。

第三十三章 西 亞

房龍地理
Van Loon's Geography

　　這一系列高原的最後一個從帕米爾延伸到地中海，便是亞美尼亞和小亞細亞。亞美尼亞是伊朗大高原在西部的延續，其遍布火山的土地和人民所受的疾苦古來已久，也是一個非常古老的地方。它也是一個橋樑地段。在古代，旅人如果想從歐洲到達印度，必須經過高大的庫爾德斯坦山脈的山谷。而從古至今，在那些旅行者中，總有幾個是著名的殺手。這片地區的歷史，可以追溯到洪水時代。當洪水初退時，諾亞方舟就在這一地區最高的阿勒山頂上登陸，這座山的海拔是1.7萬英呎，比埃里溫平原高1萬英呎。我們之所以能確定這一點，是因為在14世紀初，比利時醫生約翰·德·曼德維爾在這一地區，看到古代船隻的一部分遺留在山頂的附近。而亞美尼亞人是什麼時候遷到這座山來的，還不能確定，他們屬於地中海人種，是歐洲人親密的表兄弟。但是根據最近的死亡率來看，恐怕他們不久就要滅絕了。僅僅在1895年至1896年一年之間，土耳其人屠殺了十

諾亞方舟　油畫　希克斯·愛德華　1846年

　　諾亞方舟源自《聖經》的《創世紀》一章，是上帝在毀滅世紀之前，命令諾亞創造的方舟，用以躲避即將到來的大洪水。在這幅畫中，動物們都是一雌一雄、成雙成對地進入方舟，而天邊的烏雲籠罩在方舟的上方，似乎預兆著即將到來的大災難。

幾萬亞美尼亞人，成為亞美尼亞高原的主人。實際上，土耳其人還不是他們最殘暴的仇敵，因為土耳其人的殘酷手段還比不上庫德人的一半。

自始至終，亞美尼亞人都虔誠地信奉著基督教。不過，雖然他們在羅馬以前就開始信奉基督教了，但是他們的教會仍然保持著幾種固有的制度，例如教皇世襲制，這些都使亞美尼亞的教會被信奉天主教的人痛恨。所以，當信奉伊斯蘭教的庫德人屠殺亞美尼亞人、侵掠他們的土地時，整個歐洲都在冷眼旁觀。

隨後，在世界大戰時，協約國軍隊為瞭解救美索不達米亞的英國人，從後路攻入了土耳其，亞美尼亞全境受到了殘酷的侵襲。而默默無聞的凡湖與烏爾米耶湖雖然位於高山中最大的湖泊之中，直到這時才出現在當時的報紙上。古拜占庭的亞洲邊疆小鎮埃爾斯倫也比十字軍剛結束戰鬥時更引人注意了。

戰爭結束後，仍然風波不斷。殘餘的亞美尼亞人想給壓迫者還以顏色，便加入了前蘇聯。他們被允許在裏海與黑海之間的高加索山腳下，建立阿塞拜疆共和國與亞美尼亞共和國。早在19世紀前半期，高加索山一帶已經被俄羅斯人據為己有了。

現在，我們先把這些不幸成為土耳其暴政下的犧牲者放在一邊，稍稍向西就可以進入小亞細亞高原。

小亞細亞以前只不過是土耳其蘇丹帝國的一個省，如今卻是土耳其人統治世界的幻想的殘餘。其北面頻臨黑海；西面連接馬爾馬拉海、博斯普魯斯海與達達尼爾海，將小亞細亞與歐洲割裂；南邊是地中海，不過地中海與內陸之間被托羅斯山所阻隔。小亞細亞比波斯、伊朗、亞美尼亞高原低得多，那裡有一條著名的鐵路橫貫其中，被稱為巴格達鐵路，它在最近30年的歷史上佔有非常重要的地位。由於這條鐵路將連接君士坦丁堡、幼發拉底河河畔的巴格達、亞洲西海岸最大的港口士麥那港、敘利亞的大馬士革以及阿拉伯人的聖地麥地那，所以英德兩國都想獲得修建這條鐵路的權力。

英德兩國剛剛和解，法國政府卻非要在未來的收益中分一杯羹。因此，小亞細亞的北部地區又被割讓給了法國。這塊地區有特拉勃森，它是亞美尼亞與伊朗的出口港，仍然等待著與西方相通。於是，外國工程師就開始在這個古國裡勘測路線。雅典殖民地的希臘哲學家，曾在這裡探求過人類與宇宙的本性；神聖的教堂會議在這裡給世界帶來了堅定的信仰，歐洲人依賴著這個信仰生活了1000多年；塔瑟斯的保羅在這裡出生，也在這裡傳道；土耳其人與基督教在這裡為爭奪地中海霸權而戰鬥；一個阿拉伯趕駝人在這個古國的荒村中做過一個美夢，夢到自己是阿拉唯一的先知。

根據計畫，這條鐵路不是沿海而建，而是沿著古代和中世紀那些神祕的海港——亞德那、亞歷山大勒塔、安提阿、的黎波里、貝魯特、泰爾、西頓以及巴勒斯坦荒地的唯一的海港雅法——蜿蜒穿行在高山之中。

當戰爭爆發時，果真如德國人所料，這條鐵道扮演了重要的角色。這條鐵道的設施非常精良，和君士坦丁堡的兩艘德國大戰艦一樣，有著非常高的實用價值，這也是土耳其人比起協約國更偏向於加入同盟國的原因之一。從戰略角度看，這條鐵路的周密設

巴格達城

在底格里斯河的東岸，大量伊斯蘭式的磚塊被用於建築巴格達城，這也是阿拔斯王朝時期穆斯林帝國的首都。它不僅是東西方的交通要道，也是8世紀時重要的商業中心，距離幼發拉底河只有30多公里。

計，在隨後的4年中已經得到了印證。由於決定這場戰爭勝負的關鍵因素是海上的交通與西方的通路，在西部戰事已經平息後，東部戰線始終沒有潰敗。令全世界都驚嘆的是，在1918年，土耳其軍隊正如1288年那樣充當了優秀的戰士。在1288年，塞爾柱王朝統治時，土耳其人終於征服了整個亞洲，他們隔著博斯普魯海峽對君士坦丁堡堅固的壁壘垂涎三尺。

當時，那片高原非常富饒。小亞細亞雖然是歐亞的橋樑地段，但從來沒有像亞美尼亞和伊朗高原的波斯一樣，遭受到嚴重襲擊。這其中有一個事實：小亞細亞不僅是大商道的一部分，還是從印度或中國到希臘或羅馬的通道的中繼站。世界文明還在萌芽階段時，地中海最活躍的文化和商業活動都不能在希臘本土進行。而在西亞的各個希臘殖民

地城市中，這些已經發展得十分興盛。在那裡，古代亞洲的血統已經與新種族混合在一起了，形成了一個混血人種，他們的智慧出類拔萃。在現在地中海東岸的因商業誠信而美名遠揚的黎凡特人中，我們似乎還能看到抵禦外敵長達500年之久的古老民族的特性。

塞爾柱王朝的瓦解，是不可避免的。土耳其從未擁有盟友，這是它墮落的因素之一。現在，這個小小的半島，卻是古奧斯曼帝國往日光輝的遺跡。土耳其皇帝雖然已經不復存在了，然而他們的祖先（住在亞得連堡將近100年之久，亞得連堡與君士坦丁堡同樣是土耳其人在歐洲的城市）在1453年曾經遷都君士坦丁堡，並且統治著一塊很大的領土，包含了巴爾幹、整個匈牙利，以及南俄羅斯的絕大部分。

長達400年無法言說的管理不善，終於摧毀了這個帝國，形成土耳其今日的局勢。作為商業壟斷最古老、最重要的城市，君士坦丁堡掌握著南俄羅斯穀物貿易的鑰匙。因為先天優勢，這個城市的港口被稱為「黃金角」、「富足之角」，那裡遍布魚群，人民從來不用為溫飽擔憂，但時至今日卻降為三流的省城了。新土耳其的統治者在和平之際，挽救了剩餘的土地，作出了英明決策。他們清楚地看到君士坦丁堡已經墮落。希臘人、

羅馬隨想曲　油畫　潘尼尼・喬凡尼・保羅　1734年

在圖中，潘尼尼將古羅馬的景點建築集合在一個畫面中，左邊的圓形建築是大競技場，其前方立著圖拉真圓柱；而右邊背景裡則是君士坦丁凱旋門，其前景是殘留的三根一組的無靠背科林斯式立柱。正是透過錯置地點的真實建築物的想像圖景，畫家再現出羅馬舊日的輝煌。

土耳其婦女 簡提列·貝里尼 義大利
約1480年

亞美尼亞人、黎凡特人、斯拉夫人以及十字軍遺留下來的人們混雜在此,如果把它定為首都,土耳其民族幾乎沒有可能再次復興,成為現代民族。為此,他們挑選了一個新的城市作為首都,就是安納托利亞山脈的中心地帶安哥拉,它在君士坦丁堡以東200多英哩。

安哥拉是個很古老的地方。公元前400年,一個高盧部落佔據了這裡,他們與後來佔領法蘭西平原的高盧人是同族。這個城市歷經了商業幹道的城市興衰,也曾經被十字軍和韃靼人佔領過。1832年,埃及軍隊甚至毀壞了它附近的所有地區。但是,凱末爾將軍卻在這個地方建立了新國家的首都。他清除了所有不服從的元素,用國內的希臘人、亞美尼亞人換回了居住在這些國家的土耳其人。另外,他組建了軍隊,樹立了威信,讓新土耳其成為一個蒸蒸日上的國家。但是經過了1500年的戰亂,土耳其已經變得一片荒蕪了,在追求投資回報率的華爾街銀行家看來,它已經毫無價值了。

現在,大家公認小亞細亞地區對於歐亞未來的商業貿易非常重要。士麥那在盡力恢復以往的地位。在古代亞馬遜族的女戰士統治時期,建立過非常奇怪的國家,國內所有的男嬰全被殺光,平時不准男子入境,每年只允許男子入境一次,以便繁衍後代。

因為亞馬遜族的一個家族的緣故,以弗所城已經消失了,保羅在很久以前還在那裡看見過許多土著,他們崇拜著戴安娜女神,而現在這一地區附近,也許會變成世界上品種最豐富的花園之一。

再向北行進,經過帕加馬(古代世界文學的中心,為我們貢獻了羊皮紙這個單詞),鐵路沿著特洛伊平原邊緣,通向馬爾馬拉海邊的班德爾瑪。從斯庫臺乘船到班德爾瑪,只有一天的路程。著名的東方快車(倫敦─加來─巴黎─維也納─布拉格─索菲亞─君士坦丁堡)在斯庫臺與開往安哥拉、麥地那的列車相遇。斯庫臺還有一些列車經過阿勒頗、大馬士革、拿撒勒、盧德(換車前往耶路撒冷、雅法)、加沙、伊斯梅利亞、蓋塔拉,到達蘇伊士,從尼羅河逆流而上,可至蘇丹。

如果不是因為世界大戰,這條鐵路將貨物或乘客從西歐運至蘇伊士,再透過水路運往印度、中國、日本,一定獲利不少。但是,4年戰爭帶來的損傷還沒有修復,飛機也許會被普遍應用於載運旅客。

第三十三章 西亞

　　小亞細亞的西部，是亞美尼亞人的宿敵庫德人的故鄉。庫德人也像蘇格蘭和絕大多數山民一樣，分為許多部落，他們有很強的階級觀念，不願意接受工商業文明。作為一個相當傳統的種族，他們曾經被記載在巴比倫人的楔形文字碑銘中，色諾芬在他的《萬人大撤退》（這是一本非常無聊的書）也曾經提到。庫德人原本和歐洲人同屬一個種族，不過他們信仰的是伊斯蘭教。因此，他們不能信任皈依了基督教的鄰居。這對世界大戰後所建立的其他穆斯林國家非常有利。我們生在以「官方誤報」為國家軍事策略的時代，沒有理由不記得這件事。

　　和平降臨之後，每個人都不滿意，舊恨加上新仇，產生了很多新的糾紛。尤其是幾個歐洲強國，自認為是土耳其古帝國領土的「委任統治者」，因而在對待當地土著方面

耶路撒冷

圖為耶路撒冷城。耶路撒冷意為和平之城，是巴勒斯坦最大的城市，位於地中海和死海之間。相傳在公元前1000年，大衛率領以色列人征服該城，使其成為猶太人的聖地。

完全不輸給當年實施暴政的土耳其。

由於法國在敘利亞有大量的投資，因此佔領了這裡。為了治理剩下的300多萬敘利亞人，法國政府在這裡投入了充分的財力與軍隊，並且組織了一個法國高層委員會。所謂「委任統治地」，其實就是殖民地，只不過換個讓人聽起來稍微舒服些的名詞而已。不久之後，敘利亞各民族開始團結起來，共同對付法國人。庫德人與它的世仇和平共處，黎巴嫩（腓尼基人的故鄉）信天主教的馬龍派人和基督教的信眾不再虐待猶太人，而猶太人也不再鄙視基督教與穆斯林。為了威脅和處罰反抗他們的人，法國人不得不實施大量恐怖政策。秩序雖然在表面上恢復了，但敘利亞卻變成了第二個阿爾及利亞。這並不是代表人民喜歡他們的委任統治者，只不過因為他們的領袖被絞死，其餘的人沒有繼續奮鬥的勇氣罷了。

底格里斯河與幼發拉底河流域在古代曾經顯赫一時，是帝國的所在地。現在，巴比倫和尼尼微的廢墟，都變成伊拉克王國的國土了。不過新國王的行動，卻不能像漢摩拉比那樣自由，因為他們必須承認英國的宗主權。如果要作出比清理古巴比倫廢棄運河更重要的決定，國王菲賽爾無論何時都必須等待倫敦的命令。

菲利士人的國家巴勒斯坦也是這個區域中的一部分，對於這個奇怪的國家，我只準備簡單介紹一下。它只不過是一個很小的國家，不需要佔太多的篇幅。這國家還不如歐洲某些九流公國比如石勒蘇益格－荷爾斯泰因大。然而它在人類史上所佔的地位，比很

巴比倫空中花園

圖為新巴比倫王國的空中花園，也是古代世界七大奇蹟之一，相傳它是公元前6世紀尼布甲尼撒二世為王妃所修建的，由於花園比宮牆還要高，遠看猶如花園懸在半空中，故得此名。

第三十三章 西亞

猶太人來到埃及

圖為約瑟的父親雅各率家族來到埃及的情況,他被人攙扶著,正從牛車走下來,自此猶太人離開了自己的故鄉遷到埃及。此時,約瑟是埃及最高級的官吏,因此他可以施惠於自己的親族。但是到了後期,猶太人的地位受到了威脅。

多一流帝國還要重要。

　　猶太人的始祖離開了美索不達米亞東邊的貧苦的鄉村,漂泊經過阿拉伯沙漠的北部地區,穿越了西奈山脈與地中海之間的平原,在埃及生活了數百年,最後又再次回來。當他們走到地中海和朱迪拉山脈之間的狹長的平原上,他們停了下來,與當地的土著展開激戰。結果,猶太人奪走了土著的很多村落和城市,建立起了一個獨立的猶太國家。

　　他們的生活並非特別舒適。在西方有來自克里特島的非閃米特族的菲利士人,他們佔據了整個沿海區域,完全割斷了猶太人的通海之路。在東部又有一種非常奇怪的自然現象,根據記載顯示,一個巨大的裂縫從北筆直地向南延伸,深度達到海拔以下1300英呎,將猶太國與亞洲其他地區完全分開。這個峽谷仍然像從前浸信會的約翰選擇這裡作為居住地時的情形一樣,它發源於北部的黎巴嫩山脈與背黎巴嫩山脈之間,沿著約旦河

谷（或叫做泰比利厄斯湖、加利利海，在海拔以下526英呎）、死海（在海拔以下1 292英呎，美洲大陸的最低處加利福尼亞的「死亡之谷」也僅低於海平面276英呎），並從那裡（約旦河的終點流入死海，死海因為不斷的蒸發作用，含鹽量已經達到25%）經過古代以頓（默阿布人的故鄉），到達紅海的支流阿克巴灣。

這個峽谷的南部，是世界最炎熱、最荒涼的區域之一，遍地都是瀝青、硫磺和其他異常有害的東西。在近代的化學中，已經把這些東西變得有價值了（世界大戰前，德國曾經建立一個規模很大的死海瀝青公司），可是在很久以前，這裡卻讓人民感到非常恐怖，並使他們將摧毀所多瑪和俄摩拉的普通地震，歸因於神對他們的報復。

他們越過與這個峽谷平行的朱迪亞山脈的山脊，氣候和景象忽然改變了，這一定讓來自東邊的侵略者印象深刻，並對這個「流滿了牛奶和蜜糖」的地方歡呼雀躍。而現在，前往巴勒斯坦的旅行者很少能看到牛奶了，而蜜蜂也因缺乏充足的花卉早已滅絕。然而，這並不是像人家常說的，是由於氣候改變導致的。在耶穌的弟子從達恩流浪到比爾謝巴的時代，這裡的氣候和現在並沒有太大的區別，他們沒有因為每日必需的麵包和奶油而過分擔憂，這個地方還出產充足的棗和酒，可以提供給旅客。其實，土耳其人和十字軍才是真正的「氣候」。十字軍毀壞了在獨立時代和羅馬統治的數百間年建成的古代灌溉工程的所有殘餘，開始胡作非為。土耳其人更是步十字軍的後塵，將它徹底銷毀，讓只需提供水分就能豐收的肥沃土壤完全荒廢，而9/10的農民都家破人亡了，或者遷移至別處了。耶路撒冷變成了貝都因的村落，只有十幾個基督教派和他們的穆斯林鄰居，無休止地進行沒有意義的爭執。對於穆斯林來說，耶路撒冷也是他們的聖地，阿拉伯人自以為是不幸的以實瑪利的嫡系子孫。亞伯拉罕在悍妻撒拉的要求下，將以實瑪利和他的母親夏甲驅趕到這片荒漠中。

以實瑪利和夏甲並未如撒拉所料被渴死，以實瑪利娶了一個埃及女子，並且建立了阿拉伯王國。現在，他和他的母親都葬在克爾白附近。在麥加，克爾白是最神聖的中心。所有穆斯林在一生之中，不論路途如何艱難遙遠，都至少要去麥加朝聖一次。

阿拉伯人攻下耶路撒冷不久，立即把他們的清真寺建立在岩石上面。相傳亞伯拉罕另一支直系子孫的遠房表親所羅門曾在此建立著名的神殿。至於這到底是多少世紀以前的事，只有上帝才知道。但關於那塊岩石和四周的城牆（其中一部分相傳是東正教猶太人的「哭牆」）所有權的爭執，總是使巴勒斯坦托管地的兩個種族的人民不斷地發生衝突。

人們的未來又有什麼希望呢？在英國人佔領耶路微冷時，這裡80%的人口是穆斯林（敘利亞和阿拉伯人），20%為猶太人和其他國家的基督教信眾。作為世界最大的穆斯林國家的統治者，他們不能過分傷害忠誠下屬的感情，不敢讓不到10萬的猶太人統治巴勒斯坦的50萬穆斯林，雖然猶太人正在砥礪自己維護正義的利斧。

其結果不出所料，無人滿意凡爾賽和約。現在，巴勒斯坦成為英國的托管地了，而英國軍隊維持著各民族之間的秩序，總督則出自最著名的英國猶太人中。但是這個國家仍然是一個殖民地，政治上不能享有完全獨立，關於這點，貝爾福先生曾經慷慨激昂且

第三十三章 西 亞

沙漠中的夏甲母子

圖為在沙漠中的夏甲母子，他們被亞伯拉罕驅逐後，不得不穿越沙漠前行。此時，他們無助地相擁哭泣，畫面呈現出柔美的景緻和淒美的悲情。根據相關資料，以實瑪利後來成了阿拉伯王國的創建者。

極為模糊地討論過,他在巴勒斯坦戰爭爆發之初,指定這裡為猶太人未來的家園。

如果在那時,猶太人非常清楚應該為古老的祖國做些什麼,那麼事情就簡單得多了。東歐的猶太人,尤其是居住在俄羅斯的正統猶太教的信眾主張保持現狀,使其成為一個巨大的希伯來風俗紀念館的神學院。但是,青年人牢記著先知「死者將埋葬死者」的話語,他們認為如果對以往的快樂與光榮過於感慨,就會嚴重阻礙將來的快樂與光榮。他們使巴勒斯坦變成一個像瑞士或丹麥一樣的現代國家,成為一個男人和女人組成的、蒸蒸日上的國家。人民需要忘記外國的「猶太人住宅區」,應將大部分精力傾注在修建道路、灌溉系統等事情上,而不是與阿拉伯人大聲爭辯,爭奪那幾塊古老的石頭。雖然這些石頭可能是利百加的汲水井,但現在卻只是進步的障礙而已。

巴勒斯坦的大部分領土都是起伏的山丘,從東向西有很明顯的斜坡,這些被冷落和荒廢的土地可以用做種植農作物。每天海風吹來水氣,變成雨滴遍灑全境,讓這裡非常適合種植橄欖。而可怕的死海區域中,唯一的重要城市是耶利哥,可能再次成為一個貿易中心。

所羅門神殿

相傳耶路撒冷被選為首都後,所羅門在此大建神殿,並為此收取苛捐雜稅,最終建成了金碧輝煌的所羅門聖殿,但是人民也因此付出了沈重的代價,以致於開始產生了反叛的念頭。

由於巴勒斯坦的土地不含煤礦與油田，因此可以避免外國人的注意，可以按照基督教和絕大多數穆斯林都許可的方式解決問題。

所羅門之夢

在猶太人的歷史上，所羅門是最偉大的國王，圖中他被上帝賜予了智慧之光，這也是猶太人黃金時代的象徵。

上帝在天使的簇擁下出現在所羅門的面前，象徵賦予所羅門神授的智慧之光。

建築物象徵著耶路撒冷聖殿，它是猶太人的聖地，而穆斯林也將其奉為聖地。

所羅門是古代以色列王國的第三任國王，他在位期間，以賢明著稱，被視為古代以色列最偉大的國王。

第二十四章

阿拉伯

何時成為了亞洲的一部分，何時又不屬於亞洲？

按照普通的地圖和地理書，阿拉伯是亞洲的一部分。但如果有個旅行家來自火星，對於我們這個星球的歷史一無所知，那他所得到的結論或許就完全不同。他可能以為著名的阿拉伯沙漠是撒哈拉沙漠的延伸，只不過是被印度洋的一個斷斷續續的狹窄海灣（紅海）分隔。

紅海的長度是寬度的6倍，水中遍布暗礁。其平均深度約300英尋，與亞丁灣相接。亞丁灣實際上是印度洋的一部分，深度在2英尋至16英尋。在紅海中，有無數個小型的火山島，也許紅海原本是一個內陸湖，在波斯灣形成以後才成為了海，就像北海原本不是海，在英吉利海峽形成以後才變成海一樣。

至於阿拉伯人，他們既不願意做非洲人，也不想當亞洲人，他們稱自己的國家為「阿拉伯人之島」。雖然它的領土廣闊無垠，比整個德國領土還大5倍，但人民的數目卻與國家的面積完全不相稱，這裡的人口還不如倫敦多。但700萬阿拉伯人的祖先肯定有異於常人的體質和心性，他們完全不藉助自然的力量，就用一種非凡的方式給世界留下了深刻的印象。

首先，他們所居住的國家的氣候並不適合人類生存。在這片撒哈拉沙漠的延長地中，不僅沒有一條河流，還是世界最炎熱的地方之一；而最南邊和最東邊的氣溫雖然稍微好一些，但太過潮溼悶熱，不適合歐洲人居住。在半島的中部與西南部，山脈的海拔大約有6000英呎，且溫差很大，天黑後的半個小時內溫度能從80℃降到20℃，無論是人類還是牲畜都不能生存。

在內陸，要不是有地下水，恐怕也完全不能居住。除了正北方的亞丁海畔的英國人聚居區，其他地方也好不了多少。

從商業的觀點上看，整個半島的價值還不如曼哈頓島的窪地。如果曼哈頓島想與阿拉伯在人類文明發展史上一較高下，那麼還需更加努力。

奇怪的是，阿拉伯半島從來沒有成立過像法國或瑞典那樣的國家。世界大戰期間，協約國急需大量的兵力投入戰爭，對所有同意幫助他們的勢力，都做了無法兌現的承諾。其結果是，從波斯灣到阿克巴灣，有十幾個所謂的獨立國。在北方，一位耶路撒冷

第三十四章 阿拉伯

酋長統治下的外約旦,將巴勒斯坦與敘利亞分隔。但是在這些國家中,大多數只是徒有虛名而已,如波斯灣沿岸的厄爾哈塞與阿曼,以及紅海沿岸的厄爾海志南邊的也門和阿西爾。或許只有海志稍微重要一些,因為它不僅有一條鐵路(巴格達鐵路的最後一段,現在已經連通到了麥地那,將來一定會延長至麥加),還控制了穆斯林的兩個聖地——穆罕默德的出生地麥加,以及他的長眠之地麥地那。

這兩個沙漠中的綠洲城市,在7世紀初成為鼓舞人心的事件中心時,它們還沒有引起人們的注意。現在之所以被大家熟知,應該歸功於穆罕默德。在567年或569年,穆罕默德出生,並在他的父親逝世數月後,母親也逝世了,於是他被貧困的祖父養育長大。在青年時,他加入了駝夫的隊伍,跟隨他們的商隊往來於阿拉伯各地,甚至渡過紅海,可

阿拉伯 版畫 17世紀

阿拉伯主要分布於亞洲與非洲的交界處,以阿拉伯人為主的國家可以稱為阿拉伯國家,其居民以信奉伊斯蘭教為主,至此形成了獨特的民族文化,在世界歷史中作出了卓越的貢獻。

289

房龍地理
Van Loon's Geography

拿破侖在阿爾柯橋上 油畫 格羅男爵安托萬・讓 1796～1797年

　　格羅是拿破侖指定的戰爭畫家，他在這幅作品中繪製的拿破侖臉部個性鮮明，用色暗淡分明，構圖自然，使人物形象呈現出極其真實的感覺。相傳在接觸阿拉伯人之後，拿破侖指出他們都是可怕的戰士。

能造訪過阿比西尼亞。當時，阿比西尼亞正想使阿拉伯成為非洲的殖民地（當時有很好的機會，沙漠中的各部落互相仇恨，無法團結作戰）。

後來，穆罕默德創立了伊斯蘭教，在麥加開始傳教。他在麥加的鄰居們紛紛嘲笑這個素食主義的先知，甚至危及他的生命。在這種壓迫之下，他逃往麥地那。在那裡，他以一個佈道者的身份，開始了偉大的事業。

關於他的教義，我不能在這裡詳細地講述。你如果有興趣，可以買一本《可蘭經》來看看，雖然它並不容易理解。總之，經過穆罕默德的努力，其結果是阿拉伯沙漠中的閃米特族忽然覺悟，要組建自己的傳教團體。在不到100年間，小亞細亞、敘利亞、巴勒斯坦以及整個非洲北岸和西班牙都被他們征服了。直到18世紀末葉，他們仍然對歐洲的安全有著相當大的威脅。

如果一個民族能在幾年內完成這些事情，那麼這個民族一定有過人的體力和優秀的才智。根據與阿拉伯人有過接觸的人（包括拿破侖在內，他對女人而言是一個糟糕的評判員，但是卻有一雙識別精兵良將的慧眼）說，阿拉伯人都是可怕的戰士，又有非凡的天分，中世紀建在那裡的大學，就是確實的證據。但是我並不清楚為什麼他們後來又失去了早先的權威。在這裡，我們很容易證明地理環境對於人民性格的影響，並證明沙漠部落總是扮演著征服世界的角色，但地球上同時也存在著許多不值一提的沙漠人民。而且，有很多山民曾經運用他們的智慧，做出很多壯舉。但也有很多山民終日爛醉如泥、無所事事。不過，並沒有一個道德標準，可以適用於任何一個國家。

但是，已經發生過的事，總有一天是會重現的。18世紀中葉的大改革運動，清除了伊斯蘭教崇拜偶像的儀式，於是堅持主張勤儉節約的生活、嚴守《可蘭經》的純道德教派出現了，很可能讓阿拉伯重新踏上戰爭之路。如果歐洲再繼續在內戰中耗費精力，那麼阿拉伯人對歐洲的威脅，可能與12世紀以前一樣。這個半島的民族辛苦工作，不喜歡笑，不愛玩耍，他們對物質的欲望很少，不覺得缺乏什麼，因此富貴奢華的生活也就不能引起他們的興趣。

這樣的國家永遠是危險的根源，尤其是當他們感到自己受到壓迫的時候。白人在阿拉伯，就和在非洲、亞洲及澳洲一樣，是非對錯的判斷並不如我們所希望的那樣明確。

第三十五章

印　度

自然與人類共同進行大規模生產的地方。

印　度	
中文名稱：印度共和國	所屬洲：亞洲
首都：新德里	主要城市：孟買、加爾各答
官方語言：印度語、英語	貨幣：盧比
時區：東5.5區	國家代碼：IND
國歌：〈人民的意志〉	國花：荷花

　　在耶穌誕生300年前，印度被亞歷山大發現。但亞歷山大只到達了印度河，沒有再繼續前進。儘管他跨過了錫克人的故鄉旁遮普平原，卻並沒有深入印度國的中心地帶。那時的印度人和現在一樣，住在恆河寬廣的河谷裡，而恆河則位於北面的喜馬拉雅山和德干高原之間。經過800年，關於這個馬可·波羅所稱的神奇之地，才第一次被歐洲人證實，當時葡萄牙人達伽瑪到達了馬拉巴爾海岸的果阿。

　　從歐洲到這個充滿了香料、大象和黃金寺廟的國家的陸上航路開通之後，地理學家吸收到了無數新知識，阿姆斯特丹的繪圖員因此無暇休息。慢慢地，人們毫無遺漏地踏遍了這個多產的半島。下面我將盡可能簡短地介紹一下這塊陸地。

　　在印度的西北方向，從阿拉伯海到興都庫什山脈之間，有赫達爾山脈與蘇黎曼山脈，使印度與外界完全斷絕。在北方，自興都庫什山脈延伸至孟加拉灣的喜馬拉雅山形成了一個像屏風一樣的半圓形。

　　你要知道，印度在地圖上看起來非常龐大，以致於歐洲和它相比實在是小得可笑。首先，印度的面積相當於除去俄羅斯的歐洲。如果喜馬拉雅山是歐洲的山脈，便會從加來延伸到黑海。喜馬拉雅山有40座比歐洲最高峰還要高的山峰，冰河平均比阿爾卑斯山的冰河長4倍。

　　印度是世界最炎熱的國家之一，同時有很多地方的降雨量也保持著世界最高記錄

第三十五章 印度

耶穌誕生 波提契利 15世紀

　　圖中的嬰兒是剛剛降生的耶穌,而他的母親在耶穌的旁邊跪在地上祈禱,在天上和地下則是歡欣鼓舞的天使,他們都沈浸在基督誕生的喜悅中。在耶穌誕生300年前,亞歷山大已經發現了印度。

（每年1270釐米的降雨量）。印度的人口為3.5億，使用50種不同的方言。當降雨量不足的某些時候，有9/10的人民，只依靠自己的耕種收穫來維持生計，僅在1890年至1900年之間，因為飢餓而死去的人民每年達到了200萬。但是，英國人已經使災難消退，制止了各個民族間的爭鬥，建設了大規模的灌溉工程，引入了初步的衛生學（這部分資金當然由印度人出）。印度人口大幅增加，以致於他們的不久和將來，會像過去那樣，瘟疫、飢荒、兒童的死亡率使貝拿勒斯的火葬場24小時日夜不息。

　　印度的大河都與境內的山脈平行。西部地區有印度河，流經旁遮普，洞穿北部的山脈，這裡是所有北亞入侵者通往印度斯坦中心地帶的方便通道。而印度的聖河——恆河，徑直往西，它在抵達孟加拉灣之前，又和布拉馬普特拉河匯合。後者發源於喜馬拉雅山的群峰中，向東奔流，直至被喀什山阻擋後被迫轉彎，流向變為由東向西，不久之後就與恆河交匯。

　　恆河流域與布拉馬普特拉河河口，是印度人口最稠密的地區。印度最重要的製造業中心加爾各答，坐落在這兩條河邊潮溼的三角洲西岸。

　　而恆河流域的物產非常驚人，它比印度斯坦或真正的印度大陸更加為人所知。如果不是千百年來被過多的人口所困擾，那麼這個地區將會是有利可圖的。首先，這裡種植水稻。印度、日本及爪哇的人民都非常喜歡吃稻米，而每平方英哩（每平方英呎以及每平方英吋）的水稻比任何農作物的產量都大，因而被廣泛播種。

　　稻米的種植既困難又繁瑣。至於繁瑣這個詞當然不能讓人們感到愉快，但是確實很恰當，這項工作必須要數千萬人把他們大部分時間，都消耗在汙泥和肥料之中插秧。當水稻長到八、九寸高時，再將它們用手拔起來，移植到水田之中，直到收割時都要不斷地向水田中灌水，這時這種令人作嘔的半流質物才藉助複雜的排水系統流走，最後注入恆河。在注入地點，恆河為貝拿勒斯虔誠的信眾提供了沐浴用水和飲用水。貝拿勒斯就像印度的羅馬，也可能是世界上最古老的城市。

　　恆河流域也出產黃麻，這是一種植物的纖維，在150多年以前，就被輸入歐洲，用來代替棉花與亞麻。黃麻是一種植物內皮層，和水稻一樣都需要充足的水量。它的內層皮質必須先浸泡在水中幾個星期，然後抽出纖維，被送到加爾各答的工廠，製成麻繩、麻袋和土著人做衣服的一種土布。

　　這裡還出產一種叫蓼藍的植物，很早以前，我們用它來製造藍色的染料，直至我們發現從焦炭中可以更經濟地提取這種顏料。

　　最後，這裡還有鴉片。這個東西本來是作為醫療藥品來醫治風溼的。這個國家的絕大多數人民常在齊膝的泥漿中跋涉，以種植每日所需的水稻，風溼病當然很難避免。

　　在山谷之外的山坡上，大片的森林都變成了茶園，這些葉子細小的灌木需要大量的溼熱水汽，最適合種在山上，山坡上的水不會損傷它纖弱的樹根。

　　恆河河谷以南，是三角形的德干高原，那裡有三種不同的植被。在北部與西部的山上，是柚木的貿易中心，這是一種非常堅固耐用的木材，不易彎曲或萎縮，又不會像鐵

一樣生鏽。在蒸汽船還沒有被廣泛使用以前，大量的柚木都被用來造船。現在，它也還有許多其他的用處。由於德干高原雨量很少，只能生產棉花和少量的小麥，所以在這一帶也時常發生飢荒。

至於沿海區域，西邊的馬拉巴爾海岸和東邊的科羅曼德爾海岸雨量充足，稻米和粟產量足以供給大量的人口。粟也是一種穀類，歐美人通常都用它餵雞，而印度土著卻把它製成麵包來吃。

德干高原是印度唯一出產煤、鐵、黃金的地區，但大部分的礦產都沒有真正被開採，因為德干高原的河流太湍急，並不能被用做運輸的航道。當地的人民，從來沒有走

印度 版畫 17世紀

印度是四大文明古國之一，它位於亞洲南部，是印度次大陸最大的國家，曾創造了光輝燦爛的古代文明，現在的人口僅次於中國而排名世界第二，也是世界上發展最快的國家之一，其首都為新德里。

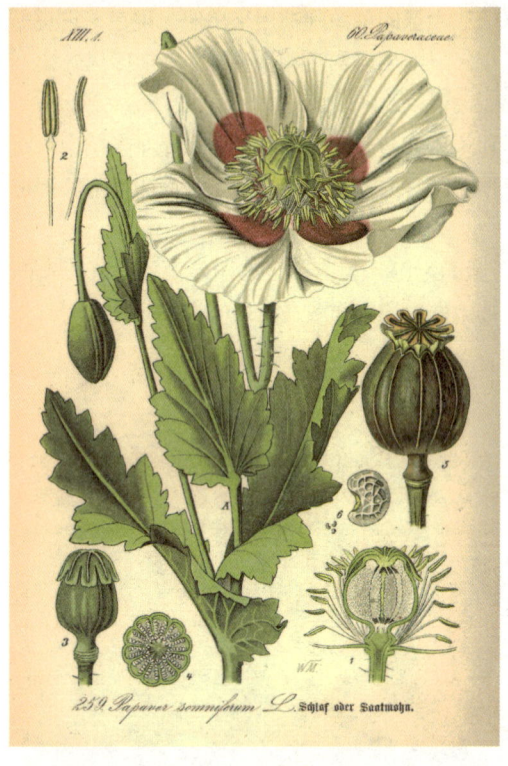

房龍地理
Van Loon's Geography

出過村落，到外面去從事經營，所以修建鐵路有些得不償失。

錫蘭島在科摩林海角的東面，也是印度半島的一部分。保克海峽將錫蘭島與德干高原隔斷，這個海峽遍布暗礁，必須不斷疏通才能通航。這些暗礁和沙灘，成為錫蘭和陸地之間自然的橋樑，被稱為亞當橋，因為亞當與夏娃違背上帝的命令，上帝勃然大怒，他們通過這條路逃出了伊甸園。根據當地人的傳說，錫蘭就是傳說中的伊甸園。如果把錫蘭和印度的其他部分相比，這裡確實算是伊甸園。它不但氣候好、土壤肥沃、雨水充足（雖然並不富足）、氣溫暖和，而且還躲過了印度最可怕的災禍之一。佛教雖然有崇高的精神價值，但是它超出了一般人的領悟能力，所以始終被印度人拒絕。而錫蘭則始終信仰佛教，因此才得以避免印度教嚴格的階級制度。時至今日，這種制度仍然是印度教的組成部分。

地理與宗教之間有密切的關係，其程度已經超過了我們的想像。印度是一個以極大尺度完成的國家。在數千年來，宗教絕對且完全地支配著人們的心靈，印度人的言論、思想、行為、飲食乃至於禁忌，完全都離不開宗教。

在其他國家，宗教也會影響生活的正常發展。中國人敬仰死去的祖先，把他們的祖先葬在向陽的山坡南面，而在寒風凜冽的北坡上種植糧食。當然，他們對於祖先的情感是值得稱頌的，但最終造成了子女飢餓而亡或被賣為奴隸的結果。當然，所有的

罌粟

罌粟是罌粟科植物，它的花絢爛華美，可供觀賞，其提取物也是多種鎮靜劑的來源，具有麻醉性。同時，罌粟也是製作鴉片的主要原料，同時印度也是鴉片的主要產地之一。

伊甸園 佚名 手抄本 1537～1546年

伊甸園是《聖經》中的樂園。相傳上帝依照自己的樣子用泥土創造了人類第一個男性——亞當，又用亞當的肋骨創造了人類第一個女性——夏娃。他們原本生活在伊甸園中，之後卻受到蛇的蠱惑偷吃了智慧樹上的禁果，因此被逐出了伊甸園。

第三十五章 印度

房龍地理
Van Loon's Geography

民族（包括美國的民族）都被奇怪或神祕的祖先律條所制約，以致於整個民族的進程時常被干擾。

我們想要瞭解宗教對印度的影響，就必須要追溯到史前時代，至少也要回到第一批希臘人抵達愛琴海灣3000年前。

那時，在印度半島居住著一群黑皮膚的人，名叫達羅毗荼人，他們也許就是德干高原上最早的居民。後來，雅利安民族（今日歐美人的祖先）離開中亞的家園，到外面去尋找更適合的氣候。他們分為兩部分，其中一部分向西遷徙，在歐洲定居，然後又渡過重洋統治了北美洲。另一部分向南遷徙，經過興都庫什山脈與喜馬拉雅山間的山口，佔據了印度河、恆河及布拉馬普特拉河之間的河口，深入德干高原。最後，他們順著西高止山脈與阿拉伯海之間的沿海區域，到達南印度與錫蘭。

這些新來民族的攻擊力，遠勝於當地的土著，他們對待這些土著，完全是強者對弱者的欺凌。他們歧視土著，並把他們叫做「黑人」，奪取了他們的稻田。無論何時，只要他們缺少女人（喀布爾山道交通困難，不能從中亞帶來很多女人），就偷走當地土著的女人。如果土著稍微有所反抗，就被立刻處死，倖存者則被驅逐到半島上條件最惡劣的地方去，如意料中地忍飢挨餓。但達羅毗荼人的數目比雅利安人多得多，所以常常有低等文化影響高等文化的危險。防止這種危險發生的唯一方法，只有將這些黑人嚴格限制在其居住地。

雅利安人也像美洲的民族一樣，一直持有將社會分成幾個不同階級或階層的傾向。等級觀念世人皆知，在人類啟蒙時就已存在。即使是在美國，我們的社會總有一些不成文的偏見，從習慣性地鄙視猶太人，一直到美國南部某些州出立下黑人只能乘坐他們的專用車的條例。

紐約可以算是個包容性很強的城市了，但我從出生到現在，都沒看到過白人願意請黑人（非洲人、印度人或爪哇人）進餐。而列車上專門為我們設置普爾曼式和畫行列車，就是對我們現有的階級觀念致敬。關於哈萊姆的黑種人的階級制度，我並不是很清楚，但我卻看到許多德國籍猶太人的家庭，如果他們的女兒嫁給一個波蘭籍的猶太男人，他們會認為這是對他們的一種侮辱。由此可知，這

耆那教寺廟的大理石柱子

西印度 11世紀

圖為中世紀西印度耆那教寺廟的柱子，其底座為方形，八角形的柱身覆蓋著幾何圖案、植物、動物、神祇等形象，頂部為圓形，是典型的耆那教雕塑，印度寺廟的建築元素之一。

種「與人不同」的觀念，在人類之中是很普遍的。

但是在歐洲和美洲，等級制度並沒有發展成左右社會行為與經濟行為的定律。由這個階層到另一個階層，雖然門窗緊閉，但如果用力敲打，或有一把小小的鑰匙，或在外面敲窗製造噪音，終究會被接納。但是印度的征服階級則不同，他們將由這個階層通往另一個階層的大門用磚石堵死，各個社會團體都被永遠封閉在自己的房間裡，無法與外界來往了。

這種制度現在已經司空見慣，人們也不是剛剛用這種制度來讓自己快樂或讓鄰居不快。

印度的這種制度，是恐懼產生的結果。勝利的雅利安人的最初幾個階層，如僧侶、士兵、農民以及工人等人數自然遠不如國破家亡的達羅毗荼人來得多。他們不得不採取一種隔離政策，把黑人限制在「適當的地方」。當他們實行了這個方法以後，又變本加厲，邁出了其他種族不曾邁出的一步。他們讓人為制定的「等級」制度與宗教相連，規定佛教為三種上等階級所特有的宗教。而所謂下等階級的人則被拋棄在靈魂的領域之外。他們為了避免與出身卑賤的人接觸，因此每個階級就用儀式、禮節和宗教條例做成複雜的屏障，把自己包圍，以致於只有他們內部的人才能在毫無意義的「禁地」中找到出路。

如果你想要知道這種制度是如何佔據了日常生活的重要地位，那麼就想像一下：假如在過去的3000年中，所有人都不能在父親、祖父或曾祖的基礎上前行，我們的文明又怎麼會進步呢？個人私有財產又將會變成什麼呢？

從各方面都可以看到，印度社會與精神就要覺醒了。但到直到最近，這種改革還是會受到社會統治階級和最高階層世襲制神職人員——婆羅門的阻撓。他們是被人崇拜的宗教領袖，婆羅門教的信條也藉助他們為人所知。婆羅門可以被稱為印度的奧林帕斯山上的宙斯或朱比特，被認為是創造萬物的神靈、宇宙中一切事物的主導者。但是它只是一種抽象的、模糊的概念，普通人並不能理解。因此，人們又把他當作一個可敬的長者，他在盡職地創造了世界以後，便把我們地球上的管理權，委派給了婆羅門的代理人，這樣的代理人是天神，又或是一位魔鬼，他雖然不如婆羅門那樣地位顯赫，但也是上帝的親屬，應該受到尊崇。

人們的思想灌輸了各種幽靈鬼怪等稀奇神祕的東西，比如溼婆神、護持神以及精靈、幽靈、食屍鬼等，它們將恐怖的成分帶入了婆羅門教。人們不再認為行善是理所應當的事情，反而是為了逃避惡魔的憤怒的唯一方法。

比耶穌早6個世紀出生的大宗教改革家——佛陀認為更純正的婆羅門教可以成為高尚的宗教，他盡力讓當時流行的信條重煥生機。在一開始，他所向披靡，但是他的理想對於大多數的村民來說並不實際，太過貴族化，高深莫測。在最初的熱誠消退後，婆羅門立刻又恢復了以前的勢力。直到50年前，印度領導人才不得不承認，一種宗教如果完全建立在儀式和空虛的禮法之上，最終一定會滅亡。就像一棵外強中乾的老樹，如果不再吸收大地的養料，就會枯死。現在，印度教已經與數代以前不同了，不再是那種死氣沉

房龍地理
Van Loon's Geography

沉的靈魂枷鎖了。寺廟的窗戶都已經敞開，青年男女已經知道：如果他們仍舊像以前一樣四分五裂，那麼就無法共同抵抗外敵，如此一來就是等於自取滅亡了。在恆河兩岸，新的希望產生了。如果這些希望的種子在3.5億人民之中真正興起，那麼他們就可以在世界的歷史上翻開嶄新的一頁了。

印度雖然擁有幾個大城市，但實際上還是一個鄉村國家，71%的人民還住在鄉村之中，其餘的人口散布在你應該聽說過的城市中，如恆河與布拉馬普特拉河河口的加爾各答。它最初只是個不起眼的漁村，但到了18世紀成為了克萊夫抵抗法國的中心，發展為印度的頭等海港。當蘇伊士運河開通後，加爾各答的地位大幅降低，因為印度河區域或旁遮普的貨物經過蒸汽船裝運後，直接開到孟買或卡拉奇，比到加爾各答更方便。坐落於東印度公司所開闢的小島上的孟買，本來是打算成為海軍基地和德干高原棉花貿易的出口港。因為這裡有明顯的優勢，吸引了亞洲各地人民，並且成為波斯先知瑣羅亞斯德最後的信眾的家園。這些信眾是最富有、最聰慧的一群土著，他們將火視為聖物，絕對不可褻瀆，他們也絕對不會用火來焚燒屍體。

馬德拉斯在德干半島的東岸，是科羅曼德爾海岸的主要港口，它的南邊就是法屬的本地治裡。這是一個時代的產物，當時法國人是英國人最大的競爭對手，迪普萊克斯與克萊夫為了爭奪印度全境，導致了那次可怕的加爾各答「黑牢事件」的爆發。

但是，印度大多數重要城市都在恆河流域。西部的德里是蒙古皇帝的舊址，他為了控制中央亞細亞進入恆河流域的入口而選擇這個城市，而一旦掌控了德里，就等於掌控了整個印度。沿恆河而下，有安拉阿巴德，正如名字所示，它是穆斯林的聖地之一。在附近地區，是勒克瑙和坎普爾，它們因1857年的大叛亂而聲名遠播。

再向南，就是蒙古王朝四代皇帝的都城阿格拉，一位皇帝為了紀念他的寵妃而修建了泰姬陵。

隨後，繼續沿河而下，就到達了貝拿勒斯，這裡就像印度人的麥加或羅馬。他們不僅來這裡在聖水中沐浴，而且還會在河邊的火葬場中焚化，他們的骨灰就可以灑在最純淨的聖水中了。

講到這裡，我先告一段落。總之，印度的一切問題都與道德問題和精神問題相聯繫，當你無論何時遇到關於印度的課題，或是以歷史學家、化學家、地理學家、工程師或旅行者的身份去接觸，都會被這兩個問題所困擾。當陌生的或是新來的歐洲人，走入這個迷宮的時候，都必須小心謹慎地前行。

在尼西亞、君士坦丁堡，人們召開大會，開始著手編纂西方的宗教信條（後來這些教條征服了西方世界）。在這以前的2000年，我剛剛簡明描繪過的這個民族的祖先，已

大梵天　唐卡

圖中身騎白馬者為大梵天，它是婆羅門教的最高神，被婆羅門教視為宇宙的創造者。而在印度神話中，相傳它是從漂浮在宇宙洪水上的金蛋中孵化出來的，有求必應。

釋迦牟尼　唐卡

　　公元前500多年，悉達多在古印度伽耶村的菩提樹下開悟得道，所以被稱為「佛陀」，意思是覺悟的人，釋迦牟尼也因此成為佛教的創始人，佛教的歷史自此展開。

經定下了許多清晰明確的信條了,而這些信條依然擾亂著我們鄰居的精神,而且可能還會持續十幾個世紀。雖然我們會輕易地譴責那些奇怪的東西,認為它們是不好的。但就我所知道的印度的事物,大部分都很奇怪,它們常給我一種不安又煩惱的感覺。

不過我也知道:對於我的祖父母,我也常有同樣的感覺。

然而,我承認他們是對的,或者說並不是完全正確,但至少也不像我想像中那樣完全錯誤。這是一個很困難的功課,但是卻讓我得到了一點謙遜的教訓。老天知道,我正需要它!

泰姬陵

這座耗盡國庫修建完成的泰姬陵,是國王沙·賈汗為紀念妻子泰姬·瑪哈爾而建造的。它通體鑲嵌著珍貴的白色大理石,在晨光的照耀下玲瓏剔透、閃閃發光,雄偉的大門象徵著通往天堂的入口。

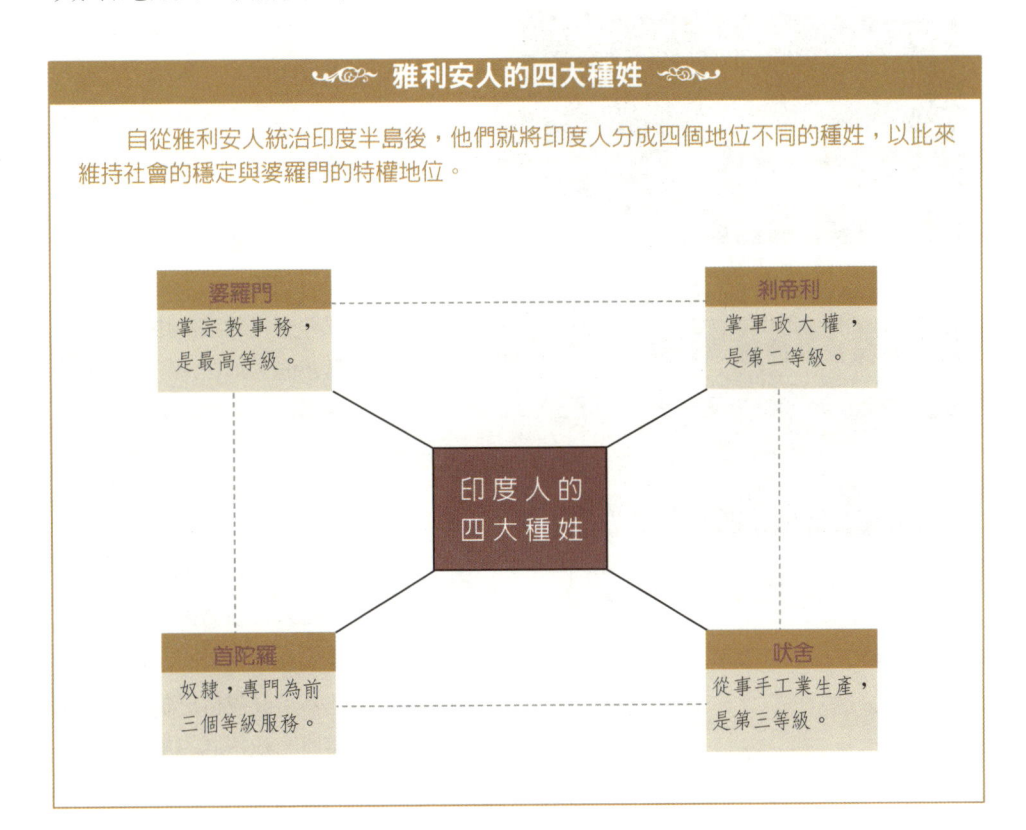

雅利安人的四大種姓

自從雅利安人統治印度半島後,他們就將印度人分成四個地位不同的種姓,以此來維持社會的穩定與婆羅門的特權地位。

```
         婆羅門                          剎帝利
     掌宗教事務,                      掌軍政大權,
     是最高等級。                      是第二等級。

                     印度人的
                     四大種姓

         首陀羅                          吠舍
     奴隸,專門為前                  從事手工業生產,
     三個等級服務。                    是第三等級。
```

第三十六章
亞洲南部的大半島

佔據亞洲另一個南部大半島的緬甸、暹羅、安南和馬六甲。

這個半島是巴爾幹半島的4倍大，共有4個獨立的、半獨立的以及附屬的古國。從西邊起，第一個是緬甸，很早以前它一直是完全獨立自主的國家。直到1885年，英國人攻佔了緬甸，在取得當地人的認可和世界上大部分國家的同意後，將當地的統治者放逐，吞併了這個國家，使這個國家變成了英國的殖民地。當時，緬甸的人民並沒有對此抗議，只有國王還在掙扎。但是國王沒有任何存在的必要，他並非土生土長，而是來自北方，又是典型的不理政事的傻瓜。而整個半島，都受到了統治階級的壓迫，其中就有地理上的原因。印度東西走向的高山，將它與北方隔斷，所以印度能夠獲得天然的保護。至於在這個不幸的半島上，5座獨立的山脈都是由北向南延伸，給那些想從貧瘠的中亞草原遷往富饒的孟加拉灣、暹羅灣和中國南海沿岸的人們，提供了幾條理想的入侵通道。在地圖中，有許多廢棄的城市和劫後餘生的村落，我們可以遇到那些來自中亞的種族。

雖然緬甸最後一位國王的命運看起來很可悲，但當你知道他為了慶祝自己加冕，恢復了亞洲一種古老的風俗——殺光自己所有的宗室成員，你就

女人的無袖連衣裙　緬甸　19世紀末

圖為緬甸東中部的一個凱倫人製作的無袖連衣裙，裙子上的白色裝飾是用一種茂密的草，即薏苡的種子製成的，而別的地方也帶有裝飾貼花和絲綢刺繡。從製作方法來說，它的剪切非常簡單，兩塊狹長的藍染棉布被縫在一起，並留出了袖子和頸部的位置。

第三十六章 亞洲南部的大半島

不會再為他流淚了。這種事情土耳其蘇丹為了王位也曾經做過，就像南美各國的總統，在競選前購買預防不測的保險一樣。在19世紀80年代，數百名宗室成員倒在血泊中的故事讓人不寒而慄。後來，英國總督代替了過去的君主。從那時開始，這個僅有3%的印度人、卻有90%的佛教信眾的國家，慢慢開始發展起來。因為伊洛瓦底河從仰光流往曼德勒的一段可以被用作航運，暢通的水路成為了貿易動脈。江上的米船、油船以及輪船的數目，遠勝於昔日。

暹羅在緬甸的正東面，達烏納山脈和他念他翁山脈將兩國分隔開來。暹羅之所以能夠繼續保持獨立，與環境有很大的關係，尤其是位於西方的英國與位於東方的法國之間的相互猜忌是主要的原因之一。而對於暹羅來說，最幸運的是它有一個好國王。18世紀後半葉，曾經有一個中國人曾經從緬甸手中拯救了暹羅，他的後代，就是在位40多年的楚拉隆克恩國王。他很聰明地利用自己西方的鄰居，來抵抗東方的鄰居，同時又利用無足輕重的讓步來維持它

暹羅 海報

暹羅是泰國的古稱，它在文化上受到了中國文化和印度文化的雙重影響，全民信奉佛教。本圖是古代泰國旅遊的宣傳海報，可以看到頭頂金色寶塔、手部和頸部帶著金色飾品的人面鷹身形象，這是泰國傳說中的神靈形象。

的地位。更重要的是，他從不聘請英國或法國的顧問，而只從沒有威脅的小國中挑選專門的人才。在開明的統治下，暹羅境內文盲率已經從90%減至20%。他設立大學，修建鐵路，疏通了湄南河，使其400多英哩的流程用於航運。他更建立了健全的郵政系統和電報系統，擁有訓練精銳的軍隊，使自己的國家成為其他國家羨慕敬仰的同盟，以及令人畏懼的勁敵。

曼谷位於湄南河三角洲上，有將近百萬的居民，大多數人民都居住在河中的木筏上，讓曼谷有了東方威尼斯般的風景。暹羅並沒有閉關鎖國，禁止外國人民進入，反而鼓勵中國工人遷往他們的首都。直到現在，中國工人的數量已達到曼谷人口總數的1/10，他們為暹羅成為最重要的稻米出口國作出了巨大的貢獻。暹羅內陸覆蓋著價值不菲的森林，柚木就是一種重要的出口品。因為暹羅統治者的幸運與明斷，始終在馬六甲半島佔有一席之地，這裡是世界上最富有的地方之一。

總而言之，暹羅都一直反對國家工業化。在熱帶地區的人民，將來或許要永遠從事農業及其他簡單的追求，如果他們願意一直從事這種職業的話。暹羅似乎也像亞洲其他幾個國家一樣，認為這種政策是非常必要的。只要亞洲仍然保持著村莊和田地，就任憑歐洲去發展工廠吧！這種村莊與田地，或許與西方國家不同，但卻很符合東方人的性

格；但至於工廠，就和他們的性格合不來了。

暹羅的農業，與其他國家略有不同。這個國家除了有中國人飼養的100萬頭豬以外，還有足以誇耀的600萬頭馴良的水牛和6822隻大象。它們可以被用於家政服務，也可以租給別人來搬運貨物。

法屬印度支那——這個名稱通常針對半島上所有的法國領土而言——包含五個部分。南北走向的是柬埔寨，它佔據了湄公河流域及其三角洲，那裡盛產棉花和辣椒，名義上雖然仍然被稱做王國，實際上已經由法國管理了。在它的內陸洞里薩湖以北茂密的森林之中，有幾個曾被掩蓋的遺跡，由一個叫做高棉的神祕民族所建立，關於這個民族我們所知極少。9世紀時，高棉人在柬埔寨北部建立了自己的首都，名叫吳哥。這個工程相當浩大，城牆和城池為正方形，每面都長於2英哩，高於30英呎。最初，高棉人受到印度傳教者的影響，都信奉婆羅門教，在10世紀時又以佛教為國教。這種由婆羅門教轉為佛教所激發的精神，被充分地表現在了大量修建廟宇的活動中，這些廟宇都建於12世紀至15世紀之間。15世紀時，首都吳哥雖然被摧毀，但還是留下了非常偉大的建築物遺址，我們有名的瑪雅工程如果與它相比，簡直是頭腦簡單的學徒創作。

有一種理論說，在湄公河三角洲形成之前，吳哥原本建築在海面上。這樣說來，這裡的海面已經後撤了300英哩，這種情況真的非常罕見。因為在關於海面縮退的史料記載中，拉文納的海面縮退了5英哩，比薩的海面縮退了7英哩，而其他地方沒有超過這一記錄。而吳哥那邊的海到底為什麼會這樣，恐怕永遠是個不解之謎。這裡曾經有一座城市，它在當時的重要性就像現在的紐約。然而這個城市現在已經消失了，變成了明信片上的圖畫了，以一便士一張的價格賣給前往巴黎的殖民地展覽會參觀的客人。然而這裡曾經是文化的中心，那時的巴黎還只不過是個擁有幾間茅屋而已的小村落。然而現在看來，真是滄海桑田。

至於湄公河三角洲，現在已經成為法屬交趾支那的一部分。1867年，法國佔領這裡，那時他們在墨西哥遠征中慘敗，法國便想藉由這裡重振威望。這裡有一個非常完美的港口，就是西貢。數千名法國官吏在西貢管理著400萬交趾支那的人民，政府極力使他

陶瓷賭博籌碼　泰國曼谷　19世紀

圖為從19世紀早期到1870年，在泰國首都曼谷的賭場所生產的陶瓷籌碼，它主要被用於櫃臺的小額交易，並逐漸取代了同時期的銀色金屬硬幣和貝殼貨幣。在籌碼的綠色那一面，有四個粉字白邊的漢字，顯示了發行人的名稱與公司。

們相信在做完艱難的工作之後可以回到家鄉享受榮華富貴。

從交趾支那向東,就是一個叫安南的國家,它在1886年以後受到了法國的「保護」。安南的內陸盛產木材,山脈縱橫,而且沒有方便通暢的大路,維持著未開發的狀況。

東京(越南北部一個地區的舊稱)是北方一個非常重要的地區,因為這裡不僅有一條很好的河流——沱江,而且還出產煤、水泥以及棉花、絲綢和糖。在1902年以後,首都河內成為法國的印度支那政府所在地。除了剛才所說的4個國家外,還有內陸一塊狹長的地方,它於1893年被法國吞併,我之所以提到是出於統計學的需要。這個大半島的最南端分為兩個部分。一部分被稱為馬來聯合王國,包括受英國保護的4個小公國,剩下的地區為王屬殖民地,行政上被稱為海峽殖民地。這裡對於英國掌握馬來半島相當重要,因為這裡的山嶺(有些高達8000英呎)蘊藏著非常豐富的錫礦,而且氣候又適合各種熱帶植物自然生長。橡膠、咖啡、胡椒、麵粉及棕兒茶等都大量地從馬六甲海峽的檳榔島和新加坡,出口到世界各地。新加坡有50萬以上的居民,位於一個小島上,可以控制四面八方的航海路線。

新加坡也被稱做獅城,幾乎和芝加哥一樣古老,是由著名的斯坦福·那佛勒斯爵士所建。當荷蘭還是拿破崙帝國的一部分時,他在荷蘭殖民地服務,預見了新加坡在軍事上的重要性。新加坡在1819年時,還是個寸草不生的荒地,現在已經擁有50多萬居民,是亞洲各地區人民的種族和語言的匯集地。這裡築有堅固的要塞,就像直布羅陀海峽一樣牢不可破,又是連通暹羅與曼谷的鐵路的終點,不過這條鐵路還沒有跟緬甸的仰光相

鍍金青銅濕婆像 柬埔寨 11世紀

圖為古代高棉帝國的印度教神祇濕婆的鍍金青銅雕像,它的額頭上應該有第三隻眼,而在它的右手,還應該持有濕婆特有的武器——三叉戟,但是現在已經下落不明。而其寬大的臉龐、明確立體的嘴唇和眼睛、寬鬆的王冠則是高棉雕塑的風格特色。

通。如果將來東西之間爆發不可避免的衝突，新加坡一定會佔據著非常重要的地位。新加坡人瞭解這種情況，所以開設了許多酒吧，富麗堂皇，聲名遠揚，每年賽馬會的花費幾乎與都柏林相等。

割膠法　1888～1911年

圖為新加坡種植園的主管亨利・李雷在展示割膠法，這是他發明的一種在樹皮上切出人字形的切口來收集溢出的樹汁的方法，據說使用這種方法，可以讓受損的樹皮快速復原。

緬甸、暹羅、安南、新加坡

在亞洲南部的大半島上，有4個獨立的、半獨立的以及附屬的古國。分別為緬甸、暹羅、安南和新加坡。

	現稱	首都	語言	貨幣
緬甸	緬甸	內比都	緬甸語	緬幣
暹羅	泰國	曼谷	泰語	泰銖
安南	越南	河內	越南語	越南盾
新加坡	新加坡	新加坡	英語、華語等	新加坡元

第三十七章

中 國

東亞大半島。

中 國	
中文名稱：中華人民共和國	所屬洲：亞洲
首都：北京	主要城市：上海、廣州、天津
官方語言：漢語	貨幣：人民幣
時區：東五區至東九區	國家代碼：CHN
國歌：〈義勇軍進行曲〉	國花：牡丹

　　中國是一個幅員遼闊的國家。其邊境線長達8000多英哩，幾乎與地球直徑相等，國土面積比整個歐洲還大。

　　中國的人口數量佔全球人口總數的1/5，當歐洲人的祖先將藍色的顏料塗在臉上、用石斧狩獵野豬的時候，他們就已經知道如何使用火藥、如何寫字了。這樣一個大國，要想在幾頁之中充分清楚地講述，是不可能的事，所以，我只簡單概述一下。至於詳細情況（假如你有興趣），以後你可以自己填補。關於中國的記載資料非常多，幾乎可以擺滿兩、三個圖書館了。

　　中國與印度一樣是半島，只不過是半圓形而不是三角形。在另一個重要方面，又和印度不同，中國沒有高大的山脈可以讓它與外界隔絕。相反地，中國的山脈都像五指一樣向西伸張，這就導致了黃海沿岸富饒的中國平原永遠敞開著大門，任由中亞的野蠻民族出入。

　　為了克服這個不利的形勢，公元前3世紀（正好是羅馬與迦太基爭奪地中海霸權的時代），一位中國皇帝修建了一座高大的城牆，長1500英哩，寬20英呎，高30多英呎，從遼東灣直達戈壁沙漠以西的嘉峪關。

　　這個巨大的屏障很光榮地盡到了職責。17世紀時，它在滿洲人的猛烈攻擊下坍塌。一個要塞能矗立2000年之久，確實非同小可。現在我們建築的要塞，10年之後也就沒有

房龍地理
Van Loon's Geography

什麼作用了，除非再花費大量的錢財重新修建。

在寫這本書的時候，中國剛好是一個巨大的圓形，南部的長江和北部的黃河將它分成大致相等的三大部分。北部，即北京的所在地區，冬季很冷，夏季也很炎熱，人民只能吃小米，沒有稻米可吃。中部因有祁連山脈抵抗北方吹來的寒風，氣候比較溫暖，人口也很稠密，這裡的人民食用稻米，而不清楚穀粒的形狀和味道。第三部分為華南地區，冬季溫暖，夏季炎熱潮溼，出產各種熱帶植物與果蔬。

華北地區又分兩個部分：西部山區與東部平原。西部山區是有名的黃土帶。黃土是一種質地良好的土壤，顏色為黃灰色，土質非常酥鬆，天上降下的雨水落到地上就會立刻消失。小溪與河流衝刷出深邃的峽谷，使各地往來舉步維艱，就像在西班牙境內。

東部平原在渤海灣沿岸，渤海灣因為黃河攜帶的淤泥充塞，不能通航也沒有更好的港口了。稍稍向北一些，又有一條比黃河小的河流，在航運方面毫無意義，它與「北京的芝加哥河」——這個大的排水運河是中國首都的汙水排放溝——並非同一條河。

但無論如何，北京是個古老的城市，歷經興衰。986年，它被韃靼人攻陷，改名為南京或「南都」。12世紀時，中原人將其收復，不過並沒有把都城建在這裡，而將其改為二等省會，名為燕山府。半個世紀後，它再次被另一支韃靼部落所佔領，名稱被改為中都。百年之後，成吉思汗攻佔北京，然而他不想在這裡過著安逸的生活，而是仍然嚮往蒙古沙漠中心的帳幕。不過他的繼承者忽必烈就不同了，他重建北京的廢址，將

青銅樽 約公元前13世紀～前12世紀

圖為中國商朝的青銅酒器，應該被用於儀式中，樽上有一對公羊，形象十分逼真，是當時中國南方裝飾形態和風格的表現。在中國古代器皿中，大部分都是用公羊裝飾的，其製造方法應該是首先鑄造羊角，然後再插入鑄造的模具當中。

第三十七章 中 國

北京 版畫 17世紀

　　早在西周時期，北京就是燕國的都城。直至金朝，北京成為了古代中國的首都，元朝忽必烈也在此定都。明成祖之後，北京被大規模擴建，清末時已經成為當時世界上最大的城市之一，擁有眾多名勝古蹟和人文景觀。

　　它的名字改為燕京，但在那時，燕京的蒙古語名稱甘巴努克或「可汗之城」更為著稱。

　　此後，韃靼人又被逐出，明朝第一代皇帝即位。燕京變為了北京。從那時開始，北京一直是中國的統治中心，但它與世界其他地方相隔遙遠。直到1866年時，一位歐洲使節奉命進入北京，還有一個貴族——他的父親曾經贈給大英博物館埃爾金大理石石雕——被允許進入北京。

　　這個城市在最興盛時，肯定異常龐大。它的城牆厚達6英呎，高度將近50英呎，有防禦用的正方形塔樓和大門，壁壘森嚴。城內就像個迷宮，其中又包含了好幾個小城，小

房龍地理
Van Loon's Geography

城之中又有小城,有一座皇城、一座滿人城和一座漢人城,19世紀中葉以後,還有外國城。

1900年義和團運動爆發之前,外國的外交代表都居住在他們自己的小區域內,這個小區域正好在滿族人居住的區域與漢人之間。圍攻發生後,這片外交區域就建築起了堅固的防禦工事,駐紮各國軍隊,以防止再次發生這種不幸的事件。當然,北京也有許多宮殿和廟宇。不過在這裡我所要關注的,是中國人和印度人氣質上的差異,這種差異可以解釋中國和印度為什麼只在過剩的人口方面有相同之處,但是其他地方都完全不同。

印度人始終把神視為至高無上的,就算是貧困的農民也傾其所有能力來建造巍峨華美、造價高昂的廟宇。婆羅門的口號是「為了公共利益,一分不出;為了天神,則傾其所有。」中國人名義上雖然信奉佛教,其實無論是莫特大街的洗衣匠,還是有權有勢的清朝官僚,都受到了古代聖人孔夫子的影響。在公元前6世紀後半葉,孔夫子已經宣揚他的理論,教育人們不要花費無數時間去空談來世。中國皇帝將他大部分的收入,用於公共事業的改善上,以及運河、灌溉、堤壩、河流的修繕上,這些都出自孔子「慎行」的觀念。至於廟宇和聖殿的花費,只要不讓天神覺得被藐視,那樣就足夠了。

古代的中國人,是一個擁有非凡藝術天賦的民族,他們所花費的精力,比恆河流域的人民少,但成就卻遠比他們大。前往中國旅行的旅行家,沒有看到

三教圖 丁雲鵬 明

圖為明代丁雲鵬繪製的《三教圖》,圖中釋迦牟尼坐在菩提樹下,正在雙目低垂,似乎正在認真思考;釋迦牟尼之右、頭戴峨冠的人是孔子,他對中國傳統文化有著深遠的影響;釋迦牟尼之左是老子,他身著褐色布袍,似乎準備隨時發問。本圖將佛陀、孔子、老子三個人物放在一個畫面中,印證了明朝三教合一的思想。

第三十七章 中國

任何能與印度巨大的建築相比的東西。只有北京以北約60英哩的明代皇帝的陵墓，有幾個動物塑像守護庭院。另外，還有一些大型佛塔。其他建築雖然樸實且比例得當，但都不算大型。奇怪的是，中國藝術比印度藝術更受到西方人的歡迎。中國的繪畫、雕刻、陶瓷、漆器，非常適合用在歐美人的房屋裡。至於印度的裝飾，反而破壞了和諧，並不能得到西方人的重視，這點即使在博物館裡也是這樣的。

中國對於現代的商業世界至關重要，因為中國蘊藏著豐富的煤礦，又有世界第二大鐵礦。等英國、德國和美國的礦藏消費殆盡的時候，我們還可以到山西省去挖煤取暖。

直隸的東南方為山東省，山東半島因此得名，它將渤海灣與黃海分開。除了黃河河谷，山東境內有很多山峰。黃河原本向南流入黃海，卻於1852年忽然改道，而這也表明了中國的洪水才真正稱得上洪水。我舉個例子來形容黃河的改道，假設萊茵河忽然流入波羅的海，或塞納河不流入比斯開灣而是流入北海。17世紀以來，黃河十多次改變了入海口，即使是現在的河道，我們也不能確定將來是否改變。在其他地方，堤壩對於約束河流、制止氾濫，發揮了很好的作用，但對於黃河和長江這樣的河流，就變得毫無用處了。1852年，黃河衝垮了堤壩達50英呎，彷彿撕斷一張薄紙那樣毫不費力。

然而還有其他因素促成河流的災害。你一定聽過中國人被稱為黃種人，一定也看過報紙上的「黃禍」標題。我們總是把黃色和中國人的膚色聯繫在一起。但是中國帝王自稱皇帝，意思是黃色地球的主宰，他們著眼於人民所居住的這片土地，而不是土地上的人民。黃河攜帶著高原上的黃土把華北的所有東西染黃，比如河水、海水、道路、房屋、田地以及男女服飾。這個民族之所以有黃種人之稱，想必也是這些黃沙的原因，其實這個種族相比西方城市的居民也黃不了多少。

13世紀時，一位皇帝下令開闢了一條運河，連接了黃河與長江，其目的是使人民由華北遷往華中和華南時，不用冒航海的危險。這條運河長1000英哩，出色地完成了它的使命。直到1852年，在黃河由黃海改道渤海灣時，這條運河被沖毀。不過這條世界最長的大運河，的確可以表現出中國古代帝王的高瞻遠矚。

讓我們再次回到山東半島，這裡的海岸是由堅硬的花崗岩石構成的，為幾個重要海港的形成奠定了基礎。如威海衛，直到最近還在英國的掌握中。而英國人之所以向中國租借威海衛，是因為當時俄羅斯佔據了渤海灣另一邊的亞瑟港（旅順），將其作為海軍根據地和西伯利亞支線的車站。租借條約規定，只要俄羅斯從遼東半島退出，英國應該立即撤退。但1905年日本攻取亞瑟港時，英國人依然不把威海衛歸還給中國。德國不甘落於人後，於是便攻佔了稍南一點的膠州灣和青島，這兩個地區都在山東半島。這就表示，世界大戰在遠東也開始打響了。德國人與英國人經常為了不屬於自己的東西而開戰，而日本算是鷸蚌相爭，漁翁得利。

為了向中國人示好，英國和德國分別把威海衛和膠州灣歸還給了中國。但如果日本奪取了滿洲，那麼舊戲恐怕又要重新上演了。其詳細情形，我會在下文中為大家講述。

在中國東部，華中有一片廣大而肥沃的平原，實際上是北部平原的延長，只不過其

房龍地理
Van Loon's Geography

兩江名勝圖

明 沈周

在這幅描繪長江、淮河兩岸的名勝風景的畫作中，沈周用筆質樸而凝重，將繁筆勾皴的山巒和簡筆勾勒的屋宇形成了疏密的對比，使畫面產生強烈的裝飾美感，營造出詩意盎然的境界。

中有些山嶺而已。長江蜿蜒曲折地繞過這些山脈，最後流入東海。長江途經的四川省的面積幾乎與整個法國相等，這裡有非常肥沃的紅土，人口數量也比法國多。不過這裡有幾座南北走向的山脈，使它與外界完全隔絕。因此，白人幾乎很少涉足，而四川省與中國其他地區相比，人口更多。

長江入海的沿途，進入的第二個省為湖北省，是著名的漢口的所在地。漢口在1911年時是大革命的中心，這次革命最終的結果是：推翻了清王朝的末代皇帝，世界最古老的帝國變成了共和國。在到達漢口之前，長江可以行駛排水量不超過1000噸的海上輪船，漢口至上海這一段因此成為華中地區的商業大動脈。上海是中國的國際貿易中心，是1840年至1842年中英鴉片戰爭結束後，對外開放的首批港口之一。

戰火中的武昌城

1911年10月11日，革命軍在湖北武昌發動了起義，吹響了各省脫離清政府的號角，在隨後的幾個月內，十幾個省份紛紛建立軍政府，史稱辛亥革命。圖為武昌起義中北洋軍炮轟武昌時起火的住宅。

長江三角洲以南有杭州，蘇州在三角洲的東部，這個名稱中暗含茶葉的意思，含義確實非常恰當。長江下游的土壤極其肥沃，位於三角洲起點的南京長久以來不僅是華中最重要的大城市之一，而且是中國皇帝的居住地。

南京有悠久的歷史，並且它位於廣東至北京的中間，不會直接受到外國大砲的威脅，戰略位置相當重要。在我寫這本書的同時（1932年1月3日0點7分）已經成為中國「法定」政府的所在地了。

至於華南的大部分都是山脈，雖然出產茶葉、絲綢、棉花等產物，但相對於中國其他地區還是相當貧窮的。過去，這裡曾經森林密布，但後來森林全都被伐光了，泥土被雨水沖走，只留下光禿的石塊，造成了這裡的人民紛紛往世界各地移民。不過目前為止，世界上還沒有一個國家，頒布了限制中國移民的法律條例。

華南地區最重要的城市為廣州，這裡是中國主要的進口港，而與它相對應的上海，是面對歐洲最重要的出口中心。珠江口上（這個城市位於內陸地區，方圓數千公尺）有兩個外國領地，右岸為澳門，是葡萄牙在中國僅存的殖民地，現在只是東方的蒙特卡羅而已。另一處為香港，英國在鴉片戰爭時期奪取它。

在華南遠離海岸的兩個島嶼中，海南島仍然屬中國所有，但是古老的荷蘭殖民地福

房龍地理
Van Loon's Geography

爾摩沙（臺灣），從1894年至1895年的中日戰爭以後，已經被日本統治了。

90%的中國人在過去、現在、將來或許一直都會是農民，他們一直以來都是自給自足，如果遇到收成不好，就難免會忍飢挨餓了。但是，現在已有48個港口與國外通商，主要出口絲綢、茶葉和棉花。奇怪的是，他們並沒有出口鴉片。中國皇帝極力設法避免人民受到鴉片的侵害，以前的罌粟田也漸漸變為棉花地了。

相對於其他民族，中國人民在建設鐵路的問題上，有相當長時間的爭鬥。他們尊敬父母與祖先，害怕工程師的到來擾亂了地基之下祖先的清靜。1875年，在上海到吳淞口之間修建的幾千米長的鐵道，引起了激烈的反對，被命令立刻停止運行。即使是現在的中國鐵道，還要避開墓地而繞一個大彎。不過，現在已經有數萬公尺的鐵路投入使用，而濟南附近的黃河大橋則是世界上最大的鐵路大橋。

中國對外貿易的60%是由英國及其殖民地來掌控的，這也許可以解釋為什麼英國不得不停止對當時中國人實施以往殘暴的政策了。如果英國的貨物被天朝勤勞的工人抵制一天，那麼就要損失數百萬美元。與一個代表全人類1/5人口的利益的消費者保持友好的關係，才是最聰明的政策。

中國人的遠祖出現在這個混沌的世界時，就一直在中國心臟的西北部黃河兩岸繁衍生息。這片肥沃的黃土地，在農業民族的眼中，有著重要的價值。此外，黃土可以解決人們居住的問題，可以倚靠高山找一個便利的地方，挖出一個房間居住，而且完全不用擔心牆壁透風或屋頂漏雨。

長江萬里圖部分　吳偉明

圖為吳偉傳世水墨寫意山水畫中僅見的長卷巨製，此作品描繪了長江沿岸的風光，用筆簡逸蒼勁、一氣呵成，營造出浩蕩而含蓄的意境，構圖則起伏多變、富含生機，盡顯長江沿途的壯麗雲山、城鄉屋宇、江上風帆等。

第三十七章 中國

人面魚紋圖　西安半坡
新石器時代

圖為仰韶文化的繪畫藝術的代表作之一，屬於黃河中游地區的新石器時代文化。在這件彩繪陶盆中，內壁繪有人面魚紋，其中人面呈圓形，有三角形的鼻子，嘴上銜著一條魚，頭上戴著錐狀的帽子，形象生動逼真，富有質樸的藝術魅力。

　　根據很多熟悉此地情況的旅行家記載，在這裡有許多人口稠密的地方，但是不到清晨是看不到人類居住的蹤跡。當早晨太陽升起的時候，男女老少都像爬出洞窟的兔子似的，開始一刻不停地到處尋找食物，直到暮色降臨，又隱藏到山洞中去了。

　　中國人擁有了這些山脈以後，便向東遷移。異常活躍的黃河也將山區數百萬噸黃土帶到了平原，使平原更加肥沃，即使平原上有幾百萬人口，也完全可以衣食無憂。中國人順流而下，在公元前20世紀（羅馬城建立前1500年）到達長江，帝國的中心也由黃河區域移至華中大平原。

　　耶穌誕生前四、五百年，中國出現了三位偉大的宗師，分別是孔子、孟子、老子。當這三位偉大的哲學家出現時，中國人的宗教觀念是什麼樣子的，我並不知道。不過，大自然總是受到人民的崇拜，而依賴大自然為生的人民們，沒有不崇拜它的。從適用於基督、佛陀、穆罕默德的這句話來看，孔子、孟子、老子這三位哲學家，都不算是宗教的創立者。

　　他們只是根據人的接受能力來宣傳道德準則，它並不高級，但是有巨大的發展可能性，對人們講述多做善事，或是接受長輩和賢能者的教導。從基督教的觀點看來，這三個人宣傳的是一種世俗的實利主義的觀念，會受到指責。他們都不強調謙讓或溫馴，也並不宣揚行善以贖罪，他們知道平常人做不到這種高尚的行為。而他們似乎在懷疑，這種行為準則是否能為社會的利益服務。因此，他們提倡一種理論：犯錯就應該得到懲罰，欠別人的債就應該償還，遵守契約，尊重和懷念祖先。

　　這三位中國哲學家傳播觀念的範圍雖然非常小，但是中國的每個人都受其感染。我並不是說這種思想比歐美的宗教是好或壞，但是這種觀念也有許多實際的好處。它至少給予了這個包含四億人民、持幾十種方言（一個來自北京的中國人很難聽懂南方人的語言，就像一個瑞典人和一個義大利人在交談）、生活在完全的不同環境之下的民族一個共同的東西——那就是對待人生中的挫折特有的果敢態度，這是一種適用於各種生活的

人生哲學，能讓處在社會底層的人忍受艱辛的工作，即使這種工作將會使一般的歐美人士斃命或自殺。

這種思想並不深奧，幾乎人人都能明白。我只要講一講中國人在他們4000年的歷史中成就的同化事跡，就足以證明。這種事跡不合情理，也非常驚人。10世紀時，中國成為了有史以來最大的帝國——領土範圍西起波羅的海，東達太平洋的蒙古帝國——的一部分。所有的蒙古帝王最後都和忽必烈一樣，變成了中原人。在蒙古人統治之後是明朝，它是漢族人建立的最後一個純粹的朝代。之後，統治這個國家的是韃靼親王，他來自滿洲，是清朝的開山鼻祖。中國人不得不留起了長髮，編上辮子，把頭上剩餘的地方剃掉，以示屈服於他們的主人。但是沒多久滿洲人比漢人更像漢人了。

滿洲人入主中原以後，中國天下太平。朝廷施行了完全閉關鎖國的政策，嚴防海港，以防禦西方的入侵者，中國文明有了一個喘息的機會。但在這段期間，中國更為徹底地冥頑不化，政治制度比革命前的俄羅斯還頑固，文學的發展被完全凍結起來，就算是他們無可匹敵的藝術也像古君士坦丁堡的鑲嵌工藝一樣停滯不前。科學毫無進步，假如有人偶爾發明了一些新奇的東西，就會立刻被人唾棄，認為這是可笑並且愚蠢無用的東西，就像美國軍醫處認為麻醉藥既新鮮又可笑而不願意使用一樣。由於中國與外界完全隔絕，完全沒有機會瞭解其他國家的情形，所以中國人總相信自己的方法是最好的，自己的軍隊是最強的，自己的藝術是人類最高尚的藝術，自己的風俗習慣比任何國家的風俗習慣都要高貴，以致於用他者相提並論都是可笑的。這種排外的政策，在其他國家中也曾經溫和地實行過，但中國卻完全毀於排外政策之中。

老子授經圖 任頤 清

圖為老子為人講經的情景，其中鬚髮皆白者為老子。老子，又稱老聃、李耳，是中國古代偉大的哲學家和思想家，也是道家學派創始人，被道教尊為道祖，對中國哲學有著深遠的影響。

第三十七章 中國

　　16世紀前半葉以後，中國人因為看到了與歐洲通商可以獲得利益，就允許少數葡萄牙人、英國、荷蘭的「外國魔鬼」在太平洋岸邊的兩、三個口岸上居住。但那些不幸的外國人對他們的社會地位和待遇都相當不滿，他們被當成一位穿著體面的混血醫生對待，被迫與那些維吉尼亞的首批定居者的代表團同船出行。

　　1816年，英國派阿默斯特爵士（傑弗里·阿默斯特的侄子，他於1817年在聖赫勒拿島會見拿破侖）去請求中國政府，要求改善英國商人在廣州受到的嚴苛待遇，他被告知如果要朝見皇上，就要看他是否願意在皇位前磕頭。所謂磕頭，直接的意思就是「在皇位前的地板上，用頭在地上叩三下」，這種事情只有一位荷蘭船主願意做，因為他只要磕了頭，就可以把足夠的茶葉與香料帶回去，以此安度餘生。但英王的代表有不同的想法，阿默斯特果斷地拒絕了，最後他被擋在了北京城的門外。

　　同時，歐洲藉助詹姆斯·瓦特的發明，以及應用汽船以探索這渺小的地球，他們逐漸強大富有，產生了佔領新領土的強烈欲望，中國自然成為了他們的第一個目標。戰爭爆發的導火線，對白人的尊嚴實在不算愉快，尤其對於1807年降生的那些白人更是如此。此時，歐洲第一位傳教士莫里森到了廣州，他將基督教的偉大之處以及為何應給予它機會告知中國人。但是那些滿族統治者（實際的一個中國管理者）心地狹窄且固執不化，依然遵循著孔子的教條，堅決抵制人民沾染禍害無窮的鴉片。但英國印度公司，卻售賣數百萬磅的罌粟種子給長江及黃河流域的人民。英國印度公司堅持將鴉片輸入到中國，而中國政府又拒絕這種貨物上岸。對鴉片與厭惡的情感，最終釀成了1840年的鴉片戰爭。在此次戰爭中，中國人驚詫萬分，他們決不是他們認為的那些微不足道的外國人的對手，在閉關鎖國長達幾百年後，他們已經遠遠落於人後，是否能夠追趕上還是一個疑問。

職貢圖部分　任伯溫 元

　　圖為遊牧民族入元朝進貢寶馬的情景。1271年，忽必烈建立了元朝，其疆域空前遼闊，遊牧民族也紛紛前來進貢，比如圖中的人就進貢了寶馬，全畫均以線條勾勒，連綿流暢，造型、膚色幾乎全用唐人之法，古樸雅緻。

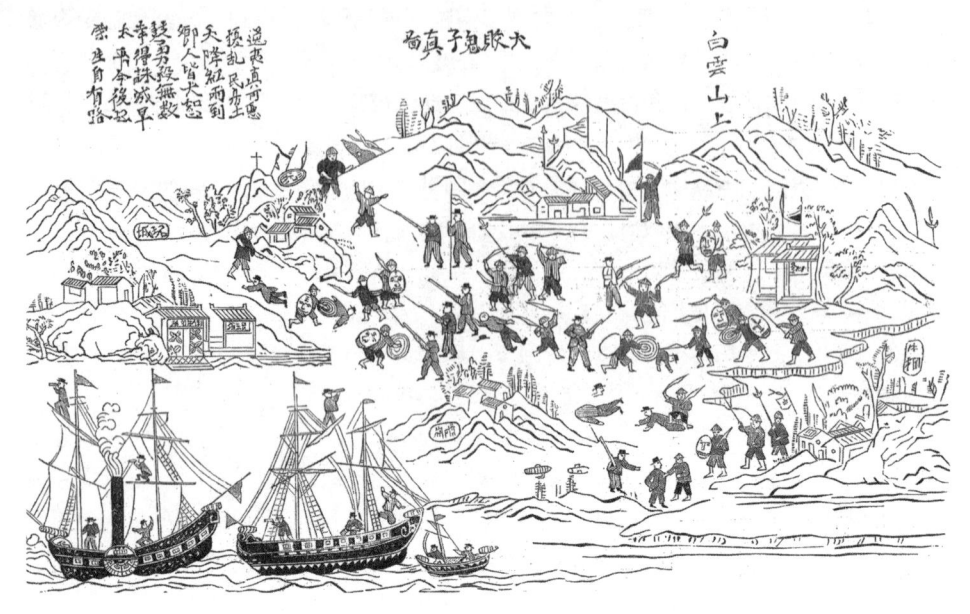

鴉片戰爭

1840年,英國侵略者向中國發動攻擊,由於這次戰爭是英國殖民主義強行向中國傾銷走私鴉片引起的,故史稱鴉片戰爭,中國自此開始由獨立的封建國家逐步變成半殖民地半封建的國家。

這種擔心變成了現實。從鴉片戰爭以後,中國一直就在西方人的掌控之下。但習慣了農耕、任憑外界翻天覆地的中國人已經向外界證實:他們已經意識到了國家的問題。而第一次不滿暴發,是在80年前。他們把國家不幸的痛苦都歸罪於「外來的」清朝政府,高舉旗幟,要求解放。

當滿洲人正在與英法聯軍戰鬥時,華南爆發了太平天國運動。起義者剪去辮子,剃了光頭,以示反抗。但是,聯軍的軍隊實力非常強大,最初由一個叫華德的美國工程師指揮,後來由一個叫查理·喬治·戈登的英國人(他忠誠地信奉著基督教,又是一個知識淵博的神祕主義者)指揮,窮困無力的革命黨無法抵抗,他們選出來代替滿洲人的「皇帝」和他的妃子,在南京的宮中自焚了,數十萬人被處死。戈登回到英國,專注於慈善事業與宗教事業,在尚未領軍時享受安逸的生活,為之後的悲慘結局作好準備。關於這一段故事,在非洲一章中你就可以知道了。

後來,在1875年,滿洲人與德國人之間發生小小的摩擦,於是德國人就派遣了一支海軍艦隊前往中國海岸清除海盜。在1884年到1885年之間,清政府與法國再次爆發戰爭,此次戰爭的代價,就是失去交趾支那與東京。1894年,中國與日本開戰,經過了一場完全歐化的戰爭,中國割讓了臺灣,戰爭才宣告結束。

隨後,歐洲各國大舉入侵軍事戰略要地。俄羅斯佔領亞瑟港,英國佔領威海衛,德

國奪取了膠州灣，法國奪取了湄公河左岸的香黃。一向在外交政策上搖擺不定（他們總是假作多情）的美國，則向歐洲各國空談保持「門戶開放」的策略。當歐洲各國地處大洋彼岸的表親未關注這裡時，他們就將竊取的土地變成堅固的炮壘，並且緊閉門戶。

富有耐心且天生勤勞的中國人，一直都處在被人左右的境地，於是開始接受事實。他們堅決認定，他們的恥辱與痛苦都應該由外來的清朝政府負責，於是，他們便在1901年發起了悲壯的義和團起義。他們最初的目標，是要誅殺德國大使（他們藉口德國大使先打了一個中國人），然後圍攻了北京的外國大使館。結果俄、日、英、奧、德、意、法、美數國軍隊往那裡進軍，以解救被圍困的外國區域與各國的大使及其家屬。

他們為了報復，洗劫從未受到任何襲擊的北京。皇城中心的紫禁城也被攻陷，紫禁城中被視為極其神聖的東西無一倖免。德國統帥到達時，帶了兩萬多名士兵（那時戰爭已經停止了，劫掠卻正在進行），德國國王命令他「沿著匈奴的腳步前進」——這樣的不幸在十幾年後，卻降臨到了德國身上。實際上，這句話是威廉下達的惡劣的命令，雖然他那時不像現在這樣殺人如麻。

在支付了巨額賠款，又受盡了歐洲列強的侮辱之後，中國人在1911年又發起了起義，這次反抗成功了，滿族政府被推翻了，這時中國變成了一個共和國。

中國人在這次事件之後學到了教訓，知道西洋各國對於孔子的著作根本就沒有興趣，他們最關注的只是鐵礦、煤礦和石油的特許權。因此，無論哪個國家擁有這些寶貴的資源，要想使財產絕對安全，就最好將它們沉入海底。總之，中國已經開始模仿日本，而「西洋化」又是模仿日本最快捷的方式。於是，中國便在世界各地聘請教師，這些人主要來自日本，因為日本是中國的鄰居，而且交通便利。

同時，俄羅斯已經開始實施他們的野心計畫，想要將這片世界的1/6改造成工業國。俄羅斯是中國的近鄰，中國的勞工生來就進行著勞苦的工作，這些困苦的勞工，無論被誰統治，無論是英國人、法國人或日本人，俄羅斯總會暗中在他們耳邊竊竊私語。

這種思想上的衝突、計畫及情感的結果，都使世界大戰以後的中國處於混亂的狀況。在世界大戰中，中國被迫加入協約國，而結果又和以前一樣，一無所得，反而大受損失。

我不是先知，不知道今後的10年或15年中

洪秀全

圖為太平天國的創建者洪秀全，他在1851年1月11日發動了太平天國運動，建國號太平天國，自稱天王，這場運動也是幾千年來中國農業運動的高峰，對於後世有著深遠的影響。

會有什麼事件發生。也許中國還會一直保持現狀，因為中國覺悟得太晚了，無法趕上世界的腳步。不過如果它能趕上，仁慈的上帝就應該要可憐我們，因為到那時，我們就要支付數額龐大的支票來償還！

中國古代王朝簡表

根據相關資料，中華民族形成於夏、商，此後，在古老的土地上，朝代更迭不斷，中華文化在長達幾千年的歷史中逐漸形成。

朝代			起止時間	創建者
夏			公元前2070～前1600年	姒啟
商			公元前1600～前1046年	子湯
周	西周		公元前1046～前771年	姬發
	東周	春秋	公元前770～前476年	姬宜臼
		戰國	公元前475～前256年	
秦			公元前221～前206年	嬴政
西漢			公元前206年～公元8年	劉邦
新			公元8～23年	王莽
東漢			公元25～220年	劉秀
三國	魏		220～265年	曹丕
	蜀		221～263年	劉備
	吳		222～280年	孫權
晉	西晉		265～316年	司馬炎
	東晉		317～420年	司馬睿
十六國			4世紀初～5世紀中葉	
南北朝			420～581年	
隋			581～619年	楊堅
唐			618～907年	李淵
五代十國			907～979年	
宋	北宋		960～1127年	趙匡胤
	南宋		1127～1279年	趙構
遼			916～125年	耶律阿保機
西夏			1038～1227年	李元昊
金			1115～1234年	完顏阿骨打
元			1206～1402年	鐵木真
明			1368～1644年	朱元璋
清			1616～1912年	努爾哈赤

第 三十八 章
朝鮮和蒙古

我們先從應用經濟學的一些基本知識開始講起吧！

朝　　鮮	
中文名稱：朝鮮民主主義人民共和國	所屬洲：亞洲
首都：平壤	主要城市：惠山、江界
官方語言：朝鮮語	貨幣：北韓圓
時區：東九區	國家代碼：DPRK
國歌：〈愛國歌〉	國家代碼：木松花

　　日本人閉塞在小島上，但人口卻像印度人一樣急速增長，所以急需更多的土地。這是一個事實，就算用盡世界上最美麗的言辭，找遍世界上的所有條約，聽過所有淵博的智者們最有意味的演說，都不能改變，因為這是一個自然規律。假如我和另外一個人同在一個救生筏上，漂流在茫茫的大海中，我雖然強大卻無比飢餓，而我的同伴雖然虛弱卻有滿滿一袋的火腿三明治，那麼我必須要從同伴那兒獲取自己的一份三明治，否則只有走向死亡。我是一個正常人，被敬畏神明的父母小心翼翼地扶養長大，我只能抵抗一天或兩天，最多三天這種誘惑。當到達臨界點時，我會說：「快點給我一些火腿三明治，否則我就要把你扔到海裡去！」

　　我小時候受到的教育教導我，對待這位擁有火腿三明治的朋友要寬厚，要讓他有充飢的口糧。但我如果這樣做了，那我就必須要選擇自殺，一定要把肚子中可怕的飢餓感鎮壓下去，當你將救生筏上的那個人的財產乘以100萬倍或1000萬倍，你就能明白日本人所遇到的問題了。

　　日本的國土面積比加利福尼亞還要小（加利福尼亞的面積是15.5652平方英哩，日本的面積是14.8756平方英哩），其中只有1600萬英畝能夠用作耕種，還不到美國耕地面積的2%。如果拿一個近點的地方來比較，就是說，日本的耕地比紐約一個州的肥沃土地還要小。即使有世界上最好的農業專家的幫助，你仍然可以一眼看到這裡可憐的島民所遇到的是多麼嚴重的問題。他們都住在海邊，以捕魚為業，雖然他們現在已經在稻田的泥

日本武士

9世紀中葉，日本一些地方領主開始建立保衛自己的私人武裝，武士開始產生，並在10世紀得到了政府的承認，直到明治維新時期都是統治日本社會的支配力量，他們不僅是職業軍人，還是和平時期的行政管理者。

漿水中養殖魚類，但是他們的困難依然沒有得到徹底解決，更何況他們每年還要增加65萬人口。

日本必須得到更多的領土，這一點是無法避免的。他們首先考慮的目標，自然是中國那些管理不善並且別人視而不見的土地。或許美國更符合他們的需求，但距離太遠，而且美國又太強大。澳洲也太遠了，而且那裡9/10的領土都是沙漠，沒有什麼用處。只有中國距離他們最近，很容易透過朝鮮半島這一大陸橋到達，而且朝鮮半島與日本主島中間只隔著一條朝鮮海峽。這條海峽只有102英哩寬，正好被對馬群島分成兩半。1905年，日本海軍在這個群島附近擊破了俄羅斯艦隊，使俄羅斯不再成為日本在東亞的競爭對手。

朝鮮半島與南義大利及西西里島在同一個緯度上，然而氣候卻比這兩個地方寒冷得多，缺乏自保的地勢。這裡的人民將自己的國家稱為「朝鮮」或「黎明時分寧靜的可愛之地」，他們是中國移民的後裔，而中國移民在基督誕生12世紀前，佔領了這個國家。他們毫不費力地征服了當地的土著（一種原始的種族，居住在內陸山嶺的洞穴中）。這些從西邊來的移民不久便建立了一個自己的王國，但是這個王國卻從來沒能脫離中國而完全獨立，而且還一直被日本海盜所侵擾。

1592年，日本第一次嘗試奪取朝鮮半島。作為一個沒有充分準備就決不發動戰爭的國家，日本剛好擁有葡萄牙人賣給他們的幾百枝老式散彈槍。憑藉著優越的軍事裝備，日本派遣30萬士兵包圍了朝鮮海峽，在攻打了5年之後，日本人後來被中國派來的、佔據優勢的援軍所擊敗。

但在這次戰爭中，朝鮮的首都漢城毀於一旦，日本人令人髮指的暴行更引起了朝鮮人對日本的世代深仇。但這又能怎麼樣呢？朝鮮弱小，而日本強大。19世紀最後的25年內，朝鮮被迫對俄羅斯作出各種經濟和政治上的讓步，於是日本人又有了極好的藉口，

第三十八章 朝鮮和蒙古

發動了一次新的戰爭。

只要是戰爭,其直接原因很少有什麼實際的意義,引起戰爭的根本原因才是潛在的動力。這次戰爭也像1592年的遠征一樣,直接而絕對的原因是日本政府需要食物來供給迅猛增長的人口。

一旦日本打敗俄羅斯,將俄羅斯軍隊從劃分朝鮮和中國的鴨綠江邊驅逐後,朝鮮便立刻成為了日本的一個保護國。1910年,這裡成為了日本帝國的一部分,就像1905年奪取俄羅斯的哈薩林島南半部分以作戰爭的賠償一樣。現在已經有50萬日本人移居到2000萬人所在的朝鮮,其餘還會按計畫慢慢遷移。

蒙古是一個面積很大的國家,將近140萬平方英哩,比不列顛群島大8倍,人口將近200萬。其南部地區是戈壁沙漠的一部分,不適合人類居住,而其他地方擁有大片的草原,非常適宜畜牧。如果沒有這些草原,那些依靠騎兵成功的蒙古人恐怕永遠不能有健壯的小馬,而就是這些小馬讓他們從太平洋到大西洋都可以揚起勝利的旗幟。

許多人似乎對「日本的野心」非常憤慨,認為那是一種野蠻的表現,不過我想把它們稱為「日本的需要」。在國際政策中,某種利己主義是一種可取的方針。日本不得不為家中過剩的人口謀求生路,而現在它在人口稀少的北亞地區找到了出路。反正那裡一直被暴政所統治,以致於那裡的居民不可能讓生活過得更糟糕了。

如果這片北亞大陸的安全屏障沒有了,那麼菲律賓、荷屬東印度群島、澳大利亞、紐西蘭以及美洲西岸,恐怕也要敞開大門,任憑日本人侵略。美國將被迫在每一座玻里尼西亞島前駐紮戰艦,以防那些地方被日本的巡洋艦趁著黑夜佔領。

總之,目前的安排似乎更合乎實際。那些聽到我這段冷酷自

青銅香爐 朝鮮 918～1392年

圖為高麗王朝時代的青銅香爐,主要被用於佛教儀式和典禮中,一般被放置在佛教寺廟的祭壇上,其燃燒器上有裝飾性的圖案和悉曇字母,是高麗時期典型的完成品。而在當時,佛教在朝鮮各個地區都有著很大的影響。

325

房龍地理
Van Loon's Geography

PROJECT:
MUSEUM OF TEMPART
MONUMENT FOR ANIMALS
CULTURE CENTER
ANCIENT PLACE
TOURIST CAMP

326

私的話而潸然淚下的人們，也許只能在美國印地安人的肩膀上哭泣吧！

蒙　　古	
中文名稱：蒙古國	所屬洲：亞洲
首都：烏蘭巴托	主要城市：額爾登特、達爾汗
官方語言：喀爾喀蒙古語	貨幣：圖格里克
時區：東八區	國家代碼：MNG
國歌：〈蒙古國國歌〉	國花：未定

蒙古

蒙古處於高原地帶，南北分別被中國和俄羅斯包圍。基本上來說，蒙古地區的人民都屬於遊牧民族，過著群居的生活，馬就是他們的交通工具，蒙古包就是他們的房子，生活習性基本與中國的內蒙古相同。

第三十九章

日 本

日本。

日 本	
中文名稱：日本國	所屬洲：亞洲
首都：東京	主要城市：大阪、京都
官方語言：日語	貨幣：日元
時區：東九區	國家代碼：JPN
國歌：〈君之代〉	國花：櫻花

  日本在侵略他們的鄰居以征服世界之前，共有500多個島嶼。這些島嶼形成一個半圓形，北起堪察加半島，南至中國廣東省的海岸，距離相當於歐洲的北角到撒哈拉沙漠的中部。

  這些島嶼大小不一，有的與英格蘭差不多，有的與蘇格蘭一樣大，有的卻像曼哈頓一樣。這518座島嶼居住著6000萬人口。

  根據最新統計，日本人口總數超過9000萬，不過，其中有2000萬朝鮮人，和少數的玻里尼西亞群島人，這些地區在最近的世界大戰後成為日本的領土。

  出於實用的需要，我們有必要記住幾個大島的名稱。本州是日本中部最主要的島嶼，其次是在北邊的北海道，四國和九州緊靠在本州的南邊。日本的首都是東京，居民有200多萬，位於本州中部肥沃的大平原上。東京的港口為橫濱。

  日本的第二大城市為大阪，坐落在本州的南部，是日本重要的紡織業中心。在大阪以北的京都是古代日本帝國的首都。而其他城市的名稱你在報紙上經常會見到：大阪的港口神戶、九州南部的長崎，後者是來自歐洲的輪船最便利的港口。

  至於你們在歷史教科書上經常看到的江戶就是東京，它是古代幕府將軍居住在這裡時所用的名稱。1866年，幕府將軍失去權利，天皇從京都遷到江戶，於是將其改名為東京。從那時起，東京開始了高速發展，現在已經成為當代世界最大的城市之一。

第三十九章 日本

　　但是，這些城市卻經常都處在毀滅的危險中。因為日本群島位於規模宏大的亞洲山脈的邊緣（日本海、黃海淺灘及中國的東海都是最近形成的，就好像將英格蘭變成島嶼的北海一樣），是從哈薩林延伸到荷屬東印度的火山的一部分，這條山脈一直在不斷移動。據日本地震測驗統計，在1885年至1903年期間，日本共發生了27485次地震，平均每年1447次，每日4次。當然，這些地震中的絕大多數不算什麼，只不過是茶杯微微晃動、椅子碰撞牆壁而已。但是，日本古都從建立以來，在10個世紀中竟然發生過1318次地震，由此你就可知這個島嶼的危險。在這1318次地震中，194次屬於「強震」，34次被認為是完全「破壞性」的地震。1923年9月的地震，距離現在時間還不算很遠，我們應該還記得。那次，整個東京幾乎完全被摧毀，約15萬人死亡，幾座小島升高了幾公尺，一些小島沉入了海中。

日本　版畫 17世紀

　　日本是位於太平洋大陸東岸的島國，西側與中國隔海相望，主要有北海道、本州、四國、九州四大島嶼。在明治維新時期，日本實行了政治、經濟和社會等方面的大改革，並成為亞洲資本主義經濟強國。

房龍地理
Van Loon's Geography

人們經常把地震與火山聯繫在一起。確實有許多地震是火山爆發的結果，但大多數地震是因為我們所居住的土地下岩層的突然滑動所引發的。如果這些岩層只移動二、三公尺，只會讓幾棵樹或灌木倒下。如果發生在適當的地點（或許說不適當的地點更形象點），就可能上演像1755年的里斯本慘劇，那時6萬人在地震中喪失了生命，或者是1920年死亡人數高達20萬的廣東地震。根據最權威的地震學專家的估計，過去的4000年內，也就是所謂的人類「史前時期」中，地震已經使1300萬人喪失生命，無論如何，這都是個驚人的數目。

地震隨時隨地都可能發生。一年前，北海海底還因地震發生強烈震動，波及到了斯克爾特河與萊茵河口的島嶼上的沖積平原，在這裡採蚌的人短時間都感到非常不安。北海地區非常平坦，而日本群島則在高山之巔，這個山脈的東半部分陷落下去，滑入了大洋下面的一個不見底的深洞中，這是科學家迄今為止在洋底發現的最深的洞穴。著名的塔斯卡洛拉深淵，有2.8萬多英呎，比菲律賓群島與馬里亞納群島之間的海洞淺6000英呎。而日本東海岸卻垂直下降約6英哩，因此日本一半以上的大地震都發生在東岸，並不只是偶然。

然而，日本人像大多數住在地震帶的人們一樣，並沒有因為受到永久的安全威脅而失眠。他們和我們一樣種田，和小孩子玩耍，吃飯，對查理·卓別林的表演大笑不已。在長久的地震中，他們得到了教訓，建造了一種紙板房，這種房屋在冬天雖然有點透風，但是當它晃動時，危險卻極小。如果他們都像東京一樣，模仿西方建造摩天大樓，那麼上億人就會有危險了。不過客觀來說，日本人對惡劣的地理環境的適應力，比任何國家都強。他們擅長使生活成為一種和諧快樂、令人喜愛的冒險，這一點是西方人無法做到的。我說這些，並不是因為想到了那些畫著在櫻花下喝茶的日本小藝伎或蝴蝶夫人的小花園的明信片。我只不過重覆了去日本觀光的旅行家所說的話，他們在日本拋棄古代風俗習慣以及禮節（特別是被簡化的禮

兩個藝伎和一個背著三味線的男孩

奧村政信 1756年

畫中的兩個藝伎正在前往新年慶典的路上，旁邊是背著三味線的年輕男僕，她們中的一位似乎對戲劇的海報抱著極大的興趣，正在聚精會神地觀看。在18世紀四、五十年代，彩色打印畫十分少見，但本圖中藝伎的和服卻用海浪、梅花、季節性的花卉圖案打造出一個豐富的效果。

第三十九章 日本

節），將這個島嶼變成芝加哥與威爾克斯·巴里近郊之前去過那裡。由於這個從舊日本到新日本的不可思議的變革，對於美國的安全和人民的幸福有著很大的影響，並且這個影響還在持續不斷地增加。因此，我們無論喜歡還是憎恨日本人，都要對這個民族有基本的瞭解，只要太平洋一日不乾涸，它一日就是我們的近鄰。

日本的歷史比中國要短得多。中國的歷史要追溯到公元前2637年（大約在基奧普斯修建小金字塔的時代），但日本最早的編年史只是始於公元後400年。那時，所謂的「日本民族」已經出現了。然而，嚴格說起來，日本島上並沒有「日本民族」，他們和英國人一樣，是混血兒。日本原來的居民為阿夷魯人，後來他們都被從華南、馬來半島、華中、東北和朝鮮湧來的三股浪潮趕到遙遠的北方各島去了。而日本原有的文化是中國文化的延伸，日本人所知道的一切都是從中國人那裡學來的。

日本人與中國人的關係非常密切，他們模仿中國人，改信佛教。然

觀音與守護神 掛軸畫 日本
12世紀晚期～13世紀

畫正中是三頭四面的觀音，他坐在岩石的白蓮花上，手中的繩索象徵使人們堅信佛教。在這幅畫中，製作者在絲綢上使用白色顏料，以突出觀音的皮膚，並用玫瑰紅在皮膚上著色、赤紅色勾勒，這些都表現出從鐮倉時代到奈良時代的藝術風格的轉化。

而，當新教條想要替代舊教條時，它不可避免地受到了舊教條相當大的影響。這可以讓所有的傳教士知道自己遇到的情況，無論他們傳播的是基督教、伊斯蘭教還是佛教。

6世紀，佛教的傳播者第一次到達日本，他們看到日本人已經有了自己的宗教制度，這種宗教制度土生土長，非常適合日本人的需求。這個宗教就是所謂的「神道教」，名字來自「神道」二字，是「神聖的道路」的意思。作為在亞洲其他地方風行的宗教，它的信條比崇拜靈魂和鬼神的宗教要高尚得多，認為世界是不滅之力的本原，我們應為使用的力量負責，無論結果如何，都是永恆的。現在，日本的國教是神道教與佛教的混合物，它非常強調人類對社會應盡的義務。很多在島上居住的日本人（並非與世隔絕者），也和英國人一樣，抱持一種真摯深刻的信念，對祖國應該履行明確的義務。另外，神道教提倡對祖先的尊敬，但這種尊敬不至於可笑，不像中國人那樣出於對先人

房龍地理
Van Loon's Geography

德川家康

德川家康是日本戰國末期傑出的政治家和軍事家，也是江戶幕府的第一代將軍。他在位期間，統一了全國，建立起幕藩體制的封建統治制度，其開創的德川幕府使日本在260多年間維持了和平統一的局面。

的尊敬而將大部分優秀的地理環境變成了墳墓，使死者統治著生者，以至於墳墓將用來種植糧食的土地都佔去。

直到很晚，中國文化與日本文化才分裂。16世紀後半葉，日本獨立的小諸侯對天皇漠不關心，甚至比神聖羅馬帝國的武士對皇帝的態度還過分。經過連年的爭吵與征戰，政權落到了一個強者的手中。

800年前，歐洲法蘭克國王的管家謀權篡位，把他們的主人逼到修道院，然後自立為王。但是，他們比原來的統治者要好得多，因此沒有人反對。此時，日本人已經忍受了將近400年的內亂，只希望和平，由誰來統治已經不重要了。所以當政府的最高長官——最有勢力的德川家族的領袖——自立為國家的獨裁者時，他們毫不反對，也沒有揭竿而起來護衛世襲的天皇。這位日本管家使人們相信，天皇是世上的某種上帝，是日本人的精神之父。但是，日本天皇的精神並非完美無缺，而民眾也應該永遠看不清天皇的真面目才對。

這種形式的統治，持續了整整兩個世紀。幕府將軍（獨裁者的頭銜，相當於總司令）在東京統治一切，天皇則在京都的深宮珠簾之後虛度歲月。正是在幕府將軍統治時代，日本實行著森嚴的封建制度，這種封建制度對於日本整個民族的影響非常深遠。直到現在，工業化已經有將近80年的歷史了，而日本人仍然是封建主義者，他們思考生活的角度與歐美競爭者完全不同。這種安排的細節完善需要花費相當多的時間。從1600年後，日本社會分為了很明顯的三個勢力集團。其中最高的階層是大名，亦即封建貴族、大地主。第二階層由武士組成，他們是世襲制的，相當於中世紀歐洲的騎士。其他人民均屬於平民，是屬於第三階層。

雖然這種制度並不是最理想的，但歷史卻毫無疑慮地告訴我們：民眾對於任何一種政治理論是沒有什麼興趣的。一般國民所問的只是：「政府真的有能力嗎？能夠保障我

的安全嗎？能保證我用自己的力量與血汗得來的東西屬於自己嗎？會不會有人可以不用透過法律程序來奪取它？」

這種制度實行了兩個多世紀。幕府將軍被認為是國家的政治領袖，而天皇只是民族的精神領袖，只是受人崇拜而已。大名和武士必須遵守貴族階層嚴格的準則，他們要完成被期望的任務，即使被要求進行最嚴酷的切腹儀式來剖腹取腸，也要遵照上級的指示。至於那些從屬者，從事著各種不同的職業。

因為日本人口稠密，人民不得不依靠貧乏的生活資料為生。他們會有效地節制自己的欲望，非常崇尚節儉。但是，自然好像也是日本誠實的朋友。有一條叫做黑潮（意為藍鹽潮，某種意義上是墨西哥灣流的親戚）的洋流，起於荷屬東印度北邊的赤道區，流過菲律賓，穿越太平洋，帶給美國西岸很好的氣候，也帶給了日本有規律的氣候。雖然日本東海岸有一條狹長的寒水帶，使日本不能享受如同加州一樣溫和的氣候，但是它還是比大陸性氣候的中國要好得多。

當一位叫門德斯‧品脫的葡萄牙航海者來到日本後，完全改變了日本歷史的前途，一切都使這些被詛咒的島嶼走向了合理的發展道路。這個葡萄牙人因通商遊歷過許多遙遠的國家，而且也將自己的宗教觀念帶給了日本。

那時，基督教傳教士的總部設在了印度的果阿與中國廣州附近的澳門，如果所有的

藤原道真欣賞龍船

藤原道真在891年受命於宇多天皇，擔任內宮主管這一顯赫的職務，此後10年中他被委以重任，成為日本貴族中最有權利的人之一。圖中他身著絲綢長袍，雙手叉腰，正在視察為迎接天皇而準備的華麗的龍船，顯示出他的傲慢、霸氣和奢侈的生活。

房龍地理 Van Loon's Geography

歷史記載並沒有在這一點撒謊的話，基督教傳教士最初來到日本時，就會受到了極大禮遇，並且還有非常多的機會來宣揚他們的宗教。他們鼓吹自己的信條，使許多人改變原本的宗教信仰。後來，又有另一批不同的宗教團體的傳教士從附近的西班牙殖民地菲律賓群島前來，他們也很受歡迎。但是，大名發現（國君最終是否會忽略這一點）這些神聖的傳教士中還夾雜著許多沒那麼神聖的人，這些人穿著盔甲，背著奇怪的鐵桿，射出的沉重的鉛彈一次可以打穿三個普通日本兵的心臟，於是大名對他們的光臨開始感到不安。

直到最近50年，我們才開始慢慢瞭解日本人對於此後的糾紛事件的看法。這些事件讓日本人得到了冷酷的名聲，不過這似乎與我們從其他材料中的研究所得稍有不符。幕府將軍禁止基督教傳教士在日本傳教，並不是因為他忽然開始怨恨西方人，而是因為恐懼造成的，既擔心因為宗教之爭而導致國家分裂，又害怕日本的財富被國外的商人掠奪。這些商人將帶著和平願望的使者帶到日本岸上，無償地帶著被贈予的貨物離開。

在九州，耶穌會的勢力是最大的，這裡距離葡萄牙在中國的駐地最近。最初，這些神父們還很謙遜地談著「和平王子」的話題，但是當他們有了幫凶，便開始動手破壞日本的寺院，拆毀塑像，用槍支逼迫數千名農民與貴族接受基督教十字架。

日本的統治者目睹了這件事，認為這是不可避免的結果。他宣稱：「這些神父來我們這裡，表面上是宣傳道德，實際上卻掩飾了他們對付我們的兇殘手段。」

1587年7月25日，在日本第一次派遣大使拜訪教皇、西班牙國王和葡萄牙國王5年後，所有基督教傳教士被逐出了日本。商人雖然可以像以前一樣來到日本，不過必須受到政府的監控。後來，葡萄牙耶穌會的人都相繼離去，他們的地

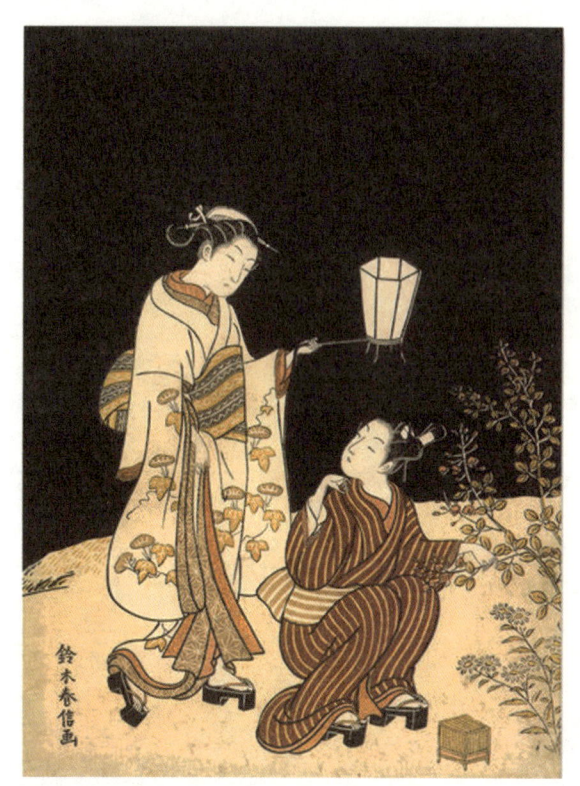

捕捉昆蟲　鈴木春信　日本　1767～1768年

在1765年左右，鈴木春信是第一位發展彩色印刷技術的浮世繪畫家。在這幅作品中，一對戀人在初秋的夜晚捕捉昆蟲，可能是螢火蟲或鳴叫的蟋蟀，年輕男人正在灌木叢中尋找，旁邊是一個穿著漂亮和服的女人，他們親密地四目相望，黑色的背景似乎有著天鵝絨般的柔軟。

位迅速被來自菲律賓附近的聖多明我會的僧侶,與西班牙的聖方濟修會取而代之。他們謊稱特使來到江戶,但詭計很快就被識破了。然而,他們還是得到了優厚的待遇,那就是是被告知可逗留境內,但不能傳教。可是,他們並不服從命令,在江戶修建了一個教堂,為身邊的人施行洗禮。後來,他們在大阪又修建了一個教堂,接著在長崎私佔了一個耶穌會的教堂。隨後,他們公然與耶穌會為敵,指責耶穌會傳達福音給日本人的方法太過溫和。總之,他們將所有的判斷和喜好,錯誤地收藏在職業宗教狂熱者的地盤中。最後,當他們被下令驅逐的時候,就像被開除一樣逃回老家。而日本人對於他們厭惡的傳教士,已經容忍了許多年,這些年來,所下達的警告都是無效的,所以他們得出一個結論:只有用最嚴厲的方法,才可以拯救自己。

他們寧可實施閉關鎖國的政策,也不願使400年前擾亂國家的內戰重演,因此不服從命令的基督教傳教士會被判處死刑。

在一個半世紀中,日本自行與外界斷絕往來,但只是幾乎斷絕,並不是完全斷絕。一扇小小的窗戶一直敞開,大量日本黃金由此流到西方,而一些零碎的西方科學也由這個窗戶中滲透進那個奇怪的國家。荷屬東印度公司原本是葡萄牙的仇敵,雙方在爭奪日本的商業利益。不過荷蘭人是純粹的商人,非常單純,很少對別人的精神寄託感到興趣。英國人也是這樣。在很長一段時間內,究竟鹿死誰手還無法預料,後來英國人在這一次處置不當,最後失敗了。

自從葡萄牙派遣到日本的最後幾隊使節被悲慘地殺害後——這是個不可原諒的暗殺——荷蘭原先的特權也被剝奪了。但是,只要他們在日本的生意每年能有80%的回饋,他們就仍然留在這裡。他們被迫居住在德斯瑪島上,那是一塊長300碼、寬80碼的矩形岩石,橫在長崎港中,大小還不夠讓荷蘭人守衛公司的狗做運動。政府規定他們不能攜帶妻子,也不許涉足主島。

這些人一定被訓練過如何忍氣吞聲(這不是一種民族性格特徵),只要輕微觸犯了數百條法規中的一條,日本官員就會馬上記下,之後再對他們迅速展開報復。某一天,東印度公司決定修建一座新的倉庫。根據時代習慣,修建的日期以常見的A.D.的形式寫在建築物的正面,但是這種寫法卻直指基督教的上帝。那時,日本看待基督教的追隨者,就像我們看待剛從莫斯科來的布爾什維克黨的宣傳員一樣。幕府馬上下令刪掉這些字母,而且將房屋完全拆毀,夷為平地。另外,一份詔書警告了荷蘭人,讓他們想想驅逐葡萄牙人時的驅逐令,其結尾幾句話說:「只要陽光仍然照耀著大地,就不能任由基督教來到日本,就算是菲利浦國王或基督教的上帝要違反這個命令,也要被斬首,只要是在日本的人,務必要知道這個法令。」 荷蘭東印度公司的職員,似乎真的接受了教訓,因為在之後的217年,德斯瑪島依然在荷蘭人手中。在這期間,日本的黃金白銀不停地流向國外,因為荷蘭人從事現金交易,日本人從國外購買任何貨物都要交付現款。

經由這個途徑,歐洲也獲得了這群太平洋隱居者的大量消息。帝國現在的這些情況,很難讓他們滿意。於是日本被視為反面教材,讓其他國家無法視而不見。在

房龍地理
Van Loon's Geography

馬修・培里

圖為身穿軍裝的馬修・培里，他是美國東印度艦隊司令，曾率領著鐵甲艦闖入日本，並因此被日本人視為企圖統治亞洲神聖國家的西方野蠻人。

動盪不安中，日本青年一代開始成長。關於西方神奇的新興科學，他們雖然也曾經聽說過，但還沒有掌握。這時，他們透過德斯瑪島引進了許多科學與醫學書籍，把奇怪的荷蘭文字翻譯過來，終於恍然大悟，原來世界正在大步前進，而日本依然停滯不前。

1847年，荷蘭國王贈送給江戶政府一大箱科學書籍和一張世界地圖，並且對日本人愚蠢的閉關鎖國進行告誡。與此同時，中國與歐美的商業往來日漸頻繁。船舶從聖弗朗西斯科駛向廣州，往往在日本海岸遇到海難，因為沒有領事或外交保護，船員境況艱苦。1849年，美國艦隊的一位上尉威脅日本將80名海員釋放，否則炮轟長崎。荷蘭國王又告誡他們的日本同事，如果繼續施行原本的政策，就會引發一場災難。這些來自海牙的書信，說明了世界的發展趨勢。日本早晚都要向西方開放門戶，如果拒絕和平開放，那麼會受到武力壓迫。

漸漸向阿拉斯加海岸推進的俄羅斯，此時也在西太平洋上擴展勢力。在所有的國家中，唯一不被懷疑對土地有野心的國家，只有美國。1853年，海軍少將培里率領四艘兵艦，及560名士兵駛入日本海灣。外國兵艦的第一次到來，引起了日本空前恐慌。天皇向天神祈福，培里離開之後（他僅停留了10天，遞交了美國總統給日本天皇的一封信），日本人便立刻懇求荷蘭人提供一艘戰艦，在炮臺上駐紮軍隊，配備舊式葡萄牙槍支，做好準備迎接這些來自東方開著蒸汽船的怪物第二次到來。

全國人民都各自選擇了自己的立場。大多數人都贊同鎖國政策，另一部分人則主張打開國門。幕府將軍屬於後者，但他已經失去了大部分的權利，被當眾指責為「外國人的朋友」。但是，此次培里的到來，受惠最多的卻是天皇。

將軍是封建制度的絕對巔峰，長期以後已經苟延殘喘，所網羅的大名和武士如果在1653年，而不是在1853年，他們會堅持攜帶佩劍，主要的工作是平復內亂。但這時已經到了大變革的時期了。

這時有了一個很好的機會，國家名義上的元首——天皇是一個非常有能力與才智的青年人。他規勸將軍退位，重新掌握了政府大權。他聽從賢士的意見，認為再閉關鎖國就相當於自殺，他鼓勵外國人到來，就像以前驅逐外國人恰好相反。明治時期，即這位天皇開創的開明時代，他將日本由一個16世紀的封建國家變成了一個近代的工業國。

第三十九章 日本

日本向西方敞開大門

在19世紀，日本進行了明治維新，由封建制度向資本主義制度轉變。此後，日本開始發展工業，全面開放對外貿易，派遣學生留學國外，人民也紛紛學習西方的文化，就像圖中的兩個女人，不但身穿西方服飾，而且還在彈著鋼琴。

房龍地理
Van Loon's Geography

如果要問這種以可怕的速度進步所帶來的情感倒退是否有益,那麼是沒有任何意義的。工廠、陸軍、海軍、煤礦及煉鋼廠是否能夠造福人民,我並不知道。有些人贊同,有些人反對。它基本上仍要由個人的思考所決定。10年前,俄羅斯人還供奉著神明和聖者,但現在他們把聖者扔到爐灶裡燒掉了,領袖也心滿意足地徘徊在機器的管道中。

我個人相信這種發展,是絕對不可避免的。因為它本身並不是絕對的好,也不是絕對的壞,只因為它是必然的發展,我們可以藉此從飢餓困苦與經濟紊亂的恐懼中解放出來。作為大變革的根源,雖然機器毀滅了許多美麗可愛的東西,但無人能拒絕它們。擁有汽油廠與天然氣廠的日本,比擁有美麗風景的日本還要更有趣。但是美麗的風景已經不復存在,而東京的主婦們享受著用天然氣烹調的生活,再也不用慢吞吞地用木炭煮飯了,那就是答案。

自1707年以來,從未爆發過的白頭火山——富士山,俯視著過去孩子獻花的小廟——那些公園中的聖鹿曾因為粗心的旅遊團丟棄的錫罐而弄傷了腳。

但是富士山已然知道,這些在某一天將會走到盡頭。

晴日的富士山 木刻版畫 葛飾北齋 約1823～1829年

在這幅被視為日本畫史的里程碑的作品中,畫家再現了自己用心靈的眼睛所感受到純美的新穎景象,富士山的形象直接映入觀眾的眼簾,大膽簡樸的構畫和明亮的色彩甚至影響到了歐洲藝術家。

日本歷代王朝

根據相關資料，在公元3世紀後半期，日本已經出現了統一政權。572年，聖德太子攝政，日本進入飛鳥時代，此後朝代更迭，延續至今。

時代	年份	說明
飛鳥時代	592年	聖德太子制定了冠位十二階，並頒布了憲法十七條。
奈良時代	710年	遷都平城京，東北部分地區和南九州被納入版圖，律令制國家日益成熟。
平安時代	794年	地方莊園的勢力不斷增強，日本武士的地位逐漸提高。平安時代末期，國家內戰頻仍，發生平治之亂。
幕府時代	1192年	源賴朝被封為征夷大將軍，建立鐮倉幕府，展開了軍政統治。此後，各武士集團之間互相征戰，先後出現了鐮倉幕府、室町幕府和德川幕府統治的時代，幕府時代持續了600多年。
明治維新	1852年	明治天皇在政治、經濟和社會等方面實行大改革，日本的現代化和西方化逐年加強。
大正、昭和時代	1912年	日本政府致力於侵略擴張，直至投降。此後，美軍單獨佔領日本，改日本專制天皇制為君主立憲制，日本逐漸崛起。
平成時代	1989年	昭和六十四年（1989年）1月8日，皇太子明仁即位，改用平成作為新年號，並且沿用至今。

第四十章

菲律賓

過去屬於墨西哥的領土。

菲律賓	
中文名稱：菲律賓共和國	所屬洲：亞洲
首都：馬尼拉	主要城市：奎松城、宿務
官方語言：印度語、英語	貨幣：菲律賓披索
時區：東八區	國家代碼：PH
國歌：〈菲律賓民族進行曲〉	國花：茉莉花

菲律賓位於堪察加半島至爪哇之間的那些半圓形的群島中。這一大塊陸地，是古代大陸邊緣的遺跡。它們非常高，當太平洋的海水淹沒了所謂的日本海、東海和南海，它們仍露在了海平面上。

菲律賓群島有7000多座島嶼，但其中只有462座島的面積大於1平方英哩。其餘的只不過是大懸崖或小塊的沼澤地，其中只有1/4的島嶼有名字。所有島嶼的整體面積大致與英格蘭和蘇格蘭的面積之和差不多，居住著1100萬土著和很多中國人與日本人，還有10萬多個白人。有一個時期，這個群島到處都有爆發的火山，但現在僅存25座真正的火山了。在25座火山中，除了兩、三個仍然噴發，剩下的幾乎都變成死火山了。

我們應該對大自然充滿無限的感激，因為從地質上來看，菲律賓的處境極其危險。我們所能找到的海洋中最深的海洞，就位於菲律賓的東邊，也就是我之前告訴過你們的地方。這裡非常深，如果我們將這裡作為埋葬喜馬拉雅山的墓地，那麼地球上最高的珠穆朗瑪峰，仍然還在水下3000英呎。如果世界上的一切都滑入了那一個角落，恐怕沒有多少人能活著來講述這件事情了。

在菲律賓群島中，最重要的是呂宋島。它外形如蝌蚪，中央凸起7000英呎。整個群島中最重要的城市，就是在呂宋島東岸的馬尼拉。這個城市是1571年西班牙人在一個穆斯林居住區的遺址上建立，之所以取這個名字，是因為這裡到處長滿了一種叫尼拉的

第四十章 菲律賓

草。1590年,宮殿四周建築起了城牆,這面城牆直到今天仍然存在,而當時的統治者早就灰飛煙滅了。

馬尼拉雖然臣服在西班牙腐敗的管理之下,但是它仍然迅速發展為遠東地區最重要的商業中心。港口中停滿了來自中國、日本、印度,甚至阿拉伯的船隻。它們來到這裡,用它們的商品換回歐洲產品。這些歐洲的物品,都是西班牙人由中美洲的墨西哥殖民地攜帶到菲律賓來的。西班牙人的船隻都從馬尼拉直接開往特旺特佩克灣,然後再穿越美洲海峽,再將貨物經過古巴和波多黎各回到西班牙,這樣他們就不會冒險經過印度洋和好望角,也不用擔心會受到英國和荷蘭的襲擊了。

呂宋島的南邊,有十幾個較大的島嶼,其中薩馬島、班乃島(著名的菲律賓第二大城市伊洛伊洛城就在這個島上)、內格羅斯島及宿霧島最為著名。在這些島的南邊,又有一座比呂宋島略小的棉蘭老島,島上的土著,即信奉伊斯蘭教的摩洛人,曾經為了保持獨立,抵抗了西班牙人和美國人,並因此得名。棉蘭老島上的最大城市是瀕臨蘇祿海的三寶顏。總之,菲律賓的島嶼都是背向太平洋的。它們與西方貿易,其宗教及最早的文化概念都來自西方,所以西方人發現這裡並非偶然。

1521年在這裡登陸的麥哲倫,他在這條不同尋常的道路上航行,唯一的目的只是為了解決一個法律爭執,這個爭執正讓麥哲倫的雇主西班牙國王與教皇之間的關係變得惡化。1494年,教皇為了解決鐘愛的伊比利亞半島上孩子們之間的爭執,在亞速爾群島與費得角群島的西邊,從北至南用尺畫了一條直線(大概在西經50度的位置),將世界分為兩個大致等同的部分。線的西邊分給了西班牙人,線的東邊分給了葡萄牙人。這就是著名的《特德賽內爾條約》。根據這個條約,西班牙人有權將「越線」者處以死刑,英國和荷蘭第一次前往美洲的遠征也因此變得危險,任何人一旦「越線」被捕,就會像普通海盜一樣,立刻被絞死。

然而,將這個冒險應用在地理上的教皇——惡名昭彰的亞歷山大四世,本身是個西班牙人。葡萄牙人認為這個條約對他們來說並沒有什麼益處。所以,誰到底擁有什麼的爭論,持續了一個世紀之久。麥哲倫雖然是葡萄牙人,但西班牙卻聘請他沿著西行航線,好確認富裕的香料產地——馬六甲群島的位置,以及它是否在東印度群島,而東印

木頭雕像

菲律賓 19世紀末~20世紀初

這座雕刻的創作者已被證實是菲律賓呂宋北部高地的伊富高島的一位居民,那裡是以用於灌溉的水稻梯田而著稱的地方。但是區別於其他一些歐洲博物館中的雕像的證據是這座雕像更加稜角分明,而且沒有被用於儀式的跡象。

房龍地理
Van Loon's Geography

麥哲倫

麥哲倫是葡萄牙航海家，也是世界第一個完成環球旅行的人，他從西班牙出發，橫渡大西洋，進入太平洋，最終不幸在菲律賓的宿霧島被害。他此次航行的重大意義在於第一次用實踐證明地球是球體的理論，並且到達了人類未知的大陸和海域。

度群島已被教皇賜給了葡萄牙人或西班牙人。後來葡萄牙被證明是對的。於是葡萄牙獲得了馬六甲，但是不久後又被荷蘭人奪去，而西班牙人卻因此趁機到達了菲律賓，他們為了自己的利益佔領了這裡，並坐鎮墨西哥來管理菲律賓。這樣可以使新卡斯蒂利亞的教眾成群結隊地來到這裡，相比人口銳減的中美地區所獲得的利益，這片土地的利益更為可觀。

我們要承認，這些男修士在菲律賓工作非常盡職。假如他們當初並沒有那麼努力，那麼後來美國人在菲律賓的工作一定就變得容易多了。1898年，美國人獲得這塊古代西班牙的殖民地時，美國第一次在政治形態上，與一個100%為天主教的民族爭鬥。

按「新教」這個名詞的正確含義來講，美國並非是一個新教國家，但普通美國人的人生哲學，卻絕對是新教式的，並不是天主教式的。美國人或許被菲律賓的最佳意圖所鼓動，幫助菲律賓修建了無數條道路、數千所學校、三所大學、醫院、醫生、護士、保育設施、肉類和魚類檢查、衛生學以及許多西班牙人聽都沒聽說過的技術。但這些慷慨善意的表現，對於人民卻沒有什麼意義。他們從小就受到這樣的教育，認為世俗的舒適非常美好，讓他們感到快樂，但與在另一個世界中，有機會得到解脫相比較，卻毫無價值。在那個世界中，一切衛生學、醫院、大馬路、學校等，對於任何人來說全部都沒有意義。

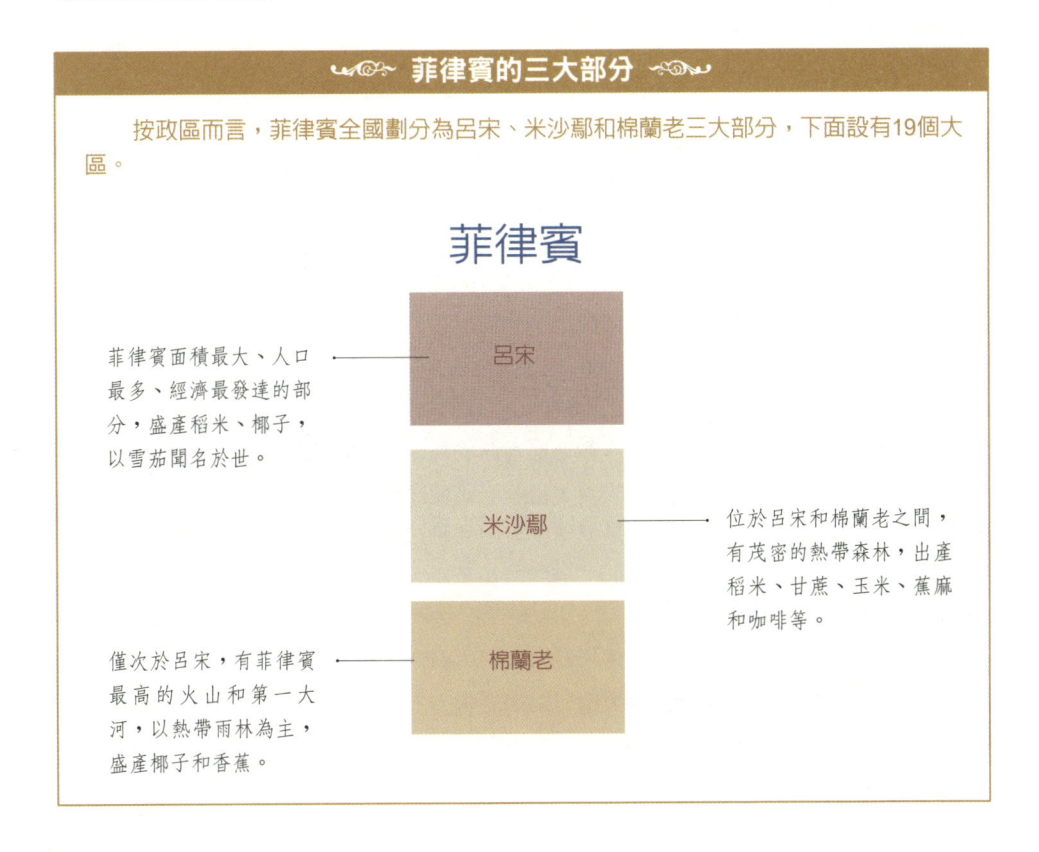

菲律賓的三大部分

按政區而言，菲律賓全國劃分為呂宋、米沙鄢和棉蘭老三大部分，下面設有19個大區。

菲律賓

呂宋：菲律賓面積最大、人口最多、經濟最發達的部分，盛產稻米、椰子，以雪茄聞名於世。

米沙鄢：位於呂宋和棉蘭老之間，有茂密的熱帶森林，出產稻米、甘蔗、玉米、蕉麻和咖啡等。

棉蘭老：僅次於呂宋，有菲律賓最高的火山和第一大河，以熱帶雨林為主，盛產椰子和香蕉。

第四十一章

荷屬東印度群島

難以指揮的群島。

印度尼西亞	
中文名稱：印度尼西亞共和國	所屬洲：亞洲
首都：雅加達	主要城市：瑪琅、萬隆
官方語言：印尼語	貨幣：印尼盾
時區：東七區至東九區	國家代碼：INA
國歌：〈偉大的印度尼西亞〉	國花：毛茉莉

我已經告訴過你們，無論是日本、福爾摩沙還是菲律賓群島，都只不過是古代亞洲大陸邊緣的山脈，經過了幾百萬年的時間，太平洋的海水將它們與內陸分開了。

馬來群島（荷屬東印度，有各種不同的名稱）不僅僅是亞洲外緣山脈的一部分，還是一個與中國差不多大的半島遺跡，這個半島從緬甸、暹羅、交趾支那向東直達澳洲。在我們能想像到的最古老的時代，這個半島或許原本直接與亞洲大陸相連（所以比今天大得多），後來某一個時期，一個很狹的長水帶將這個半島與澳洲分開，它比現在的昆士蘭與新幾內亞之間的托雷斯海峽寬不了多少，而我們對於這個時期則所知甚少。

這次劇變使一大片陸地變成了無數奇形怪狀的島嶼，它從面積相當於斯堪的納維亞半島的婆羅洲往南延伸，直至數千岩礁，這些岩礁使航海變得極不便利。之所以造成這樣的巨變，其原因很難找到。這裡是地球上火山活動最頻繁的區域，爪哇現在還以火山活動而聞名於世。在過去的300年裡，爪哇的120多座火山都保持現狀，完全沒有噴發，它西邊的蘇門答臘火山也是如此。

當印度古老的婆羅門教在爪哇盛行時，神職人員為了撫慰地底下的靈魂，不時用活人去祭拜他們，將人活生生地扔到火山口的熔岩中——這麼做看起來似乎很有效，火山雖然不斷噴發，甚至有時候會激烈震動，但已經幾百年沒有造成大災害了。

喀拉喀托島的殘跡還在，那是一個可怕的警告，以提醒隨時可能再次發生的不幸。

第四十一章 荷屬東印度群島

1883年8月26日清晨，蘇門答臘與爪哇之間的喀拉喀托島，突然重新上演了史前以來的老戲碼，爆裂的力量將火山頂削掉，將這個小島炸成碎塊。兩天以後，島嶼的北部就完全消失了。原本那裡有一座1500英呎的高山，現在卻變成了印度洋海平面下1000英呎的深潭了。這次爆發的聲音在3000英哩以外都能聽到，灰塵揚起了17英哩。火山灰被風吹到非洲、歐洲、亞洲、美洲，甚至達到了最北邊的北角。後來在長達6個星期的時間中，天空籠罩著奇異的顏色，彷彿附近發生了森林大火。

海上的情況比陸地上更嚴重，因為喀拉喀托島上沒有居民居住。海底的震動導致潮汐高達50英呎，爪哇沿海一帶全都被海浪吞噬，有3.6萬人失去了生命。海浪沖毀港口、村莊，毀壞了無數艘大船，使其猶如引火木柴般粉身碎骨。錫蘭與毛里求斯都受到了地層震動的影響。在8000英哩以外的好望角附近，甚至是距巽他海峽1.1萬英哩的英吉利海峽，都能感到微弱的地震。

一年前，喀拉喀托火山又有了活動的跡象。這個地下爆雷究竟在何時何地再次爆發，實在沒有人敢預言。至於這裡的居民，就像其他居住在同樣情況之下的人民一樣。他們完全不擔心，就像我們住宅區的小孩子，不會注意到碾過棒球場的卡車，也對義大利最熱鬧的街道漠不關心。

皮影戲　爪哇　19世紀

圖中是一位忠誠但殘忍的巨人，他臉上的粉紅色痕跡是無情的跡象，而嘴角的獠牙證明了他是一個野獸，但是他在傳說中也有忠誠的優點。在11世紀，爪哇出現了皮影戲，它經常被用於婚禮或典禮的娛樂節目中，這種表演也被認為是有益社會的娛樂。

這種宿命論的態度，或者是出於伊斯蘭教的信仰。那裡的居民對於生活的要求樸素簡單，認為火山爆發像外國統治、洪水來襲或大火一樣，在人生中是可以完全忽略的事。對於依附這塊土地生存的人來說，火山是否爆發完全不重要，這一切也許形成了他們對生活的態度，他們的祖先從蒙昧時代就在這裡生活，以後他們的子孫還會在這裡維生，任何人都不會在缺乏食物的情況下離開故鄉。

聽起來，我好像將爪哇描寫成人間的伊甸園了。事實並非如此，不過爪哇還是得到了很多大自然的恩惠，書寫了自己的故事。

那裡的土地的28%出自火山。如果使用得當，每年可以收穫三次。

345

房龍地理
Van Loon's Geography

爪哇島疣蛇

爪哇島疣蛇屬於瘰鱗蛇科，它主要以魚類為食，多在夜間捕魚，主要分布在越南、柬埔寨，及印度尼西亞等東南亞地帶。由於這種瘰鱗蛇的蛇皮粗糙，經常被用於製造皮包、手提袋等，所以面臨了瀕危的處境。

那裡的氣候不是特別炎熱，卻非常適合種植各種熱帶植物，高山地區的氣候比紐約及華盛頓的夏季氣候還溫和些。爪哇群島雖然非常接近赤道，晝夜時長相等，但四面環海，氣候溼潤，適合各種農作物生長。其溫度最高從未超過96°F，最低未低於66°F，年平均溫度是79°F，四季循環規律，雨季從11月到次年的3月，吹拂著西季風（Monsoon，阿拉伯語意為「季節」，指規律的季風）。在這個季節中，每天都會在固定時間下雨。雨季後，緊接著就是滴雨不降的乾燥季節了。兩者之間，還有一個非常短的過渡期（canting season）。

因為擁有這種有利的氣候，所以爪哇雖然只有600英哩長，121英哩寬（就像防洪堤一樣，保護內部群島，以抵抗印度洋的巨浪），卻能供養4200萬人。而蘇門答臘及婆羅洲雖然要比爪哇大得多，卻只能養活這個人口數量的1/10。由於擁有肥沃的土壤，爪哇島從很早開始就吸引了白人的注意。

第一個在這個舞臺上出現的就是葡萄牙人，英國人和荷蘭人也接踵而至。但英國人後來漸漸集中力量去開拓英屬印度了，離開了爪哇，馬來群島被讓給了荷蘭人。歐洲人在最初統治土著的三個世紀中，犯下了很多錯誤。最後，荷蘭人總結了經驗教訓。他們盡可能對土著的生活不加干涉，漸漸啟發他們自己去參與治理國家。他們知道，無論是好是壞，這些土著終將獲得自由。一支三萬人的軍隊，其中只有1/5是白種人，那麼將不可能統治這片大於隸屬國50倍的領土，只要當地的人民已經下定決心要驅逐外國勢力。「強迫性勞動」與「政府農場」的時代已經永逝了，學校、鐵道與醫院開始建設起來，代替以前懲罰性的遠征。如果一個人最後放棄這裡最高權利者的地位時，那他也會在經濟體系中保持必不可少的地位。舊時代的守衛堅信「一個自覺的民族，才能建立一個健康的國家」，他們逐漸要讓位給年青一代。這些年輕人堅信事實勝於雄辯，而且宇宙是建立在永恆變化的規律之上。

至於其他屬於荷蘭的島嶼，沒有任何一個地方能像爪哇那樣適合耕種。現在，荷蘭人正在慢慢開闢第二個爪哇——西里伯斯島，這個島嶼的形狀非常奇怪，好像一隻蜘

第四十一章 荷屬東印度群島

蛛，位於馬六甲群島正西方，是原來的香料群島。為了爭奪這個島，英國人、葡萄牙人、西班牙人與荷蘭人在17世紀時曾經激戰了整整100年。望加錫出產油畫顏料，在古代維多利亞時期，男人用這些顏料裝飾鎖具，女人們用這些顏料編織椅背套。現在，望加錫已經成為爪哇海上最重要的城市之一，它與爪哇北岸的主要貿易城市泗水及三寶壟有常規貿易，並且與坦江布里奧有日常往來。坦江布里奧是爪哇首都巴達維亞的海港。

馬六甲群島，已經不再像以前那樣富裕了，不過那裡的人民（安汶島人），還因盛產水手而聞名於世。400年前，當人們聽到安汶島人的時候，都感到十分恐懼，認為他們是太平洋中最可怕的食人民族。但是現在，他們卻都是模範的基督教信徒，為荷屬東印度軍隊提供了最有戰鬥力的軍團。

那座被水淹沒的亞洲半島的主要殘跡——婆羅洲，因為人口過少陷入了困境，這是因為這裡有一種奇怪的信仰——外出獵取人口是一件神聖的事。荷蘭人曾經試圖用非常嚴酷的刑罰來消滅這種殘酷的信仰，但直到現在，內陸地區依然以此為樂，青年人如果不能獲取一顆頭顱以作信物，就不能結婚。長期以來的監督（婆羅洲人展覽他們可怕的戰利品，就像高爾夫球高手炫耀獎杯一樣，對他人的生死毫不在乎），導致這裡的人口，遠遠低於世界單位面積人口數。現在，河道開闢了，道路修建了，石油公司、煤炭公司和珠寶公司也慢慢在這裡建立起來了，野蠻人也漸漸受了感化，轉而從事相對和平的農耕了。這座島嶼以這樣的情況發展下去，可以養活比現在多20倍的人口，而不會有什麼不同。

婆羅洲的北部屬於英國。西北角是一個叫沙撈越的獨立國，被一位叫做布魯克斯酋長的英國後裔所統治。他和詹姆斯·布魯克斯來到這座島鎮壓當地的戰亂，戰爭過後就留在了這裡，就此成為了這座島嶼的獨立國王。

還有一個非常重要的島嶼，就是與馬來半島平行的蘇門答臘島。那裡的火山頻繁活動，植物的生長情形

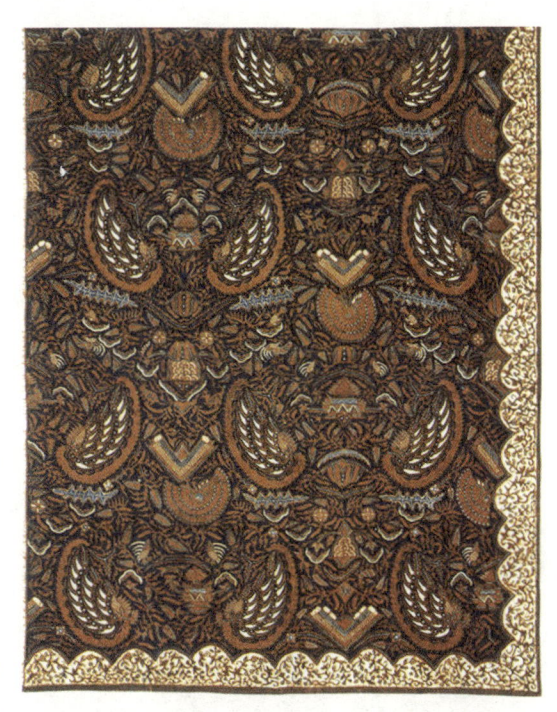

蠟染紗籠　爪哇 20世紀

雖然在非洲和亞洲的許多地區，裝飾紡織品的蠟染技術眾所周知，但是爪哇傳統技術的發展最為著名。在這件紗籠中，分布著動物和花卉的幾何圖案，而作為印度尼西亞信仰的金翅鳥也常出現在蠟染藝術中，中國和印度常見的孔雀、邊緣裝飾圖案對歐洲也有所影響。

347

房龍地理
Van Loon's Geography

用犀鳥羽毛裝飾的帽子
婆羅洲 19世紀末～20世紀初

圖中的帽子是用犀鳥裝飾的，它屬於婆羅洲的一位國王。在當地，犀鳥的羽毛被用來獎賞那些帶著一顆頭顱而歸的人，那裡的土著居民因獵取人頭的風俗而為人所知。

卻很好。但不幸的是，這座島的中間有一座非常高大的山脈，將整個島切成了兩半，在沒有鐵路以前，這條山脈大大地限制了島嶼的發展。與其他機器動力相比，這種自動並且飛速轉動的機械對這裡向西方商業開放，有著不可比擬的作用。

在蘇門答臘與婆羅洲之間，有邦加島及勿里洞島，這兩座島都是馬來半島的延長地帶，有非常豐富的錫礦。爪哇島的東邊是著名的峇里島，那裡至今仍然保持著古代的生活方式。隨後，就是澳大利亞正北方的帝汶島與弗洛勒斯島。最後是新幾內亞，它屬於澳大利亞大陸，西半部分在荷蘭人手中。這座島的面積很大，可以遮蓋從巴黎直到敖得薩的中歐大部分地區，但至今還沒有與外界接觸。那裡沒有河道可以和內陸連通，人口稀少，一部分是由於食人的殘酷習俗造成的，另一部分是由於土著的落後、疾病以及捕殺人類造成的。偶爾，在內陸地區會發現短小人種部落的遺跡，可以表明這座島嶼在遠古時代就有人居住。

整片地區看起來都是相當古老的，而且根據某種理論，這裡是人類最早脫離類人猿，也就是無尾猿的地方。最早的類人生物，即類人猿頭蓋骨在爪哇被發現，而體格較大的類人猿（猩猩）的頭蓋骨也在婆羅洲和蘇門答臘被考古學家發現。

繡花女夾克 蘇門答臘 19世紀

在這件用條紋手織布做出的夾克上，內襯棉布和前面的布料透過刺繡、細工相連接，金屬螺紋、亮片和其他飾品被用於裝飾，雲母片和貝殼被繡在夾克上，使其光彩奪目。

第四十一章 荷屬東印度群島

這確實是一個千奇百怪、無奇不有的世界。一個家族中的一個分支日漸進步，最後建造了一個動物園，然後另一個分支的成員卻跑進去居住。

印度尼西亞的重要島嶼

作為世界最大的群島國家，印度尼西亞由上萬座島嶼組成，其中較為重要的島嶼有加里曼丹島、蘇門答臘島、爪哇島、峇里島等。

島嶼	位置	地位	概況
加里曼丹島	位於東南亞馬來群島中部	世界第三大島	該島位於赤道附近，氣候炎熱，四面環海，從內地向四外伸展，東北部較高。
蘇門答臘島	東北隔馬六甲海峽與馬來半島相望	世界第六大島，印度尼西亞第二大島嶼	大部分地區被熱帶森林覆蓋，屬熱帶雨林帶，自古處於海上絲綢之路的要道，出產黃金。
爪哇島	位於馬來西亞和蘇門答臘島東南	印度尼西亞的第四大島	以山地、丘陵為主，是世界上人口最多的島嶼，也是全國政治、經濟與文化的中心。
峇里島	位於爪哇島東部	印度尼西亞最耀眼的島嶼之一	地勢東高西低，山脈橫貫，地處赤道，氣候炎熱而潮溼，也是著名的旅遊勝地。

第四十二章

澳大利亞

自然的孩子。

澳大利亞	
中文名稱：澳大利亞聯邦	所屬洲：大洋洲
首都：坎培拉	主要城市：雪梨、墨爾本
官方語言：英語	貨幣：澳大利亞元
時區：東八區至東十區	國家代碼：AUS
國歌：〈前進，澳大利亞〉	國花：金合歡

　　說到大自然的浪費，以及它在創造萬物時缺乏明確目的這一點，已故的德國科學家、光學物理專家亥姆霍茲曾經說過一句話：如果任何機器製造者，將像人眼一樣臨時拼湊的儀器提供給他，他一定會馬上將這個不務正業的人當成無用的破壞者，並且讓他當眾出醜。

　　我很開心的是，亥姆霍茲還沒有將他的觀察推廣到物理學和電學的領域之外，因為我害怕他對造物主創造的地理佈置進行指責。

　　以格陵蘭為例，它的領土幾乎都被深埋在數千公尺的厚冰與積雪之下。如果這片4.7萬平方英哩的土地能移到大洋之中，那麼一定可以供養數百萬的人口，現在它只能供給數千隻熊，與少數忍飢挨餓的愛斯基摩人的簡單生活而已。至於人為的不利管理，我可以用澳洲來作個很好的例子。雖然大家認為澳洲是一個洲，但這裡的一切，卻都不是一個井然有序的大陸應有的狀況。

　　第一，這裡的地理位置非常不好，葡萄牙人、西班牙人、荷蘭人雖然在它被發現前的100多年中猜測它是否存在，而且努力去尋找它——這片300萬平方英哩的土地和美國差不多大，直到1642年，才被白人親眼看到。阿貝爾·塔斯曼把荷屬東印度公司的旗幟插在了這片土地上，環繞這裡航行一周，以荷蘭聯合王國的名義佔領這裡。

　　但是從實用的角度而言，這只不過是一次沒有用的旅行。荷蘭人對於這一大塊荒涼

的土地毫無興趣，不在乎地契是否失效。1769年，詹姆斯·庫克被派往太平洋觀測金星運行（在塔斯曼航行125年後），阿姆斯特丹與倫敦的繪圖者還不能確定將澳大利亞這片隱居地放在浩瀚的太平洋的哪個地方。

第二，澳大利亞不止地理位置不好，而且氣候也不算好，東部沿海與南海岸的氣候相當舒適，坐落著阿德萊德、墨爾本、雪梨、布里斯班四大城市。但北部沿海非常潮溼，西部海岸則非常乾燥，這就意味著澳大利亞最適合人類居住的地方離亞洲、非洲、歐洲的商路最遠。

第三，整個內陸全部為沙漠地區，滴雨不下，而地下水的供給又非常糟糕，很難進行有系統的灌溉工作。

第四，地勢最高的部分都在陸地的邊緣地帶。因此內陸就像一個空碗，水不會向山上流，所以那裡沒有可以稱道的河流。達令河是澳大利亞最長的河流，有1160英哩，它發源於昆士蘭群山中，距離珊瑚海（太平洋的一部分）不算很遠。不過，這條河並不是向東流入太平洋，而是向西流入因坦特灣。一年之中的大部時間（當南半球的冬季來臨時，北半球正好處於夏季）都呈現為池塘的狀態，對於人類，沒有什麼實際的用處。

澳大利亞

澳大利亞位於南半球，是南半球經濟最發達的國家，它不僅國土遼闊，而且物產豐富，還擁有許多特有的動植物。圖中的綿羊雖然不是這裡的特產，不過澳大利亞出產的乳製品以及羊毛製品的質量在全球都享有盛名。

第五，澳大利亞的土著並不能被訓練成白人有效的勞動力。關於這些不幸的澳大利亞人的祖先，我們至今還是一無所知。他們與其他人的關係相當疏遠，就像他們一直居住在另一個星球上。他們除了自己所有的工具，生活的狀態也和一些原始動物的狀態一樣，不知道如何建造房屋，如何種植糧食，如何使用梭鏢、弓箭和斧頭。他們只知道如何使用迴力棒，而其他民族在很早以前就會使用這種技術了。在其他民族已經拋棄了那些笨拙的武器，改用梭鏢、弓箭和斧頭之後，澳大利亞仍然住在用後腿走路、不再需要前臂幫助行走的祖先不久前的居所。如果簡單地進行分類，或者可以直接說他們屬於石器時代早期的「狩獵型」。不過我們在典型的石器時代受苦時，與原始的澳大利亞人比起來，也算是優秀得多的藝術家了。

當地球被森林（它們曾經帶給了我們無數快樂和幸福）覆蓋之前的一段時間，可憐的澳大利亞改變了面貌。這裡生長著一種非常特別、能夠適應乾燥氣候的植物。毫無疑問地，我們的植物學家已經對這種植物產生了濃厚的興趣。但對於那些想種植高經濟價

房龍地理
Van Loon's Geography

桉樹

澳大利亞是桉樹的原產地，廣大的森林中90%是桉樹。特別在澳洲如此貧瘠的土壤環境中，桉樹能夠大量生長，為保持水土作出了巨大貢獻。因為其生長週期短，並且葉子含有藥用價值，所以被廣泛用於建築、製藥等產業。

值植物的白人而言，想靠它獲益基本是沒有什麼希望。袋鼠草和鹽鹼灌木林，都是山羊的好飼料，但帶刺的草即使是有硬齶的駱駝也吃不了。栽種尤加利樹又不能致富，雖然這些樹有的可以高達40英呎，而且唯一的競爭對手是加利福尼亞的紅杉。

1868年，澳洲不再是監禁地，於是農民們蜂湧而來，但他們被一堆絕對不可能被馴化的活化石拒絕了。澳洲孤立的位置，使這些在世界其他地方已經消失很久的史前生物，在澳洲還得以繼續生存。澳大利亞與亞洲、非洲或歐洲不同，沒有體格健壯、聰明的哺乳動物，所以當地的四足獸也就沒辦法演化或滅絕。因為他們沒有競爭對手，所以它們永遠保持著初生的樣子。

關於袋鼠這種奇怪的動物，我們大家都已經很熟悉。袋鼠屬於有袋動物科，它們有一個肚囊，將剛出生還沒有發育完全的孩子們放在囊裡，直到讓它們發育完全為止。在第三紀時，這種有袋動物分佈在全球各地。現在，美洲只剩下一種有袋類，就是負鼠，而澳洲卻還有很多有袋類。

還有一種被稱作單孔動物的活化石，那是哺乳動物中最低級的亞綱。這種動物全身的排洩管道只有一個出口。其中最有名的，就是相貌奇怪的鴨嘴獸。它為棕色，長20英吋，全身覆蓋短毛，長著鴨嘴（幼時有齒），足有蹼，有長爪。雄性的腳跟長著一根毒刺——澳大利亞簡直就是一個移動的博物館，收集了大自然在數百萬年間的進化和退化中創造以及拋棄的一切。

澳大利亞簡直是個可怕的、無奇不有的博物館：有的鳥類的羽毛像人的頭髮；有的鳥只能行走，不能飛翔；有的鳥長得像鴿子和野雞，卻和雞一樣大；有的老鼠長著蹼足；有的老鼠長著用來爬樹的尾巴；能用兩條腿走路的蜥蜴；有些魚類既有腮又有肺，牠們是魚龍時代的東西，是魚類與兩棲類的混合種；像豺又像狼的胡狼，也許是遠古時期亞洲大陸的移民帶來的家犬後代；這裡還有其他畸形動物，就像是野生動物園一樣。

第四十二章 澳大利亞

　　但這些動物，還只是澳大利亞所有物種中的一小部分。澳大利亞還有各種比毒蛇猛獸還可怕的的昆蟲生態。那裡有一種跳蟻，因為澳大利亞是跳躍者理想的黃金國。所有的哺乳動物、鳥類及昆蟲，都很愛跳躍，並不喜歡飛翔和奔跑。許多螞蟻住在自己建造的龐大的蟻巢之中，會暢通無阻地嚙穿鐵門，因為它們能吐出一種特殊的酸性物質，覆蓋在平常用鉛和錫做的箱子上，能夠讓金屬氧化，然後螞蟻就可以挖出一個洞，能藉此自由進入這個洞，將裡面的東西弄壞。

　　有一種蒼蠅，它們在乳牛和綿羊的皮膚中孵卵。蚊子讓澳大利亞南部的沼澤地，完全不能住人。蚱蜢可以把花了數年的人工製品，在幾分鐘內破壞。山螞蟥擠成一團湧向人類，以吸血為生。還有白鸚鵡，雖然牠們長得非常漂亮，但是在種植甘蔗時能帶來巨大的危險，它們經常如此行動。

　　在這些讓人討厭的東西中，最嚴重的並不是澳大利亞原產，而是歐洲的舶來品，那就是兔子。在通常的棲息地，這種動物並沒有什麼大的危害，但是在動物無限繁殖的沙漠地帶，就變成了非常可怕的禍害。1862年，第一批野兔從英國傳入澳洲，當時只是為了消遣娛樂。以前的拓殖者的生活非常無聊，獵兔就是破除叢林中寂寞單調的生活的一種快樂消遣。一小部分野兔逃跑了，在獵兔這種時髦的活動中存活了下來。習慣了龐大數字的天文學家，曾經計算過澳大利亞現有野兔的數量，大概有40億隻左右，極其驚人，如果40隻野兔的食草量等於一隻綿羊，那麼40億隻野兔，就相當於一億隻綿羊。根據這些，你可以推出自己的結論了。澳大利亞全境，現在已經被這種嚙

豎起彩色羽毛的蒼鷺 攝影 當代

　　在澳大利亞這座活化石博物館中，有很多我們很少見到，並且相貌奇特的物種。就像長著彩色羽毛的蒼鷺，在受到驚嚇時，它會豎起羽毛快速張望四周，以示對周圍情況的警覺。而它身上華麗的羽翼，也吸引了很多動物研究者和攝影愛好者的注意。

353

房龍地理
Van Loon's Geography

齒動物破壞殆盡了。飢餓的野兔已經把澳大利亞西部的草吃光了，人們只能修建高大的帶刺鐵絲圍牆，防止兔子進一步入侵。這種鐵絲圍牆原本是來自中國的防兔牆，高三英呎，並且還有三尺埋在地下，防止這種動物從地下打洞。但兔子被飢餓所迫，很快就學會了翻越柵欄，災害依然不減。後來人們又使用毒藥，但也沒什麼作用。在其他地方能夠克服兔子的野獸，但在澳大利亞都不能找到，或許它們在引入後無法適應這個怪地方，一到這裡就死掉了。儘管白種人使用了無數方法，這些野兔還是像麻雀一樣快速繁殖。還有另一種歐洲的進口物，現在簡直變成所有喜歡建造花園的澳大利亞人的心頭大患，而成為澳大利亞標誌之一的刺梨木也迅猛向海濱進發。

即使障礙重重，外來移民也成功地讓澳大利亞成為了世界上最重要的羊毛出產地。現在，澳大利亞有8000萬隻綿羊，我們所用的羊毛的1/4都來自這裡，羊毛佔了整個澳大利亞出口貨物的2/5。

野兔　攝影　當代

野兔多為灰褐色粗硬絨毛，生命力很強，奔跑速度快，彈跳力驚人。在澳大利亞這片沒有天敵的環境中，大自然為它們提供了優質的飼料。它們快速地繁殖著，影響了當地的生態，以致於澳大利亞人不得不使用各種方法來遏制其繁殖。

因為澳大利亞大陸的歷史比歐洲大陸要早很多，這裡應該蘊藏著各種礦產。過去的50年中，淘金業的興起引起了人們對澳大利亞金礦的注意。後來這裡又發現了鉛、錫、銅、鐵、煤等礦產，不過至今還沒有發現石油。這裡雖然也有鑽石，但數量非常少。貓眼石、藍寶石其他珍貴的石頭，則大量出產。不過因為資金不足、運輸不便，所以這種寶石並沒有得到完全採掘。但總有一天，澳洲能夠脫離財政紊亂的情況，再次躋身於有清償能力的國家之列，完全開發就會變成現實。

同時，澳大利亞又是非常有名的探險大陸，在這裡探險的難度僅次於非洲。19世紀初，其最主要的三部分，人們已經瞭解得相當清楚了。西部高原的平均高度是2000英呎，某些地方高達3000英呎。這個高原也是生產黃金的地方，只可惜沒有海港，只有一

個不太重要的叫做珀斯的城市。然後就是東部高地，這裡原本是古老的山脈，因風雨不斷侵蝕，以致於最高峰科修斯科的海拔只有7000英呎。這裡是澳洲唯一擁有優良港口的地方，吸引了最早一批殖民者。

在這兩座隆起的高原之間，有一片廣闊的平原，其整體高度沒有超過600英呎，艾爾湖區域更降至海平面以下。這個平原被西邊的弗林德斯山脈與東邊的格雷山脈切成兩半，它們在北部地區與昆士蘭山脈相連接。

這個國家的政治發展雖然很和平，但只在一定程度上算成功。最初的移民，都是根據英國18世紀後半的法律所判決出的「罪犯」，但他們並不是窮凶極惡之徒，只不過是被貧苦所逼，犯下了偷竊幾塊麵包或幾個蘋果的小罪而已。最早的罪犯流放地在博坦尼灣，這裡之所以起這個名字，是因為發現它的庫克船長到達那裡時，正是遍地繁花爭相開放的季節。這塊殖民地叫做新南威爾斯州，首府為雪梨。作為新南威爾斯的一部分，

房屋結構圖　約1900年

在這張建築師為澳大利亞珀斯居民設計的房屋結構圖中，顯示了一座有涼亭、外帶陽臺走廊的3居室，具有歐洲的風格。在19世紀50年代，澳大利亞出現了蓋房子的熱潮，所以歐洲的生活方式也在澳大利亞快速傳播。

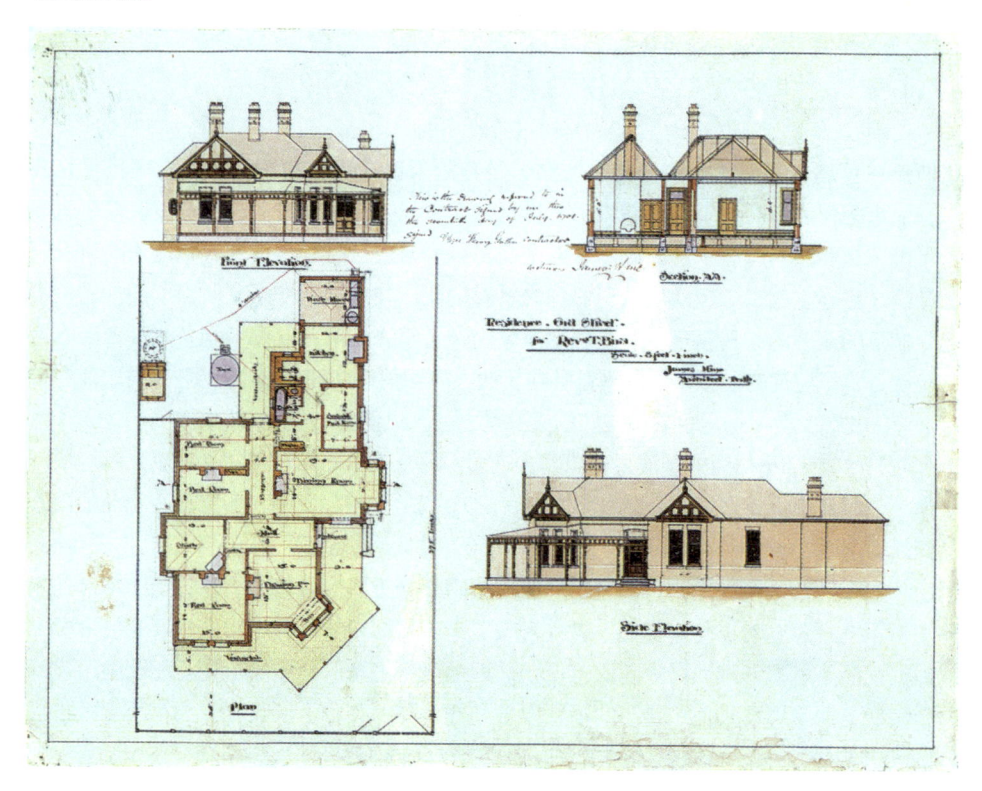

房龍地理
Van Loon's Geography

雪梨歌劇院

雪梨歌劇院是澳大利亞的標誌性建築之一。1958年，丹麥設計師約恩·烏松的作品被選中，政府斥資1200萬澳元，耗時16年才最終建設完成。它白色陶瓦覆蓋的貝殼從湛藍的海水中升起，象徵著純潔的修女在海邊吟唱。

塔斯馬尼亞島在1803年被改為充軍據點，所有囚犯都在現在的霍巴特附近集合。1825年，昆士蘭州的首府布里斯班建成了。19世紀30年代，菲力浦灣上的一個殖民地，也成為了維多利亞州的首府，它因墨爾本爵士而得名。在這一時期，南澳大利亞州的首府阿德萊德，也建立起來。但西澳大利亞州的首府珀斯，在50年前淘金業興盛以前，還只不過是個無關緊要的小村落。至於北部地區，由聯合王國統治，就像美國各州由華盛頓管轄一樣。雖然這裡的面積是50萬平方英哩，而人口卻只有5000，其中不到200人居住在帝汶海岸的達爾文港，這是世界上最好的天然港之一，只可惜這裡並沒有通商。

在1901年，6個州組成了澳大利亞聯合王國，共有人民600萬，其中3/4居住在東部。7年後，他們又決定建立新的首都坎培拉，它位於雪梨西南150英哩，距離澳大利亞最高的科修斯科山不遠。

1927年，自治殖民地的首都完工。但是新的聯合王國議會在將國家救出困境之前，還不得不進行深刻的思考。首先，世界大戰以來，掌握政權的勞工聯合政府過於浪費，以致於已經不能得到歐洲借貸者的信任。最近繼任勞工黨的新政府，是否能戰勝這次的財政危機，而又不喪失他們自己的權利還是一個疑問。其次，澳大利亞人口稀少，也是一個可怕的隱患。塔斯馬尼亞與新南威爾斯每平方英哩只有8人。維多利亞州每平方英哩

有20人。但是昆士蘭州與南澳大利亞州每平方英哩只有一人,而西澳大利亞州每平方英哩則只剩0.5個人。雖然這些數據在勞工聯合政府看來並不可靠,但是澳大利亞人卻處在世界上最不值得信任、最無用的工人行列中。他們如果沒有大量的假日,用來專注於運動或賽馬等消遣娛樂中,似乎都不能生活。

被流放的囚犯們　托馬斯・羅蘭森　18世紀

在這幅漫畫中,英國被流放的囚犯們坐在船上,準備被運往澳大利亞,他們身後懸掛著屍體的絞刑架則暗示著殘忍的法律制度,或許遭到流放的命運也不至於太過淒慘。此時,澳大利亞似乎為英國監獄人滿為患的困境提供了一條出路。

照這樣來說，推動國家發展的一切必要工作，由誰來做呢？

義大利人是不受歡迎的，雖然他們非常願意到這裡來。在這個聯合王國中最有勢力的英國中產階級說：「澳洲是澳洲人的澳洲」，意思是不僅是非純粹白人，就連非英國中產階級出身的人，都會受到排斥。勤勞的義大利人也不會跨過托雷斯海峽。作為黃種人的日本人和中國人，更不被允許。玻里尼西亞人、馬來人和爪哇人是棕色人，更成為了受氣筒。那我又要開始問這個問題了——到底誰要來工作呢？我只能說我不知道答案。一片300萬平方英哩的土地渺無人煙，而世界上的其他地方卻承受著人口過剩的壓力。光是這種現象，就可以解答這個問題了。

澳大利亞大事記

自從澳大利亞被發現後，基本就處於英國的統治下，從英國的囚犯流放地到獨立的國家，它走過了數百年的歷史。

1606年	荷蘭人威廉姆·簡士登陸澳大利亞，這是首次有記載的外來人正式登陸。
1770年	英國航海家庫克船長發現澳大利亞東海岸，宣佈此地屬於英國。
1788年	菲利普船長率領的船隊到達澳大利的植物學灣，並在傑克遜港建立起第一個英國殖民區。
1790年	第一批來自英國的自由民移居澳大利亞，以雪梨為中心拓展。
19世紀50年代	新南威爾斯和維多利亞發現金礦，大量淘金者蜂擁而至，澳大利亞人口激增。
1901年	6個殖民區統一，成立澳大利亞聯邦，同時通過第一部憲法。
1927年	澳大利亞遷都至坎培拉。
1931年	澳大利亞獲得內政外交的獨立自主權，成為英聯邦之下的一個獨立國家。

第 四十三 章

紐西蘭

紐西蘭	
中文名稱：紐西蘭	所屬洲：大洋洲
首都：惠靈頓	主要城市：奧克蘭、哈密爾頓
官方語言：英語	貨幣：紐西蘭元
時區：東十二區	國家代碼：NZL
國歌：〈天佑紐西蘭〉	國花：銀蕨

　　如果算上薩摩亞群島的領土，紐西蘭比英格蘭及蘇格蘭的總面積要大1.25倍。它有150萬人口，其中14.3萬人居住在北島上的首都惠靈頓。

　　1642年，北島第一次被塔斯曼發現，他用自己國家的南部省來為之命名，這本地理書的第一部分也在那裡寫成。其實在三個世紀前，這裡就被玻里尼西亞的船夫發現了。作為了不起的水手，這些駕駛獨木船的人擁有一種形狀奇怪的地圖，非常精確可靠，以致於他們在航行數千公里以後，仍然能夠毫無差錯地找到回程的路。

　　這些玻里尼西亞的征服者，就是驍勇善戰的毛利人的遠祖。在1906年時，毛利人只剩5萬左右的遺民，以後數量又漸漸增加。世界上有一些土著，他們既能保衛自己，抵禦白種人，同時又能採納西方文化的優點，而不會過分痴迷，毛利人就是其中很好的例子。他們拋棄了幾種古代的風俗習慣，如吃掉敵人、在臉上刺青等等。他們派代表出席紐西蘭議會，修建教堂。雖然這些教堂也跟他們的白人統治者所建立的小教堂一樣不惹人注意，不過對於將來涉及種族的問題一定大有好處。

　　19世紀的前25年，英法兩國都想藉由自己的傳教士來佔領這片島嶼。但在1833年，毛利人自願投入了英國的保護。1839年，英國正式佔領了紐西蘭所有的領土。

　　如果法國艦隊早到三天，那現在紐西蘭也許會與新蘇格蘭、毛里求斯以及其他許多太平洋島嶼一樣，變成法國的殖民地。1840年，這些島嶼成為澳大利亞新南威爾斯的殖民地，1847年又改為英國皇家殖民地。1901年，紐西蘭曾經有機會加入澳大利亞聯合王國，但由於它從未做過罪犯的流放地，於是拒絕了澳大利亞的要求。1907年以後，紐西蘭成為獨立自治的殖民地，由一位英國總督管理並擁有自己的代表政府。

房龍地理
Van Loon's Geography

　　從南北兩島的地理狀況來看，它們似乎並不是澳大利亞大陸的一部分，因為分隔紐西蘭與澳大利亞大陸的塔斯曼海深達1.5萬英呎，寬1200英哩。它們也許是一座很高的山脈的遺存，這個山脈曾經在某一個時期曾是太平洋的西海灣。不過，由於時過境遷，現在的海島是如何形成的，已經很難明確判斷了。然而更難理解的是，兩島之間幾乎完全不相同。北島一片是巨大的火山區域（太平洋中的黃石公園），而南島就像是另一個瑞士，只不過有為數不多的挪威海峽，而寬約90英哩的庫克海峽分隔了南島和北島。

　　紐西蘭絕不炎熱，它與義大利一樣距離赤道很遠，氣候也與義大利相同。也就是說，與澳大利亞相比，它更有可能成為歐洲永久性的政府機構。歐洲的各種水果，如桃子、杏、蘋果、葡萄、橘子等，在山谷中可以種植，而山腳下又是非常好的養牛牧場。這裡的亞麻，也像在老塞德蘭潮潤的氣候中一樣長勢良好。北島那些從奧克蘭進口的木材雖然長勢緩慢，卻是很好的木材。

　　1901年，紐西蘭吞併了太平洋中的許多小島，其中有庫克群島與拉羅湯加島。據毛利人所說，紐西蘭首批玻里尼西亞人，就是從那裡來的。庫克群島還是火山發源地。我們現在先拋開這個火山帶不講，來談談珊瑚島吧！

　　珊瑚島，是由無數被叫做珊瑚蟲或花蟲的微小海生物構成的，這種生物死後的骸骨堆積在一起，就形成了數以千計的暗礁與小島，散布在太平洋。珊瑚很重視環境，只能在一定溫度的新鮮鹽水中生活，只要結凍就可能導致它的死亡。它不會沉到海平面以下120英呎，但我們所發現的珊瑚礁都低於這個深度，這就說明海底的原始高度一定產生下陷了。珊瑚蟲建造它們的小島，長達數百萬年，它們的建築物比最好的泥水匠的作品還要耐久。因為它們一直需要流動不息的水，所以居住在這個建築中心的珊瑚

紐西蘭

紐西蘭位於太平洋西南部，由南北兩大島嶼組成，以庫克海峽相隔，首都是惠靈頓。在紐西蘭，到處是廣大的森林和牧場，使其成為名副其實的綠色王國，鹿茸、羊肉、乳製品和粗羊毛的出口值皆為世界前列。圖為當時紐西蘭的海報。

第四十三章 新西蘭

蟲最容易死亡，其邊緣繼續生長，結果就形成了所謂的環礁——由固體物質所組成的窄環，中心有一個圓形的礁湖。這種島通常有一個入口通往礁湖，並且遠離當時的季風。另一側的海浪會為外層的珊瑚蟲提供食料，所以生長得比較快。

現在有許多這樣的環礁，上面生長著椰子樹，它們大部分都屬於紐西蘭。薩摩亞群島原本是德國殖民地的一部分，但是由於在世界大戰期間紐西蘭軍隊表現良好，這塊殖民地就歸入了紐西蘭。至於他們現在打算如何處理它，那我就不得而知了。

披風 毛利人 19世紀初

毛利人的織物是由技術熟練的婦女編織而成，她們不用工具，只用手指完成作品。作為早期的毛利披風，這件用細羊毛和羽毛裝飾的編織物可能是送給紐西蘭首任總督的禮物，他在1845年至1854年管理著紐西蘭。

毛利族武士

18世紀晚期，大批白人來到太平洋地區，與當地的土著接觸，衝突也日益頻繁。圖為西尼·帕金森繪製的毛利族武士，他曾參加了庫克船長最早在南部海域進行的航行

用羽毛製成的頭飾，這是毛利族的特色之一。

武士的面頰上遍布文身，是毛利族文化的表現，也是古代的風俗之一。

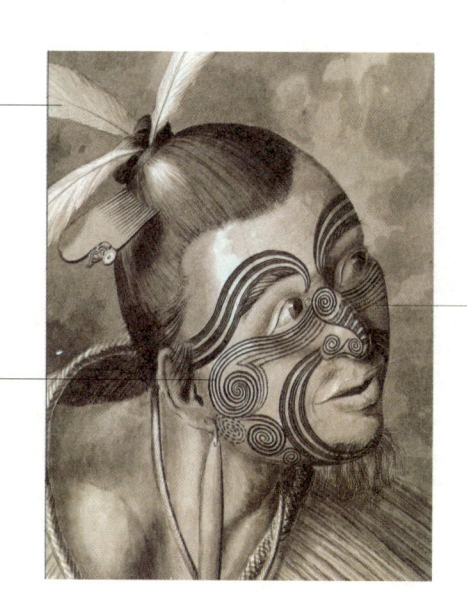

武士似乎對外界事物充滿了好奇，他對於外來的歐洲人表示出興趣，而歐洲人和當地土著人的衝突對雙方來說也是令人困惑的。

361

第四十四章

太平洋群島

那裡的人民並不會辛勤勞動，也不會胡扯，但他們卻和我們一樣生活著。

斐濟群島、夏威夷群島、薩摩亞群島、關島、塔希提島

在太平洋群島中，有無數個島嶼，其中有一些火山島較為著名，分別為斐濟群島、夏威夷群島、薩摩亞群島、關島、塔希提島。

	位置	類型	概況
斐濟群島	位於西南太平洋中心	火山島	南太平洋地區的交通樞紐，維提島和瓦努阿島為兩個主要島嶼，屬熱帶海洋性氣候。
夏威夷群島	位於太平洋中部	火山島	太平洋上有名的火山活動區，火奴魯魯是主要城市，有著名的威基基海沙灘和珍珠港。
薩摩亞群島	位於南太平洋玻里尼西亞群島中部	火山島	被稱為玻里尼西亞心臟，主要種植熱帶經濟作物，其中美屬薩摩亞群島是美國的保護地。
關島	位於太平洋馬裡亞納群島南端	火山島	美國的海外屬地，是美國與日本、菲律賓間的聯絡站，戰略地位極為重要。
塔希提島	位於南太平洋中部	火山島	法屬玻里尼西亞社會群島中向風群島的最大島嶼，因秀美的熱帶風光被稱為最接近天堂的地方。

大西洋幾乎沒有什麼群島，但在太平洋卻有很多島嶼。赤道以北，有卡洛琳群島、馬歇爾群島以及夏威夷群島，而其他群島則在赤道以南。無數個島嶼組成群島，只有擁有神祕巨大石像的復活節島是例外。這座島孤立在大海中，但它與南美洲的距離比澳大利亞近得多。

太平洋上的群島可以很清楚地分為三大類。一些島嶼在地質上毫無疑問是史前澳大利亞大陸的遺跡。法國罪犯的流放地——新蘇格蘭，就屬於這一類。其次，像斐濟群島、薩摩亞群島、夏威夷群島、桑威治群島和毛里求斯都是著名的火山島。最後，就是珊瑚島，比如新海布里地群島。

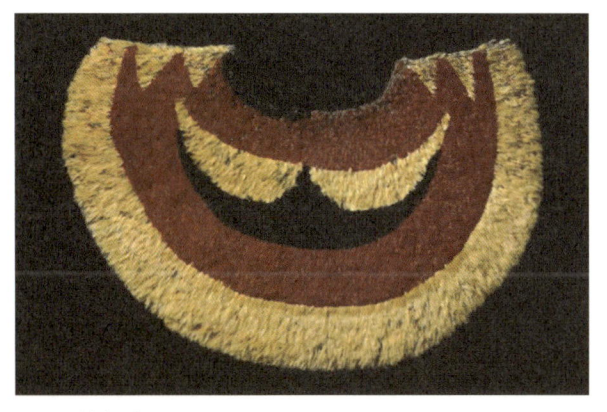

羽毛披肩 夏威夷 約1850年

這種羽毛斗篷和披肩是夏威夷男性貴族在慶典和戰爭中的穿著，其中黃色和黑色的羽毛應該來自夏威夷吸蜜鳥，而成形的領口可以緊貼著穿戴者的脖子。後來，大量的羽毛斗篷和披肩被作為禮物送給了來自歐洲的船長和船員們，不知何時傳到了英國。

在數千座小島之中（有許多珊瑚島高出水面幾英呎），最重要的就是夏威夷群島，也就是1779年庫克船長在歸途中被土著殺害的地方。1810年，夏威夷群島成為南海大帝國的中心，這個帝國直到1893年才被美國吞併。由於夏威夷群島不僅有非常肥沃的土壤，而且還位於亞洲與美洲中間，所以非常重要。

夏威夷群島很穩定，高達4400英呎的基勞亞火山，現在還繼續活動著。在這個群島的另一個島嶼上，有世界最大的火山口。不過這裡令人驚嘆的氣候，使我們不再因為無人致信的老朋友再次冒出紫煙而焦慮。瓦胡島上的火奴魯魯則是夏威夷群島的首都。

斐濟群島最重要的城市是蘇瓦，從美洲去往澳洲、紐西蘭的船舶都在這裡停靠。

薩摩亞群島的首都為阿皮亞。

還有一個你們時常聽到的島，那就是關島，它位於日本和新幾內亞之間，是美國重要的電報站。

其次，塔希提島是社會群島中的法國殖民地，關於南海帝國的許多電影故事，大都出自這個地方。

最後，還有非常多的小島嶼，基本上都屬於美拉尼西亞、密克羅西亞及玻里尼西亞三大群島。這些小島組成了橫貫太平洋的屏障，它們從西北向東南形成三條平行線，使太平洋航運與大西洋航運的情況大相徑庭。在大西洋上，從愛爾蘭至美洲海岸，中間只有羅克埃爾一個危險地區。

房龍地理
Van Loon's Geography

有人說,這樣的地區應該適合某種特定的人群居住,比如覺得當代機器製造的文明過於複雜、更喜歡單純事物的人,喜歡和平、寧靜、和睦相處的人以及反對喧囂、匆忙和互相競爭時露出猙獰表情的人。我認為這些海島確實比百老匯路與四十二街一帶安靜,但這裡實在太遙遠——這裡真的能讓人得到自我解脫嗎?

修建復活節島上的大石雕　克里斯蒂安・布魯坦 繪畫

圖中島上的土著們利用簡單的工具,在巨大的凝灰岩石塊上進行雕刻。經過年復一年的辛苦工作,他們終於在拉諾拉拉苦火山的山腰上,刻出了一個個巨大的石人。工人們把它們從岩壁上鑿開,豎立在平原上,就變成了現在我們所能見到的巨大人形石雕。

第 四十五 章

非 洲

矛盾與對立的大陸。

埃 及	
中文名稱：阿拉伯埃及共和國	所屬洲：非洲
首都：開羅	主要城市：蘇伊士、亞歷山大
官方語言：阿拉伯語	貨幣：埃及鎊
時區：東二區	國家代碼：EG
國歌：〈阿拉伯埃及共和國國歌〉	國花：睡蓮

　　非洲和澳大利亞一樣，都是遠古大陸的遺族。在數百萬年之前，這塊大陸的大部分就已經消失在浩瀚的大海中了。直到離我們稍近些的時期，它還與歐洲大陸相連。從地理的角度來看，阿拉伯位於撒哈拉沙漠的延長地帶，從馬達加斯加以及亞洲、澳大利亞的非洲動植物中，似乎可以看出：在地球上剛剛出現生物時，這三塊大陸之間或許有一塊將三者聯結在相連的大陸。

　　這是非常複雜的，在我們能說「它不過如此，沒有什麼好奇怪的」之前，我們必須要先找到更多的資料。不過，探討一下理論也沒什麼壞處。這些理論告訴我們，地球表面是在不停地變化的──今天我們所看到的一切和過去完全不同。如果一百萬年前的祖先看到我們現在的地圖（如果他們早就飛到了其他星球，還仍然對我們這小得可笑的地球有興趣的話），一定會感到無比驚訝，就像我們看到第三紀或志留紀時代的假想地圖時，心裡一定在想：「這些東西真的存在嗎？」

　　這塊古代大陸所遺留下來的土地，和我們所說的「歷史時期」開始後沒有變化的土地，共有兩部分──赤道以北的一大塊方形地區與赤道以南的一小塊三角形地區。無論是方形地區或三角形地區，它們的地理環境都非常不利。它們四周的邊緣比內陸高，以致於內陸看起來像一個大盤子，這種情況也同樣存在於澳大利亞，對於一個國家的發展極其不利。因為盤子的邊緣很高，所以阻礙了海風深入內陸，內陸地區就很

非洲 版畫 17世紀

　　非洲位於亞洲的西南面，與亞洲以蘇伊士運河為分界線，其東面瀕印度洋，西面臨近大西洋，北部與歐洲相隔著地中海。作為世界第二大洲，非洲的地理環境有1/3為沙漠，跨越赤道南北，有豐富的地理生態和豐富多樣的氣候。

容易變成沙漠，而且也沒有了出海口。當非洲的河流蜿蜒在山谷之間，最後入海時，它們不得不穿過一座座山脈。這就是說，船隻因為受到無數瀑布和激流的阻礙，不能利用河流到達內陸，除非等到人工的海港建設完成、繞過瀑布的鐵路修建成功，否則無法通商。總之，這裡就是被孤立的大陸。

　　對絕大多數人來說，非洲只不過是「黑人之洲」，我們常把它與熱帶森林、黑人聯繫在一起。其實非洲的面積是1130平方英哩（歐洲的三倍大），其中的1/3是沒有任何價值的沙漠。其人口為14億，總共分為三個群體，其中之一是黑人，他們的皮膚是黑色的。另外兩種是閃米特人與含米特人，他們的皮膚是介於巧克力色和象牙白之間的顏色。

第四十五章 非洲

然而，黑人自然比膚色淡得多的鄰居更能引起我們的注意。這不只是因為他們的外表奇特，讓我們第一次見到就留下了深刻的印象。還因為在我們祖先錯誤的經濟觀念，將他們視為便宜而溫順的勞工，把他們帶到了世界各地。提到這種可恥的錯誤判斷，真是讓人非常不舒服。因為黑奴是世界上最悲慘的人，這可能已經超出了黑人種族和白人種族的種族範疇。這一點我在後面會說到，現在我們先來談一談在黑奴制度出現前的非洲情況。

希臘人對埃及，以及居住在尼羅河河谷的含米特人非常熟悉。含米特族在很早以前，就已經佔領了非洲北部，強迫當地膚色黑得多的居民向南退入蘇丹，而獨享地中海北岸。所謂含米特人只是一個很模糊的名詞，世界上並沒有典型的含米特人，並不像典型的瑞典人和中國人那樣。含米特人是雅利安人與閃米特人的混合種族，加上大量黑人和許多古老人種的血統，那些古老的種族在東方強敵第一次入侵前就住在這裡了。

也許在遊牧時期，含米特人到達了非洲。然後他們就分散到尼羅河河谷，並向南深入到阿比西尼亞，向西遠達大西洋海岸。亞特拉斯山中的巴巴里人是純粹的含米特人（或者也只像任何含米特人一樣純粹），而撒哈拉沙漠中的遊牧部落也出自含米特人。此外，阿比西尼亞人則與閃米特人完全融合在一起，失去了含米特人的許多特性。尼羅河河谷的矮小農夫數十年來都與其他種族通婚，已經被同化得分不清原本的種族了，但其實他們也是含米特人的祖先。

女黑人像 油畫 瑪麗-古耶曼·伯努瓦 1800年

作為法國拿破侖時代一位非常成功的社會畫家，伯努瓦在這幅畫中描繪了一位美麗的黑人婦女，橢圓形的臉部和優雅的脖子富含魅力，黑色的皮膚與白色的如瀑布般垂落的頭巾形成了強烈的對比，帶有雕塑般的美感，而婦女裸露的胸部似乎是對奴隸屈辱生活的寫照。

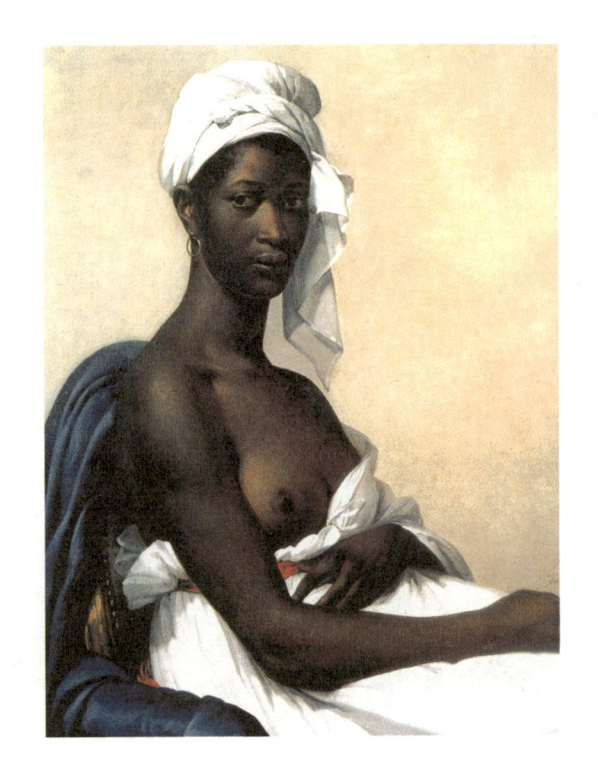

房龍地理
Van Loon's Geography

通常我們區分人種時，通常會利用他們所使用的不同語言。但北非的語言對我們沒有什麼幫助。那裡有的含米特部落只說含米特語，有的閃米特部落只說阿拉伯語。古代埃及基督教的哥普特人還使用著古代含米特語。希臘人與羅馬人顯然也和我們一樣疑惑，就用「埃塞俄比亞人」或「黑臉」來稱呼這些來自叢林狹窄邊緣地帶的人，以解決這個難題。他們覺得「埃塞俄比亞人」的金字塔與司芬克斯黑人厚厚的嘴唇（或許是含米特人的嘴唇，請教一下教授吧）非常奇怪。他們稱讚農夫長期吃苦耐勞的精神，稱讚數學家的智慧、醫生的博學，但他們似乎從來都不好奇這些人來自哪裡，而是直接稱他們是「埃塞俄比亞人」。

埃塞俄比亞　版畫 17世紀

埃塞俄比亞位於非洲東部，地處紅海西南的東非高原上，西面與蘇丹接壤，南面與肯尼亞為鄰。其境內則以山地高原為主，中部高原隆起，東非大地塹貫穿其中，有非洲屋脊之稱，擁有豐富的地熱、水力、森林資源。

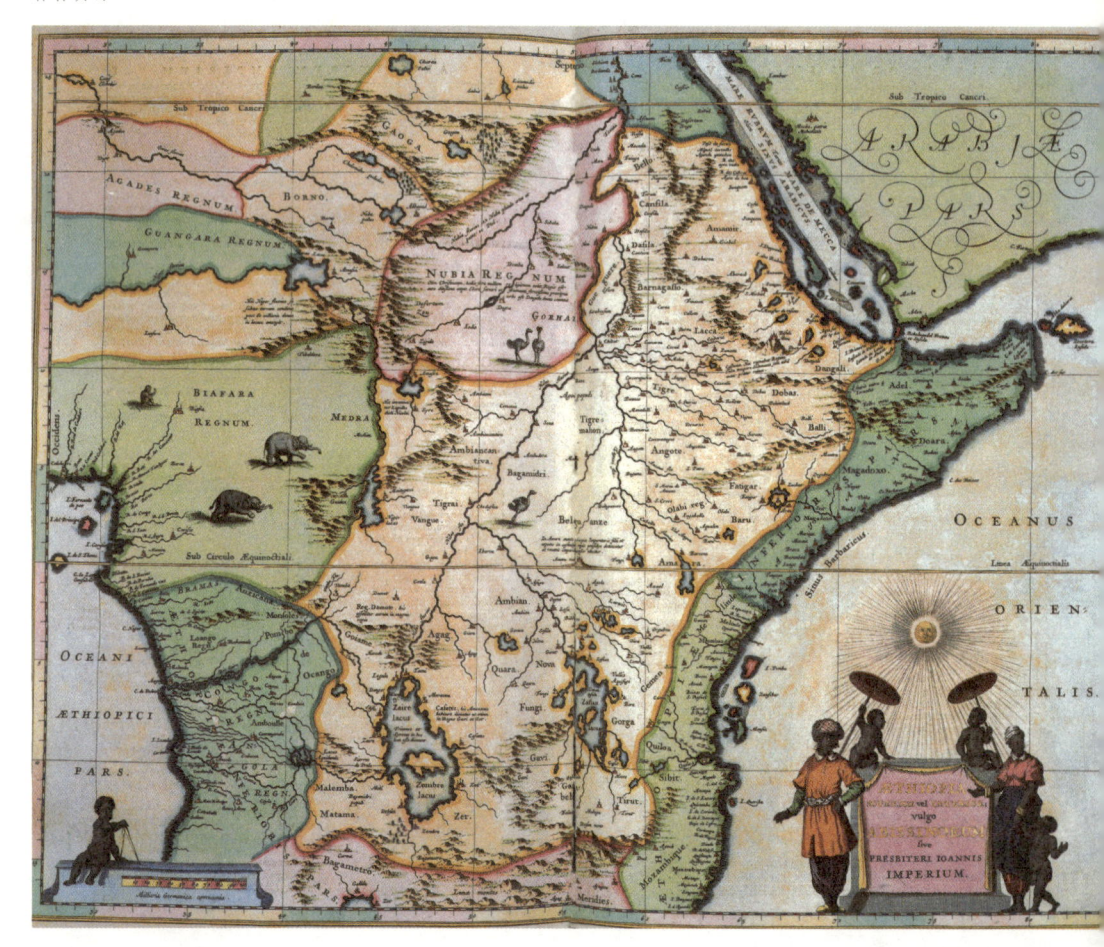

但我要給你們一句忠告！如果你們要前往北非，絕對不能因為這些人民皮膚很黑，就叫他們「黑鬼」。他們或許對這個稱呼非常憎恨，而他們之中很多人是世界上最勇猛的戰士。那些曾經征服整個西亞的埃及武士的血液，就流淌在他們的身體中。這個民族的祖先或許是奪去羅馬人的地中海上霸權的閃米特族迦太基人。他們也可能是不久以前還橫行南歐的阿拉伯人的子孫，或者是阿爾及利亞酋長的後代，而阿爾及利亞酋長就是在法國企圖征服阿爾及利亞，或義大利想佔領突尼斯時，而發動一場可怕戰爭的人。他們雖然頭髮微捲，但你們要小心並且牢記1896年的某一天，這些長著絨毛狀頭髮的埃塞俄比亞人曾經將白皮膚的義大利人趕入了紅海。

歐洲人成功橫渡地中海後，看到的第一種人就是含米特人，我們對他們的介紹就說到這裡。關於閃米特人，我們還要講一點，歐洲人與閃米特人的接觸十分令人痛苦，正好發生在漢尼拔將軍帶著戰象到波河平原之時。但是迦太基被毀滅之後，前往非洲的路就打開了。奇怪的是，歐洲人卻很少利用這個好機會，去開發那片廣大的沙漠區域（羅馬人所說的魯米帝）以外的地方。

第一位對非洲探險有興趣的羅馬皇帝是尼祿，他的遠征隊曾經遠達法梭達村，這個小村莊在30年前差點引發了一次英法戰爭。但尼祿的尼羅河遠征隊也沒有遠過當時前人所到達的最南端。在數世紀前，迦太基人似乎已經跨越了撒哈拉沙漠，到達了幾內亞灣。不過當迦太基被毀滅後，所有關於非洲中部的訊息就全部遺失了。撒哈拉沙漠的確是一個很大的障礙，就算是最勇敢的探險家也望而卻步。當然，他們也可以沿著海岸地區南下，但那裡完全沒有海港，以致於淡水的供給成了大問題，在根本上無法解決。再加上，非洲的海岸線只有16萬英哩，而歐洲的面積只有非洲的1/3，卻有長達兩萬英哩的海岸線。如果船員想在非洲海岸登陸，就必須在離海岸數英哩之外拋錨，然後再用敞口皮筏子穿越大浪划到岸邊，這種方法既辛苦又危險，因此很少有人敢於嘗試。

直到19世紀初，我們對於非洲的地理情況仍然所知甚少，並且這些消息的來源也純屬偶然。最早到非洲西岸探險的是葡萄牙人，他們原本是要前往印度，對這個充滿毫無危險的黑人之地沒有什麼興趣。但是如果它們繞不過南方這個大障礙物，就不能

尼祿 青銅雕像 羅馬 1世紀

尼祿是古羅馬帝國的皇帝，也是古羅馬乃至歐洲歷史上有名的暴君，被稱為嗜血的尼祿。在這個塑像中，製作者刻意適用了銀鍍銅和黑色青銅，尼祿向上凝視的神態讓人想起傳統的亞歷山大大帝。

房龍地理
Van Loon's Geography

到達印度和中國，所以才像盲人摸象一樣，沿著非洲海岸小心翼翼地摸索道路。他們並沒有刻意尋找，卻在無意之中發現了幾個海島，像是亞速爾群島、佛得角群島和加那利群島。1471年，他們終於到達了赤道。1488年，巴托羅繆迪·亞斯到達了風暴角，也就是現在的好望角。1498年，達伽瑪繞過了好望角，確定了從歐洲到印度的最短路線。

印度航路開闢之後，非洲又再次遠離人們的視線，成為了航海的阻礙。這裡的天氣不是炎熱乾燥，就是酷熱潮溼。當地人大都是強悍的野蠻人。在十六、七世紀時的船長前往東方時，只有當水手中出現了壞血病，或死了很多人時，才會到亞速爾群島、阿森松島和聖赫勒拿島去購買新鮮蔬菜。在他們看來，非洲是不祥之地，不用理會。如果不是因為新世界一位神父的仁慈，那些內陸上可憐的異教徒或許還可以快樂地生活下去。

巴托洛梅·德·拉斯·卡薩斯的父親是最初跟隨哥倫布前往美洲的同伴，這個孩子後來被任命為墨西哥恰帕斯城的主教，作為對他的功績的獎勵，他被賜予了一塊土地及當地的印地安人。換句話說，他成為了我們通常所說的奴隸主。那時候，只要生

哥倫布登上第一次遠航西方的船

哥倫布是義大利航海家，他曾在1492年到1502年之間四次橫渡大西洋，開闢了大西洋到美洲的航路，這條新航路的發現也成為了人類歷史發展的重要轉折點。

第四十五章 非 洲

活在新世界的西班牙人，都有很多印地安人為他們工作，這是一種非常糟糕的制度。但是這個制度，卻像其他殘酷的制度一樣，被大眾所認可，因為這是人人都在做的事，與別人完全不相干。有一天，拉斯·卡薩斯清楚地認識到這種制度是多麼惡劣，對於土地的原來所有者是多麼不公平，他們被迫在礦井工作，做著在自由時絕對不願意做的各種工作。

他回到西班牙協商此事，當時聽伊莎貝拉女王告解的紅衣主教——傑梅尼斯大權在握，認為他的想法是對的，就任命他為「印地安人的保護者」，讓他回到美洲去起草一個報告。拉斯·卡薩斯回到墨西哥後，發現上級教士對這件事情的態度都很冷淡。印地安人像原野中的動物、空中的飛鳥、海中的游魚一樣，都已經信仰了基督教。為什麼要多事呢？這可能會顛覆新世界的整個經濟體系，甚至影響到獲得的利益。

拉斯·卡薩斯很莊嚴地從事著上帝賜予的事業，想到了一個好辦法。當時，印地安人寧死也不願成為俘虜。這在海地島表現得十分明顯，不到15年內，土著人口由100萬降至6萬可以為證。但非洲的黑人似乎對於被當作奴隸蠻不在乎。1516年（新世界史上一個可怕的時代），拉斯·卡薩斯發表了著名的慈善主義制度的條款，目的是解放印地安人的義務勞動。只要是居住在新西班牙的每一個西班牙人都被准許購買12個非洲黑人，而印地安人被允許回到他們自己農地去，雖然他們較好的農場早已被移民們搶奪了。

可憐的卡薩斯活了很久，直到真正認識到自己的行為。他感到非常羞愧（因為他是個誠實的人），所以退隱到海地的修道院去了。後來，他又回來做公共事業，再次幫助不幸的異教徒抗爭，但已經沒人聽他的了。1556年，當他去世的時候，完全使印地安人離開土地的新計畫還沒實行，而販賣非洲黑奴的生意正進行得如火如荼。

在奴隸貿易流行的300年中，對於非洲到底有什麼意義，我們只能從遺留下來的數據來推測。獵取黑奴，並不是白人所為，而是阿拉伯人。阿拉伯人隨心所欲漫遊於非洲北部，那個地區已經漸漸落入伊斯蘭教的控制之中，並壟斷了黑奴的生意。他們從1434年以後，偶爾會將一船黑人出售給葡萄牙人，可是他們生意的規模與1517年以後相比，要小得多了。這種生意可以讓他們發大財。羅馬帝國皇帝查理五世（他長著著名的哈布斯堡下巴），授權給一個佛蘭德斯的朋友，批准他每年運送4000名非洲黑奴前往海地、古巴和波多黎各。這位佛蘭德斯人立刻又將羅馬皇帝的特許權賣給了一個熱那亞投機商，得到了2.5萬金幣。之後，特許權又被轉賣給了一個葡萄牙人，於是這個葡萄牙人到非洲與阿拉伯賣家接洽，阿拉伯賣家打劫了許多蘇丹人的村落，擄得一萬名黑奴（航行中極高的死亡率也需考慮），將他們塞進臭氣薰天的武裝商船裡駛向大洋彼岸。

於是關於這種新奇又簡單的發財方法被口耳相傳。教皇詔書將全世界分為兩個部分，一部分屬於西班牙，另一部分屬於葡萄牙。由於西班牙人不能涉足「奴隸海岸」。因此販賣和運輸黑奴的生意都給了葡萄牙人。當葡萄牙人的勢力被英國人和荷

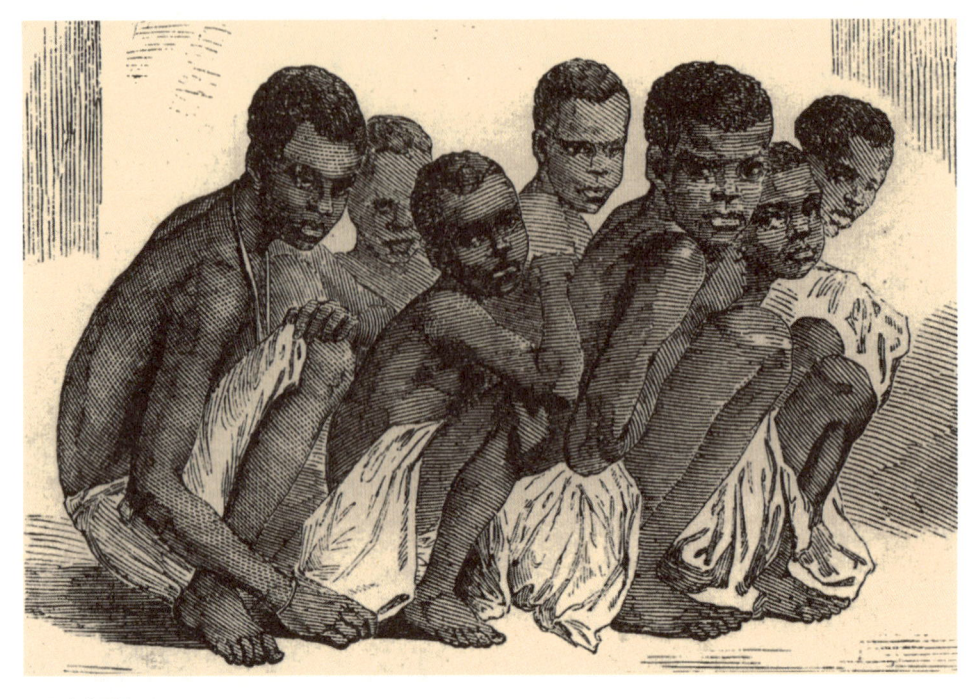

房龍地理
Van Loon's Geography

黑人奴隸

15世紀中葉，一支葡萄牙探險隊在布朗角附近沿海劫掠了10名非洲黑人，並將他們帶回里斯本出售，黑奴貿易由此開始。此後，黑人貿易逐漸發展成為一個專門的行業，數以萬計的黑人被販賣到美洲以及印度洋、亞洲等地，被迫在種植園和礦井中工作，本圖就是被捕獲的黑人奴隸。

蘭人打破以後，黑奴販賣又變成了這兩個基督教國家的壟斷貿易。他們繼續向世界輸送「黑色象牙」（布里斯托與倫敦的商人們開玩笑的稱呼），直到1811年，英國議會通過一項議案，頒布了嚴禁販賣奴隸的條例，對奴隸運輸處以罰款和流放等重罰。不過1517年到1811年，以及很長的一段時間裡，雖然有英國軍艦的威脅，私運黑奴的生意仍然持續了30年。直到19世紀前60年，歐美各國真正廢除了奴隸制度之前，奴隸走私還在進行（阿根廷在1813年、墨西哥在1829年、美國在1863年、巴西在1888年取消了奴隸制度）。

至於這項貿易在歐洲統治者和政治家眼中的重要性，只要看到他們竭力爭取黑奴貿易壟斷權，努力將其變為本國的獨享權益，就足以證明。由於幾個英國商人掌控了絕大部分奴隸貿易，西班牙因此拒絕接受英國商人所提倡的黑奴條約，以致於引發了英西戰爭。著名的《烏特勒支和約》中有一條規定，明確指出荷蘭人應將西印度黑奴專賣權轉給英國人。

但荷蘭人並沒有因此而被擊敗，他們的第一批非洲奴隸於1612年在維吉尼亞登

陸。在威廉與瑪利統治時期，通過了一條法律，向各國開放殖民地黑奴貿易。荷蘭西印度公司雖然因為疏忽失去了新阿姆斯特丹，但是它在奴隸運輸中賺取了大筆錢財而免於破產。

關於這個問題，我們只有非常少的數據，因為奴隸對於自己的工作沒有興趣，而且我們正在消滅他們。法國的紅衣主教拉維格尼亞，以及曾經是迦太基主教、著名的皮埃爾・布蘭克斯（奠定了在北非行善的使團的基礎），對於非洲的情況相當熟悉，他們曾經粗略地算過，非洲每年至少有20萬人因黑奴貿易而喪命，其中包括前往海濱途中被折磨至死的人，以及死去的孩子（他們年齡太小，因為沒有價值而被遺棄，最後變成了野獸的食物），還有那些被運到外國海岸的人。

一位稱職的法官——列文斯通博士將數字提高到：每年從自己的家鄉被抓走的黑奴有35萬人（這還不包括被丟在家中，因為沒有受到保護而死亡的人），其中只有7萬人能到達大洋彼岸。

在1700年至1786年之間，至少60萬名奴隸被活捉到牙買加。同一時間，英國兩個規模較小的黑奴公司，把200多萬奴隸從非洲運往了西印度群島。18世紀末，利物浦、倫敦、布里斯托有一支由200艘船組成、可以容納4.7萬名黑人的船隊。它們定期往來於幾內亞灣與新世界之間。1791年，教友派信眾與仇視奴隸制度的人開始反對這種暴行，並

黑人奴隸被迫在農場勞動

在圖中，一個白人雙手交叉，正在監督數名黑人奴隸在田間勞動，他應該就是農場主人，而黑人奴隸們則辛苦地勞動，這也是他們日常生活的縮影。

販奴船

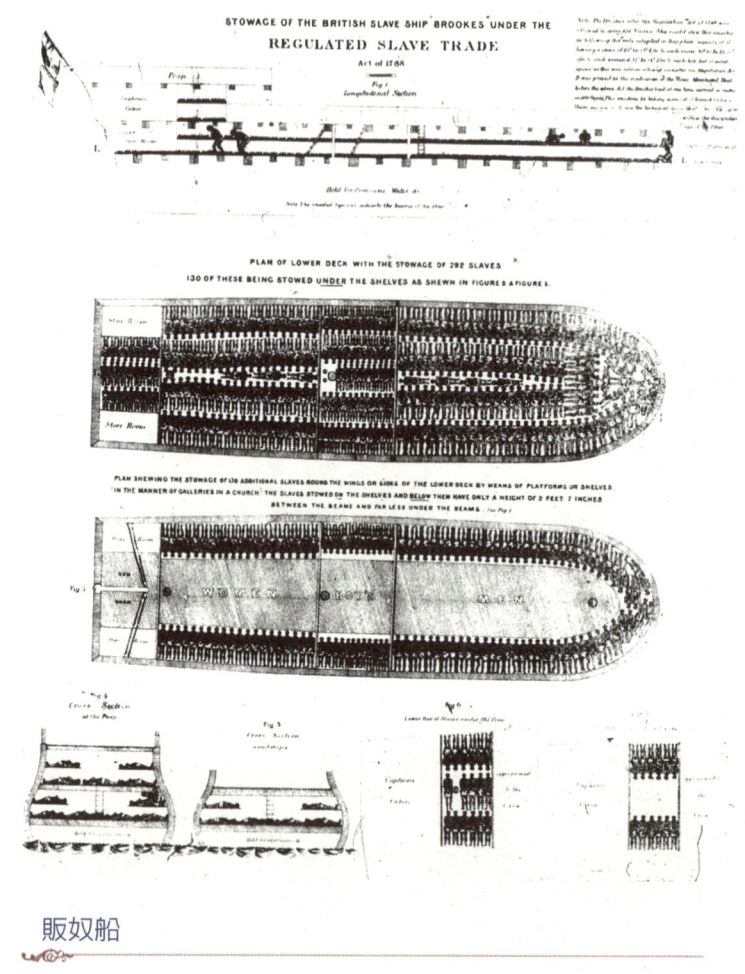

圖為裝載黑奴的輪船，黑奴就是透過這些船被販賣到世界各地。相傳曾有一艘名為布魯克號的販奴船，甲板上裝了292名黑奴，船艙內的周邊還裝了130名船員，足見北美對黑奴的需求量之大。

對貝寧海岸一帶的黑奴站進行調查，其中，英國有14所，荷蘭有15所，葡萄牙有4所，丹麥有4所，法國有3所。由於英國人的裝備精良，掌控了一半的貿易，另外一半由其他四國均分。

關於這塊大陸所發生的無數可怕事情，我們以前知道得很少，直到後來，英國人想要徹底鏟除這種貿易，前往非洲海岸制止進一步的迫害。此時，我們才知道，原來當地土著的酋長也是主犯之一，他們殘忍地將自己土地上的人民售出，就像18世紀德國統治者將他們招募來的軍隊賣給了英國，以平息維吉尼亞和馬薩諸塞的小規模叛亂一樣。不過這項貿易的大部分商業組織，一直都掌握在阿拉伯人手中。但奇怪的是，《可蘭經》強烈反對這種職業，而在穆斯林法律中對奴隸也比基督教的法令要寬容得多。依照白人的法律，奴隸的孩子仍然被當作奴隸；而依照《可蘭經》，這個孩子應該沿襲父親的身份，因此是自由的。

後來，比利時惡名昭彰的利奧波德開放了剛果大門，需要大量低廉的勞工，葡萄牙安哥拉殖民地與剛果盆地內部的奴隸販賣暫時回復了。但幸運的是，當那個可惡的老人（他是個中古時期的惡棍，卻做著近代民主立憲制國家的國王）死去時，剛果自

由邦歸入比利時,這就是說,販賣人口賺取錢財的事情,從此終止了。

白人和黑人的關係,從一開始就非常不好,之後的情況也一樣糟糕。關於這種不幸的原因,我大概介紹一下。

在亞洲,白人所遇到的民族都和他們一樣開化,甚至比他們的文明更加進步。這就是說,他們可以進行反擊,而白人則必須深思熟慮,否則就會造成惡果。

18世紀50年代,印度士兵大叛亂。20年前,東南亞黑人發生叛亂。幾乎將荷蘭人趕出爪哇。日本對外國人的驅逐行動。十幾年前的中國義和團運動,以及現在的印度暴動、日本公然蔑視歐美各國進駐滿洲的事件,這些都是白人提醒自己的教訓。

在澳大利亞,白人面對石器時代的可憐野蠻的遺民,可以任意殘殺他們。他們可以消滅偷吃羊群的野外流浪漢,良心上只受到一點點譴責。

當白人到達美洲的時候,那裡的大部分地方還渺無人煙。只有中美洲的高原和安地斯山的西北部(墨西哥和祕魯)有稠密的人口,其他地方都是一片荒涼。少數居無定所的遊牧民族,非常容易被驅逐,疾病和退化做了剩下的工作。

關於反對奴隸制度的討論　油畫

圖中人們正在討論奴隸制度。直到1815年的維也納會議上,法國、英國等國家才公開表示禁止販賣黑奴,但奴隸制度並沒有被完全廢除。在1840年的倫敦反奴隸制學社代表大會上,廢奴制又再次被作為討論的議題。

房龍地理
Van Loon's Geography

但非洲的情況就完全不同了，無論是奴隸制度、疾病、可怕的陷阱還是虐待，非洲的人口一直在延續，完全沒有滅亡的跡象。白人早晨毀滅的事物，在夜裡會被重建。於是白人拼命地搜刮黑人的財產，最後發生了罕見的大規模流血衝突，至今還沒有結束。這是白人的槍砲與黑人熱帶肥沃的土壤間的衝突。

讓我們看一看地圖，說一下現在的大概情況。

非洲大致可以分為7個部分，現在，我一個一個地來討論。我們先從左上角開始，西北部是惡名遠播的巴巴利海岸，那是曾經使我們的祖先聞之戰慄的地方，他們從北歐前往義大利港口，地中海東部諸島以及沿岸各國時，經過這裡都會非常恐懼。可怕的巴巴利海盜在這裡出沒，一旦有人被他們劫走，就必須要當很多年的奴隸，直到故鄉的家人帶著足夠的錢來為他們贖身。

這個地區都是高山，而且都是相當高的山脈。這些事實可以解釋這個國家過去為什麼能始終如一地發展，至今也沒有被白人征服。這裡遍布著極其險峻的高山，到處是陷阱和峽谷，因此搶劫集團在得手後可以迅速消失。

飛機與射程很遠的大砲在這裡也起不了什麼作用。就在幾年前，西班牙幾次被打得落荒而逃。我們的祖先知道這一點，所以他們情願每年向統治這部分地區的各個蘇丹納貢，也不願拿他們的海軍和名譽去冒險攻擊這些白人從未進入的海港。他們在阿爾及爾和突尼斯設立專門領事，其職責就是籌集被劫持的屬下的贖金。他們還扶持宗教團體，這

面具 剛果 19世紀

非洲的面具使用了多種富有想像力的材料，如木材、獸皮、布、珠、纖維和金屬的結合，其材質的選擇往往具有地域表徵和視覺象徵，比如圖中的木製面具就具有纖維條紋和三根角，可能被巫師或儀式專家所穿戴，其確切的功能尚不清楚，或許也被用於阻止不法的行為。

第四十五章 非 洲

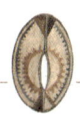

種宗教團體的目的,只是為了照顧那些不幸落入摩爾人手中的海員們。

從政治方面來說,非洲大陸的西北角現在被分為4個部分,不過都是由巴黎總部控制。這裡是在1830年時被滲透並佔領的,其導火線是一枝不足為奇的蒼蠅拍,但真正的原因仍舊是地中海西北部那些惡名昭著的海盜。

在維也納會議中,歐洲當權者曾經決定「必須要做點事」,以鏟除地中海的海盜。但是,會議當然不能決定到底由哪個國家來做這個工作,因為這個鏟除海盜的英雄會佔領一部分土地,那對於其他國家就不公平了——這是外交談判中常有的事。

羊毛外衣掛毯　阿爾及利亞姆扎卜河谷　20世紀初

在北非農村地區,織布是婦女的工作,主要採用羊毛為原料,年輕女孩大多被傳授了這種技術,以消除不良的影響和促進創造力。如圖中的上衣就是婦女為她們的兒子編織的冬裝,其設計元素有飛鳥、石榴種子、中非米、餐叉、待客的桌子等,主要強調了和諧與家庭生活。

有兩個阿爾及利亞的猶太人（北非所有的商業在幾百年來都在猶太人手中）提出要求，希望歸還他們在拿破崙時代以前上交給法國政府的穀物。這些要求在新舊世界的領事館中經常發生，而且在過去兩個世紀中引發了許多誤會。如果國家也和個人一樣，臨走前把該付的帳付清，那我們一定會更快樂、更安全。

當穀物帳單正在談判的時候，某一天，阿爾及爾的統治者忽然大發脾氣，用他的蒼蠅拍打了法國領事。隨後，阿爾及爾被封鎖，開始引發戰爭（這件事情也許只是偶然，但是這種事情總是發生在被炮艦包圍的地方），遠征軍穿越了地中海。1830年7月15日，法國人攻入阿爾及爾，原來的統治者被囚禁、流放，戰爭到了最激烈的時期。

山區居民擁立了一個新的領袖，名叫阿卜德・厄爾・卡達爾，他是虔誠的穆斯林，是一個非常有學問又有膽識的人，他不屈不撓地抵抗入侵者，支撐了15年，直到1847年才投降。在投降前，他得到了留在自己國家的特許，不過這個承諾最終被破壞了，他後來被挾持到法國。之後，拿破崙三世又把他釋放了，條件是他不能擾亂祖國和平。最後，阿卡達爾隱居在大馬士革，把他的餘生都花費在了哲學沉思與宗教事業之中，於1883年去世。

在他去世前，阿爾及利亞最後一次叛亂早已平定。現在，阿爾及利亞只是法國的一個省而已。這裡的人民有權選出自己的代表，並在巴黎的議會中保護他們的權益。青年男子可以在法國軍隊中服役，不過這並不是一個選擇性問題。但從經濟的觀點來看，法國人的確做了許多好事，改良了阿爾及利亞人民的生活狀況。

在阿特拉斯山與海洋之間，坐落著泰爾平原，這裡盛產穀物。夏特高原——因為擁有許多鹽湖而得名——是一個天然牧場。山坡慢慢被用於葡萄酒釀造，出產的熱帶水果銷往歐洲市場，大規模的灌溉工程也建立起來。鐵礦、銅礦都被發現了，礦區與三個地中海上的重要港口，即阿爾及爾（首都）、奧爾、比塞大藉助鐵路想通。

突尼斯

突尼斯位於非洲大陸最北端，與義大利西西里島隔海相望。其北部和東部面對地中海，地處地中海航運的要衝，是世界上少數幾個集合了海灘、沙漠、山林和古文明的國家之一。圖中是當時突尼斯的海報。

第四十五章 非洲

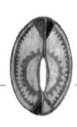

突尼斯緊靠著阿爾及利亞東部，名義上還是獨立國，由一個國王統治，但實際上，在1881年後，它已經成為了法國的隸屬國。但因為法國沒有過剩的人口，所以這裡大多數移民都來自義大利。在數百年前，當這裡還是土耳其領土的時候，猶太人遷移至此。而義大利人為了能更順利地生存，從基督教統治下來到這裡，他們的生活比猶太人要好一些。

與首都突尼斯鄰近的斯法克斯城是一個非常重要的城市。2000年前，突尼斯相對於今天，地位更加重要，因為當時它是迦太基的一部分。這個港口可以容納200艘船舶，現在還能夠看見，但留下來的東西已經很少了。因為羅馬人做事非常徹底，而他們對於迦太基人的仇恨（都是由於恐懼和嫉妒引起的）已經深入骨髓，所以在公元前146年，他們佔領這座城市時，將那裡夷為平地。現在掩埋在16英呎以下的焦炭，就是曾有100萬居民的古城廢墟。

非洲西北角是號稱獨立的摩洛哥蘇丹國。在1912年以後，摩洛哥的蘇丹僅僅是法國的傀儡而已，微不足道。大西洋的山居者——卡拜爾人忙於挖掘壕溝來抵抗外國入侵，無力再去騷擾這位遠方的國王。這位國王為了自己的安全，經常往來於南方的摩洛哥與北方的聖城非斯之間。不過這些身體強壯的山居者，確實是一種非常可怕的威脅，以致於山谷中的人民都不敢種田，害怕他們的收成被山居者偷走。

如果一個人想要談論法國人對這裡的統治，當然可以說出許多反對的理由，但說到公共高速路的安全時，法國人的確做了不少驚人的事。他們將統治中心移至大西洋上的一位島嶼——拉巴特城，在必要的時候，法國海軍可以隨時增援。拉巴特位於阿加迪爾以北幾百公里。阿加迪爾是大西洋沿岸的另一個港口，這裡會如此出名，確實出人意料。世界大戰爆發4年前，德國派遣了一艘軍艦前往阿加迪爾來警告法國，說摩洛哥決不能變成第二個阿爾及爾，結果這件事情促成了1914年悲慘的衝突加速到來。

直布羅陀海峽正對岸的摩洛哥一角是西班牙的殖民地。法國在佔領摩洛哥時，為了求得和平，將它贈給了西班牙。休達與梅利利亞兩座城市之所以被我們所知，是因為拖拖拉拉的西班牙軍隊最近被土著「里夫—卡拜爾」打敗而被報紙提及。

里夫山脈的西邊是丹吉爾，是一座國際化城市。在八、九世紀，摩洛哥國王把這裡作為歐洲各國使節的駐地。因為國王不願意讓他們太接近自己的王宮，所以就選擇了丹吉爾。

這個遍布山陵的三角地的未來命運，也可想而知了。在之後的50年，整個區域以及我們即將要討論的非洲第二個自然區域——阿拉伯人稱之為As-Sahara的棕色大沙漠，即我們地圖上所說的撒哈拉沙漠——都歸法國所有。

撒哈拉沙漠幾乎和整個歐洲一樣大，從大西洋直達紅海，在紅海的另一面則延伸成為阿拉伯半島。在北面，撒哈拉沙漠除了與摩洛哥、阿爾及利亞、突尼斯三角地相接以外，還瀕臨地中海，南面則與蘇丹相連。整個撒哈拉是一個高原，不過也沒有很高，大部分的地方只有1200英呎。那裡有一些被風沙侵蝕過的古代山脈的痕跡，

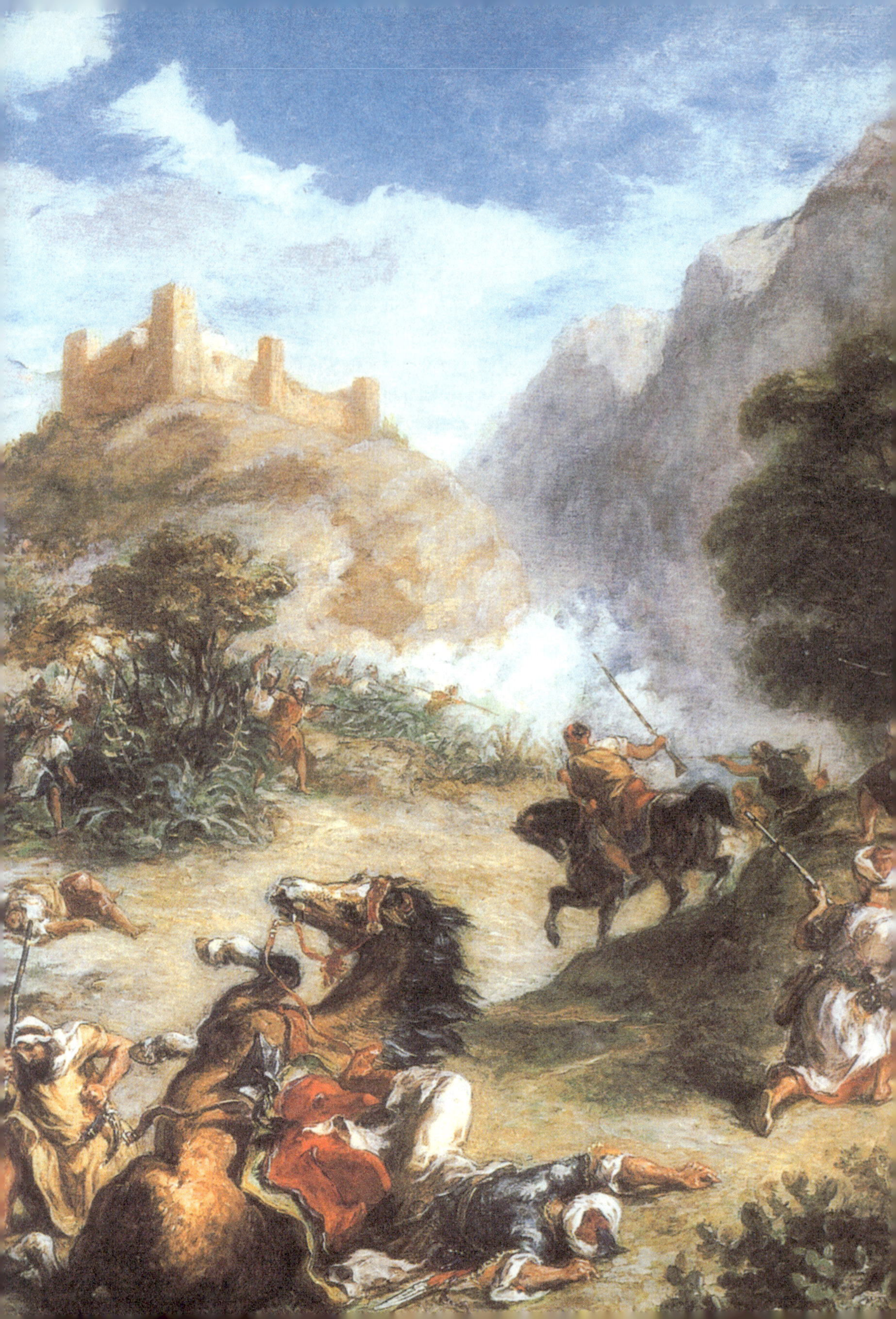

第四十五章 非 洲

也有數量可觀的綠洲。而那裡的地下水可以供養少數阿拉伯人過著節儉樸素的生活。其人口密度是每平方英哩0.04人，可以說撒哈拉沙漠實際上是渺無人煙的。在撒哈拉沙漠的遊牧部落中，最有名的是圖亞雷格人，他們是勇敢善戰的民族。其餘居住在撒哈拉地區的人有閃米特人（或阿拉伯人）、含米特人（或埃及人）以及蘇丹黑人。

　　法國的外籍軍團保衛旅客的安全，他們盡職盡責地執行任務。這些法國外籍軍團（他們被禁止前往法國）雖然有時有些粗暴，但他們也有非常難以解決的問題。用極少數的人維持像歐洲這麼大的區域的秩序，就算是宗教的人也很難做到。所以，如果我們相信一般的傳說，那麼宗教的人也很少入伍。古代駱駝隊的路線現在已經逐漸失去了重要性，裝有輪子的汽車已經取代了氣味難聞的駱駝，它能節省費用，在長途旅行中更為可靠。成千上萬的駱駝雲集在廷巴克圖，馱著鹽前往撒哈拉西部沙漠的時代，永遠消滅了。

　　1911年，歸自己帕夏統治的、瀕臨地中海的撒哈拉沙漠的一部分，將土耳其蘇丹奉為國王。就在這一年，義大利人——明白法國人如果可以在不與德國作戰的情況下就能奪取摩洛哥的話，他們就會這樣做——忽然想起利比亞（的黎波里的拉丁名稱）曾經是羅馬帝國的殖民地。於是他們跨過地中海，佔領了40萬平方英哩的非洲領土，在這裡升起義大利國旗，然後很客氣地詢問世界，他們應該如何處理這片地區。因為沒有人對的黎波里有興趣（那裡是一片沙地，沒有石油和鐵礦），所以凱薩的子孫可以繼續佔有他們的新殖民地，他們正在建造鐵路，試圖將出產的棉花供應給倫巴底的紡織廠。

　　在東部，義大利殖民藝術的試驗在埃及結束。埃及非常繁榮，主要因為它在地理上是某種形式的島嶼：西部的利比亞沙漠將它與外界隔絕，南部得到努比亞沙漠的保護，而紅海與地中海又成為東北邊界的天然警戒線。歷史上真正的埃及，是古代法老的領土，是古代世界藝術、知識以及科學的巨大寶庫。沿著與密西西比河差不多長的一條河流，埃及這片狹長的地帶逐漸延伸。真正的埃及，減去沙漠的面積後，剩下的面積比荷蘭還要小。但荷蘭只能供養700萬人，而富饒的尼羅河，卻能供養荷蘭人口的兩倍。如果英國人能夠成功建設大

阿拉伯人在深山裡的戰鬥　油畫　德拉克洛瓦　1863年

　　1832年，德拉克洛瓦和摩洛哥負責外交事務的大臣或許遇到了摩洛哥蘇丹王的收稅員與當地叛軍之間的戰鬥，這也被認為是本畫的主題。在這幅畫中，戰馬的狂亂、將士的調遣、士兵們的痛苦和憤怒，與狂野、高遠、貧瘠的景色融為一體，奔突躍動的動態和渦旋變化的色彩呈現了戲劇化的場面。

381

埃及 版畫 17世紀

埃及位於非洲東北部，是四大文明古國之一，它地跨亞、非兩洲，是亞、非、歐三洲的交通要衝。其境內的人口和農業主要分布在尼羅河流域，是人類文化的發源地之一，居民主要為阿拉伯人。

規模的灌溉工程，那還可以養活更多的人口。不過這裡的農民（種地的人，他們全都信奉伊斯蘭教）只能依靠農場存活，因為一個沒有煤礦和水力資源的國家，是很難發展成為工業社會。

在8世紀的穆斯林大征服以後，埃及成為土耳其的附屬地，但依舊受到自己的赫迪夫或國王的統治。1882年，英國用埃及財政紊亂而必須由一個有能力的歐洲政權干涉為藉口，將埃及佔領。但世界大戰以後，「埃及人的埃及」的要求異常強烈，英國被迫放棄了權利，於是埃及再次被承認是一個獨立的王國，它除了必須得到英國批准才能簽訂經濟條約以外，而且也有權與其他國家訂立各種條約。英國除了保留塞得港的

第四十五章 非 洲

軍隊以外,其他軍隊都撤退了。不過亞歷山大里亞仍然是英國的海軍基地(它在失去了重要的地位之後,成為德米埃塔與羅塞塔三角洲上的地中海世界的商業港)。

這是一個慷慨的協定,也非常安全,因為英國還佔有蘇丹東部,尼羅河流經該地。由於1200萬棕色皮膚、身形矮小的埃及人依靠尼羅河是為生,所以英國確信它控制了這條河,就這樣或多或少向遠在開羅的人們宣告了它的需求。

任何瞭解近東政治狀況的人,都很難指責英國想要控制這一塊土地的堅定想法。蘇伊士運河是前往印度最便捷的水路,橫貫埃及領土,如果英國人讓別人掌握了這條商業動脈,那就等於自殺。

當然,這條運河並不是英國開鑿的。事實上,英國政府還竭力阻止雷塞普斯開掘任何運河。這是因為:第一,英國不信任拿破侖三世的聲明,他們說這條運用法國資金、由法國工程師所建的運河僅是一次商業投機。維多利亞女王也許很愛她在杜伊勒利宮裡的兄弟,他在女王可愛的人民因為麵包暴動時,曾一度充當著倫敦特殊警察。但一般英國人不願意聽到這個名字,這個名字反而讓他們想起半世紀前的許多惡夢。第二,英國唯恐這條通往印度、中國和日本的便捷水路會威脅到自己在好望角的城市的繁榮。

然而,運河畢竟已經建成了,威爾第先生創作了一部優雅的歌劇《阿依達》,來慶祝運河的通航。而赫迪夫則因向外國來訪者免費提供住宿和歌劇的票,而導致破產。所有遊客,從塞得港到蘇伊士運河(通過紅海的運河的終點)野餐,至少要提供69艘船。

於是,英國改變了政策,首相班傑明·迪斯雷利(他的家族從不會因為缺乏商業能力而受到指責)取得了赫迪夫所擁有的大部分運河股票。拿破侖已經不足為懼,而這條路線對於歐亞之間的貿易是上天賜予的,光稅收每年就將近4000萬英鎊(1930年經過蘇伊士運河的貨物有2800萬噸),英國政府也就不再有半句怨言了。

順便介紹一下,埃及著名的古蹟遍布這塊土地。在開羅附近就能夠看到金字塔,古代的孟斐斯城也曾經在那裡。上埃及的首都底比斯,在尼羅河上游數百英哩。可惜的是,阿斯旺巨大的灌溉工程,把菲萊的廟宇都變成了小島,它們的四周都被尼羅河的泥漿所包圍,注定

木乃伊棺材 底比斯

約公元前850年

根據木棺的精細彩繪,可以判斷其年代應追溯到第二十二王朝。X光則顯示死者是中年人,已受過割禮,但沒有明顯的骨折或醫療跡象。

房龍地理
Van Loon's Geography

宴會場景　底比斯

約公元前1350年

碎片出自內巴蒙4號墳墓的壁畫，描繪了一場宴會的情景，畫面上方的女子正在互相展示精細的頭髮，並在嗅聞蓮花或水果；而下方的女子正在演奏樂器，宴會的現場十分熱鬧，令人沈醉。

徹底毀滅。在公元前14世紀過世的圖坦卡門國王的陵墓也在這裡被發現，還有許多其他國王的陵墓。這些過往的財產和陵墓中的木乃伊，現在都陳列在開羅博物館裡，這個博物館迅速地變成公墓，同時也稱為世界上最有趣的古物收藏館。

非洲的第三部分是蘇丹，這個地區的地理環境和其他地方完全不同。蘇丹基本上與撒哈拉沙漠平行，可是在東方沒有延長得那麼遠，因為阿比西尼亞高原忽然把蘇丹與紅海隔開了。

現在，國際橋牌大戰把非洲當作了賭注，如果有一個國家打出「三張黑桃」，那麼另一個國家就立刻發出「四張方塊」。英國在19世紀初，從荷蘭人手中奪取了好望角。那裡的荷蘭人奮力抵抗，很難屈服，他們將所有財產裝上四輪馬車上，向北遷移（這些相當美好的英文單詞在布爾戰爭之後，經常出現在任何一本優秀詞典中）。這次英國人的遊戲，與俄羅斯人在16世紀征服西伯利亞時相同。你不妨記住它的方法。一旦一定數量的俄羅斯流亡者來到了西伯利亞，並決定在一個新區域定居時，沙皇的軍隊就會接踵而至，宣稱他們都是俄羅斯人民，因此他們所佔領的土地，當然也是俄

羅斯的產業,莫斯科政府會告訴他們什麼時候開始徵稅。

英國人一直跟著布爾人北上,霸佔了他們的領土,好幾次都不可避免地發生衝突。因為布爾人平時生活在曠野之中,所以他們精湛的射擊技術遠在英國軍隊之上。1881年馬珠巴之戰以後(格萊斯頓在這個事件中以公平的立場而聞名於世,他有一句教導人們寬容的話,所有政治家都應該把它抄下來:「我們昨夜的戰敗,讓我們的尊嚴受損,我們將堅持流血,別無他因!」),布爾人暫時獲得休整,贏得了獨立。

但大英帝國與一小部分農民戰鬥的結局,全世界都很清楚了。英國土地公司從土著酋長的手中得到了大塊的土地,就繼續向北推進。同時,英國軍隊為了要統治整個埃及,也穩健地沿著尼羅河兩岸向南前進。有一位著名的英國傳教士,在非洲中部探險取得了重要的成果。其實,英國正在挖掘一條貫穿「黑暗大陸」的運河。他們同時在開羅與好望角設置了策劃執行部門(這是開鑿運河的常規方法),兩端早晚會在尼

法英協議 版畫 1899年4月

圖為1899年,在法紹達衝突後,法英在協商解決非洲殖民糾紛的場景,其中左側的人為法國大使保羅‧康邦,而右側則是英國首相索爾茲伯里勳爵。在1899年3月,英法以乍得湖、剛果河和尼羅河流域為分界線達成協議,法國的勢力被徹底排除在尼羅河流域之外。

羅河與剛果河發源的大湖區域相遇，那麼英國的火車就可以由亞歷山大里亞直接到達泰僕港（之所以稱為泰僕港，是因為這座奇形怪狀的平頂山是開普敦的天然屏障），而無需更換其他交通工具。

英國很明顯沿著由北向南的路線行動，法國則計畫修建一條從大西洋至紅海、由西向東的路線。也就是說，從塞內加爾的達喀爾直到法屬索馬里蘭（阿比西尼亞的入口港），鐵路會把它和阿比西尼亞首都亞的斯亞貝巴相連。

這樣宏大的計畫需要很多時間，但並不像我們有時看著地圖，計算它到達乍得湖港口之前，克服重重困難的時間那麼長，而乍得湖位於尼日利亞以北，很難到達。從乍得湖起，這兩條鐵路最困難的部分就開始了，因為東蘇丹（即現在的英埃蘇丹）和撒哈拉沙漠一樣荒涼。

然而，資本在強大的現代政權手中，尤其當它看到有利可圖的時侯，它可以很輕易地在空間或時間之中炸開一條大路，往往像坦克輾過一群鵝那樣殘忍。法國第三共和國想恢復在第二帝國時期喪失的威望，他們非常努力，長絲襪和農民隱藏的古老雪茄煙盒產生了必需的資本。兩條鐵路互相衝突，競爭極其激烈。從17世紀初以來，法國一直與英國和荷蘭爭奪著塞內加爾與岡比亞河之間的土地，現在法國則把這塊土地當作政治上的開罐器，試圖藉此獲得全蘇丹廣闊的土地。

在法國宣稱西蘇丹的大部分歸法屬非洲大帝國統治前，曾用了所有運作、陰謀、外交策略、商業手段、詭計、欺騙、勾引等等，詳細情形我不再介紹。直到現在，他們還以保護國或委任統治地的暫時統治者為藉口，不過世人早就已經知道他們的意圖了。壟斷紐約牛奶生意的不法份子將自己的團體稱為「牛奶商保護聯盟」。歐洲各國也跟那些卑劣的盜竊犯學習起了「托管地」這樣一個冠冕堂皇的名詞。其實，結果都是一樣。

從地理上說，法國的確做出了明智的選擇。蘇丹大部分的土壤都很肥沃，這意味

祭司墓中的石灰石浮雕板 埃及 約公元前2600年

圖中坐在供桌旁邊的人為埃及第四王朝的王子，他是太陽城的高級祭司，而供桌上方是一些用象形文字寫成的重要供品的名字，如香、眼部塗料、酒、海棗果等。就在4000多年前，埃及的雕刻藝術就已經頗具規模了。

著：這裡的土著也是非洲各個黑人部落中最聰明、最勤勞的。他們的一部分土壤和中國華北的黃土都屬於同一類型。塞內岡比亞（塞內加爾的別名）和大海之間，沒有山脈的阻隔，因此雨量充足，人民可以養牛、種植穀物。非洲黑人並不食用稻米，主食為玉米，他們的玉米糊與美國的玉米粥類似，只不過相對粗糙一些。非洲人也是很有創意的藝術家，他們的雕刻和陶器都非常精美，當陳列在歐美博物館中，絕對會吸引觀眾的目光，因為他們的作品非常像最近歐美流行的未來派畫家的傑作。

然而在白人眼中的蘇丹人，有一個很大的缺點。他們是先知——傳教士遍布在北非，使北非全部改信為伊斯蘭教——熱情的追隨者。在蘇丹，尤其是塞內加爾河東南的各個地區，作為統治階層的富拉人隨處可見，他們是黑人與巴巴里人的混合人種，長久以來都是法國政府的威脅。不過，鐵路、公路、飛機、坦克、裝甲車比《可蘭經》的詩章更強大，富拉人正在學習駕車。那些英雄的故事迅速地被加油站取代了。

法國人、英國人和德國人在入主蘇丹以前，這裡大部分地區都由土著的酋長統治，他們互相掠奪人民，把他們作為奴隸賣給歐洲國家，發了一筆橫財。其中有幾個酋長，在過去最殘暴的暴君中仍惡名昭彰。例如掌握著強大的亞馬遜族軍隊的達荷美國王，小時候看過他的軍隊在美國服務的人，一定還很清楚地記得他們。當歐洲軍艦出現的時候，土著的抵抗微不足道，也許這就是其中一個原因。無論新的白人統治者多麼貪婪，但比起來那些已經被推翻的專橫的土著酋長，都有了很大改進。

南蘇丹的大部分被連綿不絕高大的山脈與大西洋切斷，它沿著幾內亞灣的海岸線延伸。因此尼日爾河等河流對內陸的發展並沒有起到很重要的作用，為了避開許多山脈的主峰，尼日爾河也必須像剛果河一樣繞山而行。它快要到達海岸之前，為了穿過岩石，就必須挖出一條溝渠，許多沒有用的瀑布（因為離海很近）因此形成。雖然河道的上游可以暢通地航行，但始終沒有人這樣做。

兵馬俑狀水容器之頭部 蘇丹
20世紀

這種形狀的水容器出現在19世紀末，十分符合歐洲人的品味，反映了西方以人類的形式作為一個特殊主題的藝術表達。一般而言，在非洲，只有男性或絕經後的女性被允許作為此類雕塑的主題。

房龍地理
Van Loon's Geography

但尼日爾河的真實情況，我們還沒有徹底瞭解。它在1805年被蒙哥·帕克發現時，還只是狹長的湖泊和沼澤的繼承者，還沒有形成真正的河流。當蒙哥·帕克還是蘇格蘭的一個孩子時，就夢見了這條河，所以就不遺餘力地尋找。在所有的水道都被剝奪後，蘇丹人的陸地貿易反而得到更好地發展，這不能不歸功於此。尼日爾河上游左岸的廷巴克圖因此成為了重要的商業中心，成為非洲的諾夫哥羅德，東西南北的商人都匯集在這裡進行交易。

廷巴克圖之所以人人皆知，它奇怪的名字應該佔了很大的因素，它的發音就像

乍得湖

乍得湖位於非洲中北部，是由大陸局部凹陷而成的非洲第四大湖，沿湖為非洲重要的灌溉農業區。但由於氣候持續乾旱，現在湖面正不斷縮小。

非洲神祕巫醫的魔法信條。1353年,伊本·白圖塔(阿拉伯的馬可·波羅)到達這裡。20年後,西班牙地圖首次出現了這個地方,它的身份是巨大的黃金和食鹽的交易市場,這兩種物品在中世紀有相等的價值。當英國的戈登·賴寧少校從的黎波里出發,穿越撒哈拉大沙漠到達這裡時,廷巴克圖已經遭到圖亞雷格人與富拉土匪的數次攻擊和破壞,只剩下一片廢墟了。賴寧少校在前往海岸的途中,也被塞內加爾的富拉人所殺,但從那時開始,廷巴克圖就不再是第二個墨西哥、基發或西藏那樣神祕莫測的地方了,而是法國軍隊在西蘇丹要管理的普通城市了。

1893年,廷巴克圖被一支法國「軍隊」所佔領,所謂「軍隊」,其實只是一位海軍上尉、6個白人,再加上12個塞內加爾人而已。然而,當時沙漠各部落的勢力還沒有被擊垮,不久,他們就殺掉了這些白人入侵者,完全擊潰由200人組成的援軍,他們試圖為海軍上尉一雪前恥。

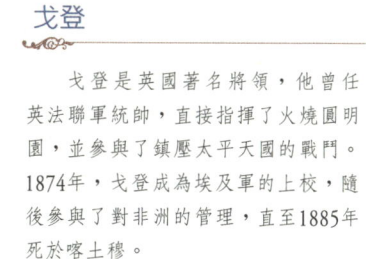

但法國人控制西蘇丹,也只是時間上的問題而已。蘇丹中部的乍得湖區域,也有同樣的命運,這裡非常容易到達,因為尼日爾河的一條支流——貝努埃河由東流向西。相比尼日爾河,貝努埃河更適合航行。

乍得湖的高度大約是700英呎,最深的地方只有20英呎。與其他大多數內陸湖不同的是,這個湖的湖水是淡水而不是鹹水。現在這個湖的面積正在逐年縮小,到下一個世紀恐怕就變成沼澤了。一條名叫莎麗的內陸河流入此湖,它發源於距海1000英哩的地方,並在距海1000英哩達到終點。但是這條河與萊茵河一樣長,比起我所想到的其他東西,它更能讓你更容易感受到中非的大小。

乍得湖的東邊是連綿起伏的瓦德山區,這裡是尼羅河、剛果河、乍得湖的分界點。它在政治上屬於法國,被當作法屬剛果的行政區。這裡又是法國勢力範圍的終點,瓦德山區的東面鄰接東蘇丹,也就是英埃蘇丹,它在古代被稱為「白尼羅河地」。

英國人開始考察好望角至開羅的道路時,唯恐這裡落入他人之手,決定必須佔領這塊軍事上很有價值的地區。東蘇丹是一片平坦的沙漠,單調荒涼。尼羅河上無法通航,又無路可走,人民全都依賴附近沙漠中的人民的憐憫,窮困的狀況令人無法相信。從地理上來說,瓦德山區毫無價值可言,但在政治上卻有著極大的可能性。因此,英國在1876年勸服埃及的赫迪夫將數十萬平方英哩的土地的管理權,交給戈登將軍(這位戈登將軍,就是我們在中國一章中遇到的、幫助清朝政府平息太平天國叛亂

戈登

戈登是英國著名將領,他曾任英法聯軍統帥,直接指揮了火燒圓明園,並參與了鎮壓太平天國的戰鬥。1874年,戈登成為埃及軍的上校,隨後參與了對非洲的管理,直至1885年死於喀土穆。

的人）。戈登待在蘇丹兩年，藉著他足智多謀的助手——義大利人羅莫羅·蓋斯的幫助，完成了一件最重要的事：打破奴隸最後的牢籠，槍殺了領導者，釋放了一萬多人，使他們可以重獲自由，回到故鄉。

然而，當冷酷的清教徒離開，舊時可怕的無政府狀態和壓迫，又立刻恢復了。一場要求完全獨立的運動爆發，提出了「將蘇丹重新還給蘇丹人，我們需要開放奴隸市場」的要求。這次叛亂的首領是穆罕默德·阿梅德，自稱是顯示真正穆斯林信仰之路的馬赫迪或領導人。馬赫迪最終成功了。1883年，他征服了科爾多凡地區的歐拜伊德（現在這裡已經有鐵路與開羅相通）。同一年，他擊敗了埃及赫迪夫屬下的一位英國陸軍上校——赫克斯·帕夏所指揮的一萬名埃及陸軍。不過在1882年，英國已經成為了埃及的保護者，所以馬赫迪此時不得不與一個更危險的強敵作戰。

英國在殖民事務中有著豐富的經驗，知道當遇到很大的困難時不能輕率出兵。於是就勸說埃及政府將軍隊從蘇丹撤退。戈登將軍被派往喀土穆之後不久，此時馬赫迪的軍隊疾馳而至，戈登將軍和他的部下都被困在了喀土穆城，不得不發出急電求救。但是戈登是一位清教派神祕主義者，而英國政府的領導人格萊斯頓是一位監督派神祕主義者，他們一位住在泰晤士河畔的倫敦，一位停留在尼羅河畔的喀土穆，他們彼此厭惡，因此不能友好地合作。

當格萊斯頓派去援軍的時候，已經太晚了。當援軍距離喀土穆還有幾天路程時，那裡已經被馬赫迪的軍隊佔領了，戈登也被殺死了。這是1885年1月發生的事。同年6月，馬赫迪過世，他的繼位者仍然坐在蘇丹的王位上。直到1898年，英國和埃及的聯軍在基欽納的指揮之下，將馬赫迪繼任者的黨羽趕出了沙漠，征服了全境，南至赤道上的烏干達。

英國人在這裡的確做了很多好事，他們改善了土著的生活條件，給他們修建公路、鐵路，保障他們的安全，消滅各種令人厭惡卻較易治療的疾病。白人為黑人做這些平常的事，只是希望黑人能因此受到感動（假如黑人是傻瓜）但是黑人卻在白人背後放冷箭，而白人應該清楚地意識到自己是否擁有兩個世紀的殖民經驗。

由亞歷山大里亞和開羅向南延伸的鐵路，現在已經到達了西部歐拜伊德和東方紅海畔的蘇丹港。就算在將來的幾年中，敵人突然毀壞了蘇伊士運河，英國還可以藉由這條鐵路穿過埃及山谷，跨越努比亞沙漠由東向西輸送軍隊。

這時，我們要回過頭來看一看馬赫迪叛亂對非洲的影響，雖然這種影響的途徑與馬赫迪本人以及他成為獨立領導人的野心毫無關係。

馬赫迪發動叛亂時，位於南方深遠地區的埃及軍隊被迫退入中非的一片地區，當時人們完全不瞭解中非。史匹克雖然在1858年就已經發現了維多利亞湖（這條湖被稱為「尼羅河的母親湖」），但在艾伯特湖和維多利亞湖之間，大部分的地方依然是未知之地。這支埃及軍隊由一位德國物理學家愛德亞德·施尼特茨勒博士——土耳其名字叫做伊門·帕夏——指揮，他在喀土穆瀑布之後失蹤，全世界都想知道這位指揮官

商討建立法屬剛果 油畫

　　1892年11月，法國首相茹費裡接見了殖民地代表，鼓勵他們建立法屬剛果。由於剛果河是流量僅次於亞馬遜河的世界第二大河，水量充沛，支流繁多，為運輸帶來了極大的便利，所以長久以來都是歐洲侵略者的目標。

的消息。

　　一位名叫斯坦利的美國新聞記者，奉命擔任搜尋的工作。斯坦利原名叫做羅倫德斯，他剛到美洲的時候，只是一個逃出工廠的英國小孩，一位新奧爾良的商人很照顧他，於是他就用了那個商人的名字。1871年，斯坦利開始尋找列文斯通博士的航行，因此成為了著名的非洲探險家。此時英國已經認識到在非洲這塊大陸上分得一杯羹的重要性，而倫敦的《每日電報》與紐約的《先驅報》合作，贊助了此次航行的費用。

阿爾及爾婦女　　油畫　德拉克洛瓦　1834年

　　1832年，德拉克洛瓦作為法國王室使節團的成員到北非訪問，有幸見到了阿爾及爾婦女的閨房。在這幅畫中，畫家用簡單而自然的人物，與色彩艷麗的織物相搭配，是應用舒伯魯爾紅綠互為補色的理論所創作出的作品。

這次探險由東向西，前後共花費了三年時間，證明了列文斯通的猜想，即作為剛果河一部分的盧瓦拉巴河是那條河的源頭。這次探險又顯示出呈環形路線的剛果河流域的面積極其廣大，關於土著部落的許多奇怪的故事也為人所知，而以前從來沒有人知道這些部落的存在。

斯坦利第二次航行，引起了全世界對剛果河商業潛能的注意，比利時的利奧波德也開始考慮剛果自由邦的可能性。

伊門·帕夏的命運最終成為了讓世界擔憂的一件事。斯坦利當然是最適合去尋找他的人，於是就把任務交給了他。1887年，他開始到處搜尋。第二年，他在艾伯特湖北方的瓦德地區找到了伊門·帕夏。這位德國人似乎已經對土著實施了可怕的暴力政策，斯坦利勸他為比利時政府效勞，目的是把非洲大湖區併入剛果殖民地的版圖。但伊門·帕夏似乎有自己的計畫，當他一到桑給巴爾（其實他對人們的救援並不奇怪），就立刻與德國官方接洽，最後德國官方為他提供

努比亞長頸鹿 油畫 阿夏斯·約奎斯·羅蘭
1827年

努比亞是指埃及尼羅河第一瀑布阿斯旺與蘇丹第四瀑布庫賴邁之間的地區。在這幅畫中，一隻努比亞長頸鹿將脖子伸到兩隻阿拉伯飼養人手捧的大碗中，其身後可以看到兩只埃及母牛。在19世紀中期，商人已經能到達很遠的地方，帶回了更多具有異國風情的禮品。

了兵力和錢財，讓他想辦法在維多利亞湖、艾伯特湖和坦桑尼亞湖之間的高原上，建立一個德國的保護領。早在1885年，德國東非公司已經在桑給巴爾沿岸，獲得了大量的財富。如果再加上這片大湖區，那麼德國就能夠破壞英國的計畫，也就是用埃及至好望角的一片寬長條形英國領土將非洲分成兩半。但在1892年，伊門·帕夏在剛果河的斯坦利瀑布附近被阿拉伯奴隸販子所殺，他們要為殘酷的德國人當年殺害了他們的同伙報仇。因此，伊門在坦桑尼亞高原上建立新德國的美夢，成為了泡影。但是因為他的失蹤，中非的大部分地區才能夠被準確地畫在地圖上。我們也將進入非洲第五個部分——東部的高山地區。

這片高山區域，北起阿比西尼亞，一直到達南邊的贊比西河，那裡是南非領土的起點。含米特人分布在這片區域的北部，而阿比西尼亞人與索馬里人雖然頭髮捲曲，

房龍地理
Van Loon's Geography

用於舞蹈的木盾　肯尼亞　19世紀晚期

東非的戰士常用多種形式來裝飾自己的盾牌，傳達的含義有年齡、地理位置、血緣關係和勇敢等。而基庫尤人也常用盾牌來舞蹈，這種單片木頭製成的盾牌有一個洞，手臂可以由此穿過，被佩戴在成年之前的男孩的左上臂，並作為傳家之寶傳給後代。

卻不是黑人。而黑人與許多歐洲人分布在南部。

阿比西尼亞人都是基督教的信奉者，他們能生產一種古老的葡萄酒。早在4世紀，也就是中歐最早創立基督教團體400年前，他們就開始信仰基督教。然而，基督教的教條卻沒辦法阻止他們與鄰邦永無止盡的戰爭。526年，他們跨過紅海，征服了阿拉伯南部——羅馬的阿拉伯菲力克斯（與內陸的阿拉伯沙漠完全不同）。這次遠征使年輕的穆罕默德知道了建立一個強盛統一的阿拉伯國家的必要性，也促成了他創立宗教、建立世界大帝國的功績。

穆罕默德的臣民所做的第一件事就是把埃塞俄比亞人驅逐出紅海沿岸，破壞他們與錫蘭島、印度以及君士坦丁堡之間的商業往來。從這次戰爭失敗以後，埃塞俄比亞人就變得跟日本一樣，變得沒興趣關心外界的事情了，這種情況一直延續到19世紀中葉。這時，歐洲列強都開始覬覦索馬里蘭半島，並不是因為那裡有豐富的資源，而是因為它位於紅海之濱，而紅海不久將會成為蘇伊士運河的延伸。第一個來到這裡的是法國人，它佔領了吉布提港。英國人則向阿比西尼亞皇帝狄奧多羅興師問罪，這位非凡的皇帝不願落入敵人手中，最後選擇了自殺。之後，英國也奪得了英屬索馬里蘭，這裡與亞丁隔海相望，可以控制整個亞丁灣。義大利在英國和法國殖民地的北邊也奪得了一小塊土地，想把這塊沿海地帶當作補給站，為前往阿比西尼亞光榮的遠征隊提供援助。

這次光榮的遠征在1896年發動，其結果是，義大利軍隊損失了4500名黑人、2000名土著士兵以及少數的囚犯。從那次以後，義大利人雖然做了英國殖民地以南的索馬里蘭的另一部分的主人，但卻一直沒能取得阿比西尼亞。

當然，阿比西尼亞將來不免重蹈烏干達和桑給巴爾的覆轍，但是這裡交通困難，一條從吉布提至亞的斯·亞貝巴的鐵路並不能克服這種困難，而阿比西尼亞高原的崎嶇險阻使它成為一座自然堡壘。再加上歐洲人也意識到在這種狀況之下，黑人必然奮不顧身地進行反擊。這一切都使這個古國至今沒有被鄰國的歐洲人所吞併。

在阿比西尼亞以南、剛果以東，有三大湖泊。這三個湖中，尼亞薩湖匯成一條

支流注入贊比西河，維多利亞湖是尼羅河的發源地，坦噶尼喀湖則與剛果河相接，這一地區事實上是非洲最高的地區。根據過去50年間的考察，這個觀點已經被完全證明了。維多利亞湖最南端的吉力馬扎羅山，高1.9萬英呎。魯文佐里山（也就是托勒密所說的月壯山，斯坦利在托勒密之後的2000年後發現了它）高1.67萬英呎，肯尼亞山（高1.7萬英呎）與俄爾根山（高1.4萬英呎）組成了第二梯隊。

這個地區最開始源自火山，但非洲火山已經有幾個世紀沒有爆發了。在政治上，這裡被分為許多小區域，但都是由英國統治。

烏干達是棉花出產國，在1899年成為被保護國。

英國東非公司原來的領地，也就是現在的肯尼亞殖民地，在1920年成為了帝國的一部分。德國最早的東非殖民地，也在1918年成為了英國的托管地，現在是坦噶尼喀領土的一部分。

沿海最重要的城市桑給巴爾是古代販賣黑奴的蘇丹首府。1890年，英國在這裡建立了一個保護國。這個城市是來自印度洋的阿拉伯人的商業中心。斯瓦希里語，即桑吉巴

桑給巴爾的奴隸市場　水彩畫

這是位於桑給巴爾基翁加裡的教堂，往來的傳教士團都會住在這裡。1874年以前，它曾經作為奴隸市場被奴隸商人使用。由於桑給巴爾距離非洲大陸只有幾十千公尺，其東面為印度洋，東北面為阿拉伯海，地理位置得天獨厚，所以成為了東非重要的貿易港口。

爾混雜語被廣泛使用，或者應該歸功於這些阿拉伯商人。現在，非洲東海岸的各個地區都使用這種語言，就像馬來語在荷屬東印度群島廣泛流傳一樣。現在，如果想要在印度洋幾千英哩的海濱以及數百萬平方英哩的內陸中經商，那麼懂得一點斯瓦希里語，就是最有價值的財產。如果不怕麻煩學一點班圖語——南非黑人的方言，再加上一點葡萄牙語和阿拉伯語，以及兩、三句好望角地區的荷蘭語，那他從非洲的這一端跑到那一端，一定不會因為點菜而頭疼。

除了大西洋、蘇丹的山脈與喀麥隆山脈之間狹窄的沿海區域，北非的內容基本講完了。這一條狹長的土地，在之前的400年間都被稱為上幾內亞與下幾內亞。在我說到奴隸制度時，已經提到過幾內亞了，因為「黑色象牙」在準備運送到世界其他地方以前，都在這裡匯集。現在，這片海岸屬於多個國家，但是除了少數集郵者以外，沒有人對這片殖民地有興趣了。

塞拉利昂是英國人的一個聚居地，這裡與東面的利比亞一樣，都是黑奴最早的故鄉。然而無論是塞拉利昂或是利比亞——首都為蒙羅維亞，因為美國總統門羅而得名——都沒能給人們帶來希望，許多忠實的男女，為了讓黑人可以重返祖國都慷慨解囊，結果卻只是滿懷失望而已。

象牙海岸屬於法國，阿克拉將來也一定會成為法屬蘇丹帝國的港口。尼日利亞是美國的，它的首都是拉各斯。達荷美原本是屬於土著的獨立國，於1893年被英國吞併。

在世界大戰爆發前，喀麥隆屬於德國，現在是法國的一個保護國。多哥的情況與喀麥隆大致相同。剩下的地方是法屬剛果殖民地，那裡成為一個巨大的法屬赤道帝國。雖然其中夾雜著少數外國的土地，不過法國最終將以金錢或其他國家所需要的東西把它換過來。

以前，荷蘭東印度公司想要縮短巴達維亞至阿姆斯特丹的航程，一直維持著一條經過波斯、敘利亞、亞歷山大里亞的陸上通路。但是一旦美索不達米亞的兩位國王發生爭執，那麼郵車與四輪馬車就不可避免地延誤，於是大部分的商品還是要通過好望角來運送。

為了讓任何東西都不能妨礙印度貨物的穩定流通，荷蘭人佔領了的幾內亞的幾個海港，他們可以將其作為奴隸港，並且奪取聖赫勒拿島，鞏固了好望角的防禦要塞。

荷蘭人就像喜歡記帳的商人一樣（你可以想一想那部可笑的戲碼，他們用價值24美金的小玩意換到了曼哈頓），於1671年將開普敦港四周的要塞從霍屯督人手中買了下來。這就意味著霍屯督人的末日到來了，因為他們的土地已經被侵佔，就不得不向北遷往奧蘭治河區域，和他們的世仇叢林居民所居住的法爾河區域。這似乎是老天的懲罰，荷蘭農民曾經虐待霍屯督人與叢林居民，後來他們也遭受了同樣的命運。開普敦在1795年被英國人所佔領，於是布爾人也向北遷徙。他們多次重覆不停地奔波著，直到1902年，他們最後的兩個獨立共和國——德蘭士瓦自由邦與奧蘭治自由邦，最終也被英國所吞併。

第四十五章 非 洲

喀麥隆音樂

喀麥隆位於非洲中西部,是單一制的共和國,其境內包括海灘、沙漠、高山、雨林及熱帶草原等,有著豐富多彩的文化,國家足球隊及本土的音樂風格尤為著名。

雖然開普敦依然是整塊三角地上最重要的港口,但沿海區域與富饒的內陸相比,就是小巫見大巫了。內陸由高原組成,上面點綴著零星的平頂山,當地稱之為Kopjes。在西部,科瑪斯高原把這塊高原與大西洋隔開。在東方,貿特普山脈讓它與印度洋相隔。在南方,德拉肯斯堡山讓它與開普區域相隔絕。

在這片區域內的所有山脈上都沒有冰河,整個地區的河流都必須依靠雨水供給。因此,在夏季河水蔓延、奔流而下,冬季則枯竭殆盡。這些河流在流入大海前必須翻山越嶺(只有納塔爾的河流可以直接流入大海,所以納塔爾河流域就成為了南非聯盟中最富有的地方),因此不能成為通達內陸的商道。

為了讓內陸與大海相通,很多鐵路已經修建完成。世界大戰前,最重要的鐵路是葡屬東非德拉哥灣畔的洛倫斯·馬奎斯與比勒陀利亞之間的這一條,世界大戰後,通往前德屬西南非洲境內的路德里茲蘭德和斯瓦科普蒙德的鐵路已經完成。人們可以乘坐火車向北直達坦噶尼喀湖,然後乘坐小船過湖,再換乘另一列火車到桑給巴爾。

397

房龍地理
Van Loon's Geography

南非的女人

圖為南非的一個婦女形象,她帶著紅色藍邊的頭巾,鼻子上掛著鼻環,嘴角翹起,右手撐著臉龐,顯現出沈靜安詳的神情,畫面溫暖動人。

不過,如果想要進一步北進,人們還要在喀喀拉哈里沙漠度過一晚,雖然這樣會很不舒服。但是跨越這片沙漠後,就意味著進入了羅德西亞山區。那裡因塞西爾·羅德斯而得名,他創立了古老的英國南非特許公司,是最早主張在英國統治下統一南非的人之一。這個夢想現在已經實現了一部分。1910年,南非聯盟宣告成立,各個特權公司跟前布爾共和國、卡菲爾人以及祖魯人一樣,均為南非聯盟的一部分。但自從約翰內斯堡附近發現金礦、金伯利附近發現鑽石以後,居住在鄉下的布爾人的勢力慢慢超過了英國人,後者被吸引到了城市中。於是發生了猛烈的衝突,來爭奪統治權。經過協調,開普敦成為了聯盟議會的集會地,而德蘭士瓦共和國的首都比勒陀利亞升為政府所在地。

至於分隔南非聯盟與大西洋和印度洋的葡萄牙帝國的殘餘部分,即西部的安哥拉、東部的莫桑比克管理極其糟糕,遲早都會被強鄰吞併。現在農產品的價格降到了歷史最低點,養牛業也完全停滯,而南非人也不曾去尋找新的牧場和耕地。這裡一旦將來恢復正常,敵人不需要浪費一顆子彈,就能將這裡霸佔。南非現在正在發展一個新種族,他們既不是荷蘭人也不是英國人,而是純粹的南非人。由於南非的銅、鐵、煤等礦藏極其豐富,土壤肥沃,很有可能發展成為下一個美國,只是規模要比美國還要小一些罷了。

莫桑比克海峽的彼岸是馬達加斯加島,全島面積約有23萬平方英哩,比管理它的法國稍大一些,其人口約有400萬人。這是一個多山的海島,東部藉助季風的力量出產質量上乘的木材,主要透過塔馬塔夫出口,這個港口有一條鐵路通往首都塔那那利佛。

這裡的人們與馬來人很相似,而不像黑人。在地質史上,馬達加斯加一定很早就

第四十五章 非 洲

與非洲分開了，因為島上完全沒有非洲常見的動植物。

馬達加斯加的東面有兩個小島，它們在印度商業依靠好望角這條路線時，作用非常重要。它們分別是毛里求斯島與留尼汪島。毛里求斯島原是荷蘭東印度公司的飲用水和蔬菜的補給站，現在屬於英國，而留尼汪島屬於法國。

還有其他島嶼，從地理上來說屬於非洲，我前面已經提過了聖赫勒拿島。阿森松島在大西洋更北的地方，有很多加油站與通訊站。在毛里求斯島海岸以西數百英哩以外，原屬於葡萄牙的佛得角群島，現在被一個微不足道的西班牙殖民者所佔據。加那利群島

馬達加斯加

馬達加斯加位於印度洋西南部，與非洲大陸隔莫桑比克海峽相望，全島由火山岩構成，自然資源豐富。迪戈迪雅茲城的海岸線被稱為世界上最美麗的海岸線，也是世界第二大海灣。

房龍地理
Van Loon's Geography

屬於西班牙，馬德拉群島與亞速爾群屬於葡萄牙，因火山而知名的特內里費島也屬於西班牙。在17世紀和18世紀時，所有船主都堅信著聖布蘭登島也在那裡，就像我們對九九乘法表確信無疑一樣，但是從來沒有人找到這座島，因為每當船隻靠近這座島時，它就會沉入海底，等到人們離開後才浮出水面。我認為這樣對於非洲的島嶼來說是明智的，這是一個有效避免外國侵略的好方法。

絕大部分大陸都有它們的代表性形象。當我們說到「歐洲」，就可以想到聖彼得的墓穴、萊茵河畔廢棄的城堡、挪威幽靜的溪谷，聽到俄羅斯三套馬車的鈴聲。說起亞洲，就會想到會有會有寶塔的圖畫、在河中沐浴的矮小的棕色人、高聳的奇怪寺廟

非洲獅　攝影　當代

這些排列整齊向前行進的非洲獅，是非洲最強大的貓科動物，大都以9～20隻的數量群居。它們從出生開始，逐漸被訓練成為一名優秀的獵手，野牛、羚羊、斑馬，甚至是體型龐大的大象都是它們的食物。在赤道上的肯尼亞大草原中，我們經常能夠看到它們的身影。

第四十五章 非洲

以及寧靜祥和的富士山。說起美洲,就意味著高樓大廈、工廠煙囪,以及騎著小馬駒到處亂跑的老印地安人。就是在遙遠的澳大利亞,也有它的代表:長著一雙好奇而聰明的眼睛的袋鼠。

但是對於非洲,我們如何把這個寬闊的土地用一個象徵來表示呢?

非州是一個乾燥炎熱、缺少河流的地方。然而,尼羅河幾乎和密西西比河一樣長,剛果河比亞馬遜河稍短一些,尼日爾河與黃河一樣長。這裡又是個雨水氾濫、潮溼泥濘的地方。然而,世界最乾旱的撒哈拉沙漠,比整個澳大利亞還要大,而喀拉哈里沙漠的面積也和不列顛群島的面積相等。

非洲豹

非洲豹屬於貓科動物,有著美麗的斑紋和強壯的肌肉,它行動敏捷,在一、兩百公尺內就能加速到一百多公里,而且善於爬樹,但是喜歡獨來獨往,不喜歡群居生活。

非洲的人民軟弱無助,黑人不知道如何保護自己。然而,世界上最完備的軍事組織,卻是從祖魯人中發展出來的,沙漠中的貝都因人和北部其他部落,成功抵抗了使用機關槍的歐洲軍隊,因此聞名於世。

非洲沒有像波羅的海和美國五大湖那樣便捷暢通的內陸海。但是,維多利亞湖和蘇必利爾湖一樣大,坦噶尼喀湖和貝加爾湖一樣大,尼亞薩湖的大小則是安大略湖的兩倍。

非洲又是一個缺乏山脈的地方。但是,吉力馬扎羅山比美國最高峰惠特尼峰還要高500英呎,赤道以北的魯文佐里山比布蘭克峰還高。

那麼非洲到底是什麼樣呢?我不知道。這個地方似乎什麼都有,但卻沒有一樣有利於人類發展,整個排列都不正確。除尼羅河以外,所有山川、湖泊和河流的排列都漫無目的。尼羅河雖然流入了一條很有商業價值的海洋,但是卻因為太多的瀑布而被阻礙。至於剛果河和尼日爾河都沒有很好的通海道路。贊比西河發源的地方,就是奧蘭治河的結束之處。

現代科學或許能在將來讓沙漠長出水稻,沼澤變成田地。我們也可以利用近代科學來醫治痢疾和嗜睡症,它們曾經讓蘇丹和剛果的整個村莊都夷為平地。現代科學也治好黃熱病和瘧疾。現代科學或許可以把非洲中部和南部的高原,變成像法國的普羅旺斯或義大利的里維埃拉海岸一樣。但是那片森林卻非常頑強,在數百萬年來都是一個很大的阻礙。如果現代科學休息片刻,那麼這叢林的暴行就會讓白人如鯁在喉,使他死於窒息,森林會釋放出毒氣,進入白人的鼻孔,直到他們被螞蟻和鬣狗吃掉。

使非洲文明印上可怕標誌的原因,或許就是世界上最暗無天日的熱帶森林。沙漠也許很可怕,但閃著微光的森林更加恐怖。它充滿了生命,但看起來卻是一片死寂。

金字塔

埃及金字塔始建於4500年前，是一種高大的角錐體建築物，它是用巨大石塊修砌而成的，由於每個側面都是三角形，因此被稱為金字塔。在埃及古王國時期，金字塔廣泛流行，被視為古埃及文明最有影響力和持久的象徵之一。

生存的爭鬥悄無聲息地進行著，捕獵者要萬分小心才不會變成獵物。在無精打采的樹蔭之下，生物日夜不停地相互吞噬。看似無害的昆蟲有著足以致命的毒刺，最艷麗的花草暗藏著最可怕的毒液。動物在利用它們的蹄、角、嘴和鋒利的牙齒互相廝殺、互相搏擊。生存的脈搏是伴隨著骨頭的破碎和皮膚的撕扯一起跳動。

我曾經和非洲人談過這些事情。他們都嘲笑我，生活本應如此。不是非常貧窮，就是非常富有，沒有中間地帶。一個人既可能被凍僵，也可能在火邊取暖。一個人既可能和阿拉伯商人用金杯喝咖啡，又可能近距離地射殺霍屯督的老婦人。總之，她都無法善處。在非洲這片充滿矛盾的地方，所有的東西對於人類來說，似乎都非常可怕。它誤導了人們的想像，扼殺了人們對於人生美好方面的感受力。因小爭執而引發的屠殺和大森林已經深入了他們的骨髓。一個來自一個帶有頑固氣息的閉塞鄉村、文靜膽小的芝麻小官，在這裡卻變成了魔鬼，很多婦女因為沒有上交足夠的橡膠，就會被鞭打至死。在他悠閒地在飯後吸著雪茄時，某個可憐的黑人因為沒有及時上交象牙，就可能會被蟲子咬噬。

我已經極力客觀地進行描述了。其他各洲雖然也做了不少殘忍狠毒的事情，然

而，他們的方式卻溫和一些，他們有耶穌的傳教、孔子的教誨、釋迦牟尼的苦行修練以及穆罕默德嚴厲地推行率直的品性，但非洲卻沒有這樣的先知。其他各洲雖然貪婪又吝嗇，然而他們的靈魂有時會控制著肉體，他們在某個非同尋常的朝聖途中，已經走得很遠了，但他們的目的地仍然藏在天堂門後的深處。

在非洲沙漠和深林之中，唯一徒步留下的足跡，就是那些目光嚴肅的阿拉伯人，他們在尋找達荷美亞馬遜人，準備趁他們熟睡之際，攻入村莊，將孩子賣往外國去當奴隸。在世界的其他地方，婦女總是喜歡把自己打扮得很漂亮，以吸引男人，得到他們的寵愛。但只有在非洲，婦女總是喜歡讓自己看起來非常醜惡，她們會擊退任何不期而遇者。

關於這種辯護，我可以毫不停歇。但這章已經太長了，所以你最好自己去找答案吧！

許多人第一次親眼看到毫無用處的雄偉金字塔時，並注視著沙漠中往來的車轍時，他們都遇到了同樣的疑問，卻沒有一個人能喚回建造金字塔的賢者。

非洲之最

作為世界第二大洲，非洲的大部分地區位於南北回歸線之間，有面積廣大的草原、沙漠，以下為非洲之最。

非洲之最

- 最大的沙漠：撒哈拉沙漠
- 最大的裂谷帶：東非大地塹
- 最大的盆地：剛果盆地
- 最高的山峰：吉力馬扎羅山
- 最長的河流：尼羅河

非洲之最

- 最大的海灣：幾內亞灣
- 最大的湖泊：維多利亞湖
- 最深的湖泊：坦葛尼喀湖
- 最大的島嶼：馬達加斯加島
- 最後獨立的國家：納米比亞

第四十六章

美 洲

世界的幸運兒。

美 國	
中文名稱：美利堅合眾國	所屬洲：北美洲
首都：華盛頓	主要城市：紐約、洛杉磯
官方語言：英語	貨幣：美元
時區：東五區至東十區	國家代碼：USA
國歌：〈星條旗〉	國花：玫瑰

　　美洲是全世界最樂善好施的大洲。我現在只把美洲當作一個地理單位，而不是工業發展中的一個經濟因素，也不是進行新政體政府的政治實驗室。單從地理的觀點上看，美洲簡直幾乎擁有被人渴望的一切。

　　美洲是西半球僅有的一塊大陸，所以並不像非洲、亞洲和歐洲那樣，擁有直接的競爭者。它位於世界上最大的兩個大洋之間，在大西洋剛剛成為人類文明中心的時代，白人就已經在那裡居住。

　　整個美洲大陸，北至北極，南達南極，擁有所有的氣候類型。海拔最高的地區接近赤道，因此溫度適中，適合人類居住。

　　美洲沒有沙漠，擁有面積廣大的平原，這些處於溫帶的平原，因此注定要成為全世界的糧倉。

　　美洲的海岸線既不簡單也不複雜，非常適合建設深海港口。

　　因為美洲的山脈大多是南北走向的，所以那裡的動植物輕鬆躲過了第一次冰河時期的冰河，相比於歐洲的動植物，他們會有更好的生存機會。

　　美洲蘊藏著煤、鐵、石油、銅等得天獨厚的天然資源，儲藏量比其他任何一個洲還豐富，而這些在機器時代是提高產量的必需品。

　　在白人剛到達美洲的時候，那裡事實上無人居住（整個美洲只有1000萬印地安

第四十六章 美洲

人），因此侵略者可以為所欲為，並沒有受到大量土著的阻礙或對白人的侵略計畫加以干涉。因此，美洲並不存在嚴重的種族問題，除了後來自己造成的問題之外。

在這片空曠的大陸上，巨大的經濟發展機遇吸引了世界各國最有活力的人們。許多種族在這裡混合，發展成一個新的種族。這個新種族在很短的時間中，就已經適應了新穎的、罕見的、但又極其簡單的地理環境。

最後一點，也許是最重要的事就是現在住在美洲的人們不像其他民族那樣擁有悠久的歷史，這也使他們不會經常被往事所困擾。因為沒有那些不幸的行李（其他一切地方都已經證明，這些只是障礙，並不能讓人們感到幸福）的拖累，所以他們的進步，比其他需要推著祖傳手推車跑的民族都還要更快。

南北美洲的地形，跟其他大洲相比既不算簡單也不算複雜。就地貌而言，南北美洲

美洲 版畫 17世紀

美洲位於西半球，主要分為北美洲、中美洲和南美洲，它是以義大利著名航海家亞美利哥·維斯普西的名字命名的，這位航海家首次繪製了新大陸的地圖，並向世界宣佈了新大陸的概念。

405

阿爾岡昆印地安酋長　約翰·懷特

1590年,英國水彩畫家約翰·懷特隨艦隊前往北美東海岸,在抵達後畫下了當地阿爾岡昆印地安人的一個酋長形象,這是英國早期殖民者關於印地安人最早也最寫實的形象。

是非常相似的,我們可以同時來討論,讀者也不會覺得混亂。

南美洲和北美洲都是三角形,它們唯一的差異,就是南美洲的三角地比北美洲的三角形的位置稍微偏向東一點,因此,南美洲要比北美洲更早被發現。當南美洲已經無人不知的時候,北美洲還沒有脫去荒涼之地的稱號。

北美洲與南美洲三角地的東部,是同一條山脈,這條山脈從北向南延伸,幾乎佔了兩大洲1/3的面積,剩下的2/3,則是被茫茫大海包圍的一塊廣闊的平原。兩支較短的山脈在東西兩邊將這個平原和海洋相隔,即北美洲的拉布拉多山脈和阿巴拉契亞山脈,與南美的圭亞那山脈和巴西高地。

在河流方面,兩洲也很相似。有幾條不重要的河流向北流淌,而聖勞倫斯河及亞馬遜河幾乎是平行流淌。巴拉那河與巴拉圭河像密西西比河與密蘇里河一樣,都是在中途匯合,到了下流,則與聖勞倫斯河與亞馬遜河形成直角。

中美洲是一條由東向西的狹長地帶,從地理上說,它確實是北美洲的一部分。但是在尼加拉瓜,地貌與動植物的分布突然發生了變化,於是它才成為了南美洲的一部分。中美洲到處都是高山,墨西哥雖然和撒哈拉沙漠一樣接近赤道,卻是一個人口稠密的國家,而且還有著非常舒適的氣候。

從地圖上看,南美洲當然比北美洲更接近赤道,亞馬遜河從安地斯山流下,直到匯入大西洋之前,完全是順著赤道線而行。在這裡,我們可以用一個壯觀的實例,來研究地理環境對於人類的影響,以及人類對於地理環境的影響。

大自然在這裡形成了兩個舞臺,而且還是用同一種方法製造的。右邊是主入口,左邊砌起了一堵高牆,中間則是一片空地,有一座儲量豐富的糧倉。然後它把北部的舞臺,交給了一群德國流浪演員,他們是流動的下等戲班,以前在鄉下的小戲院演出小型

第四十六章 美洲

的劇目,習慣長時間扮演屠夫、麵包師、燭臺工人等平凡的角色。但對於南部的舞臺,它卻租給一群出身於最好的地中海學校、優雅而年老的悲劇表演者。他們只為王室成員演出,每個人都會配上鋒利的刀劍,對北方的同事一無所知,因此更加雍容華貴。而北方的德國人則長期使用鏟子和斧頭,腰背由於長年和貧瘠的土壤奮鬥,所以還未進入老年就已經變形了。

然後,大自然將兩個舞臺上的帷幕同時揭開,讓全世界都進來觀看他們的表演。第一幕的一半結束時,兩邊舞臺上的景象,全都與剛剛開始時大相徑庭。直到第二幕開始,在場的婦女、男人和小孩都看到了這些變化,觀眾都驚訝得目瞪口呆,大聲說道:「怎麼會發生這樣的事?」

古代維京人的船隻看起來非常美麗,但當它穿過波濤洶湧的大海時,就變得相當笨拙了。這些強壯的北歐海盜既沒有指南針,又沒有測速器,船帆也像古埃及小帆船(繪製在3000年前的尼羅河河谷的莎草紙上)那樣笨拙,所以常常被風吹得偏離了航線。

現在如果你仔細看看墨西哥灣流的地圖,就可以看到這股灣流從非洲到大美洲後,再慢慢地由西南向東北橫渡大西洋北部,帶給挪威沿海溫和舒適的氣候。在經過北冰洋後,灣流途經冰島及格陵蘭返回在格陵蘭,它改變了名稱和溫度,開始的一段叫做格陵蘭流,後面叫做拉布拉多流,而正是可惡的拉布拉多流,將格陵蘭淡藍色的厚冰塊散布到整個北大西洋。

北歐海盜仰仗著上帝的指引和想像的航線(我的祖先們這樣猜測著),在9世紀時就到達了冰島。而只要冰島與歐洲之間有了正常交流,格陵蘭和美洲的發現就成為了必然的結果。就像中國或日本的平底帆船,如果被吹離航線,一定會被太平洋灣流帶到哥倫比亞或加利福尼亞沿岸一樣。北歐海盜就是這樣,從特隆赫姆駛向冰島,被大霧圍困,不能到達目的地(就算是現在,即使有世界上所有的航海工具,霧仍然是非常可怕的),總有一天要撞到格陵蘭島的海岸。或者,如果霧氣仍然不散,而他的運氣又很好,就會撞到巨大陸地的東部,之前的拜訪者把這片真正的海濱叫做葡萄地,因為那裡出產一種可

女孩的馴鹿皮大衣 西格陵蘭 19世紀初

傳統的北極服裝包含兩層馴鹿皮,這是因為馴鹿皮的空心毛囊中含有氣泡,保暖性能好,這也是北極婦女服裝的特色之一,而這件大衣則是在格陵蘭島最早被收集的大衣之一。

407

房龍地理
Van Loon's Geography

五月花號從英國起航

　　1620年9月16日，滿載著英國、荷蘭的窮人和清教徒的五月花號從英國港口起航，它將開往北美東海岸，這次起航出港標誌著歐洲人開始移民美洲。

以釀造美酒的葡萄。

我們應該記住，世界上的許多偉大發現都是世人聞所未聞的。船長通常都在同行面前自欺欺人，說一些別人絕不相信的事情，或許這些是幻覺所至，也許他們當時把低矮的雲霧看成了山脈，或者把一線日光當成了平坦的海岸。在法國和西班牙的水手們早就看到了澳大利亞，而在很久之後，艾貝爾·塔斯曼登陸澳大利亞海岸，拔了一根鵝毛，向巴達維亞官彙報身型巨大的動植物。亞速爾群島和加那利群島被發現了，然後又被遺忘，再接著又被發現，不知這樣重覆了多少次，連我們學校的教科書也無法確定世界的偉大發現究竟完成於何時。法國的漁夫們，也肯定比哥倫布早幾百年就已經知道通往紐芬蘭大堤的航路了，不過他們只告訴他們的鄰居說那裡有很多魚，就將紐芬蘭忘記了，真正讓他們產生興趣的是魚。另外一片大陸，也不過是一片土地而已。布列塔尼的土地已經足夠人們居住了，何必要為萬里迢迢的地方費心呢？

在我寫的所有東西中，一直堅持這樣的信條，即人的出現早於民族。在談論值得稱道的哥倫布時代或列夫·埃里克松時代，或從諾曼地文件中發現的幾個法國水手的時代時，我絕對不會迷失於爭辯中。不過我們已經有證據證明北歐海盜曾在11世紀的前10年，登上這些海濱。而在15世紀最後的10年中，一群西班牙水手——大部分都是西班牙人，但也有一小部分是外國人，他們都聽命於一個義大利船長——到達了這片海濱。當他們到達時，他們知道自己並不能算是最早的發現者，因為在那個地方已經有人類居住了，而這些人毫無疑問都是亞洲人。因此，如果要把「第一次到達的人」的榮譽給予某個具體人群的話，那麼蒙古人理應是我們所有紀念碑的候補者。

我們曾經建立過紀念碑，以紀念我們的無名戰士。照道理說，應該再建立一座更大的大理石碑，用來紀念那些無名的發現者。但是，因為法律規定，那些可憐人的親屬，不能涉足美洲大陸，所以我擔心這個計畫恐怕不會實現了。

那些最早從遠東跑來的勇士後裔，我們已經非常瞭解了。然而有一件讓我們很感興趣的事，恐怕將永遠是個不解之謎。那就是：這些人是怎樣來到美洲大陸的？是從白令海峽的冰層上走過來的呢？還是在美洲與亞洲之間被狹窄的大陸橋相連時過來了呢？我們完全不知道，也無從得知。當白人來到這些遙遠的海岸時，便遇到了一個種族，這一種族住在除了孤立之地的其他地方，基本沒有脫離晚期石器時代，甚至還沒進化到那個階段——用車載物來減輕負擔，或飼養牛羊來代替以捕魚打獵為生的貧困生活。這些古銅色皮膚的人，雖然專門使用弓箭狩獵，但遠遠不是那些可以用槍狙殺敵人的白人的對手。

由主人變為客人的紅種人，應該還可以延續幾百年。那時，他們一定會被敵人同化，以模糊的歷史記憶，這實在是一件悲慘的事，因為這些紅種人在身體和思想方面都有許多優秀的特質。

事情就是這樣，我不知道我們還能做些什麼。

現在，讓我們最後再看一下地圖吧。

房龍地理
Van Loon's Geography

LENA RIVER
RAIL-ROAD-UTILITY BRIDGE

白令海峽

白令海峽位於亞洲最東點的迭日涅夫角和美洲最西點的威爾斯王子角之間,是連接北冰洋和太平洋的通道,其得名於丹麥探險家維他斯・白令,他是世界上第一次跨過北極圈和南極圈的人。

美洲西海岸從白令海峽直達巴拿馬海峽都以高山為屏障,與太平洋相隔絕。這個屏障的寬度並不一致,因為幾個部分形成了幾條平行的山脈。但這片地區所有的山脈都是向著同一個方向延伸,即由北向南。

很顯然,阿拉斯加山鏈是亞洲東部山脈的延續。它被遼闊的育空河盆地分為了兩個部分。而育空河是北方土地的主要河流,而這片土地原屬於俄羅斯帝國,1867年,美國以700萬美元的價格,買下了這塊59萬平方英哩的荒涼土地。

俄羅斯之所以願意用這麼少的一筆錢進行交換,也許是忽略了那塊土地潛藏著如此豐富的資源。用700萬美元買了幾座漁村和一堆雪山,也算是一筆不錯的買賣。但在1898年,克朗代克發現了金礦,於是阿拉斯加就登上了地圖,變得人盡皆知了。從溫哥華到朱諾,再經過斯卡威山口、齊爾科德山口、齊爾卡特山口到達克朗代克一帶的中心道森,人們必須自己背著行囊,因為用牲口載物價格昂貴,而且很難走過北極圈以南3500英呎高的厚厚積雪,這條路和人們尋求財富的任何旅途一樣艱險。然而,在這段路的盡頭卻有一罐金子,在等待著先行者的到來,而那時,每個人都覺得自己會是最先到達的人。

從那以後,阿拉斯加被發現不僅出產黃金(同時這裡冰河密布),而且有大量的銅、銀、煤的礦藏,還是一個獵獸、捕魚的理想地帶。美國將它歸入版圖後的40年裡,獲得了原始成本20倍的收入。

在阿拉斯加正南方的山脈分為兩部分,東部是洛磯山脈,它深入內陸;西部繼續與海岸成平行走向。在延伸到墨西哥

410

高地之前,洛磯山脈並未改過名稱。而太平洋的坡形山脈則從離開麥金利山(阿拉斯加地區的最高山脈及全北美的最高峰,海拔為2.03萬英呎)之後,就擁有許多別名。在加拿大,被叫做聖伊萊亞斯山脈及海岸山脈。過了溫哥華島(這是一個岩石島,與大陸之間隔著約翰斯頓海峽及喬治海峽)又分為兩個部分,西半部分依然叫沿海山脈,而東部的各個山脈,在華盛頓、俄勒岡州以及加利福尼亞州的塞拉·內華達的這一段,叫做喀斯喀特山脈。這兩段山脈之間是一片廣闊的空地,就是薩克拉門托河與聖喬圭因河的河谷。這兩條河在空地的中央匯合,流入聖弗朗西斯科灣,它是世界上最寬闊、最深、最好的避風港,透過著名的金門與太平洋相連。

西班牙探險家的先遣隊到達這個河谷時,這裡還是一片荒蕪,無人耕種。現在,這

加州的內華達山脈　油畫　阿爾伯特·比爾施塔特　1988年

在美國物產豐富、地貌多樣的各州中,首屈一指的當然要數加州了,這應該歸功於內華達山脈。在這條山脈中,能看到多種地形和氣候,西部是沿海的山脈,中部為低谷,南部為沙漠。

房龍地理
Van Loon's Geography

加州的水路交通

圖為美國加利福尼亞州州府薩克拉門托的城市河道。在19世紀中葉,加州已經很繁榮了,政府利用西部豐富的水域大力發展水路交通,促進了商品經濟的快速發展。

裡利用灌溉技術,已經成為了世界的果園,蘋果、桃子、李子、橘子、杏果生長茂盛,不過這當然是勞動的結果。

說起來,這個河谷真是上天對加州的恩賜。在19世紀40年代左右,淘金熱進入尾聲,於是礦主和手下們都發現,放棄淘金成為果農也可以過著舒適的生活。但在阿拉斯加和澳大利亞就不一樣了,一旦金礦挖完,就無法養活眾多人口,於是他們很快地消失了,就像到來的時候一樣迅速,只剩下空城廢墟和無數錫罐而已。但是,加州則與絕大多數產金地不同,沒有因為黃金而耗盡生機,反而透過黃金而致富,這是人類有史以來獨特的景象,應該在史書上記上一筆。

當人們發現在泥土的深處,還藏有大量的石油時,這個地方的未來就已經昭然若揭了。這塊陸地處在地震多發帶上,而且加利福尼亞灣的切口也許會引發不同岩層的震動,相當危險(尤其是地震與大火相繼而來的時候)。但地震終究只是暫時的,溫暖的陽光和舒適規律的氣候,卻是永遠的祝福。加州將來一定會作為北美洲人口最多的地區,並開始其偉大的事業。

塞拉·內華達山與洛磯山脈之間,是一片寬闊的山谷,它包含三部分。北面是哥倫比亞高原,蛇河和哥倫比亞河從這裡發源,最終流入太平洋。南面的山谷以瓦沙齊山脈及科羅拉多高原為界,科羅拉多河流經其間,沖刷出著名的大峽谷。這兩個大高原中

間，是一塊窪地，也就是所謂的大盆地。摩門教的追隨者被迫從美國東部逃出後，就選擇在這裡安身立命。這裡雖然水分不足（大鹽湖雖然水量豐沛，但它的含鹽量比海洋還高），但他們在不到100年的時間，就已經投身於一種能夠獲得豐厚利潤的投機行業了。

這一片區域是地震多發帶，以前曾劇烈地搖動，這一點是可以證實的，那就是從死谷（海平面以下276英呎），可以看到美國最高峰惠特尼峰的峰頂（高約1.4886萬英呎）。

洛磯山脈以東，是一片一望無垠的大平原，其北面以北冰洋為界，南面以墨西哥灣為界，東面則被拉布拉多半島的勞倫蒂亞高地與美國的阿巴拉契亞之間阻斷。如果使用更先進的耕種技術，這片土地足以養活全球的人口。所謂的大平原（洛磯山脈在這裡逐漸偏斜成為平地），以及密西西比河、密蘇里河、俄亥俄河、阿肯色河及紅河（後來進入墨西哥灣）流經的中央平原，都是巨大的糧倉。而北部地區就沒什麼用了，因為這裡的馬更些河、阿薩斯巴斯卡河、薩斯喀徹溫河及奧爾班尼河，最終都流入北冰洋或哈德遜灣，一年中大部分的時間都是冰凍的狀態。而密蘇里河與密西西比河（與密蘇里河一樣都是世界最長的河流）則不然，前者發源於蒙大拿州的黃石公園附近，後者發源於加拿大的溫尼伯湖與蘇必利爾湖的分水嶺，從河的源頭直到沖積三角洲，基本上都可以通航，而且所流經的區域的人口密度，估計在最近幾百年內可能會與中國東部一樣。

這一個稍稍抬高的地帶，就是哈德遜灣（或北冰洋）、大西洋與墨西哥灣之間的分水嶺，那個地方還有密西根湖、休倫湖、伊利湖以及安大略湖。後兩個湖被一條小河相連，但因為尼加拉瀑布的阻礙，不適合航行（尼加拉瀑布比贊比西河的維多利亞瀑布寬一些，但落差只有維多利亞瀑布的一半，而優勝美地瀑布的落差卻比他們高1000英呎）。因此，名為威爾蘭的運河被開鑿以連接這兩個湖泊。休倫湖與蘇必利爾湖之間也有一條運河相通，即聖瑪利運河，每年從這條運河經過的貨物量，比巴拿馬運河、蘇伊士運河及基爾運河加起來的噸數還多。

這幾個湖中的水，借道聖勞倫斯河流入大西洋，並流入聖勞倫斯灣。聖勞倫斯灣算是一個內陸海，西面是加拿大山脈，東面是紐芬蘭島（約翰·卡伯特在1497年發現這個島時，這個地方確實還是一塊「新地」，第一任葡萄牙總督在1500年來到這裡），其南面是布列塔尼島、新蘇格蘭島及新布倫瑞克島。介於紐芬蘭島與布列塔尼島之間的卡伯特海峽，見證了義大利人到達這裡的歷史。

加拿大北部，也就是所謂的西北領土，氣候非常寒冷，不適合白人居住，所以關於這塊地區的情況，我們很少聽到，除了當地英挺的警察隊伍。這裡有很多湖泊，大部分都屬於哈德遜灣公司。該公司在1670年創立，正好是發現這個海灣的亨利·哈德遜被叛亂的水手謀殺的第59年，這個公司就以他的名字來命名。創建這個公司的「英格蘭冒險家」無愧於這個名字，但是他們沒有遠見。如果他們再繼續做50年的話，所有湖泊和森林中的魚類和禽獸恐怕就要被他們殺光了（他們在播種季節，仍然屠殺那些長毛動物），那些印地安人恐怕也要被他們消滅了。他們被慷慨地供應了烈酒，以致於可能因為這些小瓶子而自取滅亡。最後，優雅的英國女王出面干涉，將公司統治的大部分領土

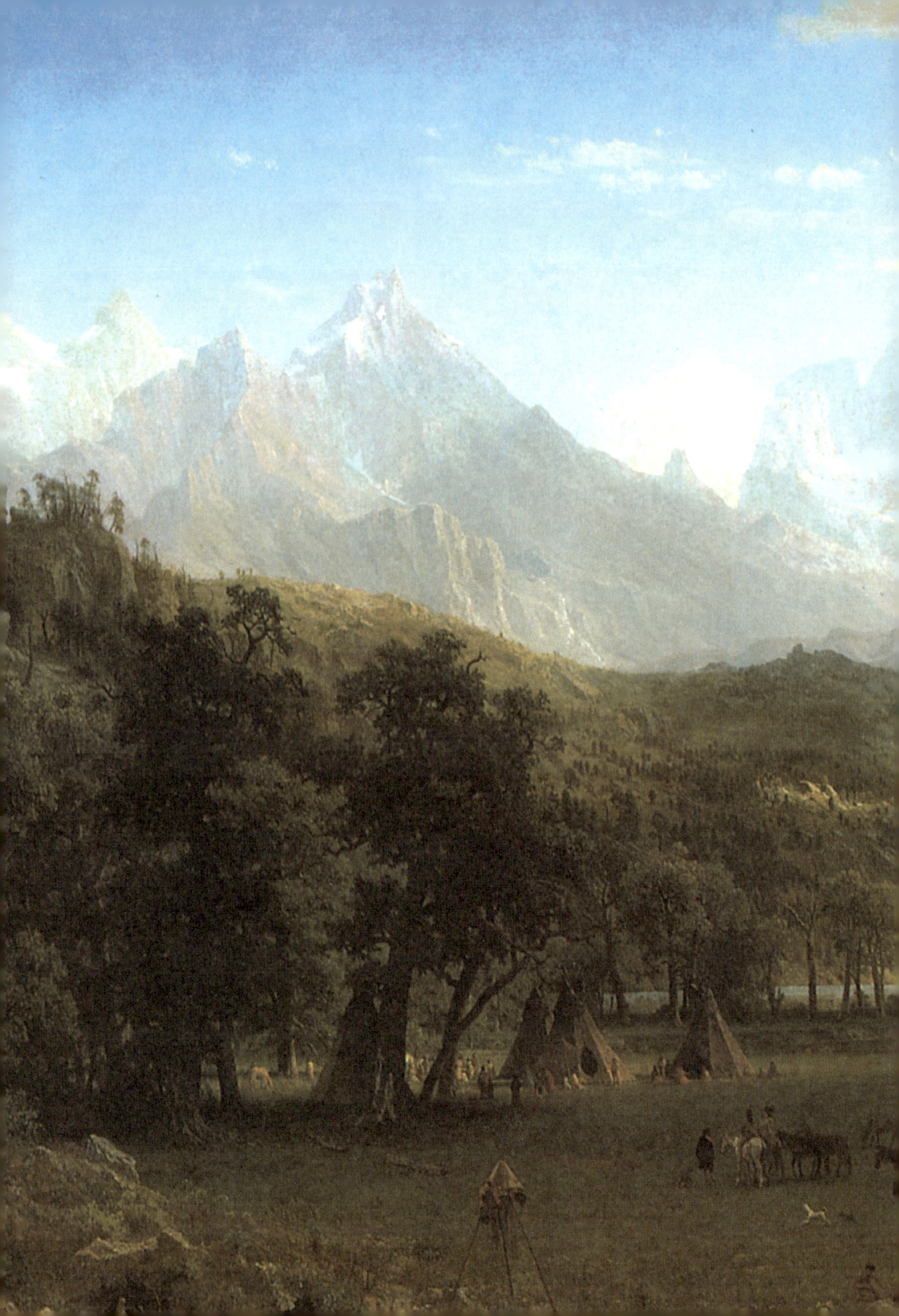

洛磯山脈之蘭德峰　　油畫　阿爾伯特・比爾施塔特　1863年

　　這幅畫是畫家陪同蘭德將軍於1859年到洛磯山脈的蘭德峰探險之後創作的,三年後,蘭德將軍陣亡,畫家隨後將這座山峰和作品正式命名為蘭德峰。在畫中,畫家描繪了廣大的景觀,試圖將微小的細節都描繪到油畫中,畫風細膩,溫暖動人。

併入她在加拿大的領地,於是哈德遜公司就成為歷史上的古董。現在雖然它還在那裡(他們使用相同的管理模式長達262年)經營他們的生意(雖然規模縮小不少),但已經不像以往一樣古老、不負責任了。

哈德遜灣與聖勞倫斯河之間的拉布拉多半島,因為太接近從格陵蘭冰岸而來的寒流,所以對於人們的生活來說毫無價值。可是加拿大偉大的未來卻剛剛開始,現在主要的困擾就是人口相當地缺乏。

從政治上來說,加拿大是過去的大帝國之夢的有趣遺跡。我們很容易忘記,在喬治・華盛頓出生的時候,北美洲的大部分都屬於法國和西班牙,英國在大西洋沿岸的殖民地只有盎格魯─撒克遜一小塊土地,並且四面都被敵國包圍著。早在1608年,法國人已經在聖勞倫斯河河口佔有據點,後來更把目光轉移到內陸。最初他們向西探索,直至

哈德遜的最後一次旅行 倫敦

17世紀初,哈德遜受到委託往北航行。他在1609年的第二次遠航中沿北美洲海岸航行,發現了位於北冰洋邊緣的哈德遜灣。6年後,一批荷蘭人來到哈德遜河河口,將其命名為新阿姆斯特丹,也就是今天的紐約市。

第四十六章 美洲

勘探密西西比河

1666年，法國探險家雅克·馬凱特被派往北美，他於1673年由魁北克向西進發，勘測密西西比河的上游地區，並繪製了當地的地形圖，圖為他與印地安土著乘船考察沿岸的場面。

尚普蘭到達休倫湖畔。他們勘察了大湖區的所有地方，密西西比河上游被馬凱特和久特發現。拉塞爾在1682年順流而下，直達大海，佔領了整個河谷，他以法國國王路易十四的名字，把這裡命名為路易斯安那。17世紀末，法國人正向洛磯山地區挺進，試圖佔領那裡。洛磯山山脈那邊的領土都歸西班牙天主教國王所有。阿利根尼山脈在那時是一道天然屏障，將法國殖民帝國與英國、荷蘭在大西洋沿岸的領土，以及西班牙的另一個殖民地——佛羅里達分開。

如果路易十四和路易十五能懂得更多的地理知識的話，如果這兩位愛好藝術的皇帝，能把地圖看得比一幅新哥白林掛毯上漂亮的圖案更重要的話，那麼新英格蘭和維吉尼亞的人民，現在恐怕都要說法語了，而整個北美會對巴黎俯首稱臣。可是這些歐洲命運的決定者，卻沒有意識到新世界的重要性。他們對此漠不關心，結果加拿大就被英國佔領，魁北克及蒙特利爾也不再是法國的城市。再過幾個世紀之後，新奧爾良也和整個遠西一起被賣給一個共和國，這個國家是由海濱一帶幾個反叛英國的小小行省建立的。即使是鼎鼎大名的拿破崙，他賣掉美國現在最富饒的那塊地方時，只看到一大堆美元，因而愚蠢地認為這是一筆划算的生意。

1819年，佛羅里達又併入了這塊新領土。1848年，德克薩斯、新墨西哥、亞利桑那、加利福尼亞、內華達及猶他，從墨西哥手中被奪走。美洲的北半部，原本可能成為兩個拉丁強國的腹地，但不到100年中，便更換了主人，成為了北歐大平原的延續。

這些龐雜不一的經濟發展，或許引發了戰爭。原來的主人對這塊地區漠不關心，

房龙地理
Van Loon's Geography

第四十六章 美洲

也缺乏長遠的眼光,但是這塊地區的經濟竟然達到了空前的繁榮,這種利害關係舉世罕見。在鋪設了第一條鐵路、建造了第一艘蒸汽船之後,成千上萬的移民順著水路遷徙到大湖區,或越過阿利根尼山脈瓜分大平原。他們把那些地方開闢出來,讓人類可以在那裡長期定居,耕種小麥,使芝加哥變成了世界最重要的穀物中心。

當大湖區的三角地、阿利根尼山脈及洛磯山脈腳下,發現了煤、石油、鐵與銅的巨量礦藏時,於是這個區域就成為了新聯邦的大廠區,擁有匹茲堡、辛辛那提、聖路易斯、克利夫蘭、底特律及布法羅等城市,世界各地的勞力接踵而來,幫助先到達這裡的人挖掘寶藏。因為這些城市急需海港來輸出鋼鐵、石油與汽車,因此大西洋沿岸的古老殖民地據點,如紐約、波士頓、費拉德爾菲亞、巴爾的摩等城市,都立刻獲得了前所未有的重要地位。

同時南部各州也從重建時代走了出來(改造的過程比內戰還要慘痛數倍),他們累積了大量財富,不再利用黑奴勞動力的幫助,轉而種植棉花。加爾維斯敦、塞芬拿、新奧爾良重獲生機。鐵路、電報站、電話線把全國變成了一個巨大的農場和工廠。不到50年時間中,6000萬歐洲人遠渡重洋,加入了先來者的隊伍,從事規劃、建設、製作和銷售,形成了前往未有的創造世界的大車間。大自然從來不曾給予任何一個國家這樣的機遇:廣大的平原、溫和的氣候、肥沃的土壤、作為天然屏障的山脈、空曠無人的大片地區、取之不盡用之不竭的天然資源、便利的水上交通。此外,歷史還賜予了一件更重要的禮物:只有一種語言,沒有歷史包袱的拖累。

這些優勢對於一個國家到底有什麼意義,我們稍稍南下,到達墨西哥以及中美洲就知道了。墨西哥除了古代瑪雅人所居住的尤卡坦半島以外,全境有許多山脈,從里奧·格蘭特河向南,高度逐漸增加,直至馬德雷高原與阿拿瓦克高原,抬升到一萬六、七千英呎的高峰。這些較高的山脈,如煙峰(高1.7543萬英呎)、奧里薩巴山(高1.8564萬英呎)、伊勢塔西華脫山(高1.696萬英呎)都源於火山,不過現在只有科利馬火山(高1.3092萬英呎)是活火山。

在太平洋那邊。馬德雷海岸突然升高,但大西洋那邊的山脈都逐漸下滑。歐洲入侵者從東方而來,所以很容易就可以進入內陸。先遣隊在16世紀初到達,那正是西班牙非常失落的時代,可惡的熱那亞人的新發現徹底失敗,那裡既沒有黃金,又沒有白銀,只有無數的蚊蟲,以及你要他們工作時,就躺下來裝死的裸體野人。

路易十四 油畫 亞森特·里戈 1694年

路易十四是法國波旁王朝著名的國王,他執政時期,使法蘭西王國成為當時歐洲最強大的國家,是歐洲君主專制的典型。圖中的路易十四身穿軍裝,臉上帶著恩賜般的笑容,巨大的假髮垂落到強有力的肩膀上,遠方的一場戰爭則反映出他勝利者的姿態。

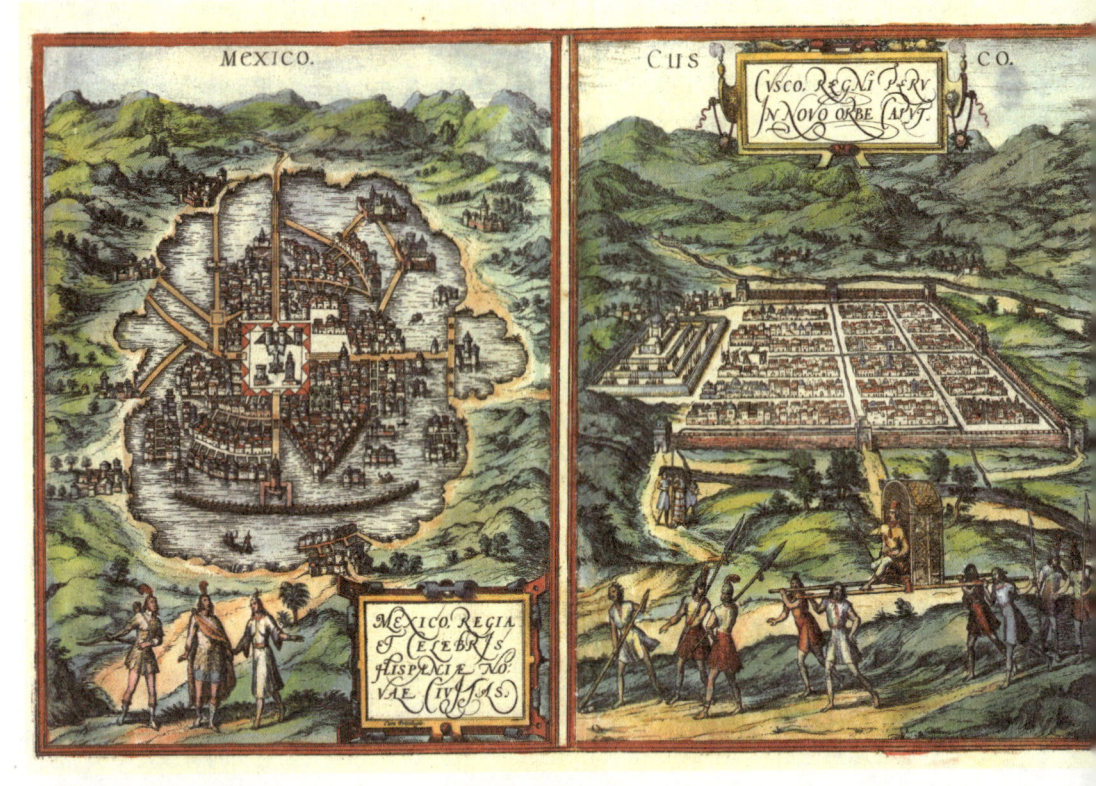

墨西哥 版畫 17世紀

墨西哥連接著北美洲與南美洲，生活在這裡的古代印地安人創造了瑪雅文明。他們精通數學和天文學，並且發明了瑪雅日曆，建造了庫庫爾坎金字塔，它的構造是幾何與天文的完美結合。這裡的土著最早培育出玉米，在現代仍然是這裡的特色食物。

後來一個謠言到處流傳，說在附近大陸上的山脈那邊，有一個由阿茲特克人建立的國家，他們的皇帝住在黃金建成的堡壘裡，睡在用黃金做的床上，就連吃飯的盤子也是黃金盤子。於是在1519年，斐迪南·科爾特斯和屬下的300名冒險者在墨西哥登陸。他們用十幾座大砲、13枝散彈短槍征服了可憐的蒙提祖馬的國家。不久以前，這個國家在管理方面井然有序，不輸給哈布斯堡王朝的管理，到這時卻宣告滅亡。而此時，蒙提祖馬卻被以哈布斯堡王朝的名義勒死了，沒能親眼目睹他的國家被毀滅。

從那以後，又過了300年，確實的是直到1810年以前，墨西哥始終是西班牙的殖民地，其受到的待遇是：幾種本土作物，是絕對不許種植的，這樣就不會與西班牙那些質量低劣的物產競爭。土地上的財富，大部分落進了少數大地主的腰包，或者一部分捐贈給了宗教機構，這些機構到現在還試圖重獲這塊土地的掌控權。

19世紀中葉，可憐的奧地利人馬克西米連還有一次可笑的投機行為，他試圖藉助

第四十六章 美洲

法國人的幫助，要求接掌蒙提祖馬的皇位。這件事情發生不久，墨西哥被發現不僅是一個非常富有的農業國，而且地下還蘊藏著大量的鐵礦和石油，其儲存量甚至比美國還要多。因此，1500萬的墨西哥人（其中40%仍然是純粹的印地安人種）的境遇就變得和科爾斯剛到時一樣，被近乎殘忍地謀殺了。現在，巨大的金融股份準備利用革命開始，插手國家的內部事務，於是土著以反革命戰鬥來進行報復。僅僅在第一次世界大戰之前，這裡爆發革命的次數，就打破了100年來的紀錄（每年平均有20次），似乎整個國家都被捲入了腥風血雨中將會瓦解。幸好的是，世界大戰期間，巨大的金融股份被耗費（世界大戰的代價就是耗費了無數的金錢），墨西哥才有了喘息的時間，少數有才幹的人正在努力消滅300年來的歧視、疾病、文盲的困擾，表面上似乎已經有了顯著的成果。維拉卡茲和坦皮科（墨西哥灣的兩個港口）的出口貿易數據逐漸增多。6年的努力，華盛頓與墨西哥城之間不僅是被人提及的術語，而且也能夠面帶微笑地禮貌對話了。

連接南北美洲的中美洲地區，土壤異常肥沃，出產咖啡、香蕉、甘蔗以及其他任何外國資本想要在這裡種植的東西。但白人不能適應這個地方的氣候，境內許多火山，對於黑人和白人都是嚴酷的，況且黑人並不願意為白人工作。

對於危地馬拉、宏都拉斯、尼加拉瓜和哥斯大黎加，絕大多數人只把它們當作傳奇性的名字，除非他們收集郵票。因為「一個國家的國庫越空虛，郵票就製作得越精緻」是眾所周知的定律。但是，巴拿馬共和國，對於美國來說卻非常重要。這裡就像是美國的孩子，也是不得不佔領的，因為作為戍守大西洋和太平洋的唯一獨立國，美國必須要建立起海防。假如美國人要慢慢地等待著哥倫比亞將巴拿馬賣給他們，那麼我們恐怕還要和哥倫比亞參議院討價還價，使他們在轉讓條約上簽字。

這塊小小的狹窄地區，在

做玉米餅的人 油畫 里維拉·迪耶戈 1926年

在這幅畫中，畫家用單純的色彩和形式描繪了兩位農婦在寧靜的廚房裡做著玉米餅，溫暖的色調契合了畫面的主題，顯示出畫家對古典風格的掌控，反映出對人性尊嚴的尊重，也是中美洲的墨西哥文化的代表。

房龍地理
Van Loon's Geography

探礦者的營地

在19世紀,淘金熱在美國興起,數以千計的探礦者懷著發財的夢想從歐洲和美國東部來到加州,使其發展成為西部的經濟中心,也促進了美國經濟的增長,圖為美國西部的探礦者的棚戶營地。

西班牙從達連出發佔領巴爾博亞之後,就可以很清楚地看到兩個大洋,這點人盡皆知。早在1551年的時候,西班牙人就想為自己開鑿一條運河。從那年開始,每一代西班牙人都在籌劃這件事情。科學界有些重要性的人都至少提出一套藍圖,試圖用最好的方法解決這一問題,進而對世界有所幫助。但開鑿一條需要穿過近30英哩堅硬岩石的運河,卻還是一件極其困難的工程。直到諾貝爾發明了炸藥以後,這個問題才算解決。不過他發明的動機,只是希望運用炸藥來幫助農民來搬走田中的樹樁和巨石,並未打算將其用來殘殺人類的鄰居。

後來,加州的淘金熱興起,成千上萬的人都跑到巴拿馬,因為從這裡前往加州就不需要繞過合恩角了。1855年,一條橫貫地峽的鐵路被修建。15年後,蘇伊士運河出人意料地開鑿成功。修建者斐迪南・德・雷塞普又著手籌劃溝通太平洋和大西洋的工程。但他所建立的公司管理極為不善,工程計算中發生了太多錯誤,工人們還因瘟疫和黃熱病而死傷慘重。在與自然力量抗爭的同時,這家法國公司還要面對巴黎交易所缺乏指導而更加嚴厲的壓力,在持續了8年之後,它終於不體面地倒閉了。

之後的12年內,它什麼都沒有做,以致於棕櫚樹從雷塞普丟棄的火車和煙囪中長了出來。在1902年,這家破產的法國公司被美國政府收購了。於是,華盛頓開始與哥倫

第四十六章 美洲

比亞共和國談判，以確定這塊足以運河的狹長土地的價格。後來，西奧多·羅斯福在盡力拖延後，就悄悄地在一個偏僻的地方安排了一次小暴動，並在不到24小時的時間，承認這個新的巴拿馬共和國獨立，然後便立刻開始挖掘。這件事情發生在1903年，工程於1914年竣工了。

巴拿馬位於加勒比海上，連接南美洲與北美洲的橋樑地段。不僅如此，境內還擁有一條連接太平洋與大西洋的人工水道——巴拿馬運河。優越的地理位置再加上方便的交通，讓巴拿馬成為國際著名貿易口岸，以及重要的軍事要塞，熱情的人民頭戴巴拿馬草帽，身穿碎花襯衫，歡迎著來自世界各地的遊客。

運河開通後，加勒比海就從一個內陸海，變成了歐洲與亞洲之間的貿易高速路，加勒比海和大西洋之間的各個島嶼的價值也大大提升。英屬巴哈群島馬和古巴都過於偏

加勒比海

加勒比海位於大西洋西部邊緣，它處在兩個大陸之間，西部和南部與中美洲及南美洲相鄰，是世界上最大的內海，因印地安部族而得名，意為勇敢之人。

424

第四十六章 美 洲

美洲

油畫 揚·範·卡塞爾 1666年

　　在17世紀，歐洲人對美洲，特別是對巴西有著強烈的興趣，沈迷於這片陌生的土地的浪漫故事中。在這幅讚美奇異美洲珍品的作品中，每一件東西都來自美洲，富有異國情調，由於畫家抓住了每件物品最激動人心的形狀和色彩，使畫面變得絢麗多彩，而又富含靈感。

離這條高速路,紐約到佛羅里達之間的英屬百慕大群島也是如此。只有牙買加(屬於英國)、海地和聖多明各(名義上獨立,實際上仍然受到華盛頓的控制)位置較好,可以享受運河為它們帶來的利益。波多黎各也是一樣,而位於東面和南面,與大安地列斯群島、古巴、海地、牙買加和波多黎各遙遙相望的小安地列斯群島,也同樣可以享受到利益。

小安地列斯群島在17世紀時,對於歐洲國家的價值比美洲大陸要大得多。這個群島非常炎熱而潮溼,島上出產甘蔗,而奴隸一旦登陸不用擔心他們逃入森林。現在,這個群島仍舊出產糖、可可、咖啡等,不過如果它們能成為從歐洲到巴拿馬運河的船隻中繼站,將會無比感激,這意味著更多的收入。根據出現的順序,這些島嶼依次是利華德、聖托馬斯、聖克魯斯、聖馬丁、塞巴、聖約翰、聖尤斯塔丟斯(一塊小岩石,是美國獨立戰爭時期供應走私貨物的主要港口)、瓜德羅普、多米尼加、馬丁尼克(有很容易爆發的火山,1902年,這裡幾乎全部被培雷火山所毀)、聖露西亞、聖文森特和巴巴多斯。

向風群島包括布蘭基亞島(屬於委內瑞拉)、博內爾島、古拉素島和奧魯巴島,後面三座島嶼都屬於荷蘭。這些島嶼曾是山脈鏈外緣隆起的一部分,那座山脈鏈連接了委內瑞拉的圭亞那山脈與墨西哥的馬德雷山脈。現在,山脈鏈早就已經消失了,但高山的頂峰還依然存在。

從工業的觀點上來看,所有的島嶼都沒什麼用處。奴隸制的廢止,完全破壞了這裡過去的富裕景象,現在它們因著名的避寒地、煤炭供應站或是石油分配中心而知名。只有奧里諾科河三角洲外的特里尼達島看起來還有幾分繁榮的景象,因為火山提供了大量的瀝青沉澱物,印地安人來到這裡工作,而他們也取代了過去的奴隸,現在已經佔有總人口的1/3了。

在世界大戰中,我們又學到了更多的地理知識,所花費的時間卻比以前更短。年輕人都捨棄了德語(無論從哪個角度來看,它似乎都會成為一種僵化的語言),轉而學習西班牙語,他們認為「在美洲,西班牙語一定有光輝的將來」。但是在這個未來明確顯現之前,現實的爭鬥一直持續,這個大州的商業實際上已經陷入了非常嚴重的困境。

我們後來發現了原因。祕魯、巴西、厄瓜多以及其他一些國家,它們對外貿易的技術條款都是由吃苦耐勞的德國辦事員來辦理的。這些德國人被認為是很擅長從事這件事情的人,而他們的雇主則智力不足以應付這些事情。後來南美洲加入協約國(因為南美大多數國家的海港中都停有幾艘軍艦,並且他們都需要貸款),這些貿易機構立刻與國外斷絕聯繫,直到和平以後,德國人歸還了帳簿,一切才恢復原狀。

我們已經漸漸瞭解真相。南美洲雖然是個天然資源非常豐富的大陸,可是人口非常稀少,各方面都非常落後,至少還需要50年的時間,才能對人們有所價值——除了少數富裕的家族,他們也許在西班牙統治時代就很富有,也許是透過競選成為南美總統的叔叔或舅舅獲取了財產

關於南美洲的情況,我在這本書裡只說了幾頁,這並不是我有反拉丁的情緒。事實

第四十六章 美 洲

剛好相反，我擁有北方血統，比南方種族更欣賞自身的特質。但在這本書開始的部分，我就說過，我要寫的是一本「人的」地理，我堅信一塊土地的重要性要根據當地的人民在科學、商業、宗教或其他藝術形式上，對人類的幸福所作出的貢獻而決定。從這方面來看，南美洲確實像澳洲和蒙古一樣貧瘠。我已經說過很多次，南美洲之所以成為這樣，或許是因為人口稀少。其次，南美洲大部分地方是在赤道以南，而在其他部分的美洲，白人不能取代土著，或者各種膚色的混合人種遍布在那裡（白人和黑人的孩子，是印地安人和白人的後代或黑人與印地安人的後代），因此沒有能夠充分表現他們政治能力和智慧。

南美洲曾經成為很多奇怪的政治制度的實驗舞臺。世界上的新帝國──巴西帝國，維持了不到100年。巴拉圭的耶穌會會士自由邦（壽命比它東邊的鄰居長不了多少）的形式與眾不同，在專門討論烏托邦的著作中一直被尊崇。不過南美洲至少也產生了一位才智卓越的人才，那就是偉大的玻利瓦爾，他不

喬治・華盛頓

油畫 斯圖爾特・吉爾伯特 1795年

喬治・華盛頓是美國首任總統，他在美國獨立戰爭和建國中扮演了最重要的角色，被尊稱為美國國父。在這幅肖像畫中，畫家以忠實、無虛飾的手法描繪了喬治・華盛頓的容貌，顯示了這位總統的堅毅性格和治國理想，這幅肖像也是美鈔一元票面上的總統頭像設計藍本。

僅像美國的喬治・華盛頓一樣解放了自己的國家，而且整個美洲絕大多數革命運動的成功，也都直接或間接都地歸功於玻利瓦爾。當然，毫無疑問，在南美洲還有其他人才，這些人在烏拉圭和玻利維亞的歷史上聲名顯赫，但世界上絕大多數的人從來沒有聽說過他們。而他們是否是因為鄰近關係才被證明擁有進入世界名人堂的才智，我對此十分好奇。如果我在為你提供一個世界上的山脈、河流、國家的清單時，並真誠地保證會在1000後年加入人類的條目，那麼這本書的目的已經達到了。

南美洲的西海岸由洛磯山脈和墨西哥馬德雷山脈的延長部分組成，被叫做科迪勒拉・德・羅斯・安地斯山，簡稱安地斯山。「安地斯」是西班牙語的名字，意思是印地安人在小山坡上遍地修建的灌溉溝渠。如果西班牙人破壞了這些溝渠，就足以使許多部落餓死。而西班牙征服者遠渡重洋以後，克服一切艱難險阻迅速致富，雖然他們沒有在新世界找到一個永久的居所，但搶劫土著的財物也是同樣有效的。

427

房龍地理
Van Loon's Geography

　　安地斯山在到達南極的時候，分裂為許多島嶼，其中最著名的就是火地島。智利與火地島之間隔著一條海峽，在白人首次環球航行中，麥哲倫歷經險阻才得以通過這條海峽，所以這條海峽至今還被稱為麥哲倫海峽。火地島的最南端就是合恩角，是根據發現者的故鄉而命名（荷蘭小鎮合恩），並不是像很多人說的由於一頭乳牛而得名。麥哲倫海峽是軍事上非常重要的地區，所以控制這條海峽的福克蘭群島被英國收入囊中。

　　安地斯山，與由南極走向北極的一系列山脈一樣有許多火山。厄瓜多的欽博臘索火山（現為休眠火山）高2.0702萬英呎，阿根廷的阿空加瓜山以2.2834萬英呎的高度傲視群峰。而厄瓜多的科托帕克希火山高1.955萬英呎，是全球最高的活火山。

　　南美洲的安地斯山還有兩方面與北美洲極其相似。一方面是高大的山脈圍繞著遼

第四十六章 美 洲

闊的平原，形成了玻利維亞和厄瓜多的天然疆界。另一方面，山中基本上沒有便利的山口，所以唯一一條橫穿安地斯山的鐵路——阿根廷和智利之間的鐵路不得不爬行到遠超出瑞士山脈開鑿隧道之前的聖伯納德山口和哥斯德山口的高度。

至於東部的山脈，即南美洲的阿巴拉契亞山脈，其北部是圭亞那山脈，東部則是巴西高原，兩者都包括獨立的齒狀山脈，形成了一段非常大的山脈殘餘，這條大山脈被亞馬遜河的峽谷切成兩段。亞馬遜河並不是世界最長的河流，但其容量最大。它有數百條支流，而且其中至少15條以上像萊茵河一樣長，還有比馬代拉河、塔帕若斯河要長得多的幾條支流。

圭亞那山脈的北部山谷，有一個奧里諾科河的河谷。奧里諾科河經由奇怪的內格羅

安地斯山脈的心臟地帶

油畫 弗雷德里克·埃德溫·丘奇

1859年

安地斯山縱貫南美大陸西部，由許多連續不斷的平行山脈和橫斷山脈組成，是世界上最長的山脈，也被稱為南美洲脊梁。在這幅畫中，丘奇以戲劇性的現實主義風格描繪了氣勢磅礴的安地斯山的心臟地帶，顯示了他對細節的掌握和對光線的微妙控制。

429

河與亞馬遜河相通（假設密西西比河的一部分是俄亥俄河和波托馬克河），與亞馬遜河相比更適合航運。因為奧里諾科河在入海以前，不用像亞馬遜河那樣，必須穿越山脈。它的入海口約有20英哩寬，而河流極適合運輸貨物，有幾百公里的垂直深度達到300英呎，就算是在海上航行的輪船也可以在這裡暢行無阻。

巴拉那河是南美洲從北向南流淌的河流，匯合了巴拉圭和烏拉圭的河流後成為拉普拉塔河，之後流向海洋。烏拉圭的首都蒙得維的亞就在河畔。與奧里諾科河一樣，巴拉那河也是非常好的內陸水道。

南美洲在某一特殊方面，比除了歐洲以外的其他各洲都要優越。那就是南美洲幾乎沒有沙漠。除北方的智利以外，大部分地區都很溼潤，而亞馬遜河地區和巴西東海岸的整片地區，都被赤道附近的雨水滋潤著，因此亞馬遜河地區的森林，比剛果河地區的森林還要密集。因為雨量非常有規律，所以這個洲的其他地方，尤其是距赤道稍遠的北部地區，非常適合農業發展。而阿根廷草原、奧里諾科草原、巴西草原都是美國大平原的

智利 版畫 17世紀

智利位於南美洲西部的狹長地帶，是世界上地形最狹長的國家，擁有世界上已知的最大銅礦。作為拉丁美洲最主要的工業國和最大的原材料出產國，智利境內還包括沙漠、冰河、高原、海洋多種地質形態，自然資源豐富。

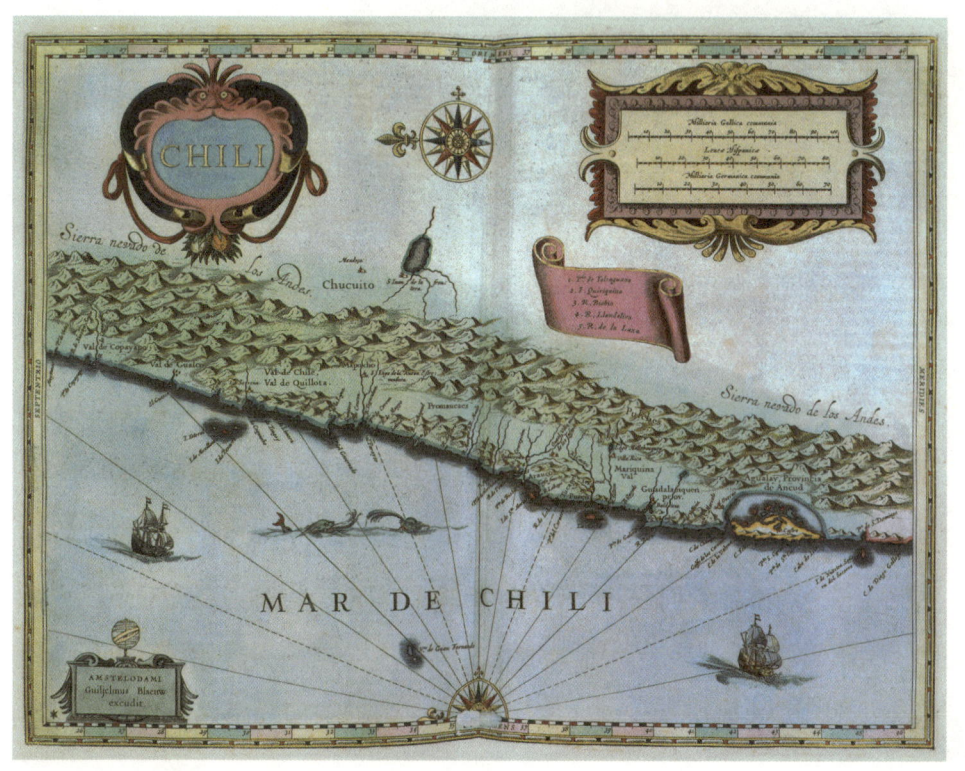

鄰居。

現在我們所發現的南美州各國，很少能脫離歷史的必然趨勢。它們都是革命造成的偶然並且無法預料的結果，而不是慢慢成長發展形成的產物。委內瑞拉合眾國，共有人口321.6萬，但是他們距赤道太近，因此不能培育出強壯有力的人種。北部的潟湖群島和馬拉開波附近發現了石油，馬拉開波現在成為了委內瑞拉最重要的港口，這個地區以前一直被首都加拉加斯的港口拉瓜伊拉控制著。加拉加斯與大海之間相隔著許多低矮的山脈，交通不如馬拉開波便利。

委內瑞拉的西面是哥倫比亞，它的首都是遠在內陸的波哥大，在它與馬格達萊那河口的巴蘭基亞的航班開通之前，相當難到達。哥倫比亞土壤肥沃，天然資源豐富，而且和美國一樣瀕臨兩大洋。但要開發那裡的天然資源，則需要更多的北歐移民。

厄瓜多也是一個貧窮的國家，雖然在巴拿馬運河開通以後，首都基多的港口瓜亞基爾的情況已經好轉了不少。但這裡除了過去輸出大量的奎寧和現在出口量最多的可可之外，就沒有值得一提的東西了。

繪有臉的花瓶 祕魯

公元前200年～公元600年

人類的頭經常出現在納斯卡文化中，它或是出現在碗狀器皿內，或是被描畫在花瓶之上。在這個花瓶上，簡單的幾何圖形用紅色顏料被畫在白色的背景上，而花瓶上的人頭特徵是眼睛、眉毛、嘴和頭髮。

太平洋沿岸再向南就是祕魯，在西班牙人到達這裡時，這裡是強壯的印地安國家。這個國家由一個貴族階級統治，就是所謂的印加王或太陽之子，他們被選舉為最高的統治者，即印加王，擁有專制大權。雖然祕魯人有封建的特質，或者也因為這樣，他們創造了一種比阿茲特克人更先進、更人性化的文明。

在皮薩羅到達這裡的時候，印加帝國已經建立400多年了，無論對哪一種政治制度，都算是十分漫長的。當時帝國中有許多黨派，各貴族團體之間彼此敵對。皮薩羅順利地利用這一點挑撥離間，在1531年征服了全國。印加王被囚禁起來，印地安人都變成了奴隸。所有能被掠奪的東西都被帶到了西班牙。一個強壯有力的民族，忽然變成了懈怠而粗鄙的民族，茫然地徘徊在古代首都庫斯科的大街小巷之中，或去參加揭竿而起的革命。古印加帝國的廢墟、安地斯山上的的的喀喀湖（面積為3300平方英哩，海拔1.287萬英呎）附近的道路和堡壘的遺跡，以及無數的古代陶器、殘缺的藝術品還都昭示著印加帝國失去的東西。

利馬是祕魯現在的首都，而祕魯的銅、銀、石油等資源的未來命運已成定數，除非共和國總統和外國的銀行家朋友實現長久的願望，將這些東西挖掘一空，藏到了地下室。這種事的確有可能發生，這就是這段敘述如此濃縮的原因。

玻利維亞是一個四周都被陸地圍繞的國家，不過並不是一直如此，它的首都拉巴斯

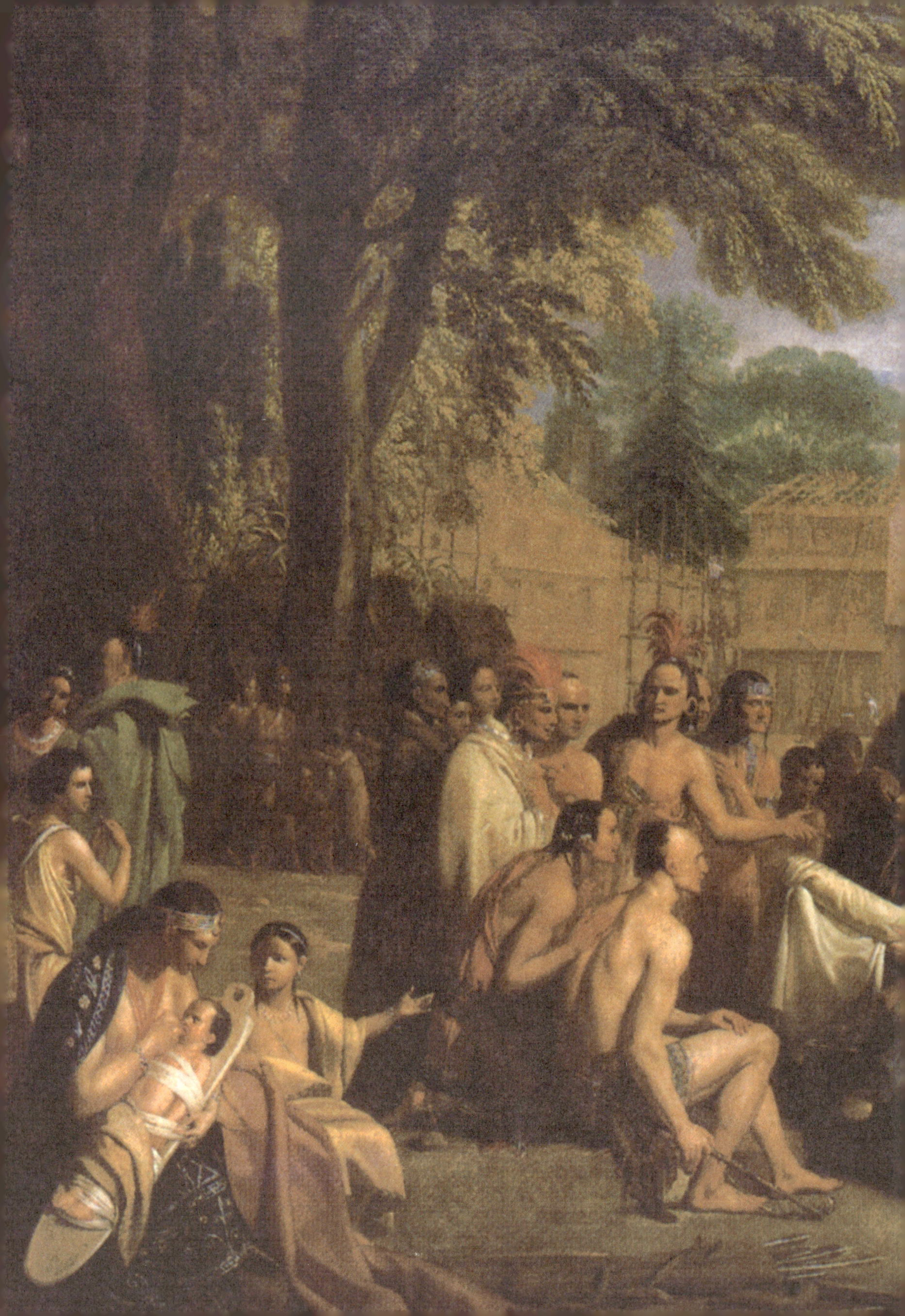

威廉‧佩恩與印地安人的和解　油畫　韋斯特‧班傑明　1771～1772年

圖為17世紀80年代，威廉‧佩恩正在和印地安人的勒納佩部落取得和解的場面，畫家將穿著現代服飾的人物放置於古典的構圖中，描繪了殖民者用紡織品等作為條件來換取土地的情況。而除了這種情況外，殖民者還採取了許多方法奪取了美洲其他土地，美洲也逐漸成為歐洲各國的殖民地。

也曾與大海相鄰。在1879年到1882年,著名的硝石戰爭爆發,祕魯和智利在爭奪阿里卡地區時,玻利維亞卻做出了愚蠢的決策,幫助祕魯攻擊智利。智利戰勝後,玻利維亞的沿海區域喪失了。玻利維亞是一個非常富有的國家,是世界第三大產錫國,但其每平方英哩人口密度還不到5人,人口總數還不到300萬,絕大多數是印加帝國滅亡以後遺留的印地安人。這個國家要想有所成就,還需要多花點時間慢慢努力,或打理那塊不幸的土地。

地處最南端的兩個國家(智利和阿根廷)是整個南美洲最重要的國家,它們的興旺完全受惠於優越的地理位置。這兩國都位於溫帶,印地安人(熱帶地區使他們可以更快地繁衍)很少,而且能吸引優良的移民。

智利的天然資源比阿根廷多。阿里卡(前往玻利維亞就要在這裡坐上火車)、安托法加斯塔、伊基克和瓦爾帕萊索是南美西海岸最重要的4個海港,其首都聖地亞哥,是這個地區最大的城市。智利南部現在正在積極發展養牛業,牲畜被屠殺後放入冰庫,由麥哲倫海峽的阿雷納斯運往歐洲。

阿根廷是南美洲的養牛大國。巴拉那河兩岸的平原,是整個南美洲最富有的地區,其面積是歐洲的1/3。這裡的肉類、羊毛、獸皮以及奶油的輸出量,甚至能應我們不高興的方式影響美國此類商品的價格。過去的10年裡,義大利的勞工和農夫遷入這裡,讓阿根廷成為西半球最大的糧食和亞麻的出產國,而在綿羊飼養方面,巴塔哥尼亞高原已經成為澳大利亞最有威脅的競爭對手了。

阿根廷的首都布宜諾斯艾利斯也在拉普拉塔河畔,河的對岸是一個小國烏拉圭。烏拉圭的土壤和氣候與阿根廷極其相似,在這裡的境內已經完全沒有印地安人了,國家發展緩慢,但發展得很好。阿根廷雖然發展規模宏大,但常常因為過度投機或財政管理不善,而出現經濟危機。

最後,還有拉普拉塔河畔的第三個國家巴拉圭,在許多方面最得天獨厚,如果不是1864年至1870年的不幸戰爭,現在一定非常富有了。當時,受到耶穌會主人(這個國家在1769年已經屬於西班牙)的軍事訓練的印地安人,因為一個狂人(這個人居然成為了國王)而發動戰爭。這個可憐蟲完全沒有必要向三個強大的鄰國宣戰,並且毫不放棄,最後全國有5/6的男人死在戰場上。在這次大屠殺結束的時候,巴拉圭已經滿目瘡痍,人民不得不恢復一夫多妻制來增加人口數量。然而,恐怕還需要100年的時間,這個富饒的小國才可以完全從災難中恢復。

現在,還剩下一個國家要討論,這就是巴西。它在殖民地時代,被完全無視了,先後被荷蘭人和葡萄牙人所統治,除了少數通過檢查的里斯本商人外,當地的土著被禁止與任何定居者接觸,全國都被掌握在殖民者的經濟奴役之下。直到1807年,葡萄牙王室因逃避拿破崙的攻擊,不得不遷至里約熱內盧。局勢徹底改變,差不多有十幾年,葡萄牙政府反而被這個歧視的殖民地統治了。1821年,葡萄牙國王返回里斯本,把他的兒子佩德羅留下來做代表。一年後,佩德羅自立為巴西獨立國的國王。從那時起,這塊殖民

地和葡萄牙之間，只有葡萄牙語這個唯一的聯繫了。布拉乾柴家族在巴西實行了南美國家之中最好的管理，可是到了1889年，軍隊叛變，布拉乾柴家族被迫退位，美洲最後的皇帝逃往巴黎並終老於那裡。

巴西有328.5萬平方英哩的領土，和美國大致相等，佔整個南美洲面積的一半，又是南半球最富裕的國家。整個國家分為三個部分——亞馬遜低地（亞馬遜河河谷）、大西洋海岸及高地。全球一半的咖啡，都來自桑托斯。除咖啡以外，巴西還盛產橡膠，其中主要的產地就在帕拉或貝倫港地區（位於亞馬遜河口正南方）、瑪瑙斯（內格羅河匯入亞馬遜河的地方）。還有，東海岸的巴伊亞地區出產菸草和可可，馬托‧格洛斯高原是一片牧場。巴西的內陸地區道路崎嶇，以致於很難到達，那裡出產的鑽石及其他寶石，還沒有被徹底開發過。這裡還有大量的金屬礦藏正等待著人們去開採，這需要修建更多的鐵路。

最後，歐洲在南美洲還有三個小殖民地，這是17世紀和18世紀古代殖民財產的殘餘。它們分別是英屬圭亞那、荷屬圭亞那或蘇里南（荷蘭人用新尼德蘭和新阿姆斯特丹

阿根廷

阿根廷位於南美洲南部，東南面向大西洋，是拉丁美洲第二大國。在阿根廷境內，有著肥沃的土壤、豐茂的草原、良好的氣候，被稱為世界的糧倉和食用肉倉庫，自然資源豐富。

與土著交易

圖中的移民正與印地安人進行簡單的交易，但是這種交易在移民與土著的交往中並不重要，充滿了敵意的殺戮和侵略才是殖民活動的主流。

城換來的）、法屬圭亞那會卡宴（假如圭亞那不被法國人選為流放地，假如那些在流亡犯身上的骯髒的事情沒有放在報紙頭版，我們也許早就忘記這個地方的存在）。它們並不算重要，因為它們對於人類的進步和幸福的貢獻少得可憐。對於外來者來說，南美洲的價值只是一座可以任意掠奪的富裕房子，它們是這個時代活生生的紀念品。

美國的五十州

作為聯邦制國家，美國由50個州聯合組成，各州擁有很大的主權，受聯邦政府和憲法的制約。

阿拉巴馬州	阿拉斯加州	亞利桑那州	阿肯色州	加利福尼亞州
科羅拉多州	康乃狄克州	德拉瓦州	佛羅里達州	喬治亞州
夏威夷州	愛達荷州	伊利諾州	印地安納州	愛荷華州
堪薩斯州	肯塔基州	路易斯安那州	緬因州	馬里蘭州
馬薩諸塞州	密西根州	明尼蘇達州	密西西比州	密蘇里州
蒙大拿州	內布拉斯加州	內華達州	新罕布夏州	紐澤西州
新墨西哥州	北卡羅來納州	紐約州	北達科他州	俄亥俄州
奧克拉荷馬州	俄勒岡州	賓夕法尼亞州	羅德島	南卡羅來納州
南達科他州	田納西州	德克薩斯州	猶他州	佛蒙特州
維吉尼亞州	華盛頓州	西維吉尼亞州	威斯康辛州	懷俄明州

第四十七章

新世界

　　我一直想知道吉力馬扎羅山的高度，但是一排排的數字總是在玩新花樣，經過改寫五、六次以後，加上重印本、再印本以及毫無止盡的校正，數字們似乎在捉迷藏，此時它們是一件事情，但另一個時刻則代表了別的事情，如果你有過雪盲的經驗，那麼你就會深有同感。

　　當我這樣說，你會回答說：「想知道這個數字一點都不難，只要查一下可靠的地理書，或是百科全書和地圖，抄下來就好了。」

　　如果那些可惡的地理書、百科全書和地圖上的數字固定不變，那麼事情也就簡單多了，但顯然它們做不到。很多最有規範的地理工具書，都在我的書桌上了，這看起來很讓人高興。但是，地理不是作為消遣娛樂的東西，其著作也並不是很有趣。當提及山川及海洋時，地理就會變成一個專家了。河流的流域範圍和內陸海域的面積時大時小，並不是一直不變的。世界任何一個地方的平均溫度，決不會在長時間內保持平均。各個地方氣象臺的溫度計，也像金融危機時的股市報表一樣起伏不定。而海底高度的變化，也像一個傻子氣喘吁吁地追趕一隻貓。

　　我不願再去破壞已經失去誠信的世界的幻想。但我必須要與「地理事實」進行鬥爭，並對所有非常重要的統計數據都深表懷疑。世界上的人都各持己見，都是因為我們無可救藥的民族主義感在作祟。每一個小國家，都需要可以彰顯自己獨立主權的數據，但這對地理來講是非常不幸的行動。

　　這些還算是小事，還有其他的問題需要我們舉例說明。世界上一半的地區關於重量和距離的測量都是十進制，另一半則用十二進制。把公尺和公里精準而不是近似地換算成碼或英哩是非常困難的，世界大戰中武器製作商就深知其中的痛苦。然而，如果有一位稱職的數學高手（我是數學的外行人）來幫忙，倒是也可以計算出來，但是，那些國家、山脈和河流適當的名稱，我們應該怎麼拼寫呢？比如智利灣——Gulf of Tjihi——Gulf of Tschili——Gulf of Tshi-li——你來選擇，我的朋友！又如Hindu-Kush——Hindoe-Koesch——Hindu-Kutch——Hind-Kusj等，你更喜歡哪一個呢？對於俄羅斯、中國、日本、西班牙等名字，各個語種能達成一致的拼寫方法，就已經很好了。而各個語種在將這些語言翻譯成本國的語言時，也許會出現兩、三種不同的拼寫方法，而且它們或許還會自相矛盾。

房龍地理
Van Loon's Geography

世界地圖 巴比倫

約公元前700年～前500年

在這塊包含楔形文字和美索不達米亞地圖的平板上，巴比倫位於中心位置（矩形的上半圖），其外邊緣海周圍可能是最初的八個區域，而相比於正確的地理位置而言，巴比倫的神話世界可能是地圖所要解釋的真正意義。

另外，每一塊以擁有自己方言為榮的小地方都要求自己「祖先神聖不可侵犯的語言」享受平等的權利，這也使語言更加混亂。於是，世界大戰前簡單明瞭的地圖，現在卻綻放著五彩斑斕的語言之花。現在再看庫克先生所著的古老可靠的《歐洲鐵路指南》，已經成為一件困難的事了，就像商博良第一次研究幾個埃及象形文字時一樣辛苦。

我並不是在進行答辯。我想要說明的已經都寫在了這裡，只希望你們對於我所寫的高度和深度，能夠抱有一種寬容的態度，不要過於苛刻。即使是舉世聞名的百科全書和統計手冊也在三、四頁中自相矛盾，可憐的外行人又該怎麼辦呢？

我想，他們最後也一定跟我一樣厭煩了淵博的厚重大書，只好自己去買一本《世界年鑒》。他會說：「我就以這本書為依據，如果有人因為我說吉力馬扎羅山高19710英呎（《大英百科全書》上說是19321英呎，《安德魯著的地理》中為19000英呎，《牛津最新地圖冊》上為19320英呎，《世界年鑒》上為19710英呎）而斥責我，我就告訴他，讓他去找世界電報的發行商，讓他們查出一個準確的數據來。」

當我在準備吉力馬扎羅山——Kilimaniaro——Kliliman'djaro——Kilimantscharo——Kilimansjaro——這個課題的時候，我想說的是：我要尋找自己的《世界年鑒》，這本書不知道什麼時候被藏在了一堆地圖冊下。我正在找的時候，忽然看到了有人不久前送給我的一本小冊子。這本小冊子專門敘述羅納德·羅斯先生的生平事跡。作者以很委婉的語氣，暗示羅納德如果並非必要，將不會在意金錢，我們應該設法讓他的晚年過得舒服些，當然他並不需要太奢侈的東西。科學家很少計較金錢上的報酬，他已經在研究事業中失去了健康和娛樂，所以那至少給他一個舒服、不會犯錯的位置讓他打發時間。

我先將這本小冊子放在一旁，想起美國的沃爾特·里德的一些情況。我已經記不清他過世後，美國給了他的妻子多少酬勞。假如我沒記錯的話，這位善良的太太得到了「免費郵遞權」（與數以百計的國會議員所享受的待遇相同），獲得了一筆支付給醫學聯合會官員遺孀的養老金，某一個地方的一所醫院以里德之名命名。

當我想著這些的時候，正在尋找一本關於傳染病歷史的書。一種想法突然打動了

第四十七章 新世界

我。我認為里德與羅斯這兩位比較沒人聽過的名字,對於地球發展的貢獻,比那些一年級的小孩子所熟悉的數百個探險家還大。他們發現了瘟疫和黃熱病的病因,又告訴我們避免這些致命的瘟疫的方法,他們開拓的新領域恐怕是我們之後的100年內都無法企及的。數以百萬的蚊蟲被控制了,傳染瘟疫的蚊蟲都被驅逐到小角落裡,只能默默地聽著自己死亡的判詞。

我們很容易在這一章中加上幾頁,來討論「醫藥對於世界地理的影響」。想要讓我們這個世界的大部分地區適合人類居住,首先需要征服的是水痘、腳氣病、嗜睡症以及許多現實的病症。不過這些已經超出了我的知識範圍,我對於這個領域所知甚少,然而那兩位醫生的名字,卻讓我深有感觸。

許多事物都在困擾著這個世界,在地圖上隨處可以看到紅色小塊。不滿之聲就像寄生蟲一樣爆發出來。無數著作都要診斷這個病症,試圖想找出醫治的方法。在我寫這本書之前,從來沒有深入思考這個問題。後來,在羅斯和里德出現之後,這個問題忽然之間變得非常簡單了。

望著地圖做白日夢,不算是一個開心而有用的消遣。羅得西亞似乎成為了一個獨立的世界。那裡的創立者是塞西·羅德斯,他讓少數人變得富裕起來,也屠殺了很多土著。他作為土匪,打了一次小敗仗;後來做了政治家,打了一次大勝仗。無數遇害婦孺的墓碑上,都標注了「C·R雕刻」,但有一個大國卻無視這些瑣事,重蹈覆轍。

稍稍向北一些,是剛果、斯坦利維爾和利奧波德維爾,還有無數被折磨致死的土著的墳墓,他們都因為送晚了橡膠或象牙而被處死。

哈德遜將他的名字賜給了一個海灣,一個富有的土地公司又以這個海灣命名。這個公司對那些土著做了很多駭人聽聞的可怕事情,這些事情在獻給殉道者的一本書中佔了整整一章的篇幅。我們不用跑到國外也可以看到,美國人對印地安人從來沒有遵守過一項條約。300年前,我的祖先征服了遙遠的珍珠島,他們對當地棕色人所做的事也和美國一樣,但是在荷蘭公立學校中從未教過這些。在南美洲波特馬約地區發生的事件,至今大家還記得。

非洲土著酋長和阿拉伯的奴隸販子,在陰暗的塞內加爾森林中的罪行,甚至讓我們希望但丁在他的地獄中特別留出一個部分,以囚禁這些十惡不赦者。

用狗、馬獵捕人類,使澳大利亞和紐西蘭的土著完全消滅,這件事情在敘述這些地方早期歷史的書籍中,很少提及。

我為什麼要講這些呢?

我只是重新敘述每個人都已經知道的事情而已。

現在,似乎有少數人已經認為大探險的時代已經結束了,現在的動盪局面,主要是因為以前的受害者不再滿足自己的地位而造成的。

高高在上地坐著審判過去的錯誤,是毫無用處的。我們把大家的智慧都匯集在一

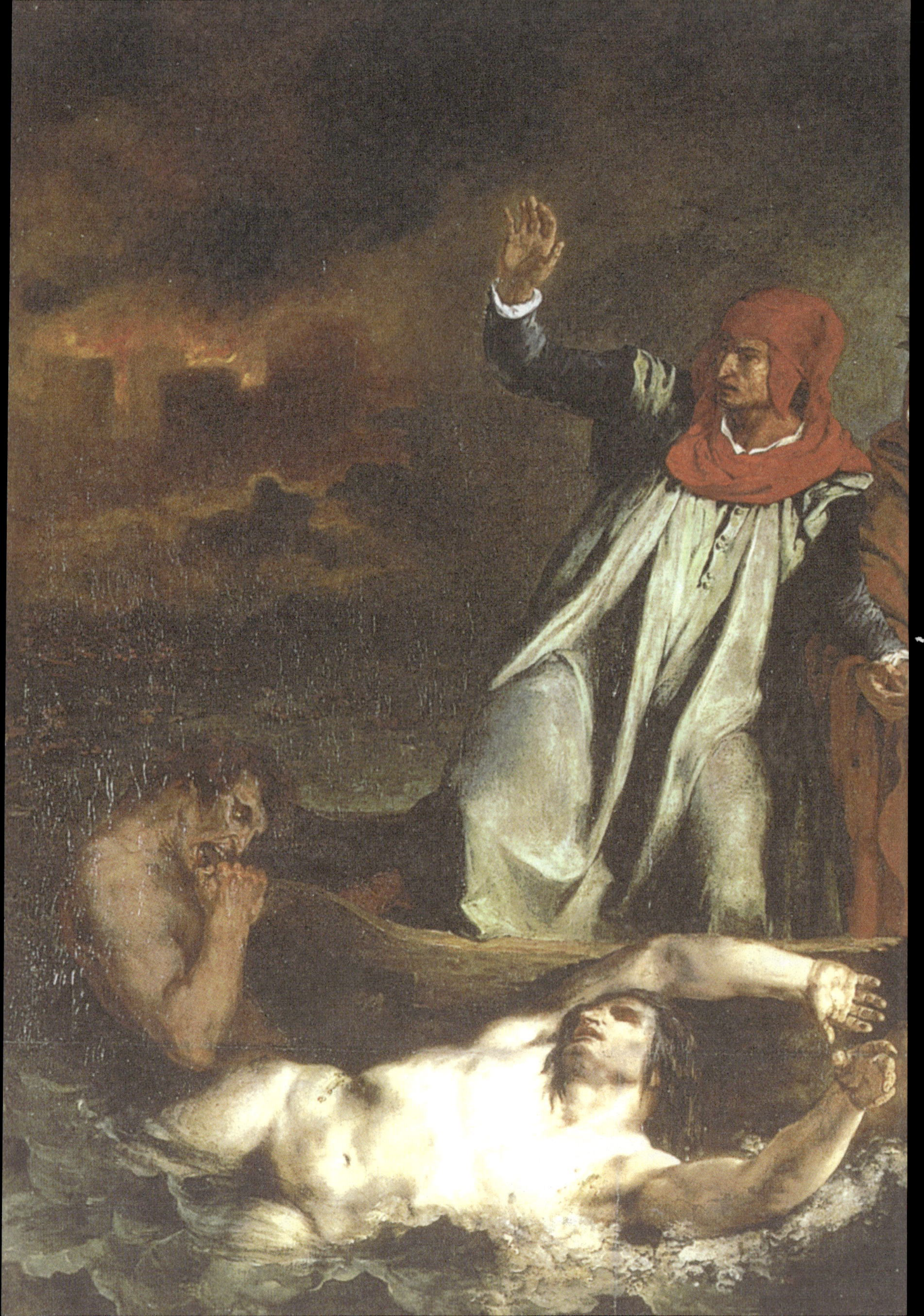

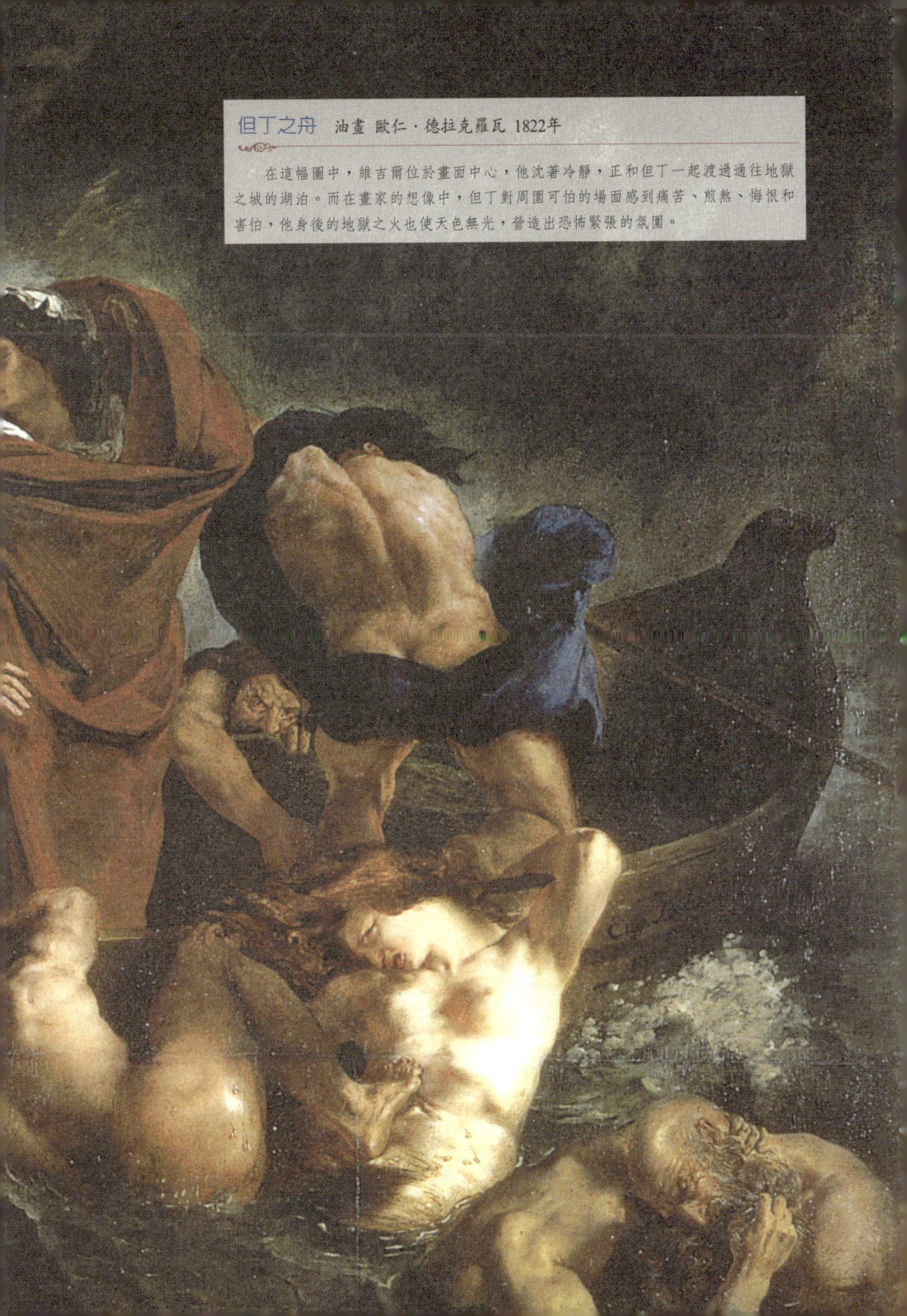

但丁之舟　油畫　歐仁・德拉克羅瓦　1822年

在這幅圖中，維吉爾位於畫面中心，他沈著冷靜，正和但丁一起渡過通往地獄之城的湖泊。而在畫家的想像中，但丁對周圍可怕的場面感到痛苦、煎熬、悔恨和害怕，他身後的地獄之火也使天色無光，營造出恐怖緊張的氛圍。

起，來用各種方法進行總結，能夠避免將來可能犯下的錯誤。而里德和羅斯已經為我們指出了辦法。

傷感地憧憬著不切實際的烏托邦的光榮，會使我們更加迷惘。如果說我們花費了千百年的時間去「索取」，那麼我們也必須要用千百年的時間去「給予」，這並不能徹底解決問題。

因為仁慈和掠奪同樣惡劣。仁慈對於給予者和獲得者同樣不公平。把印地安人從英國君主的殘暴統治中解放出來，結果使他們手無寸鐵地聽從伊斯蘭山民的命令，這並不是對印度的仁慈，而不過是鑄成了另外一個大錯而已。

假如我們忽然停止了鐵路、汽車、飛機的運行，撤銷我們的電話局和加油站，而讓中國人、日本人、緬甸人回去享受甘地的纏腰布和被鱷魚咬壞的小舢板的幸福，對於他們來說一定不會是幸福的事情。機器是一定要使用的，人民已經適應了更迅速地運輸、

身穿長袍的外科醫生　法國　15世紀

在外科醫生兩側，左邊的助手正在搗藥，右邊的助手正在從帶圍牆的園子中採集草藥。當時，一個外科醫生已經可以接骨、包紮傷口，還可以做疝氣和膽結石手術、剖腹產手術等等，但是他們對白喉及傷寒等傳染病卻還是無能為力。

第四十七章 新世界

交流的生活。他們已經養成了習慣，當小孩子得了白喉病時，他們寧願到白人醫生那裡去看病，也不願意去巫醫那裡。當他們去拜訪朋友時，更願意乘坐公共汽車，而不願辛苦地走10個小時的路。

現在人們既然已經習慣使用金銀和銀行支票，就絕不會再回到過去用一罐蜂蜜換一茶匙鹽以及古代其他以物易物的時代。

無論這種情況是好還是壞，我們的地球已經成為了一個正在運轉的公司，而現在是公元1932年，而不是公元932年，也不是公元前32年。

然而，有一個解決的辦法，里德和羅斯的工作已經給我們指引了應走的道路。因為這兩個人既不「索取」，也不「給予」，他們互相幫助。數以千計的人們幫助他們，使他們取得了成績。而他們消滅瘟疫和黃熱病所做的工作，並不只是為了黑人、白人或黃種人。無論你是什麼膚色，不管你信仰哪種宗教，他們都賜予祝福。當哥瑟爾斯和戈格斯博士開掘巴拿馬運河（哥瑟爾斯繪製藍圖，戈格斯提供人力，用工人的工作將圖紙變成了河道），他們也不只是為了太平洋或大西洋或是美國的利益，而是為了整個世界的利益。馬可尼發明了無線電，他並沒有規定：「只有義大利的船隻發生危險時才能使用。」桑給巴爾不定時的貨船和橫渡大西洋的最迅速快艇，也是同樣的受惠者。

你們也許已經明白我的意思了。

我並不想暗示什麼新的社會模式，因為那完全沒有必要。這個問題會自己解決，如果解決不了，那麼200年後就不是問題了，因為，那時候根本沒有人再去注意這些了。

我們將不會生活一個聽之任之的地球中。當蒸汽機和電力到來，當葡萄牙、拉普蘭、波士頓和漢口都成了鄰居，兩分鐘之內就可以互通消息。而我們所製造的物品，也不再只供自己使用，耕種出來的糧食也不只是供給本村。日本能賣給我們更便宜的火柴，阿根廷一個國家所生產的小麥就能讓整個德國免於飢荒，而且還非常便宜。

我們給中國勞工和黑人的酬勞，已經不再是白人酬勞的1/12了，因為莫斯科一家廣播電臺，用各種語言進行廣播，他們告訴黑人和黃種人，你們受到了很多欺騙。

我們不能再像我們的祖先那樣，任意搶劫、偷竊、掠奪了——好，如果你們真想知道——因為我們的良心不允許我們這樣做，即使我們天生就沒有高尚的情操。而全人類的是非觀念已經達到了某種階段。它將用懷疑的目光而對：誠實和禮貌是國際事務中不可或缺的，這對於個人也是如此。

不，我並不是在說教，我並沒有用一條「訊息」把你們送到故鄉去。但假如你們讀完了這本書，那我還想再請你們花費半個小時，設法自己去得出一個結論。

我們能夠生活到現在，好像是一個意外，好像我們生活在地球上，只是數十年，最多只是幾百年的事。我們之前的行為，就像是客車上的乘客貪婪無禮，在下次停車之前，只需要用10分鐘就能狼吞虎嚥掉三份餐點。

現在我們漸漸明白，我們不僅一直都居住在這裡，而且還會永無止盡地居住在這裡。我們為什麼要急躁、魯莽呢？如果你剛搬到了一個小鎮上，打算要在那裡度過

443

餘生,那你一定要為將來做個計畫。你的鄰居們——屠夫、麵包師、雜貨店老闆、醫生、殯葬員——也一定要這樣做。否則,整個地區就會陷入一片混亂,就算只有一個星期,你也會無法生活在這裡。

當你思考之時,整個世界和你所在的小鄉村有很大的差別嗎?就算有,那也是量的

波士頓港口　18世紀

波士頓位於美國東北部大西洋沿岸,是美國最古老的城市之一,美國歷史上許多重要事件都發生在這裡,圖為18世紀中期的波士頓港口。

第四十七章 新世界

差別而不是質的差別。僅此而已。

你一定會說我從吉力馬扎羅山、里得醫生、羅斯博士直至對將來的計畫,所有的話題都說到了,所有的地方都走過了。

然而,就像愛麗斯說的:「只在書本上學習地理知識,但不去旅行,那有什麼用呢?」

1931年4月 巴黎
1932年5月 紐奧良

房龍地理
Van Loon's Geography

平靜的王國

在這幅畫中,愛德華描繪了他對平靜的王國的幻想,那是一個人與動物和平共處的世界,雖然奇異,但卻富含魅力。

在這幅愛德華‧希克斯在1837年左右的作品中,描繪了一個人和動物和諧共處的畫面,這或許就是人類其中一個目標吧。

美洲土著和殖民者在一角匯集,雖然他們曾彼此為敵,但畫家卻對他們報以平和的關懷,用寫生式的手法描繪了這一場景。

第四十七章 新世界

> 孩子們在野獸中嬉鬧，並毫無畏懼地驅使著老虎，表現出人與動物的和諧世界。

> 野生動物和馴養的動物和平共處，神態各異，如分享玉米的熊和母牛等，畫家以多樣的動物形象描繪出平靜的王國。

面對審判者的死者　佚名　約1418～1425年

　　1347年至1351年的瘟疫在歐洲大陸蔓延，奪走了1/3人口的生命。人們對於這種傳染病束手無策，只能走向死亡。圖中，上帝手持一把劍，象徵著至高無上的審判者，古老的透視畫法和空間的不明確使人難忘。此後，人類投入了大量的精力來研究抵抗瘟疫的方法，然而現在我們已經可以預防更多疾病了。